“十二五”国家重点图书出版规划项目

2010
中国创新型企业发展报告

中国创新型企业发展报告编委会

China Innovative Enterprises Development Report 2010

经济管理出版社
ECONOMY & MANAGEMENT PUBLISHING HOUSE

图书在版编目（CIP）数据

中国创新型企业发展报告.2010/中国创新型企业发展报告编委会.—北京:经济管理出版社，2010.12
ISBN 978-7-5096-0555-4

Ⅰ.①中… Ⅱ.①中… Ⅲ.①企业经济—经济发展—研究报告—中国—2010 Ⅳ.①F279.2

中国版本图书馆CIP数据核字(2010)第239908号

出版发行：经济管理出版社
北京市海淀区北蜂窝8号中雅大厦11层
电话：(010) 51915602 邮编：100038

印刷：三河文阁印刷厂 经销：新华书店

组稿编辑：杜 菲 责任编辑：杜 菲
技术编辑：黄 铄 责任校对：超 凡 周晓东

880mm×1230mm/16 27.25印张 562千字
2010年12月第1版 2010年12月第1次印刷

定价：88.00元

书号：ISBN 978-7-5096-0555-4

中国创新型企业发展报告2010

指导委员会

主　任： 李学勇　黄丹华　王瑞生

成　员： 王志学　梅永红　王晓齐　常毅民　李新男　白　英　王新卫

专家委员会

主　任： 陈清泰

副主任： 方　新

成　员：（按姓氏笔画排序）

干　勇　马兴瑞　马俊如　王玉民　王　晶　尹同跃　孔德涌
吕　薇　向文波　任正非　任建新　刘振亚　孙力斌　李书福
李泊溪　李建明　李登海　李新春　杨　青　吴贵生　何志毅
邹祖烨　张小虞　张碧辉　金克宁　周厚健　周寄中　柳传志
钟金松　侯为贵　徐　航　徐乐江　奚正平　凌　文　黄　兴
盛世豪　鲁冠球　谢东钢　詹纯新　管彤贤　薛　澜

编写委员会

主　编： 梅永红

副主编： 李新男　白　英　王新卫　胡志坚

成　员：（按姓氏笔画排序）

方　磊　刘　东　刘家强　汤富强　孙福全　芦金玲　苏　靖
李全生　沙　磊　张杰军　陈　劲　陈建辉　胡　迟　胡志强
柯银斌　姜卫民　袁雷峰　梅　萌　康　岳　康荣平　葛　俊
蒋晓红　程家瑜　雷家骕

编写研究组

组　长： 刘　东

成　员：（按姓氏笔画排序）

马　驰　王保林　王海芸　王海燕　刘海波　李振良　冷　民
张赤东　陈　原　罗亚非　岳清唐　周　程　郑钟扬　赵家栋
胡志强　柯银斌　徐永昌　徐炎章　康荣平　彭春燕　谢强华

序　言

党的十七届五中全会提出，“十二五”时期要以科学发展为主题，以加快转变经济发展方式为主线，坚持把科技进步与创新作为加快转变经济发展方式的重要支撑。全会明确要求，增强科技创新能力，深入实施技术创新工程。这是党中央深刻认识并准确把握国内外形势新变化、新特点所做出的重大战略部署。

国际金融危机发生以来，世界经济格局发生了深刻变化，经济、科技领域竞争更趋激烈，我国发展的内外部环境更加复杂。为贯彻落实《国家中长期科学和技术发展规划纲要》和中央关于充分发挥科技支撑作用促进经济平稳较快发展的要求，2009 年科技部、财政部、教育部、国资委、全国总工会、国家开发银行等部门在已有工作基础上，启动实施国家技术创新工程。2010 年初，中科院、工程院加入共同推进。各地认真贯彻中央部署，积极推进相关工作，浙江、安徽、江苏、山东、广东、四川、辽宁、上海、青岛等省市相继开展国家技术创新工程的试点工作，取得了积极成效。

创新型企业建设是实施国家技术创新工程的重要载体，旨在发挥政府引导作用，运用市场机制，培育一批拥有自主知识产权和自主品牌，依靠技术创新获得市场竞争优势和持续发展的创新型企业，成为国家经济实力和核心竞争力的重要支柱，示范带动广大企业走创新发展之路。

经过几年的努力，创新型企业建设取得了显著成效。一大批充满活力的创新型企业正在健康成长，企业在技术创新中的主体地位明显增强，全社会创新要素加速向企业集聚，有力地促进了产业核心竞争力提升和战略性新兴产业发展。实践证明，创新型企业不仅在应对国际金融危机、扩内需、保增长中发挥了重要作用，而且成为调结构、转方式的重要力量。

《中共中央关于制定国民经济和社会发展第十二个五年规划的建议》把深入实施技术创新工程作为推进自主创新、提升产业核心竞争力、加快转变经济发展方式的重大举措。这对创新型企业建设提出了新的期待和新的要求。企业是国民经济的细胞，是产业结构调整和升级的主要力量。加快经济发展方式转变归根结底在于企业发展方式的根本转变，重要标志是能否培育出一大批拥有核心技术和自主知识产权，依靠创新驱动发展的优势企业，突破人口资源环境瓶颈制约，支撑国家竞争力和可持续发展。

“十二五”时期，是全面建设小康社会的关键时期，是深化改革开放、加快转变经济发展方式的攻坚时期。在新的历史发展阶段，面对新形势、新任务，我们要深入贯彻落实党的十七届五中全会精神，自觉地把思想和行动统一到中央的重大战略部署上来，以更加饱满的精神面貌，更加扎实有效的工作，深入实施国家技术创新工程，大力推进创新型企业建设，引导和支持企业进一步加强创新谋划，进一步增强创新能力，进一步完善创新机制，进一步营造创新文化，加快培育形成中国创新型企业500强，肩负起加快经济发展方式转变的历史使命，加快建立以企业为主体、市场为导向、产学研相结合的技术创新体系，全面推进国家创新体系建设，为实现创新型国家建设目标做出新的更大贡献。

科学技术部党组书记、副部长

李学勇

2010年11月30日

前言

2009年科技部、财政部、教育部、国资委、全国总工会、国家开发银行等部门启动实施国家技术创新工程。国家技术创新工程是在已有工作基础上，进一步创新管理，集成创新资源，引导和支持创新要素向企业集聚，加快以企业为主体、市场为导向、产学研相结合的技术创新体系建设的系统工程。国家技术创新工程着力推进创新型企业、产业技术创新战略联盟、技术创新服务平台三大载体建设，加快构建技术创新体系的基本框架。随着国家技术创新工程的实施，创新型企业建设步入一个新的阶段。

目前，科技部、国资委、全国总工会已经分四批选择了550家企业开展创新型企业试点工作，通过评价命名了202家创新型企业，各地也选择确定了4000多家省级创新型企业及试点企业。在各地、各部门的引导和推动下，创新型企业建设取得显著成效。

为了总结创新型企业建设的经验，更好地发挥创新型企业建设的导向作用，科技部、国资委、全国总工会自2009年开始支持编撰系列年度报告——《中国创新型企业发展报告》（以下简称“发展报告”）。发展报告的研究对象和范围特指以下企业群体：一是科技部、国资委、全国总工会在国家层面选择确定的创新型试点企业及在试点基础上评价命名的创新型企业；二是各地选择确定的本地区创新型试点企业及评价命名的创新型企业。

《中国创新型企业发展报告 2010》（以下简称“本年度报告”）是系列年度报告的第二卷。将系统地总结自 2009 年以来创新型企业建设的进展和成效，探讨创新型企业跨国成长的特点和规律，介绍各部门、各地方推动创新型企业建设的特色做法和主要举措，发布创新型企业技术依存度指数测算结果。

本年度报告共包括正文八章、重要文献和附录：

第一章总论，分析创新型企业建设面临的新形势新任务，概述创新型企业建设工作进展及主要成效。

第二章创新型企业建设进展，运用数据详细分析创新型企业的基本概况、创新投入与产出、经济状况等。

第三章推动央企创新型企业建设，分析中央企业开展创新型企业建设的背景，总结相关工作进展和主要成效。

第四章创新型企业的职工技术创新活动，分析开展职工技术创新活动的意义和理论基础，总结相关工作的进展、成效和经验。

第五章地方创新型企业建设，反映和总结各地创新型企业建设的进展、效果、做法和主要措施等。

第六章创新型企业的跨国成长，分析创新型企业跨国成长的理论和实践背景，结合创新型企业跨国并购案例的分析，探讨企业通过跨国并购获取全球创新资源的方法和途径。

第七章创新型企业案例，选择 12 家创新型企业进行案例分析。

第八章创新型企业技术创新依存度指数，探讨创新型企业技术依存度指数的内涵和测算方法，测算并发布创新型企业技术创新依存度指数，并对结果进行分析。

重要文献部分汇编近年来有关领导的相关论述，各部门、各地方出台的相关政策文件等。

附录部分包括创新型企业建设工作大事记（2009 年）和创新型企业及试点企业名录等。

发展报告尽量采用第一手资料，但鉴于信息数据的采集渠道和采集方式初步建立，信息和数据的准确性和系统性还有待于逐步改进和完善。

发展报告的编写得到各地方、各部门的支持，以及众多创新型企业及试点企业的协助。主要编写人员来自科技部、国资委、全国总工会等部门及中国科技发展战略研究院、中国社会科学院、中国科学院、中国人民大学、上海交通大学、浙江工商大学等单位。希望本报告成为读者了解和研究中国创新型企业建设的重要参考文献。

《中国创新型企业发展报告》

编写委员会

2010 年 11 月 30 日

Abstract

Since 2005, the Ministry of Science and Technology (MOST), the State – Owned Assets Supervision and Administration Commission of the State Council (SASAC) and the All – China Federation of Trade Unions (ACFTU) have jointly implemented the innovative enterprises construction, which aimed at guiding and advancing enterprises to improve the ability of innovation and the core competence, developing china innovative enterprises top 500, demonstrating a great number of enterprises to take innovative development road, accelerating the construction of technological innovation system through amalgamation of industry, education, and research, providing a powerful support to innovation – type country construction.

So far MOST, SASAC and ACFTU have already chosen and determined 550 pilot innovative enterprises (including 202 enterprises which have been assessed as "innovative enterprise"). The innovative enterprises construction has achieved remarkable effect. As the most vigorous innovative enterprise cluster, they have continually strived to raise the innovation ability and increase the contribution to economic development and supported the national competence efficiently.

In order to reflect the progress and effects of innovative enterprises construction, to conclude the growth rule of innovative enterprises and to guide the development of innovative enterprises, a series of annual reports—*The China Innovative Enterprises Development Report*—has been compiled since 2009. *The China Innovative Enterprises Development Report* 2010 is the second volume of this series.

The Report 2010 includes 8 chapters, important documents and appendix, etc.

Chapter 1, Overview, summarizes the new tasks, progress and effects of innovative enterprises construction.

Chapter 2, Innovative Enterprises Construction, examines the general situation, innovation input and output and economic situation of innovative enterprises.

Chapter 3, Prompting Innovative Enterprises Construction in Central SOEs, examines the background, progress and effects of innovative enterprises construction in central SOEs.

Chapter 4, The Workers Technical Innovation Activities in Innovative Enterprises, analyzes the situation and significances of workers technical innovation activities and the progress, effects and experiences of workers technical innovation activities in innovative enterprises.

Chapter 5, Local Innovative Enterprises Construction, focuses on the progress, effects, practices and major measures of local innovative enterprises construction.

Chapter 6, The Transnational Growth of Innovative Enterprises, analyzes the background and theory of transnational development of innovative enterprises. By studying the typical cases of innovative enterprise transnational M&A, this report examines the basic principle that enterprises obtain global innovative resource through transnational M&A.

Chapter 7, The Cases of Innovative Enterprises, presents the case study of 12 innovative enterprises.

Chapter 8, The Technological Innovation Dependency Index of Innovative Enterprises, discusses the concept and measurement of technological innovation dependency index, and publishes the computing result of top 100 innovative enterprises' technological innovation dependency index.

The quotations about innovative enterprises construction from leaders concerned and the related policies and documents adopted by government departments and local governments are compiled in Important Documents.

The Appendix includes chronology of innovative enterprises construction (2009) and lists of innovative enterprises and pilot innovative enterprises.

China Innovative Enterprises Development Report

Editorial Board

Nov. 30. 2010

目录

第一部分　总体态势

第二部分　专题探讨

附　　录

Content

Part I General Situation

第一部分

总体态势

第一章 总论

始自2008年的全球性金融危机对世界经济产生广泛而深刻的影响。为应对金融危机的冲击，抓住全球经济和产业格局调整带来的历史性机遇，贯彻落实中央关于发挥科技支撑作用促进经济平稳较快发展的战略部署，科技部等六部门在已有工作的基础上，2009年启动实施“国家技术创新工程”，提出培育创新型企业500强的目标，以加快构建以企业为主体、市场为导向、产学研相结合的技术创新体系，全面推进国家创新体系建设，为创新型国家建设奠定坚实的基础。

一、创新型企业建设面临的新形势和新任务

（一）转变经济发展方式需要创新型企业发挥带动作用

当前世界范围内生产力、生产方式、生活方式、经济社会发展格局正在发生深刻变革。中国经济发展的外部环境和内部条件也发生了很大变化，加快转变经济发展方式的紧迫性更加凸显。未来几十年，世界上包括中国13亿人口在内的20亿~30亿人将逐步进入现代化行列，这是人类历史上前所未有的大事件、大变革，将为全球科技创新和文明进步注入前所未有的动力与活力，也对全球资源供给能力和生态环境承载能力带来巨大挑战。作为快速发展的人口大国，中国面临的能源资源和生态环境约束尤为突出，推动可持续发展任务非常艰巨。未来发展面临的严峻挑战迫切需要中国转变经济发展方式，其实质就是要从过去依靠过度的资源消耗、廉价的劳动力和以牺牲环境为代价的粗放型增长方式向依靠科技进步、劳动者素质提高、管理创新的集约型增长方式转变。不失时机地抓住机遇，努力实现跨越式发展，尽快缩小与发达国家在经济和科技方面的差距。

改革开放30多年来，中国经济在保持多年持续快速发展的同时也积累了许多深层次的矛盾。尽管中国经济总量已名列世界前茅，但生产力水平总体上还不高，

产业结构不合理，城乡、区域发展不平衡，长期形成的结构性矛盾和粗放型增长方式尚未根本改变，工业化、城市化快速发展同能源资源和生态环境的矛盾日趋突出。据有关资料分析，中国单位 GDP 能耗相当于德国的 5 倍、日本的 4 倍、美国的 2 倍；中国以占世界 8% 的经济总量，消耗了世界能源的 18%、钢铁的 44%、水泥的 53%，化学需氧量、二氧化碳排放量、二氧化硫排放量和酸雨面积都居世界首位。中国的劳动生产率仅相当于美国的 1/12、日本的 1/11。自主创新能力还不强，总体上经济发展的技术含量不高，很多关键技术和核心技术受制于人，先导性战略高技术领域科技力量薄弱，重要产业对外技术依赖程度仍然较高。目前中国许多行业出现产能过剩现象，但同时多数产业的高端环节，包括高端产品、高端服务所涉及的核心技术，大都被国外大跨国公司所掌控。尽管中国是贸易大国，但出口产品中拥有自主知识产权和自主品牌的只占约 10%；中国工业新产品开发的技术约有 70% 属于外源性技术，总的对外技术依存度达 60%，而美国、日本仅为 5% 左右。因此，增强中国经济发展后劲和国际竞争力，推动经济社会又好又快发展必须提高自主创新能力，加快转变经济发展方式，下大气力解决制约经济发展的深层次、结构性的矛盾和问题，这已成为当前中国经济发展中必须要解决的一个刻不容缓的问题。①

转变经济发展方式的关键在企业，企业是现代产业体系的载体和推进新型工业化的关键，是产业结构调整和升级的主要力量。只有培育出一批世界级企业，才能够真正带动中国经济发展方式的转变。而中国企业要实现结构调整和产业升级，以往单纯依靠技术设备引进的路径越来越走不通，必须更加自觉地依靠自主创新来谋求发展。这迫切需要通过创新型企业建设，培育出一大批依靠创新驱动发展的企业，进而带动更多的企业走上创新发展道路。

（二）发展战略性新兴产业需要创新型企业发挥先导作用

全球性的经济危机往往催生重大科技创新和产业革命。国际金融危机发生以来，世界各国尤其是主要大国都在对自身经济发展进行战略筹划，纷纷把发展新能源、新材料、信息网络、生物医药、节能环保、低碳技术、绿色经济等作为新一轮产业发展的重点，全球将进入空前的创新密集和产业振兴时代。美国提出将研发投入提高到 GDP 的 3% 这一历史最高水平，出台了《美国创新战略》，阐释了清洁能源、电动汽车、信息网络和基础研究等领域的新战略；欧盟发布 2020 年欧洲战略计划书，宣布投资 1050 亿欧元发展绿色经济，提出要强化智能化的经济增长，促进资源效率更高、更为环保和动力更强的经济；英国从高科技特别是生物

① 相关数据引自李荣融：《进一步增强紧迫感和责任感 加快提升中央企业自主创新能力——在 2010 年中央企业科技工作会议上的讲话》，2010 年 6 月 24 日。

制药等方面，加强产业竞争的优势；日本出台了“数字日本创新计划”，并力图促进绿色、智能等新兴产业发展，提出要建成世界第一的环保节能国家，在太阳能发电、蓄电池、燃料电池、绿色家电等低碳技术相关产业确保市场领先地位；俄罗斯提出开发纳米和核能技术。培育新的经济增长点、抢占国际经济科技制高点已经成为世界发展大趋势，科技竞争在综合国力竞争中的地位更加突出。

发展战略性新兴产业是有效突破当前资源制约、激发经济增长内在动力、引导未来经济社会发展的重大战略选择。中国政府已经提出加快培育和发展以重大技术突破、重大发展需求为基础的战略性新兴产业的目标和任务，明确以企业为主体，推进产学研结合，把战略性新兴产业培育成为国民经济的先导产业和支柱产业。但总体而言，目前中国企业在带动战略性新兴产业发展方面能力有限，需要加倍努力。

以低碳技术发展情况为例。国内有关机构依据汤姆森路透公司的德温特数据库，对1990～2009年公开的全球低碳技术相关专利进行检索，并根据国际能源机构（International Energy Agency，IEA）在2009年12月公布的《清洁能源研究、开发和示范的全球差距》（Global Gaps in Clean Energy Research，Development，and Demonstration）中对低碳技术的分类进行分析统计。[①] 1990～2009年，全球共公开了11万余篇低碳技术专利申请。对这些数据进行分析显示，由于近年来中国实施发展低碳经济的一系列政策，日益重视低碳技术的开发和发展，与全球低碳技术专利年申请量2004年之后激增态势相吻合，中国低碳技术专利申请量在2004年之后增长迅速[②]（见图1－1）。

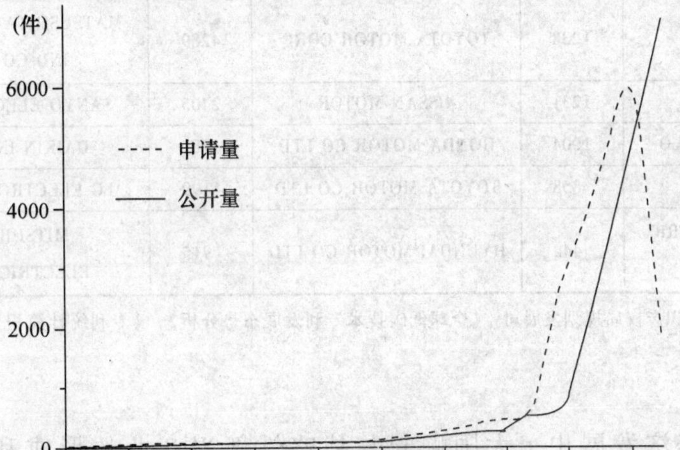

图1－1 中国低碳技术专利申请公开趋势

① 该报告对低碳技术分类包括太阳能、先进交通工具、建筑和工业节能、煤技术、碳捕捉和储存、风能、智能电网、生物能源、其他能源。

② 国家知识产权局规划发展司：《全球低碳技术专利发展态势分析》，《专利统计简报》2010年第10期（总第86期）。

然而，中国的专利申请多集中在科研院校，企业专利申请相对较少，各领域处于领先位置的企业申请量均不足百件（见表1-1）。这与国外企业申请动辄数百甚至上千的状况形成鲜明对比。在专利申请量最多的太阳能、先进交通工具、建筑和工业节能三个技术领域，[①] 一些国际跨国企业拥有的专利申请量都数以百、千计（见表1-2）。说明中国企业在低碳技术领域研发能力不足，与国际先进企业相比还有不小的差距。日本、美国等主要发达国家在该技术领域处于领先地位，在很大程度上取决于其企业的优异表现。

表1-1 低碳技术领域专利申请量前5位的中国申请人

序号	申请人	专利申请量（件）
1	清华大学	128
2	上海交通大学	91
3	浙江大学	77
4	比亚迪股份有限公司	76
5	天津大学	52

数据来源：国家知识产权局规划发展司：《全球低碳技术专利发展态势分析》，《专利统计简报》2010年第10期（总第86期）。

表1-2 部分低碳技术领域专利申请量前5位的专利申请人 单位：件

太阳能		先进交通工具		建筑和工业节能	
申请人	申请量	申请人	申请量	申请人	申请量
SHARP KK	1238	TOYOTA MOTOR CORP	4289	MATSUSHITA ELECTRIC IND CO LTD	366
CANON KK	1231	NISSAN MOTOR	2405	SANYO ELECTRIC CO	224
SANYO ELECTRIC CO	1004	HONDA MOTOR CO LTD	1761	DAIKIN IND LTD	207
KYOCERA CORP	858	TOYOTA MOTOR CO LTD	1199	LG ELECTRONICS INC	183
MATSUSHITA ELECTRIC IND CO LTD	442	HYUNDAI MOTOR CO LTD	915	MITSUBISHI ELECTRIC CORP	182

数据来源：国家知识产权局规划发展司：《全球低碳技术专利发展态势分析》，《专利统计简报》2010年第10期（总第86期）。

回顾世界经济发展史，大国崛起与战略性新兴产业的形成和发展关系密切，以纺织业为代表的第一次产业革命使英国成为第一个工业化强国，以化工为代表的第二次产业革命使德国成为工业化强国，美国的崛起则离不开石油化工、汽车

① 在检索结果涉及的11万余篇专利中，太阳能、先进交通工具、建筑和工业节能相关技术领域的专利文献量占总检索量的76%。

等产业发展，而20世纪后半期信息技术革命更使得美国实现持续创新发展；"二战"后日本的重新崛起则与家用电器等消费性产业兴起密不可分。战略性新兴产业的发展无一例外都伴随着一批世界级企业的创生。如德国的拜耳、巴斯夫；美国的杜邦、福特、通用、IBM、英特尔、微软等；日本的索尼、东芝、松下等。历史经验表明，要实现中华民族的伟大复兴，中国必须抓住世界经济和产业转型的历史机遇，率先在若干战略性新兴产业的培育和发展中实现突破。这迫切需要中国创新型企业有所作为，在全球范围吸纳和整合创新资源，攻克技术瓶颈，成为发展战略性新兴产业的主导力量。

（三）增强自主创新能力需要创新型企业发挥引领作用

加快转变经济发展方式，赢得发展先机和主动权，最关键的是要大幅提高自主创新能力，努力造就一批拥有核心技术和自主品牌、具有国际竞争力的企业。尽管近年来，中国企业的自主创新能力持续提高，但相比国际知名跨国公司，中国企业的创新能力和竞争力尚有较大差距。

美国《福布斯》杂志2010年3月公布了美国10家最具创新性的公司（见表1-3）。排名第一的IBM，2009年获得了4914件美国专利，这也是IBM连续17年成为全球获得专利最多的公司。排名第2和第3位的是微软和英特尔，2009年分别获得2906件和1537件美国专利。排名中的其他公司还包括通用电气、博通、德州仪器、霍尼韦尔和惠普。数据显示，美国公司在资本回报率（ROIC）方面远远领先国外竞争者。如IBM的ROIC为29%，微软和英特尔分别为36%和10%。而2009年标准普尔500公司的平均ROIC为9%，其中科技公司为9.5%。另以每件专利利润来看，通用电气排名第一，每件专利利润达1130万美元。随后为思科和惠普，每件专利利润分别为660万美元和630万美元。

表1-3 2009年获专利数前10名的美国公司

序号	企业名称	所获专利数（件）	营收（亿美元）	净利润（亿美元）	资本回报率（ROIC）（%）	每件专利营收（万美元）
1	IBM	4914	958	145.00	28.5	270
2	微软	2906	587	163.00	35.7	560
3	英特尔	1537	351	44.00	10.3	280
4	惠普	1237	1169	80.00	14.3	630
5	通用电气	979	1568	110.00	3.5	1130
6	美光科技	966	51	-9.25	-16.2	-100（每专利亏损）
7	思科	913	355	60.00	14.1	660
8	博通	714	45	0.65	1.7	10
9	霍尼韦尔	655	309	22.00	15.3	330
10	德州仪器	652	104	15.00	15.4	230

相比之下，中国企业的专利申请和授权情况有较大差距。据国家知识产权局统计，2009 年国内有效专利以实用新型和外观设计专利为主，各占到国内有效专利总量的 46.8% 和 38.1%，而创造水平及科技含量较高的发明专利比重相对较低，只有 15.1%。国外有效专利则是以发明专利为主，占到国外有效专利总量的 79.0%，外观设计专利占 18.9%，而实用新型专利所占比重只有 2.1%，国内外差异十分明显（见图 1－2）。说明目前中国企业的创新还是以外围技术和外观设计为主，核心技术的创新数量还较少。特别是在一些高新技术领域，国外拥有的有效发明专利数量数倍于国内。如在半导体、光学和发动机领域，国外拥有的有效发明专利数量依次为国内的 2.2 倍、2.9 倍和 3.1 倍。①

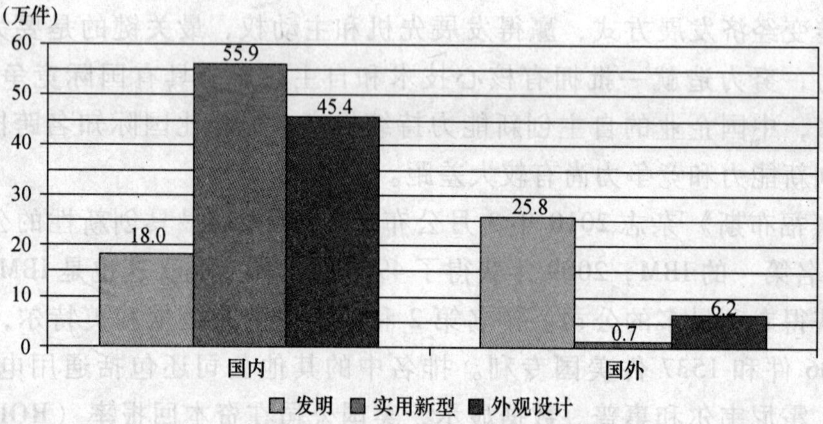

图 1－2　2009 年国内外三种有效专利结构分布

据对国内不同类型专利权人有效发明专利比重走势的分析，近年来企业所占比重持续走高，且增长势头强劲，优势不断扩大。截至 2009 年底，企业有效发明专利占据了国内有效发明专利总量的半壁江山，表明企业正在成为技术创新主体，知识产权运用能力不断增强。2009 年国内企业有效发明专利排行三甲首次为内资公司占据。其中华为技术有限公司以拥有 8891 件有效发明专利遥遥领先，中兴通讯股份有限公司以 3189 件位居第二，中国石油化工股份有限公司以 2772 件位居第三（见图 1－3）。

相比而言，2009 年国外专利权人拥有的有效发明专利数量高于国内企业。如松下电器产业株式会社和三星电子株式会社分别以 9422 件和 8505 件分列专利权人排名前两位，佳能株式会社以 4631 件排名第三（见图 1－4）。

① 相关数据及图 1－2、图 1－3、图 1－4 均引自国家知识产权局规划发展司：《2009 年国内有效专利呈现三个明显提高》、《2009 中国有效专利年度报告（一）》，《专利统计简报》2010 年第 5 期（总第 81 期）。

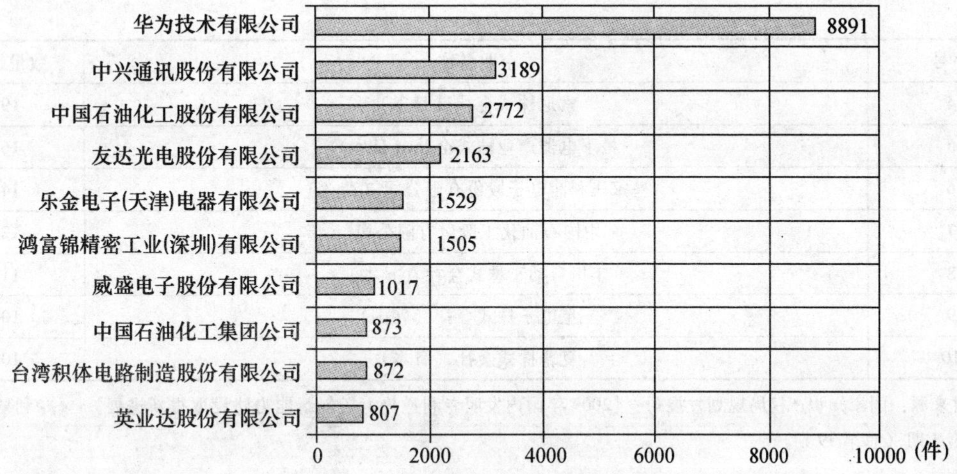

图 1－3 有效发明专利量前 10 位的国内企业

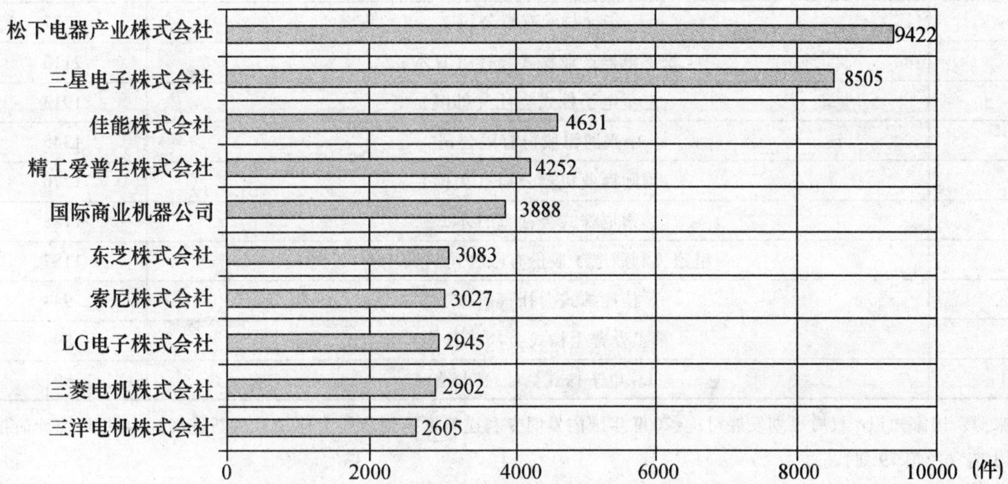

图 1－4 有效发明专利量前 10 位的国外专利权人

另以企业发明专利申请和授权为例，2009 年发明专利申请量前 10 位企业中，只有四家国内企业（含一家台资企业）入围；发明专利授权量前 10 位的企业中仅有两家国内企业入围。而且除华为、中兴两家企业外，其他国内企业差距很大。说明中国自主知识产权优势企业数量仍明显偏少（见表 1－4 和表 1－5）。

表 1－4 2009 年发明专利申请量前 10 位企业

序号	企业名称	数量（件）
1	中兴通讯股份有限公司	5427
2	华为技术有限公司	2813
3	鸿富锦精密工业（深圳）有限公司（台资）	2032

续表

序号	企业名称	数量（件）
4	索尼株式会社（日本）	1970
5	松下电器产业株式会社（日本）	1620
6	皇家飞利浦电子股份有限公司（荷兰）	1450
7	中国石油化工股份有限公司	1259
8	丰田自动车株式会社（日本）	1125
9	三星电子株式会社（韩国）	1063
10	夏普株式会社（日本）	1059

资料来源：国家知识产权局规划发展司：《2009 年国内发明专利逆势上扬创新能力建设取得新进展》，《专利统计简报》2010 年第 3 期（总第 79 期）。

表 1－5　2009 年发明专利授权量居前 10 位的企业

序号	企业名称	数量（件）
1	华为技术有限公司	3377
2	松下电器产业株式会社（日本）	2113
3	三星电子株式会社（韩国）	1913
4	中兴通讯股份有限公司	1345
5	国际商业机器公司（美国）	1276
6	索尼株式会社（日本）	1188
7	皇家飞利浦电子股份有限公司（荷兰）	1187
8	佳能株式会社（日本）	944
9	精工爱普生株式会社（日本）	899
10	LG 电子株式会社（韩国）	891

资料来源：国家知识产权局规划发展司：《2009 年国内发明专利逆势上扬创新能力建设取得新进展》，《专利统计简报》2010 年第 3 期（总第 79 期）。

另据对专利合作条约（PCT）国际专利申请分析，中国近年来虽然保持了较高增速，但与美、欧、日等发达国家的差距悬殊，累积申请总公布量仅占世界总量的 2.5%。2009 年，美国、日本、德国的申请量分别是中国的 5.8 倍、3.8 倍和 2.1 倍。2009 年，中国全年出口总额 12017 亿美元，位居世界第一，但 PCT 申请量只位居世界第五，平均每 1.5 亿美元出口才有一件 PCT 申请。而且在技术领域分布上呈现严重的“偏科”现象。据统计，2005～2009 年，在中国累积 PCT 国际专利申请公布量中，居前 10 位的技术领域依次为数字通信，电信，电机电气装置和电能，药品，计算机技术，家具，游戏，有机精细化工，医学技术，音像技术和土木工程。其中，数字通信领域申请公布量占该领域世界总公布量的 13.8%，电信领域占 6.2%，电机电气装置和电能领域占 2.8%，药品领域占 2.1%，计算机技术占 2.0%，家具、游戏占 4.0%，有机精细化工占 1.7%，医学技术占 1.3%，音像技术占 1.9%，土木工程占 2.6%。表明在数字通信领域中国已跻身世界前列，但除此之外，中国再无任何领域在世界处于优势地位。[①]

此外，中国PCT国际专利申请集中在少数企业，也呈现严重的不均衡状态。根据世界知识产权组织（WIPO）统计，在2009年全球PCT申请公布量前500位企业中，仅有8家中国企业，占1.6%。这8家企业的公布量占到全国PCT申请公布量的1/3，其中华为和中兴两家企业占全国申请量的30%（见表1-6）。

表1-6 2009年PCT申请公布量全球前500位内的中国申请人

全球排名	位次变化	申请人姓名	公布量（件）	占中国公布总量（%）
2	-1	华为技术有限公司	1847	23.2
23	15	中兴通信股份有限公司	502	6.3
188	232	大唐移动通信设备有限公司	89	1.1
196	5	腾讯技术（深圳）有限公司	84	1.1
213	>500	上海贝尔股份有限公司	78	1.0
273	>500	深圳华为通信技术有限公司	61	0.8
448	161	比亚迪股份有限公司	38	0.5
484	>500	中国移动通信集团公司	36	0.5
合计			2735	34.4

资料来源：国家知识产权局规划发展司：《我国专利国际申请调查报告》，《专利统计简报》2010年第16期（总第92期）。

2009年PCT申请公布量全球前100位申请人中，中国只有华为和中兴两家企业，而日本有31家，美国有29家，德国有12家。其他中国企业与国外企业差距巨大[②]（见表1-7）。

表1-7 2009年PCT申请公布量全球前20位申请人

排名	申请人姓名	国家	公布量（件）
1	松下电器产业株式会社	日本	1891
2	华为技术有限公司	中国	1847
3	罗伯特-博世有限公司	德国	1586
4	皇家飞利浦电子股份有限公司	荷兰	1295
5	高通股份有限公司	美国	1280
6	爱立信公司	瑞典	1240
7	LG电子株式会社	韩国	1090
8	恩益禧电子股份有限公司	日本	1069
9	丰田自动车株式会社	日本	1068
10	夏普株式会社	日本	997

① 国家知识产权局规划发展司：《近五年国际专利申请技术发展动态》，《专利统计简报》2010年第9期（总第85期）。

② 国家知识产权局规划发展司：《我国专利国际申请调查报告》，《专利统计简报》2010年第16期（总第92期）。

续表

排名	申请人姓名	国家	公布量（件）
11	西门子公司	德国	932
12	富士通株式会社	日本	817
13	巴斯夫欧洲公司	德国	739
14	3M 创新有限公司	美国	688
15	诺基亚公司	芬兰	663
16	微软公司	美国	644
17	三星电子株式会社	韩国	596
18	NXP 股份有限公司	荷兰	593
19	三菱电机株式会社	日本	569
20	惠普开发有限公司	美国	554

资料来源：国家知识产权局规划发展司：《2009 年世界 PCT 申请格局发生新变化》，《专利统计简报》2010 年第 4 期（总第 80 期）。

许多创新型企业已经具备一定创新能力和基础，而且涌现出如华为、中兴等一批先行企业，有可能也有责任引领中国企业加快提升自主创新能力，努力赶超世界一流企业。

（四）提升国际竞争力需要创新型企业发挥支撑作用

随着中国经济的快速发展，中国面临着日趋激烈的国际竞争。自 1995 年以来，中国已经连续 15 年成为全球反倾销最大受害者。而金融危机爆发后，中国出口产品更是成为众矢之的。据商务部统计，2009 年共有 22 个国家和地区对中国发起 116 起反倾销、反补贴、保障措施和特保调查，直接涉及出口金额 126 亿美元。2009 年中国 GDP 占全球 8%，出口占全球 9.6%，而遭受的反倾销占全球 40% 左右，反补贴占全球 75%。2010 年 1～5 月，共有 14 个国家（地区）对中国产品发起 31 起贸易救济调查，总案值约 18 亿美元。① 不断增多的贸易摩擦严重挤压了中国出口产品的市场空间，削弱了中国出口产品的国际竞争力，加大了中国企业拓展国际市场的难度，增加了中国经济运行的外部风险。

这种状况一方面是由于金融危机以后，国际贸易保护主义重新抬头；另一方面则是因为中国企业自主创新能力不足。中国产业、企业和产品在国际产业分工体系中长期处于中低端，只能依靠廉价劳动力的比较优势和资源能源的大量投入来赚取加工生产环节的微薄利润。据世界贸易组织（WTO）公布的数据，2009 年中国出口占全球出口比重由上年 8.9% 提高到 9.6%，超过德国成为世界第一出口大国。但出口产品中拥有自主知识产权和自主品牌的只占约 10%；中国有近 200

① 《贸易摩擦 中国之痛》，《中华工商时报》2010 年 6 月 11 日。

种产品的产量位居世界第一，但具有国际竞争力的知名品牌很少；中国总的对外技术依存度达60%，而美国、日本仅为5%左右。[①] 另据美国专利商标局、欧洲专利局、日本特许厅和韩国知识产权局四边统计工作组的2009年初步专利统计交换年度报告（APPSE2009）分析，中国在美、日、韩的有效专利数量极少，在日本的有效发明专利中，中国占万分之三；在韩国的有效发明专利中，中国占万分之八；在美国的有效发明专利中，中国占千分之二。而与之相反，在中国的有效发明专利中，日本占26.0%，韩国占5.2%，美国占11.0%。可见中国在海外专利拥有量上，与美、日、韩的差距非常明显。[②] 如果不改变这种状况，中国在日趋激烈的国际竞争中将长期处于战略被动地位。

根据商务部统计的数据，中国“十一五”前四年，专有权利使用费和特许费[③]出口收入共计15.11亿美元，进口支出共计362.39亿美元，逆差达到347.28亿美元。其中，2006年，专有权利使用费和特许费的进口支出为66.30亿美元，2007年为81.90亿美元，2008年为103.19亿美元，2009年达到111亿美元，年均增长18.7%，这表明国内企业技术引进依赖性较强。2006年，专有权利使用费和特许费的出口收入为2亿美元，2007年为3.40亿美元，2008年达到5.71亿美元，2009年下降至4亿美元。相比进口支出，出口收入数额处于低位，显示从总体上看，中国技术创新的国际竞争力仍然有限。2006年，专有权利使用费和特许费收支逆差为64.30亿美元，2007年为78.50亿美元，2008年为97.48亿美元，2009年超过百亿，达到107亿美元。专有权利使用和特许已经成为中国仅次于运输服务的第二大服务贸易逆差行业[④]（见表1-8）。

表1-8　2006~2009年中国专有权利使用和特许费收支情况　　单位：亿美元

年份	出口	进口	逆差
2006	2.00	66.30	64.30
2007	3.40	81.90	78.50
2008	5.71	103.19	97.48
2009	4.00	111.00	107.00
总计	15.11	362.39	347.28

数据来源：国家知识产权局规划发展司：《十一五以来我国专有权利使用费和特许费国际逆差超过300亿美元》，《专利统计简报》2010年第14期（总第90期）。

① 李荣融：《进一步增强紧迫感和责任感　加快提升中央企业自主创新能力——在2010年中央企业科技工作会议上的讲话》，2010年6月24日。

② 国家知识产权局规划发展司：《美日欧韩四局授权率下降一通周期延长——初步专利统计年报披露2009年美日欧韩部分统计数据》，《专利统计简报》2010年第11期（总第87期）。

③ 专有权利主要由专利、商标和版权等构成，专有权利使用费和特许费的国际收支情况在相当程度上反映出一个国家或地区知识产权的国际贸易状况和国际竞争力。

④ 国家知识产权局规划发展司：《十一五以来我国专有权利使用费和特许费国际逆差超过300亿美元》，《专利统计简报》2010年第14期（总第90期）。

上述情况表明，中国企业只有大力提高自主创新能力，才能够在国际竞争中赢得主动，提高在全球产业分工体系中的地位。创新型企业作为中国最具创新能力的企业群体，需要在提升国际竞争力中发挥支撑作用。

二、创新型企业建设工作全面展开

2009 年，随着国家技术创新工程的启动实施，创新型企业建设步入一个新的阶段，各部门、各地方通过营造政策环境，加大实施力度，推动创新型企业建设工作的全面展开。

（一）国家技术创新工程的重要载体

2009 年，为贯彻落实党中央、国务院关于应对金融危机和发挥科技支撑作用促进经济平稳较快发展的战略部署，在“技术创新引导工程”实施的基础上，科技部、财政部、教育部、国资委、全国总工会、国家开发银行等部门联合印发了《国家技术创新工程总体实施方案》，启动了国家技术创新工程，以进一步创新管理，集成创新资源，引导和支持创新要素向企业集聚，加快建设以企业为主体、市场为导向、产学研相结合的技术创新体系，大幅度提升企业自主创新能力，大幅度降低关键领域和重点行业的技术对外依存度，推动企业成为技术创新主体，实现科技与经济更加紧密结合。

围绕提升企业技术创新能力这个核心，针对技术创新体系建设的紧迫需求和关键环节，国家技术创新工程总体实施方案从确立企业在技术创新中的主体地位、推进产学研结合等方面，提出了六项主要任务。一是推动产业技术创新战略联盟构建和发展；二是建设和完善技术创新服务平台；三是推进创新型企业建设；四是面向企业开放高等学校和科研院所科技资源；五是促进企业技术创新人才队伍建设；六是引导企业充分利用国际科技资源。其中，推进创新型企业、产业技术创新战略联盟、技术创新服务平台建设是实施技术创新工程的三大载体和主要抓手，这是基于对技术创新体系建设的整体布局而提出的。目的是通过建设分布全国的创新型企业、贯穿产业链的产业技术创新战略联盟、服务行业和区域的技术创新服务平台，形成技术创新体系的基本框架，带动国家创新体系建设。

建设创新型企业群体，主要是引导和支持一批具有持续创新能力的企业成为国家经济实力和核心竞争力的重要支柱，形成中国创新型企业 500 强，进而示范带动广大企业走创新发展之路，促进产业结构优化升级，推动国民经济实现创新驱动发展，支撑国家核心竞争力。为此，就推进创新型企业建设进行全面部署：

一是要引导企业加强创新能力建设。引导企业加强创新发展的系统谋划；引导和鼓励创新型企业承担国家和地方科技计划项目；引导和鼓励有条件的创新型企业建设国家和地方的重点实验室、企业技术中心、工程技术中心等；支持创新型企业引进海内外高层次技术创新人才；支持企业开发拥有自主知识产权和市场竞争力的新产品、新技术和新工艺。

二是引导企业建立健全技术创新内在机制。完善创新型企业评价指标体系，开展创新型企业评价命名，发挥评价对全社会企业创新的导向作用；加强创新型企业动态管理，形成激励企业持续创新的长效机制；通过科技奖励引导企业技术创新；发挥创新型企业的示范作用。

三是引导企业加强技术创新管理。通过培训、示范等多种方式在企业中推广应用创新方法；推动企业实施自主品牌战略、知识产权战略，塑造国际知名品牌；通过建立创新型企业服务网，促进企业之间的交流与合作。

四是发挥广大职工在技术创新中的重要作用。强化企业技术创新群众基础，组织职工开展合理化建议、技术革新、技术攻关、发明创造等群众性技术创新活动，加强职工技术交流与协作，促进职工技术成果转化。

实施技术创新工程是实现经济发展方式转变的治本之策，是加快国家创新体系建设的战略性行动。工程的启动标志着创新型企业建设步入一个新的阶段。

（二）各部门采取切实措施联合推进

各部门按照国家技术创新工程的总体部署，结合部门职能，分解工作任务，发挥各自优势，制定具体方案，落实相应责任。同时加强部门间协调配合，针对实施中出现的新情况、新问题，及时研究采取有效措施。并积极发挥行业协会在推进企业技术创新中的重要作用。

为加强工程实施的组织保障，科技部、财政部、教育部、国资委、全国总工会、国家开发银行中科院、工程院等部门组成推进产学研结合工作协调指导小组，负责组织实施技术创新工程，定期召开会议，研究决定技术创新工程实施的重大事项，统筹协调相关部门和地方创新资源，督促检查技术创新工程的实施情况。各部门还就支持创新型企业建设制定一系列相关措施：

一是创新科技计划组织方式。调整和优化国家科技计划立项机制，建立和完善以企业技术创新需求为导向的立项机制，建立和完善企业技术创新需求的征集渠道，应用开发类项目的指南编制、课题遴选、立项论证充分发挥企业作用。加强各类计划之间的联动和有效衔接。改进科技计划项目的组织实施方式，应用开发类项目应有企业参加、产学研联合实施，围绕产业技术创新链加强项目的系统集成。建立支持科技计划成果转化应用的资金渠道和机制，发挥已有科技计划成果支撑企业技术创新的作用。

二是发挥财政科技投入的引导作用。调整科技支撑计划、“863”计划、科技基础条件平台等相关计划（专项）的投入结构，形成持续稳定的经费支持渠道，保障技术创新工程重点任务的实施。创新财政科技投入支持方式，综合运用无偿资助（含后补助）、贷款贴息、风险投资、偿还性资助、政府购买服务等方式，引导全社会资源支持企业技术创新。

三是建立健全有利于技术创新的评价、考核与激励机制。完善高等学校和科研院所内部分类考核，科技人员承担企业委托的研究项目与承担政府科技计划项目，在业绩考核中同等对待。支持高等学校和科研院所建立技术转移的激励机制，应用开发类研究以成果的转化应用作为评价标准。加大国家重点实验室、国家工程技术研究中心、大型科学仪器中心、分析检测中心等向企业开放的力度。完善国有企业考核体系和分配激励机制。完善出资人制度设计，着力解决制约企业自主创新能力提升的各种深层次问题。发挥业绩考核引导作用，在对企业负责人经营业绩考核中，进一步完善对技术创新能力的考核指标体系，引导企业加大科技投入。推动企业集团将技术创新能力指标纳入内部各层级企业的考核评价体系。进一步研究企业骨干技术人员中长期分配激励机制与政策，调动发挥骨干技术人员积极性。

四是落实激励企业技术创新政策。抓好政策落实，加快开展国家自主创新产品认定工作，加强有关部门的协调配合，加大宣传培训力度，落实企业研究开发费用所得税前加计扣除、高新技术企业认定、政府采购自主创新产品、创业投资企业和科技企业孵化器税收优惠等重点政策。不断完善政策，开展政策落实情况评估，及时掌握新的政策需求，促进政策研究制定，完善促进产学研结合、技术转移等政策措施。

五是加大对企业技术创新的金融支持。建立科技金融合作机制，加强技术创新与金融创新的结合，发挥财政科技投入的杠杆和增信作用，引导和鼓励金融产品创新，支持企业技术创新。加大对企业技术创新的信贷支持，通过贷款贴息等手段鼓励和引导政策性银行、商业银行支持企业特别是中小企业技术创新。支持企业进入多层次资本市场融资，鼓励和支持企业改制上市，扩大未上市高新技术企业进入代办股份转让系统试点范围，鼓励科技型中小企业在创业板上市。开展知识产权质押贷款和科技保险试点，推动担保机构开展科技担保业务，拓宽企业技术创新融资渠道。

六是促进企业技术创新人才队伍建设。推动高等学校和有条件的科研院所根据企业对技术创新人才的需求调整教学计划和人才培养模式。加强职业技术教育，培养适应企业发展的各类高级技能人才。鼓励企业与高等学校、科研院所联合培养人才。鼓励企业选派技术人才到高等学校、科研院所接受继续教育、参加研究工作，或兼职教学。发挥企业博士后工作站的作用，吸引博士毕业生到企业从事技术创新工作。鼓励高等学校和企业联合建立研究生工作站，吸引研究生到企业进行技术创新实践。引导博士后和研究生工作站在产学研合作中发挥积极作用。

鼓励企业和高等学校联合建立大学生实训基地。协助企业引进海外高层次人才。以实施“千人计划”为重点，采取特殊措施，引导和支持企业吸引海外高层次技术创新人才回国（来华）创新创业。广泛开展岗位练兵、技能比赛、师徒帮教、技术培训等活动，提高职工科技素质和创新能力。

七是引导企业充分利用国际科技资源。发挥国际科技合作计划的作用，引导和支持大企业与国外企业开展联合研发，引进关键技术、知识产权和关键零部件，开展消化吸收再创新和集成创新。鼓励企业与国外科研机构、企业联合建立研发机构，形成一批国际科技合作示范基地。发挥驻外科技、教育等机构的作用，引导企业“走出去”，开展合作研发，建立海外研发基地和产业化基地，及时掌握前沿技术发展的态势，把握国际市场动向，通过科技援外等方式向发展中国家输出技术，扩大高新技术及产品的出口。鼓励和引导企业通过多种方式，充分利用国外企业和研发机构的技术、人才、品牌等资源，加强自主品牌建设。

（三）着力推动国家技术创新工程地方试点

按照国家技术创新工程实施的总体部署，2009 年 11 月国家技术创新工程地方试点工作正式启动。至今，已有浙江、安徽、江苏、山东、广东、四川、辽宁、上海和青岛 9 个省市相继开展试点工作。总体上看，试点省市党委、政府高度重视，认真落实试点方案，加强组织领导，建立工作机制，采取有力措施，把实施技术创新工程作为地方转变经济发展方式的重要载体，扎实推进三大载体建设等任务，着力提升企业技术创新能力和产业核心竞争力，工程实施进展顺利，取得初步成效。

一是把技术创新工程作为转变经济发展方式的重要抓手，紧密结合地方重点产业和战略性新兴产业发展，优先支持创新型企业加快发展，提升产业核心竞争力。如江苏省围绕新能源、新材料、医药及生物技术、软件及服务外包、物联网等六大新兴产业，以创新型企业为重要依托，着力打造南京软件、苏州电子信息等一批创新产业集群；四川省在新一代信息技术、节能环保和航空航天等领域选择“高端大功率发电机组”等 20 个重大关键产品以及 80 个重点产品，全部由创新型企业牵头，产学研联合实施，预计到 2015 年实现产值总规模达到 5000 亿元。

二是把技术创新工程作为推进区域创新体系建设的重要载体，结合地方特点，探索创新发展模式，提升区域创新能力和经济发展活力。如安徽省把合芜蚌自主创新综合试验区建设作为试点工作的重要内容，每年投入引导支持资金达 5 亿元，紧扣核心区域、核心企业、核心项目，强化企业主体、创新载体和产学研一体“三体建设”，在产业、科技、人才和改革四个方面取得成效；四川省开展省市县三级试点联动，产学研互动，推进区域企业实现抱团发展和产业升级，支持军民融合企业做大做强，携手共建创新型四川。

三是把技术创新工程作为提升企业自主创新能力的有效途径，通过深化科技计划等方面的管理改革，促进三大载体建设与政策及计划资源配置、基地建设和人才培养紧密结合。如安徽省委、省政府每年重奖创新型（试点）企业，对被命名的创新型企业实行所得税地方留成部分三年内全额返还的政策；山东省围绕建设山东半岛蓝色经济区的战略部署，构建了海洋化工等 30 多个联盟，对联盟从工作经费和项目经费两方面给予专项资金支持；江苏省主要依托创新型试点企业建立了 142 家院士工作站，吸引 154 名两院院士以及一批国内顶级创新人才和团队，全省建立人才专项资金 20 亿元，三年内引进创新创业人才 7000 多人，团队 891 个。

其他一些省份也采取有力措施积极推进创新型企业建设。如北京将创新型企业建设与中关村国家自主创新示范区建设有机结合起来，围绕做强做大一批具有全球影响力的创新型企业的目标，启动实施“十百千工程”：聚焦电子信息、生物工程与新医药、能源环保、新材料、航空航天等战略性新兴产业和高新技术产业领域，建立动态管理机制，按照核心团队优秀、创新能力强、处于行业主导地位、成长速度快、品牌知名度高等标准，选择 200 家以上企业给予重点支持，以提高自主创新能力为核心，促进企业跨越式发展。到 2012 年，做强做大一批具有全球影响力的千亿元规模企业、产业带动力大的百亿元规模企业和高成长的十亿元规模企业，探索形成支持企业创新发展、做强做大的环境和模式。

三、创新型企业建设的主要成效

截至 2009 年底，科技部、国资委、全国总工会已先后在国家层面选择确定了三批共 469 家创新型试点企业，[①] 并在试点基础上，评价命名了两批共 202 家创新型企业。全国各地也先后选择确定了 4000 多家省级创新型（试点）企业，各省有关市县也积极开展本级创新型企业建设工作，形成了省市县联动局面。在各部门各地方的支持和引导下，这些创新型（试点）企业的创新能力和竞争力进一步增强，对国民经济及区域和行业发展贡献的明显提高，示范引领作用更加显著。

（一）企业自主创新能力显著提升

在国家政策引导和扶持下，创新型企业在提升自主创新能力方面取得明显进步，发挥着积极的示范导向作用。

在研发投入上，据对国家层面选择确定的 458 家创新型（试点）企业的不完

① 2010 年 7 月，科技部、国资委、全国总工会选择确定了第四批 81 家创新型试点企业，本书暂不将其纳入统计分析范围。第四批试点企业名单见本书附录二。

全统计，2009年研发经费支出总额达到2434.9亿元，占全年全国研发经费支出总额（5791.9亿元）的比重为42.0%，研发经费支出占主营业务收入比重为1.86%，也高于1.70%的全国研发经费强度（研发经费支出与国内生产总值之比）。[①] 说明创新型企业日益加大创新投入，已经成为研发投入的重要力量。

发明专利是企业创新活动的重要产出之一。据统计，458家创新型（试点）企业2009年发明专利申请数达到36613件，占全年受理的国内外发明专利申请数（31.5万件）的11.6%，占全年受理的国内发明专利申请数（19.5万件）的16.8%；企业发明专利授权数达到12738件，占全年国内外发明专利授权数（12.8万件）的9.9%，占全年国内发明专利授权数（4.7万件）的17.9%；截至2009年底，企业拥有的授权发明专利总量达49412件，占国内有效发明专利（12.8万件）的23.1%。说明创新型企业的发明专利创造能力和知识产权保护意识较强。

许多创新型企业已经成为行业拥有自主知识产权技术的领先者。在2008年和2009年世界知识产权组织（WIPO）公布的全球专利合作条约（PCT）申请公布量企业排名中，华为技术有限公司分别以1737件和1847件位列第一和第二；2009年中兴通讯股份有限公司的PCT申请量以502件名列全球第23位。[②] 另据国家知识产权局2009年12月底评选公布的第十一届中国专利金奖项目名单，在全部15个获奖项目中，有9个项目的专利权人是国家层面的创新型（试点）企业，体现创新型（试点）企业较强的自主创新能力（见表1-9）。

表1-9 第十一届中国专利金奖项目名单

序号	专利号	发明名称	专利权人	创新型（试点）企业批次
2	200510132289.3	应用于分组网络的基于H.323协议的终端接入方法	中兴通讯股份有限公司	第一批
4	200630101181.3	轿车	中国第一汽车集团公司	第一批
6	200510020003.2	提高含铜取向硅钢电磁性能和底层质量的生产方法	武汉钢铁（集团）公司	第二批
7	200510063255.3	一种产生调频网点的方法和装置	北京北大方正电子有限公司 北京大学	第一批
8	200610049158.3	激光气体分析系统的标定方法	聚光科技（杭州）有限公司	第三批试点
9	00245222.7	半连续离心纺丝机每锭多离心缸及其控制结构	宜宾丝丽雅股份有限公司	第二批

① 469家试点企业中，中国网络通信集团公司、中国航空工业第一集团公司、中国生物技术集团公司、贵阳航天林泉科技有限公司等4家企业因企业合并重组或注销不再纳入统计范围。瓦房店轴承集团有限责任公司、中国东方电气集团公司、湖北宜化集团有限责任公司、中国第一汽车集团公司、神州数码信息系统有限公司、桂林利凯特环保实业股份有限公司、西藏特色产业股份有限公司7家试点企业没有上报2009年数据，故本章只对458家试点企业进行统计。全国数据引自《中国统计年鉴2010》，中国统计出版社，2010年。下文同。

② 国家知识产权局规划发展司：《我国专利国际申请调查报告》，《专利统计简报》2010年第16期（总第92期）。

续表

序号	专利号	发明名称	专利权人	创新型（试点）企业批次
10	02139929.8	宽带码分多址移动通信系统的功率控制方法	中兴通讯股份有限公司	第一批
11	200510034435.9	一种基于服务器端\客户端结构远程显示处理方法	广东威创视讯科技股份有限公司	第一批
13	02146699.8	超高分子量聚丙烯酰胺合成工艺技术中的水解方法	中国石油天然气股份有限公司	第二批

许多创新型（试点）企业积极承担或参与国家和行业技术标准制定。据不完全统计，截至 2009 年底，458 家创新型（试点）企业主持制定过的国家技术标准 4730 件，主持制定过的行业技术标准 3832 件。

创新型（试点）企业获得许多重大创新成果。继奇瑞汽车股份有限公司、中国航天科技集团公司、华为技术有限公司、上海振华港机股份有限公司、中国重型机械研究院[①] 5 家创新型企业获得首届国家科技进步奖企业技术创新工程奖后，2009 年中兴通讯股份有限公司、浙江吉利控股集团有限公司、神华集团有限公司、浪潮集团有限公司、宝钢集团有限公司、中国钢研科技集团公司、南京南瑞集团公司 7 家创新型企业再获国家科技进步奖企业技术创新工程奖。

创新型企业内部研发活动活跃，研发设施不断完善，所有国家层面认定的创新型（试点）企业都建立了内部研发机构，许多企业研发机构被认定为国家或省级重点实验室、工程技术中心和企业技术中心等。据统计，458 家国家层面认定的创新型（试点）企业拥有国家认定的企业技术中心 337 家，占国家认定企业技术中心总数（575 家）的 58.6%；国家（工程）技术研究中心 182 家，国家重点实验室 129 家，国家工程实验室 55 家。此外，还有 47 家企业设立了 59 家海外研发机构。

产学研结合机制正在形成和深化。许多创新型（试点）企业都与国内外科研院校建立形式多样的合作。458 家国家层面认定的创新型（试点）企业有 394 家开展各种形式的产学研合作项目，162 家创新型（试点）企业参加了各种产业技术创新战略联盟。目前，科技部、财政部、教育部、国资委、全国总工会、国家开发银行等部门积极推动产业技术创新战略联盟试点工作，已经认定 56 家产业技术创新战略联盟试点，许多省（市、区）也积极推动产业技术创新联盟建设，各种联盟也都有许多创新型（试点）企业参与或作为核心成员。

部分创新型（试点）企业创新能力的迅速提升，已经引起全球范围关注。如

① 上海振华港机股份有限公司已更名为“上海振华重工（集团）股份有限公司”；中国重型机械研究院已更名为“中国重型机械研究院有限公司”。

在美国知名媒体《Fast Company》评出的2010年全球最具创新力50强公司中，中国的华为技术有限公司、比亚迪股份有限公司分列第8、16位。在《Fast Company》评出的2010年最具创新力十大中国公司中，华为、比亚迪、无锡尚德、百度分列第1、2、6、10位。

（二）企业国际竞争力持续提高

据对458家创新型（试点）企业的不完全统计，2009年的资产总额达到19.3万亿元，主营业务收入达13.1万亿元，增加值达3.3万亿元，利润总额达8597亿元，上缴税费总额达11841亿元。其中，195家创新型企业的资产总额达到13.8万亿元，主营业务收入达88883亿元，增加值达24450亿元，利润总额达6127亿元，上缴税费总额达9402亿元。

在2010年《财富》500强中，中国内地入围企业达到了创纪录的43家，且中国企业的排名持续上升，中国石油化工集团公司、国家电网公司、中国石油天然气集团公司三家企业进入前10名，显示中国企业在世界经济中扮演着日益重要的角色。而在中国内地企业入选的43家企业中，有27家已经加入创新型企业建设的行列，其中18家被评价命名为创新型企业，分别占43家中国内地入选企业的62.8%和41.9%。特别需要提到，中国民营创新型企业华为技术有限公司2010年首次上榜，以年销售额218亿美元排名第397位，净利润达26.7亿美元；民营创新型企业江苏沙钢集团有限公司也以年销售额214亿美元排名415名，比上年444名提高了29位（见表1－10）。

表1－10 2010年《财富》500强中的创新型（试点）企业

排名	公司名称	营业收入（百万美元）	净利润（百万美元）	创新型（试点）企业批次
7	中国石油化工集团公司	187518	5756	第一批
8	国家电网公司	184496	-343	第一批
10	中国石油天然气集团公司	165496	10272	第二批
77	中国移动通信集团公司	71749	11656	第二批
133	中国铁道建筑总公司	52044	960	第二批试点
137	中国中铁股份有限公司（中国铁路工程总公司）	50704	1008	第一批
156	中国南方电网有限责任公司	45735	250	第二批
182	东风汽车公司	39402	720	第三批试点
187	中国建筑工程总公司	38117	839	第二批试点
203	中国中化集团公司	35577	659	第三批试点
204	中国电信集团公司	35557	581	第二批
223	上海汽车工业（集团）公司	33629	1070	第三批试点

续表

排名	公司名称	营业收入（百万美元）	净利润（百万美元）	创新型（试点）企业批次
224	中国交通建设集团有限公司	33465	704	第三批试点
252	中国海洋石油总公司	30680	3634	第三批试点
258	中国第一汽车集团公司	30237	1382	第一批
275	中国南方工业集团公司（中国兵器装备集团公司）	28757	274	第二批
276	宝钢集团有限公司	28591	1448	第一批
313	中国华能集团公司	26019	39	第二批
315	中国冶金科工集团公司	25868	412	第二批
332	中国五矿集团公司	24956	299	第三批试点
348	中国北方工业集团公司（中国兵器工业集团公司）	24150	456	第二批
356	神华集团有限责任公司	23605	3278	第一批
397	华为技术有限公司	21821	2672	第一批
415	江苏沙钢集团有限公司	21419	377	第二批
428	武汉钢铁（集团）公司	20543	174	第一批
436	中国铝业公司	19851	-622	第一批
477	中国国电集团公司	17871	32	第二批试点

注：中国中铁股份有限公司是由中国铁路工程总公司以整体重组、独家发起方式设立的股份有限公司。下文同。

随着中国内地企业进入《财富》500强行列数量逐年增加，创新型（试点）企业入选的数量也水涨船高，从2005年的9家增加到2009年的27家，增长2倍。说明创新型（试点）企业已经成为中国企业率先参与国际竞争、跻身世界级企业行列的先行群体，这些企业在相当大程度上代表了当前中国企业创新能力和水平的最高水准（见表1－11和图1－5）。

表1－11　《财富》500强中创新型（试点）企业上榜数　　单位：家

企业类型＼年份	2005	2006	2007	2008	2009	2010
中国上榜企业	18	23	30	35	43	54
内地上榜企业	15	19	22	26	34	43
创新型（试点）企业	9	13	16	19	20	27
创新型企业	8	9	10	12	13	18

但也要看到，虽然中国有越来越多的企业进入世界500强行列，但除了华为、沙钢外，绝大多数上榜中国企业仍属于垄断性、资源性行业的大型国有企业，其管理水平、创新能力、经营效率和风险控制能力等与国际跨国企业相比存在较大差距，总体而言中国企业的国际竞争力亟待加强。

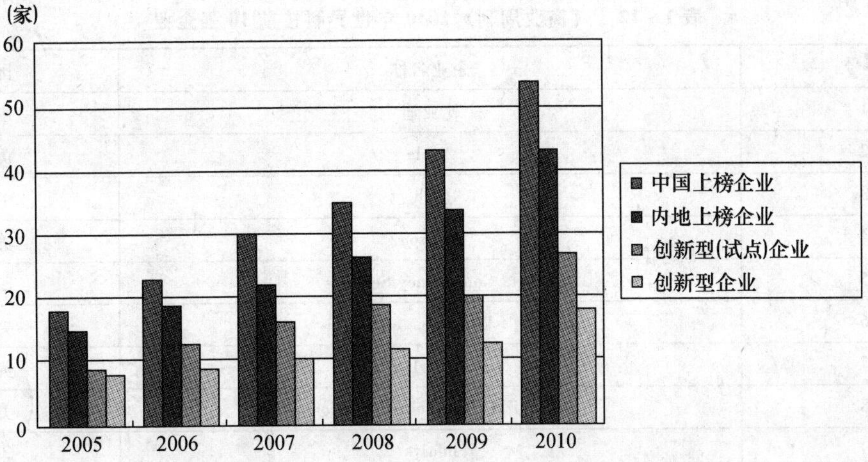

图 1－5 财富 500 强中创新型（试点）企业上榜数

创新型（试点）企业作为中国企业中创新能力较强的群体，肩负着引领中国企业参与国际竞争的使命。可喜的是，有相当一批创新型（试点）企业已经或正在成为中国企业实现跨国成长的先行者。这些企业通过各种方式获取全球创新资源，提升全球竞争力。如近年来华为、中兴通讯、中联重科、三一重工、吉利汽车、中国化工、迈瑞医疗、万向集团等一批创新型（试点）企业率先通过在海外设立研发机构、跨国并购、建立国际研发战略联盟等方式，在全球范围获取和整合创新资源，形成较强的核心竞争力。

据美国《商业周刊》发布的 2010 年“全球最具创新力的 50 大公司”排行榜，中国内地企业有比亚迪、海尔、联想、中国移动 4 家企业上榜，分列第 8、28、30、44 位。这 4 家上榜企业都是国家层面的创新型（试点）企业。在美国《商业周刊》公布的 2010 年度全球 IT 企业 100 榜单中，由于中国企业比亚迪在 IT 行业与传统汽车制造领域的创新生产模式获肯定并因此创造高效率，首次荣登榜首①（见表 1－12）。比亚迪夺冠是《商业周刊》全球“科技 100 强”评选以来第一次由中国企业登上榜首。据《商业周刊》介绍，比亚迪在 IT 领域独创了一套半自动、半人工的生产流程，即在全自动设备上加上一些集成的设备，在保证产品品质的情况下进行手工化的改造，对产品品质更加精益求精。比亚迪只用了同行业 1/2 甚至 1/4 的投资门槛便在 IT、手机等领域站稳了脚跟。比亚迪以近 15% 的全球市场占有率成为中国最大的手机电池生产企业，在镍镉电池、镍氢电池、锂电池领域全球排名第一；比亚迪汽车更是连续 6 年销量 100% 增长，奠定了比亚迪新锐汽车领军者的地位。

① 此次全球“科技 100 强”是从彭博社（Bloomberg）数据库中超过 6500 家上市交易的科技股中选出，评选指标包括营收额、净利润、股东投资回报率及员工人数、成长率等。

表 1-12 《商业周刊》2010 年世界科技前 10 强企业

序号	企业名称	国别
1	比亚迪	中国
2	Apple	美国
3	腾讯	中国
4	Amazon	美国
5	Tata Consultancy Services	印度
6	Priceline. com	美国
7	CenturyLink	美国
8	Cognizant Technology Solutions	美国
9	Infosys	印度
10	SoftBank	日本

（三）对国民经济发展的支撑作用明显

许多创新型（试点）企业都是所在区域的骨干或龙头企业，对区域经济增长和转型的支撑作用明显。如湖南长沙的工程机械行业近年来发展迅速，到 2009 年实现产值 750 亿元，占全国的 23%，占全球的 7.2%。长沙已经成为中国最大的工程机械生产基地。在长沙工程机械行业中，三一重工股份有限公司、长沙中联重工科技股份有限公司、湖南山河智能机械股份有限公司 3 家国家创新型（试点）企业发挥了龙头作用。其中三一重工和中联重科 2009 年产值都超过 300 亿元，山河智能也达到 20 亿元。围绕三家龙头企业，还有其他 21 家主机企业及 400 余家协作配套企业，其中 2009 年产值亿元以上的企业 24 家、千万元以上的企业 84 家。由此形成以主机企业为中心，以车身及附件、结构件、配件、行走装置、零部件、机加工等企业为专业配套的工程机械产业集群。[①] 类似的还有深圳的华为和中兴通讯，青岛的海尔和海信等。此外，越来越多地区开展了本地区创新型企业建设，目前全国各地选择确定的省（市）级创新型（试点）企业 4000 多家。这些创新型（试点）企业在区域经济发展中扮演了举足轻重的角色，正在成为推动本地区经济持续发展和增长方式转变的重要引擎。

创新型（试点）企业对行业发展和科技进步的支撑明显，特别是在一些战略性新兴产业领域，许多创新型（试点）企业发挥着行业龙头作用。以风电行业为例，据 2010 年 3 月世界权威咨询机构丹麦 BTM 发布的《世界风能发展》（2010）显示，华锐风电科技（集团）股份有限公司、新疆金风科技股份有限公司、中国东方电气集团有限公司 3 家中国企业跻身全球十大风电机组制造企业行列。其中，

① 黄速建主编：《中国产业集群创新发展报告 2010~2011》，经济管理出版社，2010 年。

华锐风电2008年已成为中国最大的风电机组制造企业。2009年，其在全球市场的占有份额几乎增长了一倍（从5.0%跃升至9.2%），被BTM报告评价为全球十大风电机组制造企业中表现最优异者（见表1－13）。这三家企业都是国家层面的创新型（试点）企业，显示创新型（试点）企业在中国风电这一新兴行业举足轻重的地位。

表1－13 2009年全球十大风电机组制造企业

排名	公司	国别	全球市场份额（%）
1	VESTAS	丹麦	12.5
2	GE	美国	12.4
3	华锐风电	中国	9.2
4	ENERCON	德国	8.5
5	金风科技	中国	7.2
6	GAMESA	西班牙	6.7
7	东方电气	中国	6.5
8	SUZLON	印度	6.4
9	SIMENS	德国	5.9
10	REPOWER	德国	3.4

资料来源：BTM。转引自北极星电力网（http：//www.bjx.com.cn）。

另据工业和信息化部公布的2010年（第24届）电子信息百强排行榜，在前10名企业中，有9家进入国家层面的创新型（试点）企业行列；在前20名企业中，有14家进入国家层面的创新型（试点）企业行列。显示创新型（试点）企业已经成为中国电子信息产业的主力军（见表1－14）。

表1－14 2010年电子信息百强企业前20名中的创新型（试点）企业

排名	公司名称	所属地	创新型（试点）企业批次
1	华为技术有限公司	深圳	第一批
2	海尔集团公司	山东	第一批
3	联想控股有限公司	北京	第一批
4	中兴通讯股份有限公司	深圳	第一批
5	海信集团有限公司	山东	第一批
6	北大方正集团有限公司	北京	第二批
7	TCL集团股份有限公司	广东	第三批试点
8	比亚迪股份有限公司	深圳	第三批试点
9	四川长虹电子集团有限公司	四川	第一批
12	浪潮集团有限公司	山东	第一批
14	上海贝尔股份有限公司	上海	第一批
15	同方股份有限公司	北京	第三批试点
17	南京联创科技集团股份有限公司	江苏	第一批
18	武汉邮电科学研究院	湖北	第一批

创新型（试点）企业对国民经济发展的贡献日益显著。据统计，458 家国家层面认定的创新型（试点）企业，2009 年创造的增加值达到 33297.9 亿元，占全年国内生产总值（GDP）340506.9 亿元的比重为 9.8%，占全年全部工业增加值（135239.9 亿元）的比重为 24.6%；企业上缴税费总额达 11840.9 亿元，占全年全国税收收入 59521.6 亿元的比重为 19.9%。

另据中国企业联合会、中国企业家协会发布的 2010 年中国企业 500 强榜单，有相当部分国家层面认定的创新型（试点）企业入选。仅在前 50 强企业中，国家层面认定的创新型（试点）企业就占 30 家，在前 100 强企业中占 46 家。中国石油化工集团公司、中国石油天然气集团公司、国家电网公司 3 家创新型企业更是名列三甲。说明越来越多的国家大中型企业进入创新型企业建设行列，创新型（试点）企业已经成为中国企业 500 强的骨干力量（见表 1-15）。

表 1-15　2010 年中国企业前 100 强中的创新型（试点）企业

名次	企业名称	营业收入（亿元）	批次
1	中国石油化工集团公司	13919.5	第一批
2	国家电网公司	12603.1	第一批
3	中国石油天然气集团公司	12182.8	第二批
4	中国移动通信集团公司	4901.2	第二批
8	中国铁建股份有限公司（中国铁道建筑总公司）	3555.2	第二批试点
9	中国中铁股份有限公司（中国铁路工程总公司）	3463.7	第一批
12	中国南方电网有限责任公司	3124.2	第二批
13	东风汽车公司	2691.6	第三批试点
15	中国中化集团公司	2430.3	第三批试点
16	中国电信集团公司	2429.0	第二批
17	上海汽车工业（集团）总公司	2297.2	第三批试点
18	中国交通建设集团有限公司	2286.1	第三批试点
19	中国海洋石油总公司	2095.8	第三批试点
21	中国第一汽车集团公司	2065.5	第一批
22	中国兵器装备集团公司	1964.4	第二批
23	宝钢集团有限公司	1953.1	第一批
25	中国华能集团公司	1777.4	第二批
27	中国冶金科工集团有限公司	1767.1	第二批
29	中国航空工业集团公司	1720.7	第二批试点
30	中国五矿集团公司	1704.7	第三批试点
31	中国兵器工业集团公司	1649.7	第二批
33	神华集团有限责任公司	1612.5	第一批

续表

名次	企业名称	营业收入（亿元）	批次
37	华为技术有限公司	1492.5	第一批
40	江苏沙钢集团有限公司	1463.1	第二批
42	武汉钢铁（集团）公司	1403.3	第二批
43	中国铝业公司	1356.1	第一批
46	首钢总公司	1303.8	第三批试点
47	海尔集团公司	1249.1	第一批
48	中国国电集团公司	1220.8	第二批试点
49	中国船舶重工集团公司	1210.9	第二批
54	中国化工集团公司	1080.3	第二批
56	联想控股有限公司	1063.8	第一批
62	太原钢铁（集团）有限公司	1013.6	第二批试点
67	美的集团有限公司	865.7	第二批试点
68	中国电子信息产业集团公司	859.0	第一批
71	中国建筑材料集团有限公司	815.8	第二批试点
74	鞍山钢铁集团公司	802.6	第一批
84	中国航天科工集团公司	724.7	第二批
87	中国中煤能源集团有限公司	701.7	第三批试点
89	金川集团有限公司	664.7	第一批
90	中国医药集团总公司	645.0	第二批试点
92	天津钢管集团股份有限公司	613.7	第一批
94	中兴通讯股份有限公司	602.7	第一批

注：中国铁建股份有限公司是由中国铁道建筑总公司独家发起设立的股份有限公司。下文同。

在2010年中国制造业企业500强榜单中，前50强企业有32家国家层面认定的创新型（试点）企业，占64%（见表1－16）。

表1－16　2010年中国制造业企业前50强中的创新型（试点）企业

名次	企业名称	营业收入（亿元）	创新型（试点）企业批次
1	中国石油化工集团公司	13919.5	第一批
2	东风汽车公司	2691.6	第三批试点
3	上海汽车工业（集团）总公司	2297.2	第三批试点
4	中国第一汽车集团公司	2065.5	第一批
5	中国兵器装备集团公司	1964.4	第二批
6	宝钢集团有限公司	1953.1	第一批
9	中国五矿集团公司	1704.7	第三批试点

续表

名次	企业名称	营业收入（亿元）	创新型（试点）企业批次
10	中国兵器工业集团公司	1649.7	第二批
11	华为技术有限公司	1492.5	第一批
12	江苏沙钢集团有限公司	1463.1	第二批
13	武汉钢铁（集团）公司	1403.3	第二批
14	中国铝业公司	1356.1	第一批
16	首钢总公司	1303.8	第三批试点
17	海尔集团公司	1249.1	第一批
18	中国船舶重工集团公司	1210.9	第二批
20	中国化工集团公司	1080.3	第二批
21	联想控股有限公司	1063.8	第一批
22	太原钢铁（集团）有限公司	1013.6	第二批试点
25	美的集团有限公司	865.7	第二批试点
26	中国电子信息产业集团公司	859.0	第一批
29	中国建筑材料集团有限公司	815.8	第二批试点
31	鞍山钢铁集团公司	802.6	第一批
34	中国航天科工集团公司	724.7	第二批
35	金川集团有限公司	664.7	第一批
37	天津钢管集团股份有限公司	613.7	第一批
39	中兴通讯股份有限公司	602.7	第一批
40	海信集团有限公司	559.9	第一批
42	中国重型汽车集团有限公司	556.6	第三批试点
44	马钢（集团）控股有限公司	546.8	第三批试点
46	新兴铸管集团有限公司	538.6	第三批试点
49	潍柴控股集团有限公司（潍柴动力股份有限公司）	522.8	第三批试点
50	万向集团公司	514.8	第二批

另据《环球企业家》杂志与罗兰·贝格国际管理咨询公司2010年8月评选公布的“最具全球竞争力中国公司”榜单，海尔、华为、联想、中兴通讯、中移动等12家创新型（试点）企业（不含2家第四批创新型试点企业）入选20强，占20强企业的60%。[①] 也在某种程度上显示创新型（试点）企业在中国企业中具有较强的竞争力（见表1-17）。

① 据介绍，本次评选的主题是“后金融危机时代拥抱复苏”。该评选分为企业长名单筛选、入围企业评选和专家评选三个阶段进行。最终是由经济学者、在华跨国公司高管和海外商业领袖组成的评委会对入围的50家企业进行审慎评估，最终产生20强榜单。

表 1－17　2010 年度"最具全球竞争力中国公司"20 强

（排名不分先后）

企业名称	创新型（试点）企业批次
宝钢集团有限公司	第一批
百度在线网络技术有限公司	第四批试点企业
东软集团股份有限公司	第四批试点企业
海尔集团公司	第一批
华为技术有限公司	第一批
联想集团［联想（北京）有限公司］	第一批
美的集团	第二批试点
青岛啤酒股份有限公司	—
上海汽车工业（集团）总公司	第三批试点
苏宁电器集团有限公司	—
腾讯控股有限公司	—
招商银行股份有限公司	—
中国海洋石油总公司	第三批试点
中粮集团有限公司	—
中国移动通信集团公司	第二批
中国工商银行股份有限公司	—
中国石油化工集团公司	第一批
中国石油天然气集团公司	第二批
中兴通讯股份有限公司	第一批
无锡尚德太阳能电力有限公司	第三批试点

上述数据及分析说明，尽管创新型（试点）企业数量有限，但已经成为国民经济发展不可小觑的重要力量，对国民经济的贡献份额越来越大。

总之，创新型企业作为中国最具创新能力和竞争力的企业群体，其对国民经济发展的支撑和引领作用以及对中国企业参与国际竞争的带动作用，将伴随着创新型企业建设工作的深入推动而越发显著，并将示范引导更多的中国企业走上创新驱动发展的道路。

第二章

创新型企业建设进展

科技部、国资委、全国总工会自2005年底启动创新型企业建设工作，经过几年的试点推动，这些创新型（试点）企业的创新意识、创新能力、创新绩效、经济贡献、国际竞争力等持续提升。本章在对前三批创新型（试点）企业[①]的基本概况进行分析的基础上，重点选择最能代表创新型企业建设成效且统计数据比较系统的两批被评价命名的创新型企业为重点分析对象，总结创新型企业建设进展和成效。

一、创新型企业的基本概况

2006~2009年，三部门先后在国家层面选择确定了三批469家创新型试点企业，并在试点基础上，评价命名了两批共202家创新型企业。目前有4家企业（其中3家创新型企业）重组合并或注销，本章仅对465家创新型试点企业及199家创新型企业的情况进行分析。[②] 下面分别从行业、地区、企业类型、企业规模等不同角度，分析创新型（试点）企业的基本概况。

（一）行业分布：呈现明显的集中性

参照《国民经济行业分类与代码》（GB/T 4754—2002）的两位数分类范围，对创新型（试点）企业的行业分布情况进行统计（见表2-1）。

① 本章所称创新型（试点）企业统指三部门在国家层面选择确定的创新型企业及试点企业。

② 2008年第二批试点企业中国航空工业第一集团公司与中国航空工业第二集团公司合并组成“中国航空工业集团公司”；2009年第一批创新型企业中国网络通信集团公司与中国联合通信有限公司重组合并为“中国联合网络通信集团有限公司”（简称中国联通）；2009年第一批创新型企业中国生物技术集团公司与第二批试点企业中国医药集团总公司实行联合重组；第一批创新型企业贵阳航天林泉科技有限公司已注销。故中国网络通信集团公司、中国航空工业第一集团公司、中国生物技术集团公司、贵阳航天林泉科技有限公司4家企业本章不再统计。

表 2－1 创新型（试点）企业按行业分布一览表 单位：家

行业及其代码		创新型企业			创新型试点企业			
		第一批	第二批	合计	第一批	第二批	第三批	合计
01	农业	1	0	1	1	0	0	1
02	林业	0	0	0	0	1	0	1
03	畜牧业	0	0	0	0	0	1	1
04	渔业	0	1	1	0	1	0	1
05	农、林、牧、渔服务业	0	0	0	0	1	0	1
06	煤炭开采和洗选业	1	0	1	1	0	5	6
07	石油和天然气开采业	0	1	1	0	1	1	2
08	黑色金属矿采选业	0	0	0	0	0	0	0
09	有色金属矿采选业	1	1	2	1	2	0	3
11	其他采矿业	0	0	0	0	0	1	1
13	农副食品加工业	0	3	3	0	4	4	8
14	食品制造业	0	1	1	2	2	2	6
17	纺织业	0	4	4	0	4	2	6
21	家具制造业	0	0	0	0	0	1	1
22	造纸及纸制品业	0	0	0	0	0	1	1
24	文教体育用品制造业	0	1	1	0	1	0	1
25	石油加工、炼焦及核燃料加工业	1	1	2	1	1	1	3
26	化学原料及化学制品制造业	5	11	16	8	12	13	33
27	医药制造业	9	12	21	9	27	21	57
28	化学纤维制造业	0	2	2	0	3	1	4
29	橡胶制品业	0	1	1	0	1	2	3
30	塑料制品业	0	1	1	1	2	0	3
31	非金属矿物制品业	3	0	3	3	3	8	14
32	黑色金属冶炼及压延加工业	3	4	7	4	5	7	16
33	有色金属冶炼及压延加工业	5	7	12	5	9	5	19
34	金属制品业	2	0	2	1	1	2	4
35	通用设备制造业	6	7	13	6	12	19	37
36	专用设备制造业	7	12	19	8	23	18	49
37	交通运输设备制造业	8	7	15	8	9	18	35
39	电气机械及器材制造业	4	10	14	4	20	12	36
40	通信设备、计算机及其他电子设备制造业	15	9	24	17	15	14	46
41	仪器仪表及文化、办公用机械制造业	2	2	4	2	2	4	8

续表

行业及其代码		创新型企业			创新型试点企业			
		第一批	第二批	合计	第一批	第二批	第三批	合计
43	废弃资源和废旧材料回收加工业	0	0	0	0	0	1	1
44	电力、热力的生产和供应业	2	2	4	3	3	1	7
46	水的生产和供应业	0	0	0	0	0	1	1
47	房屋和土木工程建筑业	1	0	1	1	3	1	5
48	建筑安装业	0	1	1	0	2	0	2
49	建筑装饰业	0	0	0	0	0	1	1
54	水上运输业	0	1	1	0	1	0	1
57	管道运输业	0	0	0	0	0	1	1
60	电信和其他信息传输服务业	1	2	3	1	2	1	4
61	计算机服务业	0	1	1	0	3	2	5
62	软件业	4	3	7	4	3	4	11
63	批发业	0	0	0	0	1	2	3
75	研究与试验发展	5	2	7	7	1	3	11
76	专业技术服务业	2	0	2	2	0	1	3
77	科技交流和推广服务业	0	0	0	0	1	0	1
80	环境管理业	0	1	1	0	1	0	1
总　计		88	111	199	100	183	182	465

注：为便于统计分析，拥有多项主营业务的创新型（试点）企业，其行业代码以企业所填报的第一主业为准。

465 家创新型试点企业共分布于 48 个行业，几乎覆盖了全部两位数分类行业（98 个）的一半，体现了在国民经济中较强的代表性。其中，199 家创新型企业分布于 35 个行业。

创新型试点企业分布较为集中的行业有医药制造业（57 家），专用设备制造业（49 家），通信设备、计算机及其他电子设备制造业（46 家），通用设备制造业（37 家），电气机械及器材制造业（36 家），交通运输设备制造业（35 家），化学原料及化学制品制造业（33 家），有色金属冶炼及压延加工业（19 家）8 个行业，共计 312 家，占全部 465 家创新型试点企业的 67.1%。

创新型企业分布较为集中的行业有通信设备、计算机及其他电子设备制造业（24 家），医药制造业（21 家），专用设备制造业（19 家），化学原料及化学制品制造业（16 家），交通运输设备制造业（15 家），电气机械及器材制造业（14 家），通用设备制造业（13 家），有色金属冶炼及压延加工业（12 家）8 个行业，共计 134 家，占全部 199 家创新型企业的 67.3%。

上述统计结果说明，创新型企业及试点企业的行业分布状况基本相同。创新型（试点）企业明显集中于上述8个重点行业，表明创新型（试点）企业的分布呈现明显的行业集中性（见表2-2）。

表2-2 创新型（试点）企业分布前8位行业 单位：家

行业	创新型试点企业		创新型企业	
	序号	企业数	序号	企业数
医药制造业（27）	1	57	2	21
专用设备制造业（36）	2	49	3	19
通信设备、计算机及其他电子设备制造业（40）	3	46	1	24
通用设备制造业（35）	4	37	7	13
电气机械及器材制造业（39）	5	36	6	14
交通运输设备制造业（37）	6	35	5	15
化学原料及化学制品制造业（26）	7	33	4	16
有色金属冶炼及压延加工业（33）	8	19	8	12
合 计	—	312	—	134

（二）地区分布：向经济发达地区集聚

下面按照国家行政区划（省、自治区、直辖市），对创新型（试点）企业的地区分布情况进行统计（见表2-3）。

表2-3 创新型（试点）企业按地区分布一览表 单位：家

地区	创新型企业			创新型试点企业			
	第一批	第二批	合计	第一批	第二批	第三批	合计
北京	18	19	37	20	28	18	66
天津	2	4	6	2	6	6	14
河北	1	3	4	1	4	4	9
山西	2	1	3	2	4	6	12
内蒙古	1	2	3	1	5	2	8
辽宁	3	9	12	4	10	6	20
吉林	3	1	4	3	3	5	11
黑龙江	2	2	4	2	6	5	13
上海	4	3	7	5	6	7	18
江苏	4	6	10	4	6	7	17
浙江	5	6	11	5	10	13	28
安徽	1	6	7	2	6	10	18

续表

地区	创新型企业			创新型试点企业			
	第一批	第二批	合计	第一批	第二批	第三批	合计
福建	3	4	7	4	9	9	22
江西	1	4	5	2	4	4	10
山东	5	6	11	5	10	11	26
河南	2	1	3	2	6	6	14
湖北	4	3	7	4	5	6	15
湖南	2	4	6	2	5	4	11
广东	6	8	14	6	10	11	27
广西	0	2	2	1	2	3	6
海南	1	0	1	2	2	4	8
重庆	3	4	7	3	4	7	14
四川	4	3	7	4	6	6	16
贵州	0	2	2	1	3	3	7
云南	2	1	3	2	5	2	9
西藏	1	1	2	1	2	2	5
陕西	2	2	4	2	2	5	9
甘肃	2	0	2	2	4	2	8
青海	1	1	2	2	2	3	7
宁夏	1	0	1	1	3	2	6
新疆	2	3	5	3	5	3	11
总计	88	111	199	100	183	182	465

创新型试点企业分布较多的前六名地区依次是：北京（66）、浙江（28）、广东（27）、山东（26）、福建（22）、辽宁（20），共计189家，占465家创新型试点企业的40.6%。试点企业达到15家的地区还有江苏（17）、四川（16）、上海（15）、安徽（15）、湖北（15）（见图2－1）。

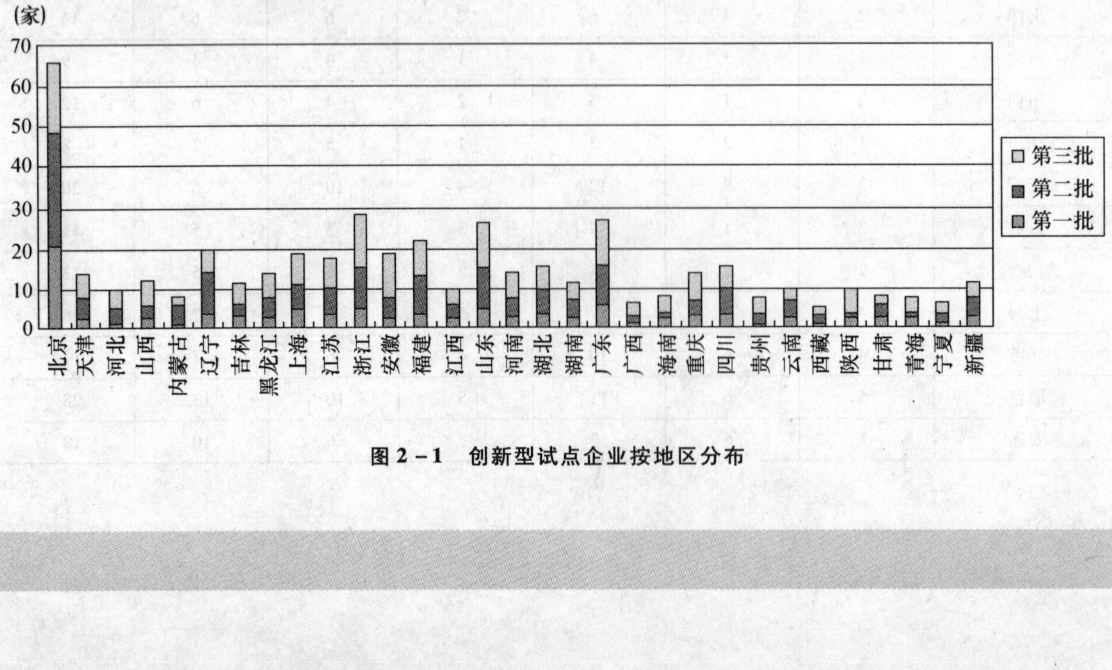

图2－1　创新型试点企业按地区分布

创新型企业分布较多的前六名地区依次是：北京（37）、广东（14）、辽宁（12）、浙江（11）、山东（11）、江苏（10），共计95家，占创新型企业总数的47.7%。上海、福建、四川、重庆、安徽、湖北等地区分别拥有7家创新型企业（见图2－2）。

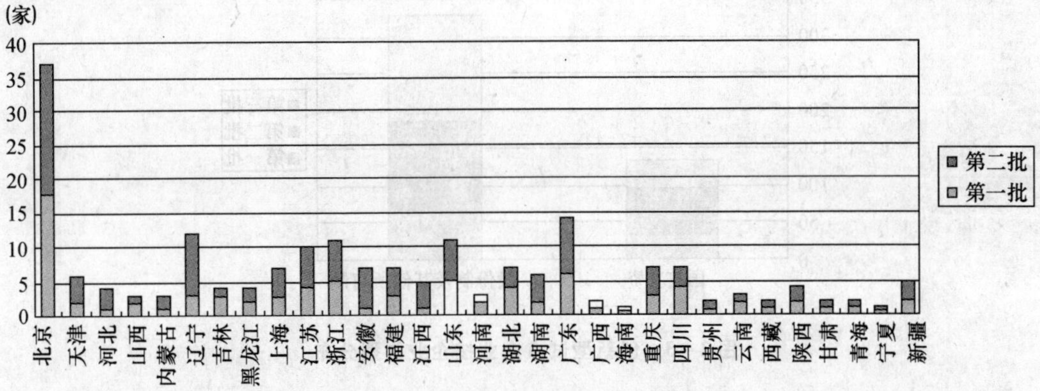

图2－2　创新型企业按地区分布

上述统计情况显示，创新型（试点）企业在空间分布上呈现向经济发达地区集聚的态势，说明创新型（试点）企业数量与所在地区的经济发达程度呈正相关。需要特别指出，由于创新型（试点）企业中有相当部分的中央企业和原部委所属的企业化转制院所，其总部主要设在北京等地，也影响到创新型（试点）企业的地区分布情况。

（三）类型分布：多种所有制形式均衡发展

下面按照国有独资和股份制及其他所有制两种企业类型，对创新型（试点）企业的分布情况进行统计（见表2－4）。

表2－4　创新型（试点）企业按企业类型分布表　　单位：家

企业类型		国有独资	股份制及其他所有制	合计
创新型企业	第一批企业	33	55	88
	第二批企业	44	67	111
	总数	77	122	199
创新型试点企业	第一批	35	65	100
	第二批	62	121	183
	第三批	36	146	182
	总数	133	332	465

在465家创新型试点企业中，股份制及其他所有制企业有332家，占创新型试点企业总数的71.4%，近3/4；国有独资企业有133家，占创新型试点企业总数的28.6%（见图2－3）。

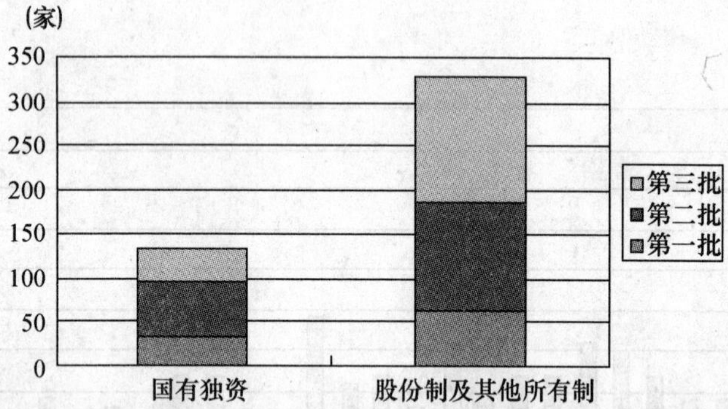

图2－3　创新型试点企业按企业类型分布

在199家创新型企业中，股份制及其他所有制企业122家，占创新型企业总数的61.3%，近2/3；国有独资企业77家，占创新型企业总数的38.7%（见图2－4）。

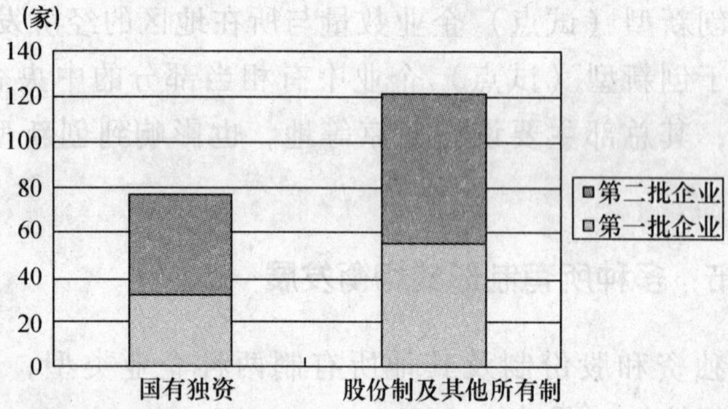

图2－4　创新型企业按企业类型分布

上述统计情况说明，在全部创新型（试点）企业中，股份制及其他所有制企业占到大多数。如果再考虑到许多国有独资企业尤其中央企业是以集团公司形式参加创新型企业建设，这些企业下属子公司许多是股份制企业甚至是上市公司。因此，股份制及其他所有制形式在创新型（试点）企业中的比重实际更大。

（四）规模分布：以大中型企业为主

2009年，通过创新型企业建设信息采集系统，共采集到458家创新型试点企业（含195家创新型企业）的有效信息。下面按照企业主营业务收入，将458家创新型试点企业和195家创新型企业按1亿元以下、1亿~10亿元、10亿~100亿元、100亿元以上四个规模档次，分别进行统计。①

在458家创新型试点企业中，1亿元以下的企业23家，占企业总数的5.0%；1亿~10亿元的企业165家，占企业总数的36.0%；10亿~100亿元的企业154家，占企业总数的33.6%；100亿元以上的企业116家，占企业总数的25.3%（见表2-5、图2-5）。其中，1亿~100亿元的企业合计319家，占企业总数的69.6%。

表2-5 2009年创新型试点企业按规模分布 单位：家

企业规模	1亿元以下	1亿~10亿元	10亿~100亿元	100亿元以上	合计
第一批试点企业	3	26	40	28	97
第二批试点企业	11	59	57	53	180
第三批试点企业	9	80	57	35	181
合　计	23	165	154	116	458

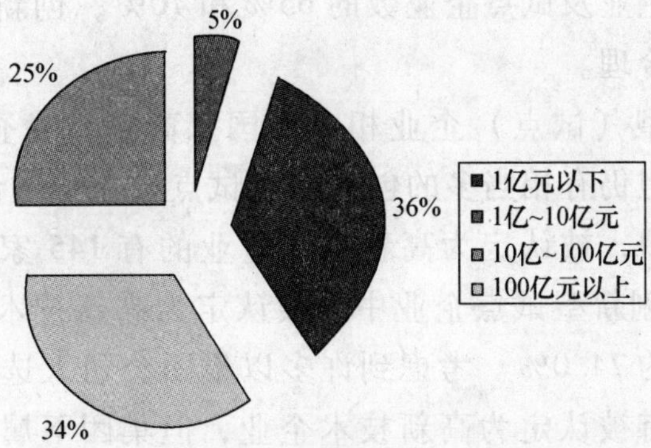

图2-5 2009年创新型试点企业按规模分布

在195家创新型企业中，1亿元以下的企业6家，占企业总数的3.1%；1亿~10亿元的企业48家，占企业总数的24.6%；10亿~100亿元的企业79家，占企业总数的40.5%；100亿元以上的企业62家，占企业总数的31.8%。其中，1亿~100亿元规模的企业合计共127家，占企业总数的65.1%（见表2-6、图2-6）。

表2-6 2009年创新型企业按规模分布 单位：家

企业规模	1亿元以下	1亿~10亿元	10亿~100亿元	100亿元以上	合计
第一批创新型企业	0	21	37	27	85
第二批创新型企业	6	27	42	35	110
合　计	6	48	79	62	195

① 瓦房店轴承集团有限责任公司、中国东方电气集团公司、湖北宜化集团有限责任公司、中国第一汽车集团公司4家创新型企业和神州数码信息系统有限公司、桂林利凯特环保实业股份有限公司、西藏特色产业股份有限公司3家试点企业没有上报2009年数据，故本章只对195家创新型企业和458家创新型试点企业进行统计。下文同。

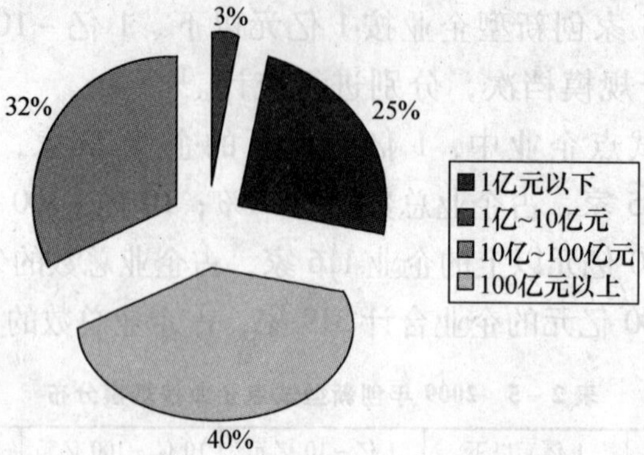

图 2-6　2009 年创新型企业按规模分布

上述统计显示，创新型企业及试点企业以 1 亿 ~100 亿元的大中型企业为主，分别约占全部创新型企业及试点企业数的 65% 和 70%，创新型企业及试点企业的规模分布总体上比较合理。

此外，尽管创新型（试点）企业相对于国家高新技术企业的业务领域更广，认定条件不尽相同，但仍有相当多的创新型（试点）企业被认定为高新技术企业。在 199 家创新型企业中，被认定为高新技术企业的有 145 家，占创新型企业总数的 72.9%；在 465 家创新型试点企业中，被认定为高新技术企业的有 344 家，占创新型试点企业总数的 74.0%。考虑到许多以集团公司入选的创新型（试点）企业，虽然集团公司没有被认定为高新技术企业，但集团下属企业有许多被认定为高新技术企业，这些都未在本章的统计范围之内。这表明大多数创新型（试点）企业的业务范围属于或覆盖高新技术领域，说明创新型（试点）企业是中国高新技术产业发展的一支重要力量（见表 2-7）。

表 2-7　创新型（试点）企业被认定为高新技术企业数

批　次		企业数（家）	高新技术企业认定数（家）
创新型企业	第一批企业	88	68
	第二批企业	111	77
	总数	199	145
	占比	—	72.9%
创新型试点企业	第一批	100	78
	第二批	183	128
	第三批	182	138
	总数	465	344
	占比	—	74.0%

在199家创新型企业中，有60家企业在境内外资本市场上市，占创新型企业总数的30.2%；在465家创新型试点企业中，有125家在境内外资本市场上市，占创新型试点企业总数的26.9%。考虑到许多以集团公司入选的创新型（试点）企业，虽然集团公司不是上市公司，但下属有多家控股或参股上市公司，如中国兵器工业集团公司不是上市企业，但所控股或参股的上市公司有11家之多；中国兵器装备集团公司旗下拥有10家上市公司；中国航天科技集团公司旗下也拥有8家上市公司。上述情况说明创新型企业运用资本市场筹集和调配资金的能力较强，这为企业技术创新提供了强有力的资金支持（见表2-8）。

表2-8　创新型（试点）企业上市公司数

批　　次		企业数（家）	上市公司数（家）
创新型企业	第一批企业	88	32
	第二批企业	111	28
	总数	199	60
	占比	—	30.2%
创新型试点企业	第一批	100	33
	第二批	183	47
	第三批	182	45
	总数	465	125
	占比	—	26.9%

二、创新投入状况分析

创新投入情况是衡量企业自主创新动力的重要指标。企业创新投入主要包括研发人员、研发经费和研发设施条件等，下面重点对创新型企业的研发经费支出及研发人员情况进行分析。

（一）创新投入总量及其增长

创新型企业的研发经费支出及其增长、研发经费强度（研发经费支出与主营业务收入之比）等是衡量企业创新投入情况的重要指标。

2006~2009年期间，195家创新型企业的研发经费支出呈持续增长态势，2007年、2008年、2009年分别比上年增长1.6%、21.9%、14.8%。2006~2009年期间，企业研发经费强度分别为1.95%、1.64%、1.67%、1.83%，除2006年外，也呈现增长趋势。快速增长的研发经费支出为创新型企业开展创新活动提供了重要保障，也是企业在战略层面日益重视自主创新的重要标志（见表2-9、图2-7）。

表 2－9　创新型企业研发经费支出情况

年份	研发经费支出（亿元）	增长率（%）	研发经费强度（%）
2006	1144.1	—	1.95
2007	1162.2	1.6	1.64
2008	1416.6	21.9	1.67
2009	1625.7	14.8	1.83

2006～2009 年期间，195 家创新型企业的研发人员数量保持持续增长，2007 年、2008 年、2009 年分别比上年增长 13.3%、11.8%、10.0%；研发人员数占企业员工总数的比重也呈稳步增长态势，2006～2009 年期间分别为 5.53%、5.59%、5.92%、5.99%（见表 2－10、图 2－7）。

表 2－10　创新型企业研发人员情况

年份	研发人员数（万人）	研发人员增长率（%）	研发人员占员工数比重（%）
2006	34.2	—	5.53
2007	38.7	13.3	5.59
2008	43.3	11.8	5.92
2009	47.7	10.0	5.99

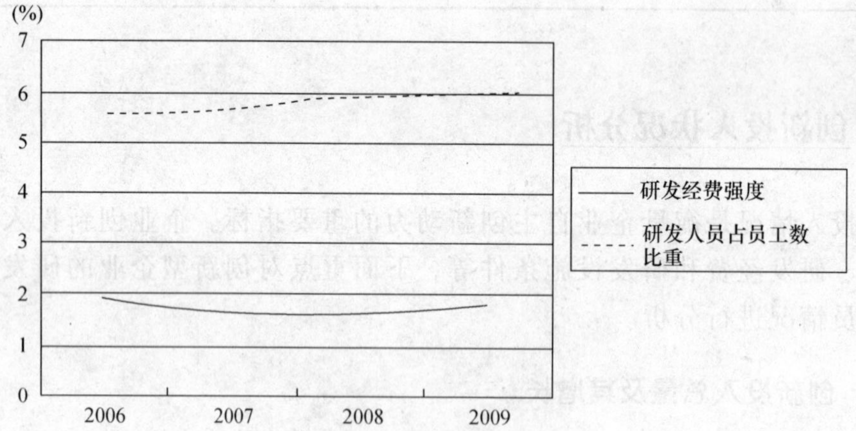

图 2－7　创新型企业研发经费强度和研发人员占比情况

为进一步反映创新型企业研发经费支出状况，下面参照国家高新技术企业认定条件中有关研发经费支出占销售收入比重的相关规定，[①] 按照研发经费强度小于

① 《国家高新技术企业认定管理办法》按企业规模确定研发经费支出占销售收入比重，具体规定是：（1）最近一年销售收入小于 5000 万元的企业，比例不低于 6%；（2）最近一年销售收入在 5000 万元至 20000 万元的企业，比例不低于 4%；（3）最近一年销售收入在 20000 万元以上的企业，比例不低于 3%。

3%、3% ~4%、4% ~6%和大于6%四个档次，对195家创新型企业的分布情况进行统计。

2006~2009年期间，研发经费强度小于3%的创新型企业分别是27家、55家、56家、48家；研发经费强度3% ~4%的企业分别为21家、25家、29家、30家，基本保持平缓增长趋势；研发经费强度4% ~6%的企业分别为62家、57家、52家、50家，呈略微下降趋势；研发经费强度大于6%的企业分别是85家、58家、58家、67家，除2006年外，呈逐年增加趋势（见表2-11、图2-8）。

表2-11 创新型企业按研发经费强度分布情况

年份	规模	第一批创新型企业	第二批创新型企业	总数
2006	<3%	11	16	27
	3% ~4%	7	14	21
	4% ~6%	34	28	62
	>6%	34	51	85
	合 计	86	109	195
2007	<3%	26	29	55
	3% ~4%	10	15	25
	4% ~6%	30	27	57
	>6%	20	38	58
	合 计	86	109	195
2008	<3%	28	28	56
	3% ~4%	12	17	29
	4% ~6%	25	27	52
	>6%	21	37	58
	合 计	86	109	195
2009	<3%	21	27	48
	3% ~4%	14	16	30
	4% ~6%	21	29	50
	>6%	30	37	67
	合 计	86	109	195

2009年，研发经费强度小于3%的企业数占195家创新型企业的24.6%；3% ~4%的企业数占比为15.4%；4% ~6%的企业数占比为25.6%；大于6%的企业数占比为34.4%。合并统计研发经费强度4%以上的企业数有117家，占195家创新型企业的60.0%（见图2-9）。

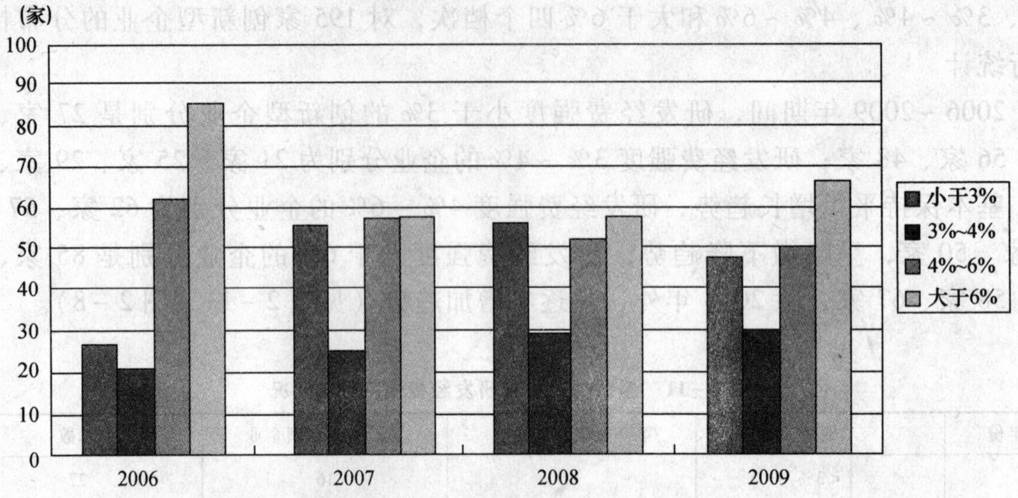

图 2-8　创新型企业按研发经费强度分布图

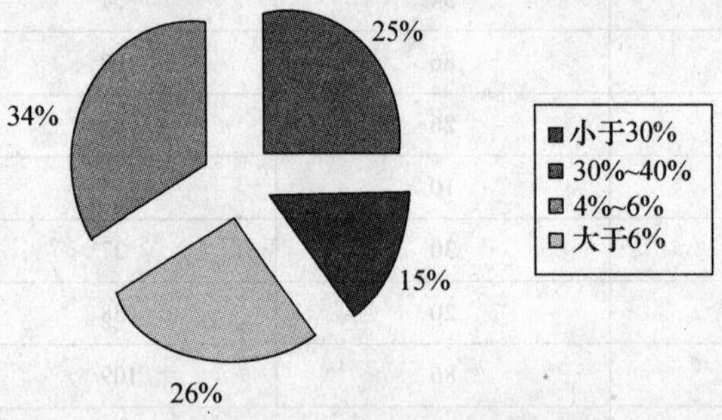

图 2-9　2009 年按研发经费强度的创新型企业分布

上述统计说明，越来越多的创新型企业在持续加大研发经费支出，60% 以上创新型企业的研发经费强度超过 4%，保持较高投入力度。

（二）创新投入及其增长 20 强企业

下面根据 2009 年创新型企业的研发经费支出、研发人员数等数据，分别统计 195 家创新型企业中投入前 20 名企业。

2009 年，研发经费支出前 20 名创新型企业的支出总额达 1147 亿元，占 195 家创新型企业研发经费支出总额的 70.6%。其中，排在前三位企业的研发经费支出都超过了百亿元，分别是中国航天科技集团公司 176 亿元、华为技术有限公司 133 亿元、中国石油天然气集团公司 104 亿元，三家企业合计研发经费支出额占 195 家创新型企业研发经费支出总额的 25.5%，占前 20 名创新型企业研发经费支出总额的 36.1%（见表 2-12）。

表2-12　2009年研发经费支出前20名创新型企业　　单位：亿元

名次	企业名称	研发经费支出	批次
1	中国航天科技集团公司	176.5	1
2	华为技术有限公司	133.4	1
3	中国石油天然气集团公司	104.2	2
4	海尔集团公司	78.0	1
5	中国船舶重工集团公司	71.8	2
6	中国航天科工集团公司	66.4	2
7	中国石油化工集团公司	65.6	1
8	中兴通讯股份有限公司	57.8	1
9	武汉钢铁（集团）公司	56.6	2
10	国家电网公司	51.4	1
11	中国移动通信集团公司	47.2	2
12	中国兵器装备集团公司	40.2	2
13	宝钢集团有限公司	32.9	1
14	中国冶金科工集团有限公司	30.9	2
15	中国铝业公司	27.8	1
16	中国兵器工业集团公司	24.1	2
17	中国化工集团公司	23.9	2
18	中国南车集团公司	20.7	2
19	中国南方电网有限责任公司	19.3	2
20	江苏沙钢集团有限公司	18.4	2
合　计		1147.1	—

2009年，研发经费支出增长率前20名的创新型企业，其增长率都超过100%，其中前三位的吉林华微电子股份有限公司、太原重型机械集团有限公司、武汉邮电科学研究院的增长率分别达到519%、488%、336%（见表2-13）。

表2-13　2009年研发经费支出增长率前20名创新型企业　　单位：%

名次	企业名称	研发经费支出增长率	批次
1	吉林华微电子股份有限公司	519.1	1
2	太原重型机械集团有限公司	488.3	1
3	武汉邮电科学研究院	336.3	1
4	大连獐子岛渔业集团股份有限公司	315.8	2
5	电信科学技术研究院	291.4	1
6	海洋化工研究院	279.0	2
7	上海新傲科技股份有限公司	278.4	2
8	西藏奇正藏药股份有限公司	250.9	1
9	包头钢铁（集团）有限责任公司	245.8	2

续表

名次	企业名称	研发经费支出增长率	批次
10	亿阳信通股份有限公司	211.8	1
11	重庆长安汽车股份有限公司	196.8	2
12	武汉钢铁（集团）公司	166.6	2
13	厦门宏发电声股份有限公司	128.6	2
14	天津药业集团有限公司	127.8	2
15	江苏阳光股份有限公司	126.1	2
16	武汉华中数控股份有限公司	116.3	1
17	湖北新火炬科技股份有限公司	108.0	1
18	贵州航天电器股份有限公司	107.3	2
19	上海医药工业研究院	106.5	2
20	天津赛象科技股份有限公司	104.9	2

2009 年，研发经费强度排在前 20 名的创新型企业，其研发经费强度都超过 11%，远高于 195 家创新型企业平均研发经费强度 1.83%（见表 2－14）。

表 2－14　2009 年研发经费强度前 20 名创新型企业　　单位：%

名次	企业名称	研发经费强度	批次
1	海洋化工研究院	47.27	2
2	大连光洋科技工程有限公司	37.05	2
3	华北制药集团新药研究开发有限责任公司	34.23	2
4	上海新傲科技股份有限公司	31.89	2
5	天津药物研究院	31.04	2
6	中国日用化学工业研究院	30.90	2
7	沈阳化工研究院有限公司	28.19	2
8	中国航天科技集团公司	26.45	1
9	西藏奇正藏药股份有限公司	20.99	1
10	安徽科大讯飞信息科技股份有限公司	17.86	2
11	江苏阳光股份有限公司	14.77	2
12	天津赛象科技股份有限公司	13.45	2
13	北京和利时系统工程股份有限公司	13.18	2
14	厦门雅迅网络股份有限公司	12.87	2
15	太原重型机械集团有限公司	12.79	1
16	用友软件股份有限公司	12.32	2
17	北京有色金属研究总院	12.16	1
18	广州迪森热能技术股份有限公司	11.53	2
19	机械科学研究总院	11.44	2
20	浙江华海药业股份有限公司	11.06	2

2009 年，研发人员数前 20 名创新型企业，其研发人员总数合计为 29.3 万人，占 195 家创新型企业研发人员总数的 61.4%。其中，研发人员数排在前三位的企

业是华为技术有限公司、中国兵器工业集团公司、中国船舶重工集团公司，分别达到4.4万人、3.5万人、3.0万人（见表2－15）。

表2－15　2009年研发人员数前20名创新型企业　　单位：万人

名次	企业名称	研发人员总量	批次
1	华为技术有限公司	4.36	1
2	中国兵器工业集团公司	3.51	2
3	中国船舶重工集团公司	2.98	2
4	中国石油化工集团公司	2.56	1
5	中兴通讯股份有限公司	2.35	1
6	中国航天科工集团公司	2.17	2
7	中国石油天然气集团公司	2.03	2
8	中国兵器装备集团公司	1.74	2
9	中国电子信息产业集团有限公司	1.15	1
10	中国铁路工程总公司	0.82	1
11	中国南车集团公司	0.73	2
12	宝钢集团有限公司	0.69	1
13	四川长虹电器股份有限公司	0.63	1
14	海尔集团公司	0.57	1
15	中国化工集团公司	0.57	2
16	中国北方机车车辆工业集团公司	0.52	2
17	奇瑞汽车股份有限公司	0.51	1
18	国家电网公司	0.48	1
19	中国铝业公司	0.45	1
20	中国航天科技集团公司	0.43	1
合　计		29.27	—

2009年，研发人员增长率前20名创新型企业，其增长率都超过48%，超过100%的企业有7家，其中，前三位的太原重型机械集团有限公司、武汉钢铁（集团）公司、郑州宇通客车股份有限公司的增长率分别达到294%、251%、250%（见表2－16）。

表2－16　2009年研发人员数增长前20名创新型企业　　单位:%

名次	企业名称	研发人员数增长率	批次
1	太原重型机械集团有限公司	293.5	1
2	武汉钢铁（集团）公司	251.1	2
3	郑州宇通客车股份有限公司	250.0	1
4	宜宾丝丽雅集团有限公司	192.9	2
5	西安海天天线科技股份有限公司	133.8	1
6	汉王科技股份有限公司	117.8	1
7	武汉华中数控股份有限公司	109.5	1

续表

名次	企业名称	研发人员数增长率	批次
8	湖北新火炬科技股份有限公司	99.0	1
9	用友软件股份有限公司	98.5	2
10	宁波大成新材料股份有限公司	88.2	2
11	四平市精细化学品有限公司	84.9	2
12	唐山轨道客车有限责任公司	77.2	1
13	武汉邮电科学研究院	75.1	1
14	中国远洋运输（集团）总公司	72.0	2
15	广西柳工机械股份有限公司	67.2	2
16	中国南车集团公司	66.2	2
17	亿阳信通股份有限公司	61.4	1
18	厦门钨业股份有限公司	48.8	1
19	湖北鼎龙化学股份有限公司	48.3	2
20	铜陵有色金属集团控股有限公司	48.1	2

上述统计说明，在研发经费支出和研发人员方面，创新投入20强的企业表现突出，体现出较强的示范作用。

（三）创新投入分类统计

1. 按行业分类

下面按《国民经济行业分类与代码》（GB/T 4754—2002）的两位数代码分类，对195家创新型企业的研发经费支出情况进行统计。需要指出，所统计行业的指标只反映该行业创新型企业的状况，不代表该行业的整体情况。

2006～2009年期间，创新型企业研发经费支出额前5名的行业都是以下5个：交通运输设备制造业（37），通信设备、计算机及其他电子设备制造业（40），黑色金属冶炼及压延加工业（32），电信和其他信息传输服务业（60），电气机械及器材制造业（39）。其中，交通运输设备制造业（37），通信设备、计算机及其他电子设备制造业（40）始终排在前两位，而后三年黑色金属冶炼及压延加工业（32）一直排在第三位。

前5名行业中创新型企业研发经费支出总额，呈现持续增长趋势，2007年、2008年、2009年分别比上年增长2.7%、19.6%、23.3%。2009年，前5名行业的61家创新型企业研发经费支出总额达1035亿元，占195家创新型企业研发经费支出总额的比重达63.7%（见表2-17）。

表 2－17　创新型企业分布前 5 名行业研发经费支出情况

年份	排名	行业	企业数（家）	研发经费支出（亿元）
2006	1	37	14	270.0
	2	40	24	147.6
	3	60	3	90.8
	4	39	13	89.0
	5	32	7	85.9
	合　计		61	683.3
2007	1	37	14	296.3
	2	40	24	149.4
	3	32	7	94.0
	4	39	13	89.8
	5	60	3	72.4
	合　计		61	701.8
2008	1	37	14	356.4
	2	40	24	178.5
	3	32	7	111.4
	4	39	13	99.5
	5	60	3	93.4
	合　计		61	839.2
2009	1	37	14	431.7
	2	40	24	232.6
	3	32	7	147.4
	4	60	3	115.7
	5	39	13	107.5
	合　计		61	1034.8

2. 按地区分布

下面按地区对 195 家创新型企业的研发经费支出情况进行统计。需要指出，所统计地区的指标只反映该地区创新型企业的创新投入状况，不代表该地区的整体创新投入水平。

2006～2009 年期间，创新型企业研发经费支出排在前 5 名的地区基本上是企业分布较多的北京、广东、山东、上海、辽宁等省市，其中北京、广东、山东连续 4 年排在前三位。上海前 3 年都排在第四位，第 4 年被首次进入前 5 名的湖北超过，落到第五位。内蒙古虽然只拥有 3 家创新型企业，但 2008 年研发经费支出总额也进入前 5 名。

2006～2009 年间，前 5 名地区研发经费支出呈现持续增长趋势。其中，2007

年比上年增长平缓，约 2.4%；而 2008 年、2009 年则保持较快增长，分别达到 20.6%、18.6%。

2009 年，创新型企业研发经费支出前 5 名地区共拥有 75 家创新型企业，占 195 家创新型企业的 38.5%，研发经费支出额达 1343 亿元，占 195 家创新型企业研发经费支出总额的比重达 82.6%（见表 2-18）。

表 2-18　创新型企业研发经费支出前 5 名地区

年份	排名	地区	企业数（家）	研发经费支出（亿元）
2006	1	北京	37	647.4
	2	广东	14	114.3
	3	山东	11	95.4
	4	上海	7	31.0
	5	辽宁	11	29.8
	合　计		80	917.9
2007	1	北京	37	638.0
	2	广东	14	140.9
	3	山东	11	86.6
	4	上海	7	42.9
	5	辽宁	11	31.3
	合　计		80	939.7
2008	1	北京	37	770.7
	2	广东	14	181.8
	3	山东	11	90.0
	4	上海	7	48.4
	5	内蒙古	3	42.1
	合　计		72	1133.0
2009	1	北京	37	871.9
	2	广东	14	235.5
	3	山东	11	106.8
	4	湖北	6	69.7
	5	上海	7	59.2
	合　计		75	1343.1

3. 按企业类型统计

下面按国有独资和股份制及其他所有制两种企业类型，对 195 家创新型企业的研发经费支出、研发人员数及其增长情况进行统计和分析。

2006~2009 年期间，国有独资企业的研发经费支出总量高于股份制及其他所有制企业，分别达到746亿元、739亿元、894亿元和1032亿元，占195家创新型企业研发经费支出总额的比重分别为65.2%、63.6%、63.1%、63.5%，占比呈比较平缓变化趋势（见表2－19）。

表2－19　按企业类型统计的创新型企业研发经费支出及其增长情况

企业类型	研发经费支出（亿元）				增长率（%）		
	2006年	2007年	2008年	2009年	2007年	2008年	2009年
国有独资	746.1	738.8	894.0	1032.4	－1.0	21.0	15.5
股份制及其他所有制	398.1	423.4	522.6	593.4	6.4	23.4	13.5
总　　计	1144.2	1162.2	1416.6	1625.8	1.6	21.9	14.8

2006～2009年期间，股份制及其他所有制企业的研发经费支出增长更快一些，2007年、2008年、2009年分别达到6.4%、23.4%、13.5%，高于国有独资企业研发经费支出的增长。表明股份制及其他所有制企业虽然在研发经费支出总量方面仍低于国有独资企业，但两类企业的差距呈逐步缩小趋势（见图2－10）。

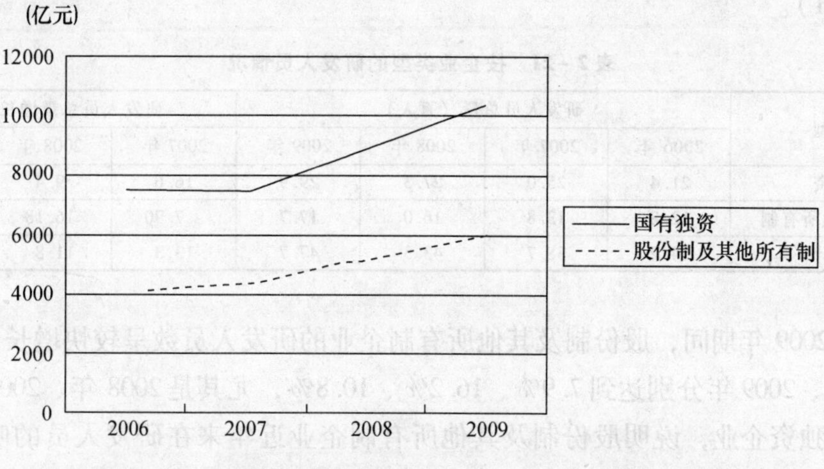

图2－10　按企业类型的创新型企业研发经费支出变化情况

2006～2009年期间，两类企业的研发经费强度除2007年比上年出现下降外，后两年呈现持续增长趋势。其中，股份制及其他所有制企业的研发经费强度分别为5.35%、4.28%、4.40%、4.44%，远高于国有独资企业的1.46%、1.21%、1.23%、1.37%（见表2－20、图2－11）。

表2－20　按企业类型的研发经费强度　　单位：%

企业类型	研发经费强度			
	2006年	2007年	2008年	2009年
国有独资	1.46	1.21	1.23	1.37
股份制及其他所有制	5.35	4.28	4.40	4.44
总　　计	1.95	1.64	1.67	1.83

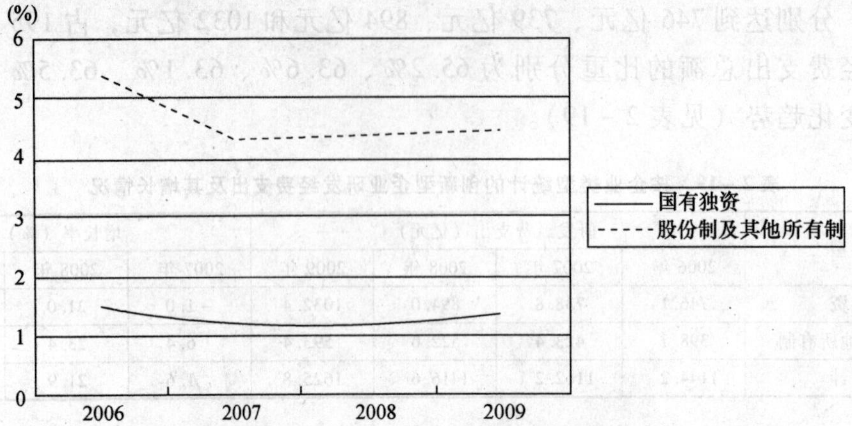

图 2-11　按企业类型的研发经费强度变化情况

2006~2009 年期间，国有独资企业的研发人员数分别达到 21.4 万人、25.0 万人、27.3 万人、29.9 万人，占 195 家创新型企业研发人员总数的比重分别为 62.6%、64.4%、63.0%、62.8%，高于股份制及其他所有制企业的研发人员数（见表 2-21）。

表 2-21　按企业类型的研发人员情况

企业类型	研发人员总量（万人）				研发人员总量增长率（5）		
	2006 年	2007 年	2008 年	2009 年	2007 年	2008 年	2009 年
国有独资	21.4	25.0	27.3	29.9	16.6	9.4	9.6
股份制及其他所有制	12.8	13.8	16.0	17.7	7.90	16.18	10.78
总　计	34.2	38.7	43.3	47.7	13.3	11.8	10.0

2006~2009 年期间，股份制及其他所有制企业的研发人员数呈较快增长趋势，2007 年、2008 年、2009 年分别达到 7.9%、16.2%、10.8%，尤其是 2008 年、2009 年增长速度超过国有独资企业，说明股份制及其他所有制企业近年来在研发人员的吸引和培养方面有较大的努力，企业员工素质明显改善（见表 2-21、图 2-12）。

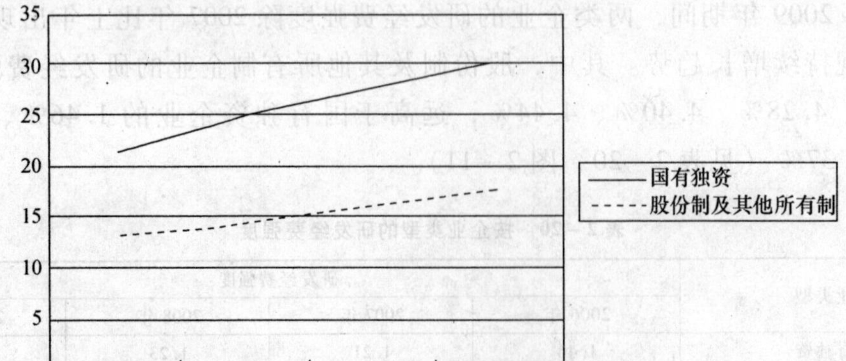

图 2-12　按企业类型的研发人员变化情况

2006~2009 年期间，两种类型企业的研发人员占员工总数的比例总体呈现增长趋势。其中，股份制及其他所有制企业的研发人员占员工总数的比例分别为 15.4%、14.8%、15.5%、17.1%，远高于国有独资企业的 4.0%、4.2%、4.4%、4.3%（见表 2-22、图 2-13）。

表 2-22 按企业类型的研发人员占员工总数比例 单位:%

企业类型	2006 年	2007 年	2008 年	2009 年
国有独资	4.00	4.16	4.35	4.32
股份制及其他所有制	15.35	14.82	15.49	17.14
总　计	5.53	5.59	5.92	5.99

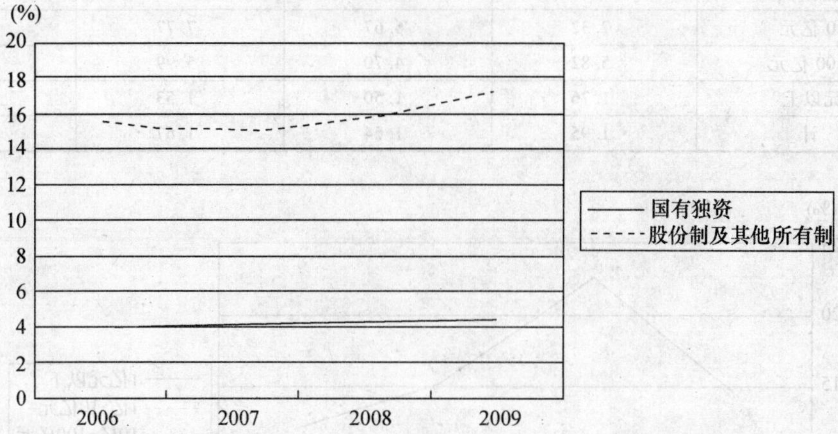

图 2-13 按企业类型的研发人员占员工总数比例

4. 按企业规模统计

下面按照企业主营业务收入 1 亿元以下、1 亿~10 亿元、10 亿~100 亿元、100 亿元以上四个规模档次，对 195 家创新型企业的创新投入情况进行统计。

由于创新型企业的规模不断扩大，总体上看研发经费支出增长与规模呈正相关。100 亿元以上企业的研发经费支出增长最快，2007 年、2008 年、2009 年的增长率分别达到 3.5%、23.1%、17.9%。相反，1 亿元以下企业由于数量逐步减少，其研发经费支出呈现负增长（见表 2-23）。

表 2-23 按企业规模的研发经费支出情况

企业规模	研发经费支出（亿元）				增长率（%）		
	2006 年	2007 年	2008 年	2009 年	2007 年	2008 年	2009 年
1 亿元以下	0.7	1.2	0.5	0.4	81.83	-61.10	-10.85
1 亿~10 亿元	24.1	18.6	21.0	19.3	-22.76	12.52	-8.18
10 亿~100 亿元	133.2	122.1	138.9	125.2	-8.31	13.73	-9.81
100 亿元以上	986.2	1020.3	1256.3	1480.8	3.46	23.13	17.87
总　计	1144.2	1162.2	1416.7	1625.7	1.58	21.89	14.76

10亿元以下的二档企业，其研发经费强度超过国家高新技术企业有关研发经费支出的最高认定标准（6%）；10亿～100亿元企业的研发经费强度接近国家高新技术企业有关研发经费支出的最高认定标准（6%）；而100亿元以上企业的研发经费强度远低于其他三档企业，也低于全部创新型企业的平均值，但除2007年出现下降外，之后呈逐年增长态势。说明创新型企业研发经费强度与企业规模有明显的负相关性，即企业规模越小，研发经费强度越高（见表2－24、图2－14）。

表2－24　按企业规模的研发经费强度

单位：%

企业规模	研发经费强度			
	2006年	2007年	2008年	2009年
1亿元以下	14.09	22.56	15.09	11.84
1亿～10亿元	7.32	6.67	7.77	8.10
10亿～100亿元	5.82	4.70	5.99	5.31
100亿元以上	1.76	1.50	1.53	1.72
总　计	1.95	1.64	1.67	1.83

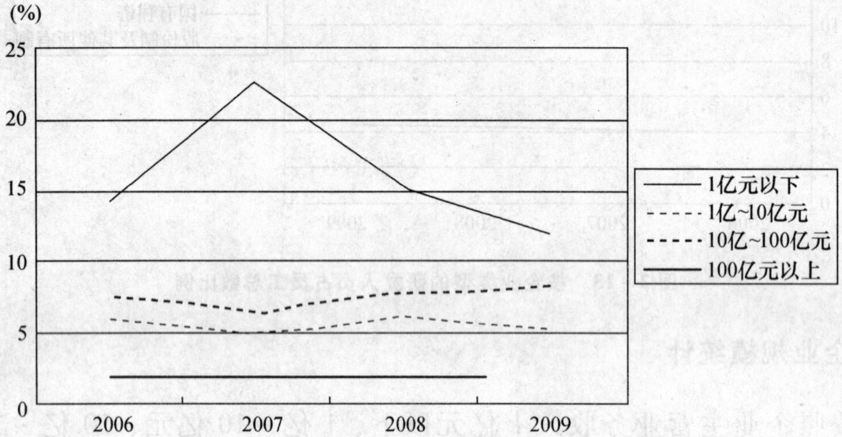

图2－14　按企业规模的研发经费强度变化情况

由于1亿元以下、1亿～10亿元的创新型企业数逐年减少，其研发人员总数呈现下降趋势；10亿～100亿元的企业数也逐年增加，除2007年研发人员数出现减少外，之后呈增长趋势；100亿元以上企业数持续增加，其研发人员数也呈较快增长态势，2007年、2008年、2009年分别比上年增长12.6%、11.8%、14.1%（见表2－25）。

表2－25　按企业规模的研发人员情况

企业规模	研发人员数（万人）				增长率（%）		
	2006年	2007年	2008年	2009年	2007年	2008年	2009年
1亿元以下	0.08	0.08	0.05	0.05	8.4	－39.0	7.8
1亿～10亿元	1.97	1.69	1.61	1.37	－14.3	－4.5	－15.1
10亿～100亿元	5.64	4.94	4.97	5.21	－12.3	0.6	4.8
100亿元以上	29.12	34.75	39.71	46.26	19.3	14.3	16.5
总　计	36.81	41.46	46.35	52.90	12.6	11.8	14.1

2006~2009 年期间，四个规模档次创新型企业的研发人员占企业员工总数比例，除 2007 年外，基本呈逐年增长趋势，说明不同规模的创新型企业普遍重视加强对研发人员的培养和吸引，企业员工素质稳步提高。创新型企业研发人员占员工总数比例与企业规模有明显的负相关性，即企业规模越小，研发人员占员工总数比例越大（见表2-26、图2-15）。

表 2-26 按企业规模的研发人员占企业员工总数比例 单位：%

企业规模	2006 年	2007 年	2008 年	2009 年
1 亿元以下	33.20	18.47	28.98	31.04
1 亿~10 亿元	23.51	22.86	27.26	26.98
10 亿~100 亿元	13.66	12.56	11.93	13.97
100 亿元以上	4.66	4.96	5.37	5.45
总 计	5.53	5.59	5.92	5.99

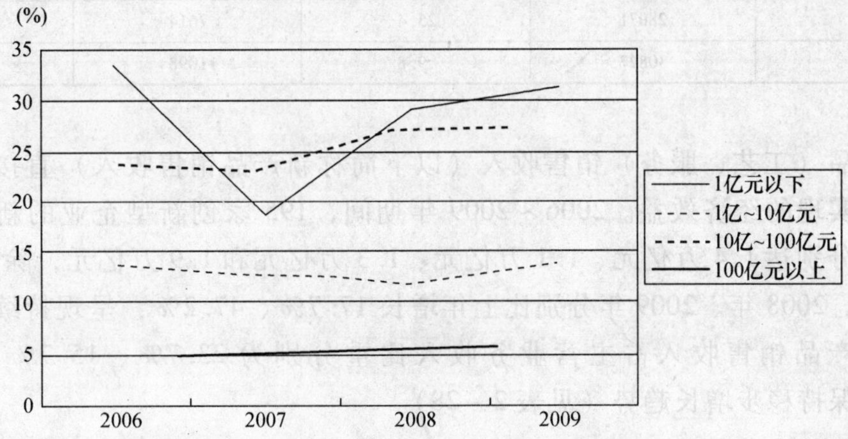

图 2-15 按企业规模的研发人员占企业员工总数比例

三、创新产出状况分析

衡量创新型企业建设成效的重要指标就是企业的创新产出，通常包括专利（特别是发明专利）、新产品（工艺、服务）销售收入等。下面对创新型企业的创新产出状况进行分析。

（一）创新产出总量及其增长

发明专利是国际通行的反映企业拥有自主知识产权技术的核心指标。其中，发明专利拥有量在一定程度上反映企业的技术储备状况。据统计，截至 2009 年底，195 家创新型企业的发明专利拥有量达到 43135 件，比上年增长 68.2%。

当年发明专利申请量反映了企业创新活跃程度。2006～2009 年期间，195 家创新型企业发明专利申请量分别为 15951 件、22388 件、28071 件、30827 件，2007 年、2008 年、2009 年分别比上年增长 40.4%、25.4%、9.8%。2007～2009 年期间，195 家创新型企业发明专利授权量分别为 6021 件、7614 件、11098 件，2008 年、2009 年分别比上年增长 26.5%、45.8%。上述数据显示，一方面发明专利授权量的增长高于申请量的增长，表明企业发明专利拥有量明显增加；另一方面，发明专利申请量的增长有下降趋势，值得引起重视（见表 2－27）。

表 2－27　创新型企业的发明专利情况

年份	发明专利申请		发明专利授权	
	总数（件）	增长率（%）	总数（件）	增长率（%）
2006	15951	—	—	—
2007	22388	40.4	6021	—
2008	28071	25.4	7614	26.5
2009	30827	9.8	11098	45.8

新产品（工艺、服务）销售收入（以下简称新产品销售收入）直接反映企业通过创新实现的经济效益。2006～2009 年期间，195 家创新型企业的新产品销售收入总额分别达 1.4 万亿元、1.1 万亿元、1.3 万亿元和 1.9 万亿元，除 2007 年出现下降外，2008 年、2009 年分别比上年增长 17.7%、47.2%，呈现持续快速增长趋势。新产品销售收入占主营业务收入比重分别为 23.7%、15.7%、15.5%、21.7%，保持稳步增长趋势（见表 2－28）。

表 2－28　创新型企业新产品销售收入情况

年份	新产品销售收入（亿元）	增长率（%）	新产品销售收入占主营业务收入比重（%）
2006	13880.9	—	23.7
2007	11133.3	－19.8	15.7
2008	13106.1	17.7	15.5
2009	19295.1	47.2	21.7

（二）创新产出 20 强企业

下面选择 2009 年企业发明专利申请和授权量、新产品销售收入等指标，分别统计 195 家创新型企业中创新产出前 20 名企业。

2009 年发明专利申请量前 20 名创新型企业的申请总量为 23851 件，占 195 家创新型企业发明专利申请总量（30827 件）的 77.4%。其中，排在前三位的中兴通讯股份有限公司、华为技术有限公司、电信科学技术研究院，发明专利申请量分别为 7044 件、2813 件、1858 件，合计 11715 件，占 195 家创新型企业发明专利申请总量的 38.0%，占前 20 名企业申请总量的 49.1%。一方面说明发明专利申请前 20 名企业的创新能力比较突出，也从另一侧面说明大多数创新型企业的发明专利创造能力仍有待提高（见表 2－29）。

表 2－29　2009 年发明专利申请量前 20 名创新型企业　　单位：件

名次	企业名称	发明专利申请数	批次
1	中兴通讯股份有限公司	7044	1
2	华为技术有限公司	2813	1
3	电信科学技术研究院	1858	1
4	中国石油化工集团公司	1582	1
5	中国航天科技集团公司	1437	1
6	国家电网公司	1068	1
7	中国移动通信集团公司	853	2
8	中国航天科工集团公司	812	2
9	中国冶金科工集团有限公司	758	2
10	中国船舶重工集团公司	718	2
11	中国石油天然气集团公司	641	2
12	中国铝业公司	618	1
13	中国电子信息产业集团有限公司	563	1
14	中国兵器工业集团公司	561	2
15	海尔集团公司	538	1
16	宝钢集团有限公司	528	1
17	奇瑞汽车股份有限公司	459	1
18	中国兵器装备集团公司	425	2
19	北大方正集团有限公司	300	2
20	中国电信集团公司	275	2
合　计		23851	—

2009 年发明专利授权量前 20 名创新型企业的发明专利授权总量为 9102 件，占 195 家创新型企业发明专利授权总量（11098 件）的 82.0%。其中，排在前三位的华为技术有限公司、中兴通讯股份有限公司、中国石油化工集团公司，发明专利授权量分别为 3874 件、1657 件、537 件，合计 6068 件，占 195 家创新型企业

发明专利授权总量的54.7%，占前20名企业专利申请总量的66.7%。说明前20强企业的发明专利授权量呈现明显的集中特点，其创新能力比较突出（见表2－30）。

表2－30　2009年发明专利授权量前20名创新型企业　　单位：件

名次	企业名称	发明专利申请数	批次
1	华为技术有限公司	3874	1
2	中兴通讯股份有限公司	1657	1
3	中国石油化工集团公司	537	1
4	电信科学技术研究院	492	1
5	中国化工集团公司	301	2
6	中国电子信息产业集团有限公司	265	1
7	宝钢集团有限公司	248	1
8	中国石油天然气集团公司	220	2
9	中国航天科技集团公司	220	1
10	中国铝业公司	183	1
11	联想（北京）有限公司	167	1
12	中国船舶重工集团公司	130	2
13	中国移动通信集团公司	113	2
14	北大方正集团有限公司	106	2
15	中国冶金科工集团有限公司	106	2
16	国家电网公司	105	1
17	中国兵器工业集团公司	105	2
18	海尔集团公司	101	1
19	中国南车集团公司	94	2
20	中国航天科工集团公司	78	2
合　计		9102	—

千名研发人员拥有授权发明专利量是反映企业对核心技术和自主知识产权掌控情况和创新效率的重要指标。2009年，排名前20名创新型企业每千名研发人员拥有授权发明专利量平均126项，远高于195家创新型企业平均拥有数量（47项），说明前20名企业的创新效率明显高于平均水平。其中，排在前三位的重庆海扶（HIFU）技术有限公司、电信科学技术研究院、贵州益佰制药股份有限公司分别拥有418件、206件、191件（见表2－31）。

表 2－31 2009 年每千名研发人员拥有授权发明专利量前 20 名创新型企业 单位：件

名次	企业名称	每千名员工发明专利授权量	批次
1	重庆海扶（HIFU）技术有限公司	418	2
2	电信科学技术研究院	206	1
3	贵州益佰制药股份有限公司	191	2
4	四川省畜科饲料有限公司	174	2
5	上海医药工业研究院	156	1
6	天津天士力集团有限公司	150	1
7	上海新傲科技股份有限公司	133	2
8	江西汇仁药业有限公司	128	2
9	中电投远达环保工程有限公司	101	2
10	联想（北京）有限公司	99	1
11	云南白药集团股份有限公司	98	1
12	中国移动通信集团公司	93	2
13	华为技术有限公司	89	1
14	大连光洋科技工程有限公司	82	2
15	北京有色金属研究总院	81	1
16	中国重型机械研究院有限公司	72	1
17	中兴通讯股份有限公司	70	1
18	湖北鼎龙化学股份有限公司	69	2
19	中国日用化学工业研究院	68	2
20	辽宁恒星精细化工（集团）有限公司	67	2

2009 年，排在前 20 名的创新型企业的新产品销售收入总额为 1.44 万亿元，占 195 家创新型企业新产品销售收入总额（1.93 万亿元）的 74.7%。其中，排在前三位的中国铁路工程总公司、中国石油化工集团公司、中国移动通信集团公司，新产品销售收入分别为 3440 亿元、2740 亿元、1314 亿元，合计 7495 亿元，占 194 家创新型企业新产品销售收入总额的 38.8%，占前 20 名企业新产品销售收入总额的 52.0%。说明前 20 名创新型企业的新产品开发能力较强（见表 2－32）。

表 2－32 2009 年新产品销售收入前 20 名创新型企业 单位：亿元

名次	企业名称	新产品销售收入	批次
1	中国铁路工程总公司	3440.5	1
2	中国石油化工集团公司	2740.0	1
3	中国移动通信集团公司	1314.3	2
4	中国兵器装备集团公司	994.6	2
5	海尔集团公司	903.8	1
6	中兴通讯股份有限公司	546.7	1

续表

名次	企业名称	新产品销售收入	批次
7	中国船舶重工集团公司	476.6	2
8	中国铝业公司	379.6	1
9	中国电信集团公司	369.0	2
10	宝钢集团有限公司	362.8	1
11	联想（北京）有限公司	355.4	1
12	中国北方机车车辆工业集团公司	350.0	2
13	珠海格力电器股份有限公司	339.7	2
14	海信集团有限公司	336.9	1
15	中国南车集团公司	279.5	2
16	四川长虹电器股份有限公司	272.2	1
17	中国石油天然气集团公司	250.4	2
18	武汉钢铁（集团）公司	238.4	2
19	中国兵器工业集团公司	237.6	2
20	中国化工集团公司	222.3	2
合　计		14410.3	—

（三）创新产出分类统计

1. 行业分布情况

下面按《国民经济行业分类与代码》（GB/T 4754—2002）的两位数代码分类，对 195 家创新型企业的发明专利申请和授权量、新产品销售收入等进行统计。需要指出，所统计行业的指标只反映该行业中创新型企业的创新产出，不代表该行业的整体创新产出情况。

2006～2009 年期间，195 家创新型企业发明专利申请量前 5 名行业的变化较大，其中通信设备、计算机及其他电子设备制造业（40），电信和其他信息传输服务业（60），交通运输设备制造业（37），石油加工、炼焦及核燃料加工业（25）始终排在前 4 位，只是在 2009 年，电信和其他信息传输服务业（60）超过通信设备、计算机及其他电子设备制造业（40），排在第 1 位。第 5 位行业 2006 年、2007 年分别是电气机械及器材制造业（39）、专用设备制造业（36），2008 年、2009 年则是黑色金属冶炼及压延加工业（32）。

2009 年，发明专利申请量前 5 名行业共有 50 家创新型企业，占 195 家创新型企业的 25.6%。其发明专利申请量共计 23039 件，占 195 家创新型企业发明专利申请总量的 74.7%。表明创新型企业发明专利申请量呈现较明显的行业集中特征（见表 2－33）。

表 2-33　创新型企业发明专利申请量前 5 名行业

年份	排名	行业	企业数（家）	发明专利申请量（件）
2006	1	40	24	6954
	2	60	3	2719
	3	37	14	1680
	4	25	2	815
	5	39	13	582
	合　计		56	12750
2007	1	40	24	7408
	2	60	3	5716
	3	37	14	2760
	4	25	2	977
	5	36	19	858
	合　计		62	17719
2008	1	40	24	10592
	2	60	3	5272
	3	37	14	3568
	4	25	2	1196
	5	32	7	1037
	合　计		50	21665
2009	1	60	3	8172
	2	40	24	7245
	3	37	14	4584
	4	25	2	1811
	5	32	7	1227
	合　计		50	23039

2007～2009 年期间，195 家创新型企业发明专利授权量前四位的行业变化不大，分别是通信设备、计算机及其他电子设备制造业（40），电信和其他信息传输服务业（60），石油加工、炼焦及核燃料加工业（25），交通运输设备制造业（37）。其中，第一位、第五位没有变化，分别是通信设备、计算机及其他电子设备制造业（40），交通运输设备制造业（37）；2009 年电信和其他信息传输服务业（60）超过前两年一直排在第二位的石油加工、炼焦及核燃料加工业（25）。第五位变化较大，2007 年、2008 年、2009 年分别是医药制造业（27）、专用设备制造业（36）、黑色金属冶炼及压延加工业（32）。

2009 年，发明专利授权量前 5 名行业共有 50 家创新型企业，占 195 家创新型企业的 25.6%。其发明专利授权量共计 9013 件，占 195 家创新型企业发明专利授权总量的 81.2%。表明创新型企业发明专利授权呈现明显的行业集中特征（见表 2-34）。

表 2－34　创新型企业发明专利授权量前 5 名行业

年份	排名	行业	企业数（家）	发明专利授权量（件）
2007	1	40	24	3640
	2	25	2	657
	3	60	3	388
	4	37	14	291
	5	27	21	160
	合　计		64	5136
2008	1	40	24	3714
	2	25	2	816
	3	60	3	786
	4	37	14	659
	5	36	19	234
	合　计		62	6209
2009	1	40	24	5219
	2	60	3	1810
	3	25	2	838
	4	37	14	722
	5	32	7	424
	合　计		50	9013

2006～2009 年期间，在 195 家创新型企业新产品销售收入前 5 名行业中，交通运输设备制造业（37）、电信和其他信息传输服务业（60）始终排在前 5 名之列；通信设备、计算机及其他电子设备制造业（40），黑色金属冶炼及压延加工业（32），电气机械及器材制造业（39）有 3 年排在前 5 名；石油加工、炼焦及核燃料加工业（25）有两年进入前 5 名，其中 2006 年排在第一位，2009 年排在第三位；房屋和土木工程建筑业（47）在 2009 年首次进入前 5 名，并排在第一位。

2009 年，新产品销售收入前 5 名行业共有 33 家创新型企业，占 195 家创新型企业总数的 16.9%。其新产品销售收入总额达 1.3 万亿元，占 195 家创新型企业新产品销售收入总额的 68.5%，也呈现比较明显的行业集中特征（见表 2－35）。

表 2－35　创新型企业新产品销售收入前 5 名行业

年份	排名	行业	企业数（家）	新产品销售收入（亿元）
2006	1	25	2	5338.4
	2	40	24	1371.3
	3	60	3	1298.7
	4	37	14	1279.0
	5	32	7	997.1
	合　计		50	10284.5

续表

年份	排名	行业	企业数（家）	新产品销售收入（亿元）
2007	1	37	14	2084.0
	2	60	3	1803.9
	3	40	24	1592.6
	4	32	7	1239.3
	5	39	13	1213.0
	合计		61	7932.7
2008	1	37	14	2327.4
	2	60	3	2283.5
	3	40	24	1655.8
	4	32	7	1395.9
	5	39	13	1344.4
	合计		61	9007.1
2009	1	47	1	3440.5
	2	37	14	3012.4
	3	25	2	2962.3
	4	60	3	2230.1
	5	39	13	1566.0
	合计		33	13211.2

2. 地区分布情况

下面按地区对195家创新型企业的发明专利申请和授权量、新产品销售收入等进行统计。需要指出，所统计地区的指标只反映该地区创新型企业的创新产出状况，不代表该地区的整体创新产出水平。

2006～2009年期间，195家创新型企业发明专利申请量前5名地区中，广东、北京、上海、山东都排在前4位，其中2006～2008年广东、北京分别位列第一、二位，2009年北京超过广东排名第一位；2006年，上海、山东分别位列第三、第四，从2007年开始山东超过上海，连续3年位列第三；2006年天津位列第五，而2007～2009年安徽进入前5名行列。

2009年，发明专利申请量前5名地区共有76家创新型企业，占195家创新型企业的39.0%。前5名地区创新型企业发明专利申请量共计27626件，占195家创新型企业发明专利申请总量的89.6%，呈现比较明显的区域集中特征。其中，北京、广东的创新型企业发明专利申请量共计24930件，占前5名地区76家创新型企业发明专利申请总量的90.2%，占195家创新型企业发明专利申请总量的80.9%，特别是北京地区的37家创新型企业的发明专利申请量比上年增长

37.0%，呈现较快增长态势（见表2－36）。

表2－36　创新型企业发明专利申请量前5名地区

年份	排名	地区	企业数（家）	发明专利申请量（件）
2006	1	广东	14	8325
	2	北京	37	4713
	3	上海	7	617
	4	山东	11	605
	5	天津	6	228
	合　计		75	14488
2007	1	广东	14	11061
	2	北京	37	7530
	3	山东	11	791
	4	上海	7	720
	5	安徽	7	265
	合　计		76	20367
2008	1	广东	14	12669
	2	北京	37	10540
	3	山东	11	973
	4	上海	7	802
	5	安徽	7	423
	合　计		76	25407
2009	1	北京	37	14441
	2	广东	14	10489
	3	山东	11	1123
	4	上海	7	970
	5	安徽	7	603
	合　计		76	27626

2007～2009年期间，195家创新型企业发明专利授权量前5名地区中，广东、北京、上海、山东都排在前4位，其中2007～2009年广东、北京分列第一位、第二位；2007年，山东、上海分列第三位、第四位，从2008年开始上海超过山东位列第三；2007年、2009年湖北位列第五，2008年天津也曾进入前5名行列。

2009年，发明专利授权量前5名地区共有74家创新型企业，占195家创新型企业的37.9%。前5名地区创新型企业发明专利授权量共计10090件，占195家创新型企业发明专利授权总量的90.9%，呈现明显的区域集中特征。而且前5名地区创新型企业拥有的发明专利授权量比上年增长45.9%，特别是广东的14家创新型企业的发明专利授权量比上年增长51.5%，呈现快速增长态势（见表2－37）。

表 2-37 创新型企业发明专利授权量前 5 名地区

年份	排名	地区	企业数（家）	发明专利授权量（件）
2007	1	广东	14	3679
	2	北京	37	1630
	3	山东	11	134
	4	上海	7	123
	5	湖北	6	60
	合　计		75	5626
2008	1	广东	14	3766
	2	北京	37	2687
	3	上海	7	243
	4	山东	11	132
	5	天津	6	86
	合　计		75	6914
2009	1	广东	14	5704
	2	北京	36	3634
	3	上海	7	385
	4	山东	11	241
	5	湖北	6	126
	合　计		74	10090

2006~2009 年期间，在 195 家创新型企业新产品销售收入前 5 名地区中，北京、山东、广东、上海始终排在前四位。其中，北京、山东一直排在第一、第二位；广东、上海一直排在第三、四位，2006 年上海排在第三位，从 2007 年开始广东超过上海排在第三位；2006 年、2007 年，江苏排在第五位，而 2008 年、2009 年浙江排在第五位。

2009 年，新产品销售收入前 5 名地区共有 80 家创新型企业，占 195 家创新型企业的 41.0%。前 5 名地区创新型企业的新产品销售收入总额达 1.6 万亿元，占 195 家创新型企业新产品销售收入总额的 84.4%，呈现较明显的区域集中特征。尤其是北京 37 家创新型企业新产品销售收入远高于其他地区，2009 年达到近 1.3 万亿元，占 195 家创新型企业新产品销售收入总额的 65.7%；而且北京地区 37 家创新型企业新产品销售收入比上年增长 98.4%，呈现快速增长态势（见表 2-38）。

表 2－38 创新型企业新产品销售收入前 5 名地区

年份	排名	地区	企业数（家）	新产品销售收入（亿元）
2006	1	北京	37	9449.8
	2	山东	11	1083.5
	3	上海	7	634.9
	4	广东	14	499.1
	5	江苏	10	286.1
	合计		79	11953.4
2007	1	北京	37	5519.5
	2	山东	11	1282.2
	3	广东	14	840.1
	4	上海	7	630.4
	5	江苏	10	397.8
	合计		79	8670.0
2008	1	北京	37	6444.8
	2	山东	11	1320.8
	3	广东	14	1033.4
	4	上海	7	811.7
	5	浙江	11	386.4
	合计		80	9997.1
2009	1	北京	37	12672.6
	2	山东	11	1594.9
	3	广东	14	985.3
	4	上海	7	610.8
	5	浙江	11	415.8
	合计		80	16279.2

3. 按企业类型统计

下面按国有独资和股份制及其他所有制两种企业类型，分别统计其发明专利申请和授权数、新产品销售收入等指标情况。

2006～2009 年期间，股份制及其他所有制企业的发明专利申请量分别达到 10745 件、14031 件、16617 件、14938 件，前三年高于国有独资企业的 5206 件、8357 件、11454 件，但差距逐年缩小，到 2009 年国有独资企业的发明专利申请量达到 15889 件，超过股份制及其他所有制企业。股份制及其他所有制企业发明专利申请量占 195 家创新型企业发明专利申请总量的比重分别为 67.4%、62.7%、59.2% 和 48.5%（见表 2－39）。

表 2－39 按企业类型统计的发明专利申请情况

企业类型	发明专利申请数（件）				增长率（%）		
	2006 年	2007 年	2008 年	2009 年	2007 年	2008 年	2009 年
国有独资	5206	8357	11454	15889	60.5	37.1	38.7
股份制及其他所有制	10745	14031	16617	14938	30.6	18.4	-10.1
总　计	15951	22388	28071	30827	40.4	25.4	8.8

2006～2008 年期间，两类企业的专利申请量都呈现较快增长态势。其中，国有独资企业的发明专利申请量增长比较明显，2007 年、2008 年分别比上年增长 60.5%、37.1%；股份制及其他所有制企业 2007 年、2008 年分别比上年增长 30.6%、18.4%。但 2009 年两类企业增长态势相异，股份制及其他所有制企业的专利申请量出现下降，为－10.1%；而国有独资企业仍保持较快增长，达到 38.7%（见图 2－16）。

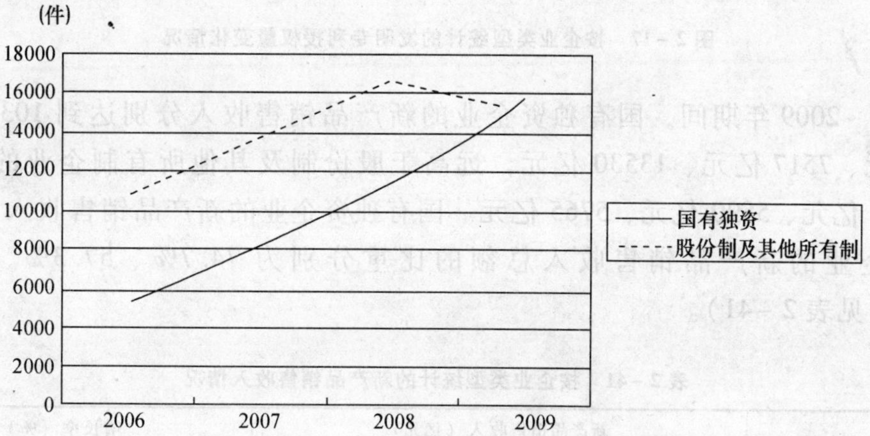

图 2－16 按企业类型统计的发明专利申请量变化情况

2007～2009 年期间，股份制及其他所有制企业的发明专利授权量分别达到 4240 件、4785 件、7091 件，远高于国有独资企业的 1781 件、2829 件、4007 件。股份制及其他所有制企业发明专利授权量占 195 家创新型企业发明专利授权总量的比重分别为 70.4%、62.8%、63.9%（见表 2－40）。

表 2－40 按企业类型统计的发明专利授权情况

企业类型	发明专利授权量（件）			增长率（%）	
	2007 年	2008 年	2009 年	2008 年	2009 年
国有独资	1781	2829	4007	58.8	41.6
股份制及其他所有制	4240	4785	7091	12.9	48.2
总　计	6021	7614	11098	26.5	45.8

2007～2009 年期间，两类企业的发明专利授权量都呈现较快增长趋势。其中，2008 年国有独资企业的发明专利申请数增长比较明显，比上年增长 58.8%；股份制及其他所有制企业 2009 年增长较快，比上年增长 48.2%（见图 2－17）。

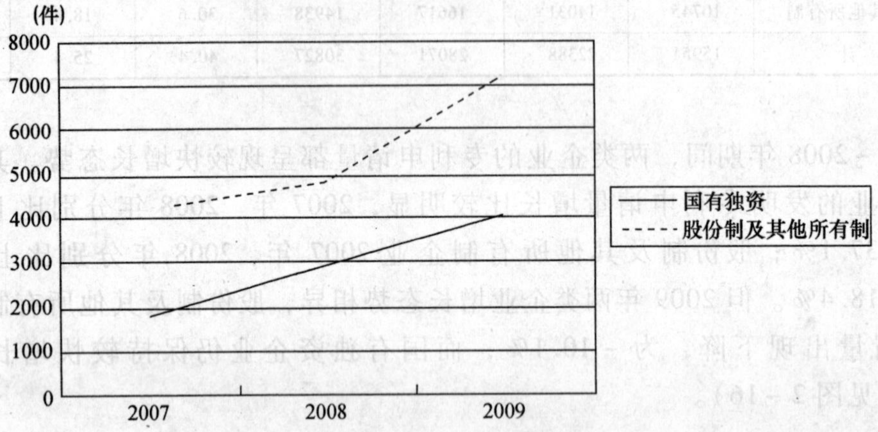

图 2－17　按企业类型统计的发明专利授权量变化情况

2006～2009 年期间，国有独资企业的新产品销售收入分别达到 10364 亿元、6378 亿元、7517 亿元、13530 亿元，远高于股份制及其他所有制企业的 3517 亿元、4755 亿元、5590 亿元、5765 亿元。国有独资企业的新产品销售收入占 195 家创新型企业的新产品销售收入总额的比重分别为 74.7%、57.3%、57.4%、70.1%（见表 2－41）。

表 2－41　按企业类型统计的新产品销售收入情况

企业类型	新产品销售收入（亿元）				增长率（%）		
	2006 年	2007 年	2008 年	2009 年	2007 年	2008 年	2009 年
国有独资	10364.4	6378.2	7516.6	13530.0	－38.5	17.8	80.0
股份制及其他所有制	3516.5	4755.1	5589.6	5765.0	35.2	17.6	3.1
总　计	13880.9	11133.3	13106.2	19295.0	－19.8	17.7	47.2

2006～2009 年期间，股份制及其他所有制企业的新产品销售收入呈现总体增长态势，但增速出现趋缓。国有独资企业的新产品销售收入 2007 年出现下降情况，但之后又呈现快速增长趋势。尤其是 2009 年，国有独资企业增速达到 80.0%，远超股份制及其他所有制企业的 3.1%（见图 2－18）。

4. 按企业规模统计

下面按照企业主营业务收入 1 亿元以下、1 亿～10 亿元、10 亿～100 亿元、100 亿元以上四个规模档次，对 195 家创新型企业的创新产出情况进行统计。

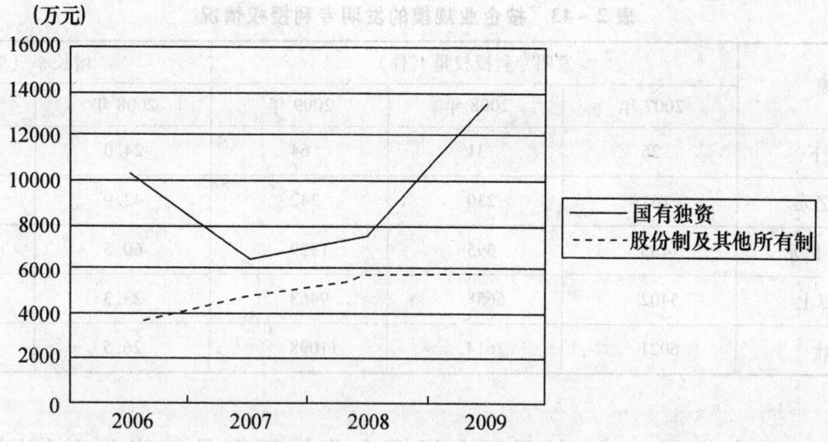

图 2－18　按企业类型统计的新产品销售收入变化情况

2006～2009 年期间，100 亿元以上规模企业的发明专利申请量分别为 13726 件、19474 件、24426 件、25544 件，分别占 195 家创新型企业的比重达到 86.1%、87.0%、87.0%、82.9%，是发明专利申请的主力军。

1 亿元以下企业的发明专利申请量除 2007 年比上年增长 150.6%外，2008 年、2009 年都呈现下降趋势。1 亿～10 亿元和 100 亿元以上两个规模档次企业的发明专利申请量总体也呈现下降趋势，只有 10 亿～100 亿元规模企业的发明专利申请量保持稳定、较快的增长（见表 2－42）。

表 2－42　按企业规模的发明专利申请情况

企业规模	发明专利申请量（件）				增长率（%）		
	2006 年	2007 年	2008 年	2009 年	2007 年	2008 年	2009 年
1 亿元以下	81	203	69	28	150.6	－66.0	－59.4
1 亿～10 亿元	585	589	721	784	0.7	22.4	8.7
10 亿～100 亿元	1559	2122	2855	4471	36.1	34.5	56.6
100 亿元以上	13726	19474	24426	25544	41.9	25.4	4.6
总　　计	15951	22388	28072	30827	40.4	25.4	9.8

2007～2009 年期间，100 亿元以上规模企业的发明专利授权量分别为 5402 件、6658 件、9463 件，分别占 195 家创新型企业的比重达到 89.7%、87.4%、85.3%，在各档次规模企业中优势明显。

各个规模档次企业的发明专利授权量都呈现增长态势。其中，除了 1 亿～10 亿元规模企业的发明专利授权量 2009 年比上年出现增长减缓趋势外，其他规模档次企业的发明专利授权量都表现出增长加快趋势，特别是 1 亿元以下和 10 亿～100 亿元两个规模档次企业的发明专利授权量增长更快，2009 年分别比上年增长 106.5%、91.2%（见表 2－43）。

表 2-43　按企业规模的发明专利授权情况

企业规模	发明专利授权量（件）			增长率（%）	
	2007 年	2008 年	2009 年	2008 年	2009 年
1 亿元以下	25	31	64	24.0	106.5
1 亿～10 亿元	161	230	242	42.9	5.2
10 亿～100 亿元	433	695	1329	60.5	91.2
100 亿元以上	5402	6658	9463	23.3	42.1
总　计	6021	7614	11098	26.5	45.8

2006～2009 年期间，100 亿元以上规模企业的新产品销售收入分别为 1.26 万亿元、0.97 万亿元、1.17 万亿元、1.81 万亿元，占 195 家创新型企业的比重达到 90.8%、87.1%、89.5%、93.8%。企业新产品销售收入的增长情况也不理想，只有 100 亿元以上规模企业保持较快增长（见表 2-44）。

表 2-44　按企业规模的新产品销售收入情况

企业规模	新产品销售收入（亿元）				增长率（%）		
	2006 年	2007 年	2008 年	2009 年	2007 年	2008 年	2009 年
1 亿元以下	3.7	2.3	1.6	2.1	-38.5	-30.0	29.2
1 亿～10 亿元	191.5	149.8	146.9	115.4	-21.8	-1.9	-21.5
10 亿～100 亿元	1083.2	1287.8	1230.5	1074.3	18.9	-4.5	-12.7
100 亿元以上	12602.4	9693.4	11727.2	18103.3	-23.1	21.0	54.4
总　计	13880.9	11133.3	13106.1	19295.1	-19.8	17.7	47.2

四、创新型企业经济状况分析

开展创新型企业建设的宗旨，是通过引导或鼓励企业开展技术创新活动，增强自主创新能力，最终达到依靠技术创新增强企业经济实力和竞争力、提高经济效益的目的。下面通过对 195 家创新型企业的主要经济指标进行分析，反映创新型企业建设的成效。

（一）经济总量及其增长

2006～2009 年间，195 家创新型企业的主营业务收入、增加值、税后利润等各项经济指标总量及其增长情况统计如表 2-45 所示。

表 2-45 创新型企业的主要经济指标及其增长情况

年份	总量（亿元）			增长率（%）		
	主营业务收入	增加值	税后利润	主营业务收入	增加值	税后利润
2006	58527.7	19316.7	6237.5	—	—	—
2007	70744.5	23497.1	7867.7	20.9	21.6	26.1
2008	84647.5	22802.3	5366.0	19.7	-3.0	-31.8
2009	88883.3	24449.8	6127.3	5.0	7.2	14.2

2006~2009 年期间，195 家创新型企业的主营业务收入保持增长趋势，特别是 2007 年、2008 年连续两年保持两位数的增长率。增加值、税后利润 2008 年比上年出现下降状况，说明金融危机对这些企业的冲击较大。但 2009 年又恢复增长态势，尤其是 2009 年税后利润比上年的增长速度达到 14.2%，高于主营业务收入和增加值的增长速度，说明创新型企业的经济效益进一步改善（见表 2-45、图 2-19）。

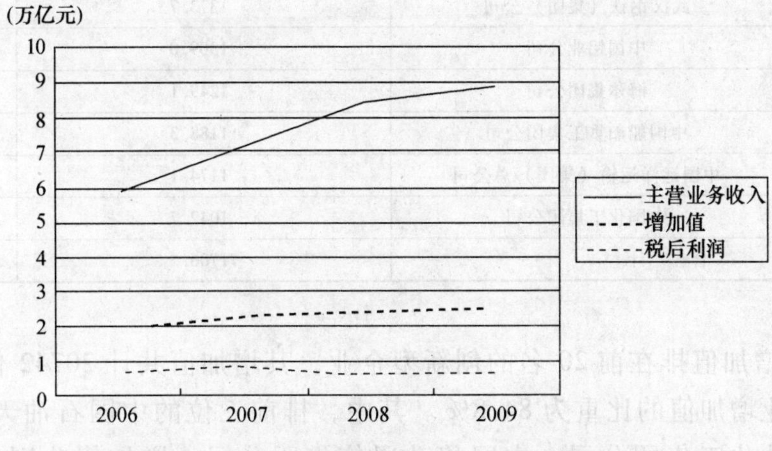

图 2-19 创新型企业主要经济指标变化情况

（二）经济实力 20 强企业

创新型企业中相当部分是国家和行业的骨干或龙头企业，下面依据 2009 年的统计数据，对 195 家创新型企业分别按主营业务收入、增加值、税后利润、上缴税费等经济指标排出前 20 名企业。

2009 年主营业务收入前 20 名的创新型企业，其主营业务收入总额共计 71707 亿元，占 195 家创新型企业主营业务收入总额的 80.7%。其中，排前三位的中国石油化工集团公司、国家电网公司、中国石油天然气集团公司，主营业务收入都超过 1 万亿元，分别达到 13920 亿元、12495 亿元、12157 亿元（见表 2-46）。

表 2-46 2009 年主营业务收入前 20 名的创新型企业 单位：亿元

名次	企业名称	主营业务收入	批次
1	中国石油化工集团公司	13919.5	1
2	国家电网公司	12495.2	1
3	中国石油天然气集团公司	12156.7	2
4	中国移动通信集团公司	4807.9	2
5	中国铁路工程总公司	3451.2	1
6	中国南方电网有限责任公司	3107.9	2
7	中国电信集团公司	2337.8	2
8	中国兵器装备集团公司	1920.9	2
9	宝钢集团有限公司	1914.1	2
10	中国华能集团公司	1777.4	2
11	中国冶金科工集团有限公司	1766.1	2
12	中国兵器工业集团公司	1618.2	2
13	神华集团有限责任公司	1606.0	2
14	华为技术有限公司	1490.6	1
15	武汉钢铁（集团）公司	1373.7	2
16	中国铝业公司	1309.0	1
17	海尔集团公司	1249.1	1
18	中国船舶重工集团公司	1188.3	2
19	中国远洋运输（集团）总公司	1174.1	2
20	中国化工集团公司	1042.7	2
合计		71706.5	—

2009 年增加值排在前 20 名的创新型企业，其增加值共计 20742 亿元，占 195 家创新型企业增加值的比重为 84.8%。其中，排前三位的中国石油天然气集团公司、中国石油化工集团公司、中国移动通信集团公司，增加值分别达到 5528 亿元、3879 亿元、2925 亿元（见表 2-47）。

表 2-47 2009 年增加值前 20 名的创新型企业 单位：亿元

名次	企业名称	增加值	批次
1	中国石油天然气集团公司	5528.4	2
2	中国石油化工集团公司	3879.0	1
3	中国移动通信集团公司	2925.4	2
4	国家电网公司	2417.4	1
5	中国电信集团公司	1236.2	2
6	中国南方电网有限责任公司	832.5	2
7	中国华能集团公司	539.2	2

续表

名次	企业名称	增加值	批次
8	中国铁路工程总公司	426.7	1
9	宝钢集团有限公司	425.4	2
10	中国冶金科工集团有限公司	290.7	2
11	中国船舶重工集团公司	254.1	2
12	中国兵器装备集团公司	253.2	2
13	鞍山钢铁集团公司	241.7	1
14	中国铝业公司	226.0	1
15	武汉钢铁（集团）公司	224.7	2
16	中国兵器工业集团公司	217.4	2
17	中国长江三峡集团公司	211.0	1
18	中兴通讯股份有限公司	209.8	1
19	神华集团有限责任公司	203.1	1
20	中国航天科技集团公司	200.1	1
合　计		20741.9	—

2009年税后利润排在前20名的创新型企业，其创造的税后利润共计5392亿元，占195家创新型企业税后利润的比重为88.0%。其中，排前三位的中国移动通信集团公司、中国石油天然气集团公司、中国石油化工集团公司，税后利润分别达到1485亿元、1286亿元、817亿元（见表2-48）。

表2-48　2009年税后利润前20名的创新型企业　单位：亿元

名次	企业名称	税后利润	批次
1	中国移动通信集团公司	1484.7	2
2	中国石油天然气集团公司	1285.6	2
3	中国石油化工集团公司	816.9	1
4	神华集团有限责任公司	465.5	1
5	华为技术有限公司	210.5	1
6	宝钢集团有限公司	149.1	2
7	中国电信集团公司	141.6	2
8	中国长江三峡集团公司	127.9	1
9	中国铁路工程总公司	84.3	1
10	中国船舶重工集团公司	74.8	2
11	海尔集团公司	74.1	1
12	中国航天科技集团公司	70.3	1
13	中国华能集团公司	68.8	2
14	中国冶金科工集团有限公司	56.8	2

续表

名次	企业名称	税后利润	批次
15	中国兵器装备集团公司	55.8	2
16	中国兵器工业集团公司	53.8	2
17	中国航天科工集团公司	50.2	2
18	国家电网公司	46.0	1
19	鞍山钢铁集团公司	39.6	1
20	中国南方电网有限责任公司	35.7	2
合　计		5392.3	—

2009年上缴税费排在前20名的创新型企业，其创造的税收共计8555亿元，占195家创新型企业上缴税费的比重为91.0%。其中，排前三位的中国石油化工集团公司、中国石油天然气集团公司、国家电网公司，上缴税费分别达到2739亿元、2426亿元、729亿元（见表2－49）。

表2－49　2009年上缴税费前20名的创新型企业　　单位：亿元

名次	企业名称	上缴税收	批次
1	中国石油化工集团公司	2738.9	1
2	中国石油天然气集团公司	2426.0	2
3	国家电网公司	728.5	1
4	中国移动通信集团公司	591.8	2
5	神华集团有限责任公司	371.8	1
6	中国南方电网有限责任公司	196.5	2
7	中国华能集团公司	166.5	2
8	华为技术有限公司	160.0	1
9	中国电信集团公司	156.6	2
10	宝钢集团有限公司	151.1	1
11	中国铁路工程总公司	131.2	1
12	中国冶金科工集团有限公司	123.1	2
13	中国化工集团公司	103.3	2
14	重庆长安汽车股份有限公司	97.4	2
15	中国长江三峡集团公司	88.3	1
16	武汉钢铁（集团）公司	73.5	2
17	鞍山钢铁集团公司	69.1	1
18	中国铝业公司	67.9	1
19	中兴通讯股份有限公司	64.6	1
20	中国船舶重工集团公司	49.2	2
合　计		8555.1	—

上述统计说明，在195家创新型企业中，排在前20名的创新型企业的主营业务收入、增加值、税后利润、上缴税收等所占份额都超过80%，尤其是税后利润、上缴税收分别占比达到88.0%和91.0%，贡献突出。

（三）成长性20强企业

成长性也是衡量创新型企业发展状况的重要指标。下面依据2009年的统计数据，对195家创新型企业分别按主营业务收入、增加值、税后利润等经济指标的增长率排出前20名企业。

2009年主营业务收入增长最快的前20名创新型企业，其主营业务收入增长率都超过40%。其中，排前三位的中国纺织科学研究院、唐山轨道客车有限责任公司、汉王科技股份有限公司，其主营业务收入增长率都超过150%，分别达到736%、210%、160%（见表2－50）。

表2－50　2009年主营业务收入增长最快20名创新型企业　　单位:%

名次	企业名称	主营业务收入增长率	批次
1	中国纺织科学研究院	735.8	1
2	唐山轨道客车有限责任公司	209.9	1
3	汉王科技股份有限公司	159.5	1
4	重庆长安汽车股份有限公司	88.4	2
5	重庆海扶（HIFU）技术有限公司	83.1	2
6	电信科学技术研究院	70.4	1
7	湖北新火炬科技股份有限公司	62.1	1
8	新疆金风科技股份有限公司	58.5	2
9	南京南瑞集团公司	58.1	2
10	湘潭电机股份有限公司	56.7	2
11	长沙中联重工科技发展股份有限公司	53.2	1
12	大连重工·起重集团有限公司	52.1	2
13	中材科技股份有限公司	51.7	1
14	大连獐子岛渔业集团股份有限公司	50.7	2
15	西安海天天线科技股份有限公司	49.6	1
16	宜宾丝丽雅集团有限公司	48.9	2
17	中国铁路工程总公司	46.3	2
18	浪潮集团有限公司	45.0	1
19	南京联创科技股份有限公司	44.2	1
20	安徽中鼎密封件股份有限公司	43.5	2

2009 年增加值增长最快的前 20 名创新型企业，其增加值增长率几乎都超过了 100%。其中，排前三位的山东登海种业股份有限公司、新疆金风科技股份有限公司、博威集团有限公司，其增加值增长率分别达到 726%、648%、634%（见表 2-51）。

表 2-51　2009 年增加值增长最快 20 名创新型企业　　单位：%

名次	企业名称	增加值增长率	批次
1	山东登海种业股份有限公司	726.3	1
2	新疆金风科技股份有限公司	647.8	2
3	博威集团有限公司	633.9	1
4	西藏诺迪康药业股份有限公司	563.8	2
5	重庆海扶（HIFU）技术有限公司	477.7	2
6	宁波海天塑机集团有限公司	469.1	1
7	机械科学研究总院	324.0	2
8	中国纺织科学研究院	302.1	1
9	天津天士力集团有限公司	286.2	1
10	上海新傲科技股份有限公司	281.6	2
11	郑州宇通客车股份有限公司	252.7	1
12	安徽中鼎密封件股份有限公司	235.2	2
13	天津药业集团有限公司	170.4	2
14	浙江吉利控股集团有限公司	158.4	1
15	宜宾丝丽雅集团有限公司	114.5	2
16	安徽丰原集团有限公司	110.4	2
17	中国石油化工集团公司	108.3	1
18	中控科技集团有限公司	103.6	1
19	四川启明星铝业有限责任公司	100.2	2
20	贵州益佰制药股份有限公司	95.7	2

2009 年税后利润增长最快的前 20 名创新型企业，其税后利润增长率都超过 130%。其中，排前三位的中国电信集团公司、宜宾丝丽雅集团有限公司、重庆长安汽车股份有限公司的税后利润增长率分别达到 54693%、3338%、3100%。2009 年前 20 名企业，尤其是前三位企业的税后利润增长迅速，在很大程度上因为 2008 年金融危机冲击导致许多企业的利润大幅度下降，而 2009 年出现恢复性增长。如中国电信集团公司 2008 年申报的利润总额仅 2500 多万元，但 2009 年则恢复到 142 亿元（仍比 2006 年、2007 年有较大幅度下降）（见表 2-52）。

表 2-52 2009 年税后利润增长最快 20 名创新型企业 单位：%

名次	企业名称	税后利润增长率	批次
1	中国电信集团公司	54692.5	2
2	宜宾丝丽雅集团有限公司	3337.6	2
3	重庆长安汽车股份有限公司	3100.1	2
4	云南锡业集团（控股）有限责任公司	482.9	2
5	上海新傲科技股份有限公司	404.2	2
6	中国铁路工程总公司	353.8	1
7	西藏诺迪康药业股份有限公司	293.9	2
8	唐山轨道客车有限责任公司	285.2	1
9	海尔集团公司	230.1	1
10	华为技术有限公司	223.7	1
11	福建新大陆科技集团有限公司	218.0	2
12	中国石油化工集团公司	209.5	1
13	山东登海种业股份有限公司	200.2	1
14	南京南瑞集团公司	192.5	2
15	大全集团有限公司	181.8	2
16	汉王科技股份有限公司	153.2	1
17	许继集团有限公司	151.6	1
18	广西柳工机械股份有限公司	150.8	2
19	招商局重庆交通科研设计院有限公司	139.3	1
20	四川长虹电器股份有限公司	136.2	1

2009 年上缴税费增长最快的前 20 名创新型企业，其上缴税费增长率都接近或超过 40%。其中，前 8 名企业都超过 100%，排前三位的重庆长安汽车股份有限公司、沈阳机床（集团）有限责任公司、广西柳工机械股份有限公司上缴税费增长率分别达到 1169.6%、699.5%、234.8%（见表 2-53）。

表 2-53 2009 年缴税增长最快 20 名创新型企业 单位：%

名次	企业名称	上缴税收增长率	批次
1	重庆长安汽车股份有限公司	1169.6	2
2	沈阳机床（集团）有限责任公司	699.5	2
3	广西柳工机械股份有限公司	234.8	2
4	四川长虹电器股份有限公司	187.0	1
5	三一重工股份有限公司	183.2	2
6	上海贝尔股份有限公司	165.4	2
7	中国石油化工集团公司	130.4	1
8	铜陵有色金属集团控股有限公司	127.3	2
9	万向集团公司	71.6	2
10	浙江医药股份有限公司新昌制药厂	51.1	2
11	上海振华重工（集团）股份有限公司	50.0	1
12	中国航天科技集团公司	49.2	1
13	中国铁路工程总公司	48.0	1

续表

名次	企业名称	上缴税收增长率	批次
14	太原重型机械集团有限公司	47.0	1
15	浪潮集团有限公司	45.8	1
16	中国化工集团公司	45.0	2
17	中国船舶重工集团公司	44.6	2
18	华为技术有限公司	44.5	1
19	神华集团有限责任公司	42.4	1
20	浙江吉利控股集团有限公司	39.5	1

上述统计显示，许多创新型企业都呈现出较快的成长性，与经济实力20强企业相比，一些民营企业或规模相对较小的企业，在成长性方面有更良好的表现，展示出这些企业良好的发展潜力。

（四）经济指标的分类统计

1. 按行业分类

下面按《国民经济行业分类与代码》（GB/T 4754—2002）的两位数代码分类，对195家创新型企业2006～2009年间的主营业务收入、增加值、税后利润等主要经济指标的行业分布情况进行统计和分析。需要指出，所统计行业的经济指标只反映该行业创新型企业的状况，不代表该行业的整体发展情况。

2006～2009年间，195家创新型企业主营业务收入按行业统计，排在前4名的都是以下行业：电力、热力的生产和供应业（44），石油加工、炼焦及核燃料加工业（25），石油和天然气开采业（07），电信和其他信息传输服务业（60）。前3年，黑色金属冶炼及压延加工业（32）一直排在第五位，但2009年交通运输设备制造业（37）进入前5名。2009年前5名行业的创新型企业的主营业务收入达到59181亿元，占195家创新型企业主营业务收入总额的66.6%（见表2－54）。

表2－54　创新型企业主营业务收入前5名行业

年份	排名	行业	企业数（家）	主营业务收入（亿元）
2006	1	44	4	11757.7
	2	25	2	11310.9
	3	07	1	8683.3
	4	60	3	5069.9
	5	32	7	4230.2
	合　计		17	41052.0

续表

年份	排名	行业	企业数（家）	主营业务收入（亿元）
2007	1	44	4	13880.2
	2	25	2	13132.1
	3	07	1	10000.9
	4	60	3	5908.5
	5	32	7	5417.9
	合　计		17	48339.7
2008	1	44	4	15865.1
	2	25	2	15667.0
	3	07	1	12721.7
	4	60	3	7013.4
	5	32	7	6769.6
	合　计		17	58036.8
2009	1	44	4	17638.1
	2	25	2	14962.3
	3	07	1	12156.7
	4	60	3	7748.4
	5	37	14	6675.0
	合　计		24	59180.5

2006~2009 年间，195 家创新型企业增加值按行业统计，排在前 4 位的都是以下行业：石油和天然气开采业（07），电信和其他信息传输服务业（60），石油加工、炼焦及核燃料加工业（25），电力、热力的生产和供应业（44）。前 3 年排在第五位的一直是黑色金属冶炼及压延加工业（32），2009 年交通运输设备制造业（37）进入前 5 名。2009 年前 5 名行业的创新型企业创造的增加值达到 19305 亿元，占 195 家创新型企业增加值的 79.0%（见表 2-55）。

表 2-55　创新型企业增加值前 5 名行业

年份	排名	行业	企业数（家）	增加值（亿元）
2006	1	07	1	5099.8
	2	44	4	3434.4
	3	60	3	3262.4
	4	25	2	2447.2
	5	32	7	1247.0
	合　计		17	15490.8

续表

年份	排名	行业	企业数（家）	增加值（亿元）
2007	1	07	1	5720.4
	2	60	3	4118.1
	3	44	4	3740.3
	4	25	2	2283.5
	5	32	7	1621.0
	合　计		17	17483.2
2008	1	07	1	5341.6
	2	44	4	4135.5
	3	60	3	4018.9
	4	25	2	2051.9
	5	32	7	1852.0
	合　计		17	17399.9
2009	1	07	1	5528.4
	2	60	3	4371.3
	3	25	2	4040.5
	4	44	4	4000.0
	5	37	14	1364.3
	合　计		24	19304.6

2006～2009 年间，195 家创新型企业的税后利润按行业统计，前 5 名行业中排在前两位的行业是：石油和天然气开采业（07）、电信和其他信息传输服务业（60），只是后两年与前两年次序发生调整；前两年排在第 3～5 位的是石油加工、炼焦及核燃料加工业（25），电力、热力的生产和供应业（44），黑色金属冶炼及压延加工业（32）；后两年煤炭开采和洗选业（06）、交通运输设备制造业（37）也进入前 5 名。2009 年，前 5 名行业的创新型企业共计 22 家，占 195 家创新型企业的 11.3%，但创造的税后利润达到 4595 亿元，占 195 家创新型企业全部税后利润的 75.0%（见表 2－56）。

表 2－56　创新型企业税后利润前 5 名行业

年份	排名	行业	企业数（家）	税后利润（亿元）
2006	1	07	1	1866.4
	2	60	3	1312.6
	3	25	3	708.5
	4	44	4	588.3
	5	32	7	464.9
	合　计		18	4940.6

续表

年份	排名	行业	企业数（家）	税后利润（亿元）
2007	1	07	1	1919.8
	2	60	3	1639.3
	3	44	4	877.2
	4	25	3	785.4
	5	32	7	704.8
	合计		18	5926.5
2008	1	60	3	1481.3
	2	07	1	1348.0
	3	32	7	483.4
	4	06	1	383.2
	5	37	14	283.2
	合计		26	3979.1
2009	1	60	3	1659.6
	2	07	1	1285.6
	3	25	3	829.2
	4	06	1	465.5
	5	37	14	354.6
	合计		22	4594.6

上述分析说明，创新型企业的经济贡献呈现较明显的行业集中性，石油和天然气开采业（07），石油加工、炼焦及核燃料加工业（25），电力、热力的生产和供应业（44），电信和其他信息传输服务业（60），黑色金属冶炼及压延加工业（32），煤炭开采和洗选业（06），交通运输设备制造业（37）等行业的创新型企业尽管在全部创新型企业中占比不大，但贡献了65%以上的主营业务收入和75%以上的增加值和税收利润。

2. 按地区分布

下面对195家创新型企业的主营业务收入、增加值、税后利润等经济指标的地区分布情况进行统计。需要指出，所统计地区的经济指标只反映该地区创新型企业的经济状况，不代表所在地区的整体经济水平。

2006~2009年间，195家创新型企业主营业务收入按地区统计，排在前4名的地区始终是北京、广东、上海、山东。排在第五位，2006年是辽宁，后3年则是湖北。2009年前5名地区拥有创新型企业共75家，占195家创新型企业的38.5%，其主营业务收入总额达79222亿元，占195家创新型企业主营业务收入总额的89.1%（见表2－57）。

表 2-57 创新型企业主营业务收入前 5 名地区

年份	排名	地区	企业数（家）	主营业务收入（亿元）
2006	1	北京	37	44989.0
	2	广东	14	3479.9
	3	上海	7	2105.9
	4	山东	11	1606.0
	5	辽宁	11	866.7
	合　计		80	53047.6
2007	1	北京	37	53574.3
	2	广东	14	4353.7
	3	上海	7	2619.9
	4	山东	11	1865.2
	5	湖北	6	1037.7
	合　计		75	63450.7
2008	1	北京	37	64171.3
	2	广东	14	5100.2
	3	上海	7	2895.0
	4	山东	11	1927.5
	5	湖北	6	1510.4
	合　计		75	75604.4
2009	1	北京	37	67146.8
	2	广东	14	5809.6
	3	上海	7	2405.9
	4	山东	11	2143.3
	5	湖北	6	1716.1
	合　计		75	79221.7

2006~2009 年间，195 家创新型企业增加值按地区统计，前 3 年排在前 5 名的都是以下地区：北京、上海、湖北、广东、辽宁。2009 年，北京、广东仍处前两位，但新疆则进入第三位，第四、第五位分别是上海、湖北。2009 年，前 5 名地区的创新型企业共有 69 家，占 195 家创新型企业的 35.4%，其增加值达到 22033 亿元，占 195 家创新型企业全部增加值的 90.1%（见表 2-58）。

表 2-58 创新型企业增加值前 5 名地区

年份	排名	地区	企业数（家）	增加值（亿元）
2006	1	北京	37	15592.3
	2	广东	14	1051.7
	3	上海	7	544.9
	4	湖北	6	350.8
	5	辽宁	11	338.5
	合　计		75	17878.2

续表

年份	排名	地区	企业数（家）	增加值（亿元）
2007	1	北京	37	18939.0
	2	广东	14	1138.9
	3	上海	7	698.7
	4	湖北	6	435.2
	5	辽宁	11	408.7
	合计		75	21620.5
2008	1	北京	37	17882.6
	2	广东	14	1059.8
	3	上海	7	832.9
	4	湖北	6	516.1
	5	辽宁	11	416.3
	合计		75	20707.6
2009	1	北京	37	19482.1
	2	广东	14	1138.8
	3	新疆	5	498.9
	4	上海	7	473.2
	5	湖北	6	440.0
	合计		69	22033.1

2006～2009年间，195家创新型企业的税后利润按地区统计，前3年排在前5名的都是以下地区：北京、上海、广东、湖北、辽宁。2009年北京仍处在第一位，广东超越上海成为第二位，山东则首次进入前5名。2009年，前5名地区的创新型企业共75家，占195家创新型企业的38.5%，其税后利润总额达到5615亿元，占195家创新型企业税后利润总额的91.6%（见表2－59）。

表2－59 创新型企业税后利润前5名地区

年份	排名	地区	企业数（家）	税后利润（亿元）
2006	1	北京	37	5070.1
	2	上海	7	251.3
	3	广东	14	212.3
	4	湖北	6	145.3
	5	辽宁	11	121.4
	合计		75	5800.4
2007	1	北京	37	6177.3
	2	上海	7	388.7
	3	广东	14	284.6
	4	湖北	6	224.2
	5	辽宁	11	130.4
	合计		75	7205.3

续表

年份	排名	地区	企业数（家）	税后利润（亿元）
2008	1	北京	37	4057.8
	2	上海	7	273.3
	3	广东	14	196.9
	4	湖北	6	182.4
	5	辽宁	11	100.5
	合　计		75	4810.8
2009	1	北京	37	4810.6
	2	广东	14	343.4
	3	上海	7	163.2
	4	湖北	6	160.3
	5	山东	11	137.8
	合　计		75	5615.3

上述统计说明，创新型企业的经济贡献也呈现出较强的区域集中性，北京、广东、上海、湖北、辽宁、山东等地区的创新型企业分布较多，约占创新型企业总数的40%，而这些地区创新型企业创造的主营业务收入、增加值和税收利润约相当于全部创新型企业的90%。

3. 按企业类型分类

下面按国有独资、股份制及其他所有制两种企业类型，对195家创新型企业的主要经济指标进行统计和分析。

2006～2009年间，两类企业的主营业务收入都呈现较快增长趋势。其中，股份制及其他所有制企业2007年、2008年、2009年分别比上年增长32.9%、20.0%、12.5%，均高于国有独资企业19.1%、19.6%和3.8%，表现出更加强劲的增长态势（见表2－60）。

表2－60　按企业类型统计的创新型企业主营业务收入及其增长情况

企业类型	主营业务收入（亿元）				增长率（%）		
	2006年	2007年	2008年	2009年	2007年	2008年	2009年
国有独资	51081.6	60848.6	72771.6	75519.6	19.1	19.6	3.8
股份制及其他所有制	7446.0	9895.9	11875.9	13363.7	32.9	20.0	12.5
总　计	58527.6	70744.5	84647.5	88883.3	20.9	19.7	5.0

从总量看，国有独资企业的主营业务收入远高于股份制及其他所有制企业，2006～2009年间，分别达到5.1万亿元、6.1万亿元、7.3万亿元、7.6万亿元，

占195家创新型企业全部主营业务收入的比重分别为87.3%、86.0%、86.0%、85.0%（见图2-20）。

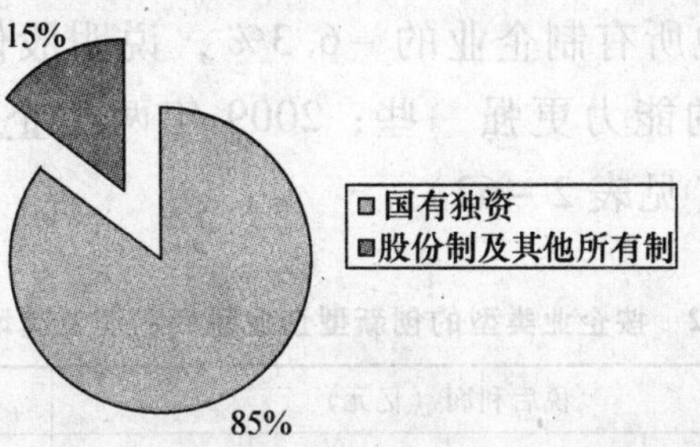

图2-20 2009年按企业类型的创新型企业主营业务收入占比

2006~2009年期间，股份制及其他所有制企业增加值的增长较快，分别达到34.1%、5.6%、13.4%，均超过国有独资企业的增长率。尤其是2008年国有独资企业的增加值出现负增长时，股份制及其他所有制企业仍保持5.6%的增速（见表2-61）。

表2-61 按企业类型的创新型企业增加值及其增长情况

企业类型	增加值（亿元）				增长率（%）		
	2006年	2007年	2008年	2009年	2007年	2008年	2009年
国有独资	17608.6	21207.1	20383.6	21706.8	20.4	-3.9	6.5
股份制及其他所有制	1708.1	2289.9	2418.7	2743.0	34.1	5.6	13.4
总　计	19316.7	23497.0	22802.3	24449.8	21.6	-3.0	7.2

从总量看，国有独资企业创造的增加值远高于股份制及其他所有制企业，2006~2009年期间，分别达到1.8万亿元、2.1万亿元、2.0万亿元、2.2万亿元，占195家创新型企业全部增加值的比重分别为91.2%、90.3%、89.4%、88.8%（见图2-21）。

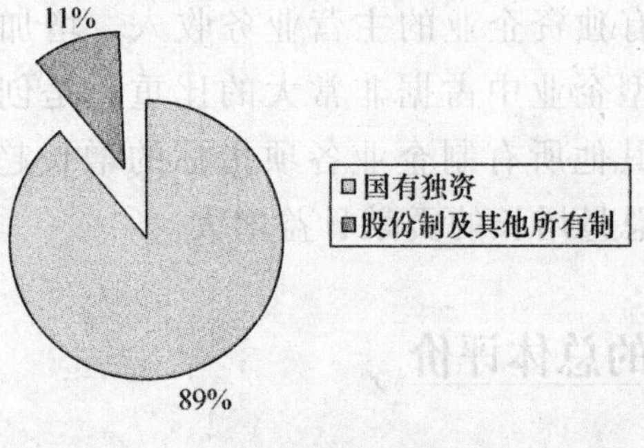

图2-21 2009年按企业类型的创新型企业增加值占比

2006～2009 年期间，两类企业的税后利润 2007 年增长较快，尤其是股份制及其他所有制企业的增长达到 66.4%，几乎是国有独资企业的 3 倍；2008 年两类企业的税后利润都出现下降趋势，特别是国有独资企业的增长率为 -34.5%，下降幅度远高于股份制及其他所有制企业的 -6.3%，说明股份制及其他所有制企业在抵御金融危机冲击方面的能力更强一些；2009 年两类企业又恢复快速增长态势，经济效益提升比较明显（见表 2-62）。

表 2-62 按企业类型的创新型企业税后利润及其增长情况

企业类型	税后利润（亿元）				增长率（%）		
	2006 年	2007 年	2008 年	2009 年	2007 年	2008 年	2009 年
国有独资	5783.7	7112.8	4658.6	5258.5	23.0	-34.5	12.9
股份制及其他所有制	453.8	755.0	707.4	868.8	66.4	-6.3	22.8
总　计	6237.5	7867.7	5366.0	6127.3	26.1	-31.8	14.2

2006～2009 年间，国有独资企业的税后利润分别达到 5784 亿元、7113 亿元、4659 亿元、5259 亿元，占 195 家创新型企业全部税后利润的比重分别为 92.7%、90.4%、86.8%、85.8%，远高于股份制及其他所有制企业（见图 2-22）。

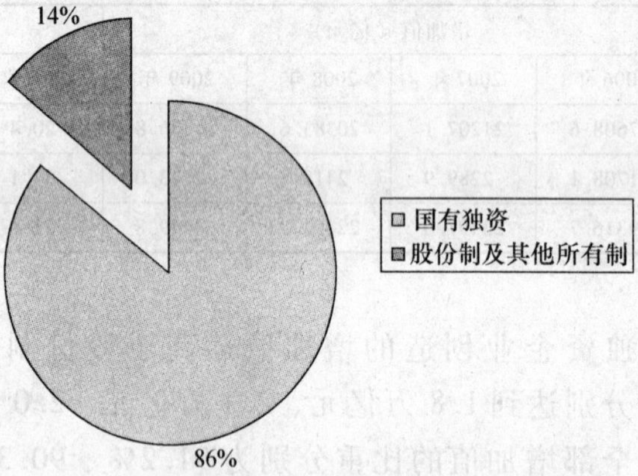

图 2-22 2009 年按企业类型的创新型企业税后利润占比

上述分析说明，国有独资企业的主营业务收入、增加值和税后利润等主要经济指标都在 195 家创新型企业中占据非常大的比重，是创新型企业经济总量的主要贡献者。而股份制及其他所有制企业各项指标的增长趋势更加明显，表现出较快的成长态势，对经济总量增长的贡献日益增大。

五、创新型企业的总体评价

下面重点选择全国大中型工业企业和规模以上工业企业两个群体作为参照，

比较分析195家创新型企业的创新投入、产出及其经济贡献情况。据统计，2009年，全国大中型工业企业41290家，全国规模以上工业企业434364家。195家创新型企业占比分别为0.47%、0.04%。[①]

（一）日益成为创新投入的主体

创新型企业更加重视加强研发投入。2009年，195家创新型企业研发经费支出1625.7亿元，占全国研发（R&D）经费支出总额（5791.9亿元）的比重为28.1%，占全国大中型工业企业研发经费支出（3211.6亿元）的比重为50.6%。创新型企业研发经费强度达1.83%，远高于0.96%的全国大中型工业企业研发经费强度，也高于1.70%的全国研发经费强度（与国内生产总值之比）。

创新型企业的研发人员比重较高。2009年，195家创新型企业研发人员总量达到47.6万人，占全国大中型工业企业研发人员总量（130.6万人年）的比重为36.4%；195家创新型企业研发人员占员工总数的5.99%，高于全国大中型工业企业研发人员占员工总数的比重（2.70%）。表明创新型企业更加重视研发人才队伍的建设。

股份制及其他所有制企业的研发经费支出快速增长。虽然从总量看，国有独资企业的研发经费支出占全部创新型企业的比重较高（约占60%），但股份制及其他所有制企业的增长率较高，两类企业的差距逐年缩小。研发经费支出总量及其增长率前20名企业也反映出这一特点，研发经费支出总量仍以国有独资或规模较大企业为主，而研发经费支出的增长则更多以股份制及其他所有制企业或规模相对较小的企业为主。

（二）自主创新能力持续提升

创新型企业的发明专利创造能力较强。2009年，195家创新型企业发明专利申请量达到30827件，占全国大中型工业企业发明专利申请量（63230件）的比重为48.8%，占全国规模以上工业企业发明专利申请量（92732件）的比重为33.2%，占全国发明专利申请量（314573件）的比重为9.8%；195家创新型企业发明专利授权量达到11098件，占全国发明专利授权量（128489件）的比重为8.6%；195家创新型企业的PCT专利申请量为2628件，占全国PCT申请公布量（7750件）的33.9%。

2009年，195家创新型企业主持制定的国家技术标准达3090项，主持制定的行业技术标准达3161项；软件著作权达到8351件，集成电路布图设计权达到588

① 全国大中型工业企业和规模以上工业企业的数据引自中华人民共和国统计局：《中国统计年鉴2010》，中国统计出版社，2010年。

件，植物新品种 93 个，国家新药证书 1205 件。

创新型企业的创新价值实现能力比较突出。2009 年，195 家创新型企业新产品销售收入达 19295 亿元，占全国大中型工业企业新产品销售收入（57980 亿元）的比重为 33.2%，占全国规模以上工业企业新产品销售收入（65840 亿元）的比重为 29.3%。

2009 年，有 58 家创新型企业获得国家级奖励 110 项，说明创新型企业的创新成果比较突出且产生了较高的社会影响。

上述统计说明，创新型企业的创新产出成果丰硕，表现出较强的创新能力，创新效益比较明显。

（三）经济贡献快速提高

2009 年，195 家创新型企业创造的主营业务收入、税后利润分别为 88883 亿元、6127 亿元，占全国大中型工业企业主营业务收入（335751 亿元）、税后利润（22266 亿元）的比重分别为 26.5%、27.5%；占全国规模以上工业企业主营业务收入（542522 亿元）、税后利润（34542 亿元）的比重分别为 20.5%、17.7%。

195 家创新型企业 2009 年创造的增加值为 24450 亿元，占当年国内生产总值（340507 亿元）的比重为 7.2%；占全年全部工业增加值（135240 亿元）的比重为 18.1%。

上述比较说明，尽管创新型企业数量有限，只占到全国大中型工业企业和全国规模以上工业企业的 0.47% 和 0.04%，存在数量级差别，但其经济贡献占这两个群体的比重却非常可观。而且创新型企业创造的增加值占当年 GDP 及工业增加值的比重也非常可观，表明创新型企业群体已经成为国民经济发展不可忽视的重要力量。

第三章

推动央企创新型企业建设

2005年底，科技部、国资委和全国总工会联合启动开展创新型企业试点工作。试点企业主要在国有骨干企业、转制院所、高新技术企业和其他主要依靠技术创新发展的企业中选择。经过几年的试点推动，一批中央企业①加入到创新型企业行列，在创新战略谋划、研发能力建设、创新人才队伍培养、体制机制创新等方面取得积极成效。本章将着重对中央企业开展创新型企业建设的背景、工作进展和主要成效进行分析。

一、推动央企开展创新型企业建设的背景

（一）中央企业在推动经济发展方式转变中肩负重要使命

目前，中国经济总量已居世界前列，中央企业扮演着举足轻重的角色。据统计，截至2009年底，中央企业资产总额210580.8亿元，比上年增长19.5%，占全国规模以上工业企业资产总额（493693亿元）的比重达42.6%；2009年中央企业实现营业总收入126271.6亿元，比上年增长6.4%，占全国规模以上工业企业主营业务收入（542522亿元）的比重达23.3%；中央企业实现利润总额8151.2亿元，比上年增长17.1%，占全国规模以上工业企业利润总额（34352亿元）的比重达23.7%。②

中央企业是中国企业参与国际竞争的骨干力量。在2010年《财富》全球500强企业中，中国内地上榜企业43家，中央企业有30家，占全部内地上榜企业总数的69.8%（见表3-1）。

---

① 中央企业是指由国务院国有资产监督管理委员会（简称国资委）履行出资人职责的企业。截至2009年底，由国资委履行出资人职责的中央企业共计129家。具体见本章附表3-1。本章以129家企业为统计分析范围。

② 中央企业经济数据引自国资委《中央企业2009年度总体运行情况》，2010年8月（http://www.sasac.gov.cn）；全国规模以上工业企业数据引自中华人民共和国统计局：《中国统计年鉴2010》，中国统计出版社，2010年。

表 3-1　2010 年《财富》全球 500 强中国内地中央企业名单　　单位：百万美元

序号	公　司	500 强排名	营业收入	所在地
1	中国石油化工集团公司	7	187518	北京
2	国家电网公司	8	184496	北京
3	中国石油天然气集团公司	10	165496	北京
4	中国移动通信集团公司	77	71749	北京
5	中国铁道建筑总公司	133	52044	北京
6	中国中铁股份有限公司（中国铁路工程总公司）	137	50704	北京
7	中国南方电网有限责任公司	156	45735	广州
8	东风汽车公司	182	39402	武汉
9	中国建筑工程总公司	187	38117	北京
10	中国中化集团公司	203	35577	北京
11	中国电信集团公司	204	35557	北京
12	中国交通建设集团有限公司	224	33465	北京
13	中国海洋石油总公司	252	30680	北京
14	中国第一汽车集团公司	258	30237	长春
15	中国南方工业集团公司（中国兵器装备集团公司）	275	28757	北京
16	宝钢集团有限公司	276	28591	上海
17	中粮集团有限公司	312	26098	北京
18	中国华能集团公司	313	26019	北京
19	中国冶金科工集团有限公司	315	25868	北京
20	中国航空工业集团公司	330	25189	北京
21	中国五矿集团公司	332	24956	北京
22	中国北方工业集团公司（中国兵器工业集团公司）	348	24150	北京
23	中国中钢集团公司	352	24014	北京
24	神华集团有限责任公司	356	23605	北京
25	中国联合网络通信集团有限公司	368	23183	北京
26	华润（集团）有限公司	395	21902	香港
27	中国大唐集团公司	412	21460	北京
28	武汉钢铁（集团）公司	428	20543	武汉
29	中国铝业公司	436	19851	北京
30	中国国电集团公司	477	17871	北京

中央企业进入《财富》全球 500 强企业榜单的数量呈逐年增加态势，从 2003 年上榜 6 家增加到 2010 年上榜 30 家，显示中央企业的经济实力及其在全球经济中的影响力持续增强（见图 3-1）。

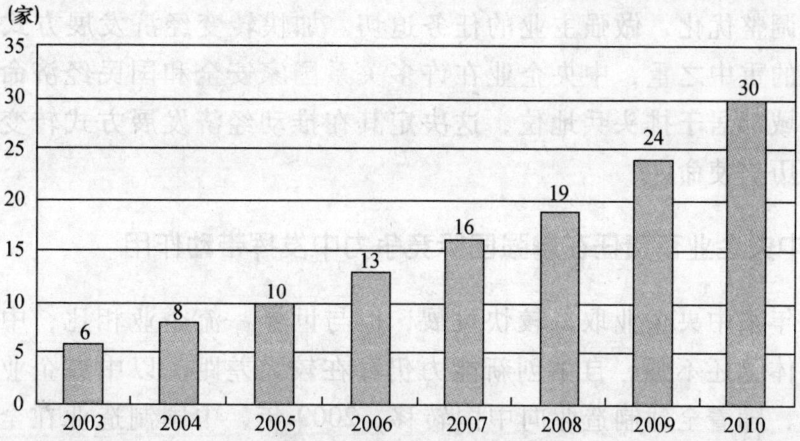

图 3-1 《财富》全球 500 强中央企业数量（2003~2010 年）

中央企业是国民经济的重要支柱。在2010年中国企业500强榜单上，前10强企业中，中央企业占6家，其中前3名是中国石油化工集团公司、国家电网公司和中国石油天然气集团公司；在前20强企业中，中央企业占13家；前50强企业中，中央企业占33家（见表3-2）。

表 3-2 2010 年中国企业前 20 强中的中央企业 单位：亿元

序号	企业名称	500 强名次	营业收入
1	中国石油化工集团公司	1	13919.5
2	国家电网公司	2	12603.1
3	中国石油天然气集团公司	3	12182.8
4	中国移动通信集团公司	4	4901.2
5	中国铁建股份有限公司（中国铁道建筑总公司）	8	3555.2
6	中国中铁股份有限公司（中国铁路工程总公司）	9	3463.7
7	中国南方电网有限责任公司	12	3124.2
8	东风汽车公司	13	2691.6
9	中国建筑股份有限公司（中国建筑工程总公司）	14	2603.8
10	中国中化集团公司	15	2430.3
11	中国电信集团公司	16	2429.0
12	中国交通建设集团有限公司	18	2286.1
13	中国海洋石油总公司	19	2095.8

当前中国经济发展的质量和效益不高，能源资源供应、生态环境、生产要素支撑难以为继，经济结构和发展方式不可持续。国际金融危机使中国经济发展方式不合理的问题更加凸显。中央企业近年来的快速发展在很大程度上依赖于中国经济的持续高速增长，没有摆脱粗放型增长模式，普遍面临高能耗、产能过剩等

共性问题，调整优化，做强主业的任务迫切。加快转变经济发展方式已经成为中国经济发展的重中之重，中央企业在许多关系国家安全和国民经济命脉的重要行业和关键领域都居于排头兵地位，这决定其在推动经济发展方式转变的进程中肩负着重大的历史使命。

（二）中央企业有责任在增强国际竞争力中发挥带动作用

尽管近年来中央企业取得较快发展，但与世界一流企业相比，中央企业的核心竞争力总体上还不强，自主创新能力仍存在较大差距。以中央企业较为集中的制造业为例，随着全球制造业向中国转移，2009 年，中国制造业在全球制造业总值中所占比例已达 15.6%，成为仅次于美国的全球第二大工业制造国。但中国企业只是在一些低端或中低端的产品和产业上赢得国际竞争力，由于缺乏核心制造技术和高端产品开发能力，难以进入产业高端，一些领域的关键生产设备目前仍需依赖进口，企业亟须在核心技术发展上取得根本性突破，优化升级产业结构，实现降本增效和节能减排，拓宽进一步发展的空间。

金融危机后，许多跨国公司加快结构调整和产业升级步伐，把技术创新作为企业转型战略的核心内涵和主要手段。有的企业利用自身的技术积累和创新优势，努力开拓新的业务；有的企业在聚焦核心业务的同时，出售关联度不大的非核心业务，集中优势科技资源培育新的增长点；还有的企业通过兼并重组加大资源整合力度，利用重组企业的科技优势，抢占产业发展制高点。如德国博世（BOSCH）公司重视基础和前瞻性技术研究，总部对 50 年以后的技术开展研究，仅对 ESP 系统（汽车车身电子稳定系统）的开发研制就用了 12 年的时间。美国思科（CISCO）公司 2008 年研发经费支出已占销售收入的 12%，在全球有 1100 个实验室，2.2 万名工程师，实现 24 小时不间断的协同研发。IBM 在 2008 年底提出并开始实施智慧地球战略，基于在物联网、云计算等方面掌握的核心技术及在各行业丰富的技术集成解决方案，推动企业持续转型。①

未来 5 ~ 10 年将是新产业迅速发展、新业务模式探索成型的关键时期，企业之间的竞争正在从营销方式、管理模式等方面扩展到技术的竞争，中央企业将面临更高层次、更高水平、更加激烈的竞争。中国经济改革和发展演变过程，决定了中央企业在国民经济中的重要地位和作用，决定其必须成为中国参与国际竞争的重要依托力量。中央企业应聚焦于关系国家竞争力的关键产业领域，着力提升自主创新能力，尽快成长起一批具有国际竞争力的世界一流企业，以承担起带动中国企业参与国际竞争的重要责任。

① 相关数据引自李荣融：《进一步增强紧迫感和责任感 加快提升中央企业自主创新能力——在 2010 年中央企业科技工作会议上的讲话》，2010 年 6 月 24 日。

（三）中央企业应该在提升自主创新能力方面发挥表率作用

中央企业加快提升自主创新能力具备较好的基础。目前中央企业已经建设了一大批国家重点实验室、国家工程实验室、国家工程技术研究中心和国家级企业技术中心等国家级科研机构，很多企业还建立了企业中央研究院、博士后科研工作站等。在中央企业工作的两院院士超过200人。中央企业一大批科技成果获得了国家技术发明奖、国家科技进步奖等国家奖励。2009年中央企业共获得国家科技奖励104项，其中国家科技进步特等奖3项。《国家中长期科学和技术发展规划纲要（2006~2020年）》确定的需要突破的11个重点领域，中央企业都有涉及。16个国家重大科技专项中央企业参与了14个，在新一代宽带无线移动通信、大型油气田及煤层气开发、大型先进压水堆及高温气冷堆核电站、大型飞机、载人航天与探月工程等重大专项中，中央企业都担当重任。2006年以来，中央企业日益重视和加强知识产权管理，专利发展取得长足进步。2009年，中央企业申请专利39203项，其中发明专利申请19993项，占申请总量的51%，远高于26.1%的国内平均水平；授权专利20431项，其中发明专利授权4891项，占授权总量的23.9%，高于13%的国内平均水平；均接近2006年的3倍。截至2009年底，中央企业累计拥有有效专利76138项，为2006年的2倍，其中，有效发明专利21266项，占总量的27.9%。截至2009年底，在129家中央企业中，有63家加入到创新型企业建设行列，其中40家被评价命名为创新型企业。中央企业还积极参加产业技术创新战略联盟试点工作，牵头组建一批产业技术创新战略联盟。①

中央企业是培育和发展战略性新兴产业的重要力量。当前中央提出要大力发展战略性新兴产业，这是党中央、国务院针对世界经济、科技发展趋势做出的重大决策。战略性新兴产业既代表着技术创新的方向，也代表着未来产业发展的方向，已成为当今国际社会应对金融危机、实现经济社会可持续发展的共同选择。中央企业是发展战略性新兴产业的重要力量。在发展新能源方面，目前最大的风电项目、光伏发电项目都是中央企业建设的，核电项目也全部由中央企业承建。在智能电网开发建设方面，两大电网集团自主研发、设计和建设特高压示范工程，在特高压核心输电技术和设备国产化方面取得重大突破。在信息网络建设方面，中央电信企业在研发具有自主知识产权的3G技术和4G标准、打造物联网、推进“三网融合”等方面做了大量工作。在高端制造业方面，大型客机研发制造、先进航天器研发与制造、高速铁路关键技术和设备制造、高速磁悬浮列车整车集成和

① 相关数据引自李荣融：《进一步增强紧迫感和责任感　加快提升中央企业自主创新能力——在2010年中央企业科技工作会议上的讲话》，2010年6月24日；黄丹华：《加强自主创新能力建设进一步提高中央企业核心竞争力——在2010年中央企业科技工作会议上的讲话》，2010年6月23日。

制造等重大项目，中央企业都是主要承担者。在节能环保方面，中央企业带头淘汰落后产能，已提前完成“十一五”节能减排规划目标，成为如期完成全国节能减排目标的重要力量。

中央企业拥有丰富的创新资源，在未来紧跟世界科技革命和新兴产业发展潮流的进程中，中央企业有责任担负起更大责任，在加快提升自主创新能力方面充分发挥表率作用。

（四）创新型企业建设是推动中央企业实现创新发展的重要举措

尽快确立中央企业的技术创新主体地位及研究开发投入的主体地位，加快提升自主创新能力，增强核心竞争力，不仅是创新型国家建设的需要，也是中央企业自身生存与发展的需要。党中央、国务院对中央企业寄予高度的期望，明确提出要加快培育30~50家具有国际竞争力的大公司大企业集团。这要求中央企业必须在经营规模与持续盈利能力、国际化经营程度与能力、自主知识产权与创新能力以及社会责任和使命等方面，具备与国际一流跨国公司竞争的能力。因此，推动中央企业努力增强自主创新能力有着特殊的重要意义。

目前，中央企业在创新的观念、认识、体制和机制等方面都存在许多不足，增强自主创新能力尚需做出艰苦努力。与国际许多跨国公司相比，中央企业在创新理念和创新意识上存在较大差距。国际上知名的跨国公司基本上都是依托原创技术或专有技术，逐步发展和成长起来的。在发展过程中，又不断通过并购重组获取新的科技资源，巩固其科技优势，特别是在产业链高端的核心技术与基于产业链高端技术的集成整合能力上尤其如此。很多企业都形成了“技术是企业之本”的理念。相比之下，很多中央企业在计划经济向市场经济转轨过程中，虽然也在努力使自己成为市场主体，通过感知市场压力来开展创新。但由于企业内、外部存在的各种体制机制性障碍仍有待解决，市场压力的传导作用还未能得到充分的发挥，自主创新尚未成为企业发展的主要动力。这表现在企业创新投入明显不足，创新激励机制不完善，制约创新的深层次体制障碍远未解决。

由科技部、国资委、全国总工会等部门推动开展的创新型企业建设，很好地契合了党中央、国务院对中央企业的期望，顺应了中央企业加快提升自主创新能力的内在需求，是推动中央企业加快提升自主创新能力、破解制约创新发展障碍因素的一项重要举措。通过开展创新型企业建设，引导企业从发展战略、制度体系建设、研发能力建设、产学研合作、知识产权管理、创新人才队伍和创新文化建设等方面进行战略谋划，整合和发掘各方面的创新资源，明确企业的创新发展战略，加强研发体系建设，探索科技投入的长效机制，构建支撑企业持续创新发展的技术创新体系，将有力地推动中央企业尽快走上依靠创新驱动发展的道路，更好地履行中央企业应该承担的使命和责任。

二、推动央企开展创新型企业建设的工作进展

自科技部、国资委、全国总工会组织实施创新型企业建设以来，越来越多的中央企业加入到创新型企业建设的行列。截至2009年底，在国资委履行出资人职责的129家中央企业中，已有63家进入创新型试点企业行列，占全部129家中央企业的48.8%。① 其中第一批19家，第二批33家，第三批11家。②

在全部参加试点的中央企业中，有40家中央企业已经被评价命名为创新型企业，占全部123家中央企业的32.5%。其中第一批19家，第二批21家（见表3－3）。

表3－3　中央企业创新型（试点）企业名录

序号	企业名称	批次
1	中国航天科技集团公司	第一批
2	中国石油化工集团公司	第一批
3	国家电网公司	第一批
4	中国长江三峡集团公司	第一批
5	神华集团有限责任公司	第一批
6	中国电子信息产业集团有限公司	第一批
7	中国第一汽车集团公司	第一批
8	中国东方电气集团有限公司	第一批
9	鞍山钢铁集团公司	第一批
10	宝钢集团有限公司	第一批
11	中国铝业公司	第一批
12	中国化学工程集团公司	第一批
13	中国铁路工程总公司	第一批
14	电信科学技术研究院	第一批
15	中国钢研科技集团公司	第一批
16	北京有色金属研究总院	第一批
17	北京矿冶研究总院	第一批
18	武汉邮电科学研究院	第一批
19	攀钢集团有限公司	第一批
20	机械科学研究总院	第二批

① 63家进入创新型企业试点的中央企业包括6家转制院所，以及分别由河北省科技厅、四川省科技厅推荐的中国乐凯胶片集团公司、中国第二重型机械集团公司。

② 2010年科技部、国资委、全国总工会三部门公布了第四批创新型试点企业名单，中国电子科技集团公司、中国轻工集团公司两家中央企业列身其中，本年度报告暂不统计。

续表

序号	企业名称	批次
21	中国船舶重工集团公司	第二批
22	中国兵器工业集团公司	第二批
23	中国兵器装备集团公司	第二批
24	中国石油天然气集团公司	第二批
25	中国华能集团公司	第二批
26	中国移动通信集团公司	第二批
27	中国第一重型机械集团公司	第二批
28	武汉钢铁（集团）公司	第二批
29	中国冶金科工集团有限公司	第二批
30	中国化工集团公司	第二批
31	中国北方机车车辆工业集团公司	第二批
32	中国南车集团公司	第二批
33	上海贝尔股份有限公司	第二批
34	中国电信集团公司	第二批
35	中国航天科工集团公司	第二批
36	彩虹集团公司	第二批
37	中国南方电网有限责任公司	第二批
38	中国远洋运输（集团）总公司	第二批
39	中国乐凯胶片集团公司	第二批
40	上海医药工业研究院	第二批
41	中国建筑工程总公司	第二批试点
42	中国中材集团公司	第二批试点
43	中国建筑材料集团有限公司	第二批试点
44	中国铁道建筑总公司	第二批试点
45	中国普天信息产业集团公司	第二批试点
46	中国医药集团总公司	第二批试点
47	中国有色矿业集团有限公司	第二批试点
48	中国葛洲坝集团公司	第二批试点
49	哈尔滨电气集团公司	第二批试点
50	中国国电集团公司	第二批试点
51	中国高新投资集团公司	第二批试点
52	中国第二重型机械集团公司	第二批试点
53	中国商用飞机有限责任公司	第三批试点
54	中国核工业集团公司	第三批试点

续表

序号	企业名称	批次
55	中国船舶工业集团公司	第三批试点
56	中国海洋石油总公司	第三批试点
57	东风汽车公司	第三批试点
58	中国中化集团公司	第三批试点
59	中国五矿集团公司	第三批试点
60	中国中煤能源集团公司	第三批试点
61	中国交通建设集团有限公司	第三批试点
62	新兴铸管集团有限公司	第三批试点
63	中国西电集团公司	第三批试点

注：(1) 第一批创新型企业中国网络通信集团公司与中国联合通信有限公司重组合并；第二批试点企业中国航空工业第一集团公司与中国航空工业第二集团公司合并组成“中国航空工业集团公司”；第一批创新型企业中国生物技术集团公司与第二批试点企业中国医药集团总公司实行联合重组。故中国网络通信集团公司、中国航空工业第一集团公司、中国生物技术集团公司3家企业不在名单范围。

(2) 第一批创新型企业煤炭科学研究总院与中煤国际工程设计研究总院合并组建“中国煤炭科工集团有限公司”；第一批创新型企业中国农业机械化科学研究院并入中国机械工业集团有限公司；第一批创新型企业中国纺织科学研究院并入中国通用技术（集团）控股有限责任公司（简称中国通用技术集团）；第二批创新型企业长沙矿冶研究院并入第三批试点企业中国五矿集团公司；第二批创新型企业沈阳化工研究院并入第三批试点企业中国中化集团公司。故煤炭科学研究总院、中国农业机械化科学研究院、长沙矿冶研究院、沈阳化工研究院、中国纺织科学研究院5家企业不在名单范围。

为引导中央企业积极参与创新型企业建设工作，国资委等部门采取了一系列措施，推动中央企业创新型企业建设工作的顺利开展。

（一）加强创新型企业建设工作的统筹协调

一是加强各部门之间的沟通和协调，及时掌握情况，深入分析、研究中央企业创新过程中存在的共性问题和障碍，推动科技、财税、金融、知识产权、人才等各项政策的完善与落实。如国资委、财政部、科技部2007年联合出台《中央科研设计企业实施中长期激励试行办法》（国资发分配［2007］86号），以鼓励中央科研设计企业对为企业中长期发展作出突出贡献的企业科技人员和从事研发的管理人员，以及在企业未来发展中具有关键或核心作用的科技人员和从事研发的管理人员实施中长期激励，促使中央科研设计企业自主创新和可持续发展，充分调动科技工作者的积极性、创造性和主动性，建立完善的激励约束机制。

二是联合推进“国家技术创新工程”实施，推动创新型企业建设工作，开展产业技术创新战略联盟试点。科技部、国资委、全国总工会已经公布四批创新型试点企业，评价命名两批创新型企业。科技部、国资委、财政部等六部门推动的产业技术创新战略联盟试点工作已经全面展开，中央企业在联盟建设中发挥了重要作用。中国钢研科技集团公司、神华集团有限责任公司、中国农业机械化研究院、中国化学工程集团公司4家企业率先牵头组建的钢铁、煤炭、农用机械和化工4个产业技术创新联盟，都取得积极成效。

三是加大对创新型企业的扶持力度。在国家中长期科技发展规划、重大科技专项、重点科技计划、重点研发机构建设等方面加强部门间的沟通和协调，做好中央企业自主创新活动与国家科技发展计划的衔接。在国家中长期科技规划纲要确定的重大科技专项，国家“十一五”规划纲要安排的重大科技专项和重大科技基础设施项目中，中央企业都承担了大量工作，发挥了重要作用。在2006年科技部在部分转制院所和企业重点建设的首批38个国家重点实验室中，依托中央企业建设的有23家，其中9个是依托中央企业集团总部，其他14个依托集团的二级单位。依托中央企业建设的国家重点实验室占首批38家的60.5%（见表3-4）。

表3-4 中央企业国家重点实验室名单

序号	实验室名称	依托单位
1	提高石油采收率	中国石油勘探开发研究院
2	生物源纤维制造技术	中国纺织科学研究院
3	金属材料挤压/锻压	国机集团西安重型机械研究所
4	先进成形技术与装备	机械科学研究总院
5	混合流程工业自动化系统及装备技术	钢研集团冶金自动化院
6	工业产品环境适应性	国机集团广州电器研究院
7	土壤植物机器系统技术	中国农业机械化科学研究院
8	石油化工催化材料与反应工程	中石化石油化工研究院
9	特种纤维复合材料	中材集团中材科技股份有限公司
10	建筑安全与环境	中国建筑科学研究院
11	绿色建筑材料	建材集团建筑材料研究总院
12	工业排放气综合利用	化工集团西南化工研究设计院
13	无线移动通信	大唐集团电信科学技术研究院
14	新一代光纤通信技术和网络	武汉邮电科学研究院
15	桥梁工程结构动力学	招商局集团重庆交通科研设计院
16	新农药创制与开发	中化集团沈阳化工研究院
17	矿物加工科学与技术	北京矿冶研究总院
18	深海矿产资源开发利用技术	长沙矿冶研究院
19	煤炭安全基础研究	煤炭科学研究总院抚顺分院
20	危险化学品安全控制	中石化安全工程研究院
21	电网安全与节能	国家电网中国电力科学研究院
22	创新药物与制药工艺	上海医药工业研究院
23	水力发电设备	哈尔滨电站设备集团公司

（二）加强对中央企业技术创新活动的指导

一是国资委等部门指导和推动中央企业开展科技发展规划编制工作，组织专家对部分企业科技规划进行评议。引导中央企业将科技规划与企业发展战略紧密结合，加强战略谋划，尽快树立创新发展理念和创新意识，确立创新发展战略。鼓励在关系国家安全和国民经济命脉领域的中央企业，充分利用现有基础，积极推进原始创新；已形成较大规模、优势明显、国内外市场占有率较高的中央企业，积极利用国内外科技资源，加强集成创新，创立品牌；目前差距较大，需要进一步引进技术的中央企业，要加大引进消化吸收再创新的力度。引导中央企业将立足点转到依靠自主创新上来，改变中央企业大而不强、缺乏核心技术和自主知识产权的状况。

二是跟踪国家促进企业创新的各项方针、政策，研究企业在创新能力建设方面的典型案例，不断总结好的做法和经验，通过形式多样的培训和讲座大力宣传、推广，提高企业运用创新政策和加强科技管理的能力。四年来，国资委已经举办了“中央企业自主创新能力建设研讨班”等系列讲座和培训。

三是推动中央企业加强研发机构建设。国资委鼓励中央企业加大内部科技资源整合力度，加强科研基地建设，完善科研组织体系。近年来，国资委又推动了中国农业机械化科学研究院、长沙矿冶研究院、沈阳化工研究院、中国纺织科学研究院等一批科研院所并入产业集团。这些院所有的成为企业的中央研究院，有的成为企业技术中心，有的成为工程（设计）公司。

四是建立并完善“中央企业技术创新信息平台”，更好地为企业科技信息资源的共享、交流提供服务。中央企业技术创新信息平台开通运行，促进了企业科技信息资源的共享与交流，不同程度地提升了企业科技管理水平，取得良好实效。

（三）完善中央企业创新发展的政策环境

一是完善出资人制度设计。国资委牢牢把握出资人定位，完善推动企业创新的相关政策与措施，着力解决制约中央企业自主创新能力提升的各种深层次问题。重点是完善中央企业的业绩考核体系，发挥业绩考核推动企业创新的导向作用和薪酬分配体系的激励作用，探索评价、考核与激励政策三者之间更加有效的结合方式，推动中央企业逐级建立以经营业绩考核为基础、物质激励和精神激励相结合的激励机制。

2009 年国资委《关于进一步加强中央企业全员业绩考核工作的指导意见》（国资发综合［2009］300 号）提出不断创新全员业绩考核方法。要求各中央企业积极借鉴国内外先进的考核方法和理念，鼓励使用经济增加值（EVA）、平衡计分卡（BSC）、360 度反馈评价、关键绩效指标（KPI）等先进的考核方法，不断探索符合本企业实际的全员业绩考核方法和途径。2009 年国资委出台的《中央企业负责人经营业绩考核暂行办法》，明确将经济增加值（EVA）作为基本考核指标，将研发经费支出视同利润，鼓励企业加大对自主创新的战略性投资。

积极探索建立科技型、设计类企业的中长期激励与约束机制，注重对管理与技术骨干的中长期激励，逐步建立中央企业价值最大化考核与分配相结合的激励与约束机制，从制度上解决保护和留住人才问题。2010 年国资委出台了《关于在部分中央企业开展分红权激励试点工作的通知》（国资发改革［2010］148 号），选择 13 家注册于中关村国家自主创新示范区内、科技创新能力较强、业绩成长性较好、具有示范性的企业，开展分红权激励试点，采取岗位分红权或项目收益分红方式，将激励力度与业绩持续增长挂钩，把分红权激励与转变经营机制结合起来，以充分调动科技和管理骨干的积极性，促进企业科技创新能力提高，加快推进企业内部改革。

二是支持企业加强创新人才队伍建设。配合国家“千人计划”项目，中组部、国资委联合各部门力量在北京、天津等地开展海外人才创新创业基地建设，筑巢引凤，积极引进企业急需特需的海外高层次人才。国资委根据国家产业发展政策和国家中长期科技发展规划，围绕增强企业自主创新能力，积极推动中央企业建设国家级人才创新创业基地。中央已经批准 23 家中央企业建设人才基地，其中神华集团等 14 家企业在北京集中建设未来科技城。2010 年中央企业人才工作会议提出，以科技领军人才为重点，造就一支能够站在科技和产业发展前沿、加速企业科技进步、增强企业核心竞争力的科技人才队伍；以高技能人才为重点，建设一支门类齐全、爱岗敬业、技艺精湛的技能人才队伍。用 5 年时间建设 50 家国家级人才创新创业基地，引进 500 名列入中央“千人计划”的海外高层次人才。并着力加强人才激励机制、人才制度建设，加快推进人才国际化发展，营造人才发展的良好环境。2010 年，中国南方工业集团公司、国家电网公司、中国国电集团公司、中国商用飞机有限责任公司公开向全球招聘高层次科研管理人才。

三是引导企业加强知识产权工作。国资委陆续出台了《关于加强中央企业知识产权工作的指导意见》（国资发法规［2009］100 号）、《中央企业商业秘密保护暂行规定》（国资发［2010］41 号）等政策，要求中央企业紧紧围绕“一个核心，三条主线”加强知识产权工作，即以研究制定企业知识产权战略为核心，以拥有核心技术的自主知识产权、打造中央企业知名品牌、争取国际标准的话语权为知识产权工作开展的主线，坚持企业知识产权工作与企业改革、机制创新相结合，与结构调整、产业升级相结合，与企业开拓市场、经营发展相结合，与技术创新、提升自主开发能力相结合，建立健全中央企业知识产权管理与保护的工作机制和制度，大力提升中央企业知识产权创造、应用、管理和保护的能力与水平，努力打造一批拥有自主知识产权和知名品牌、熟练运用知识产权制度、国际竞争力较强的大公司大集团。

三、央企开展创新型企业建设的主要成效

通过创新型企业建设，从战略、体系、机制、人才、文化、科技投入与产出等多方面引导中央企业整合资源，着力提升自主创新能力，取得比较明显的成效。而且通过创新型（试点）企业的示范作用，有效地带动了更多中央企业加强创新能力建设，走上创新驱动发展道路。

（一）创新发展战略更加明确

开展创新型企业建设以来，中央企业在制定科技发展规划、加强制度建设等方面进行了积极的探索和实践。

一是结合企业战略定位制定科技发展规划。创新型（试点）中央企业坚持主营业务驱动理念，通过加强目标导向的顶层设计，制定企业科技发展规划；根据产业链、业务面和发展的时间进度要求，优化配置企业科技资源；在着力解决企业结构调整、产业升级过程中的重大技术瓶颈的同时，依据企业长远发展的需要，进行科研开发的超前部署和战略布局。如宝钢集团有限公司围绕主业制定并实施了《宝钢技术创新体系发展纲要》，提出“以市场为导向，依靠自主创新，至2020年拥有一批高端钢铁精品，拥有具有自主知识产权的世界一流技术及重大专有技术，发展成为世界钢铁行业拥有核心竞争力的技术领先者”。

二是在科技规划、科技投入、项目管理、平台建设、知识产权管理、人才培养、创新评价、考核激励等方面探索建立了一系列规章制度和办法，促进了企业科技管理水平的普遍提升。许多中央企业把创新型企业试点工作作为“一把手”工程，确保试点工作的顺利实施。许多创新型（试点）中央企业从科技创新投入、创新产出绩效等方面探索建立了适合企业自身特点的技术创新能力评价标准和体系，不少企业还将其纳入企业负责人经营业绩考核体系，有效地推动了企业技术创新工作的展开。

创新发展战略的确立有力地推动了创新型（试点）中央企业的发展。如2010年国资委授予35家中央企业“业绩优秀企业”称号，这35家“业绩优秀企业”中有28家创新型（试点）企业，占总数的80%；尤其是12家连续6年考核均为A级的企业中有9家是创新型（试点）企业，占总数的75%（见表3－5）。

（二）自主研发能力持续增强

通过开展创新型企业建设，中央企业积极推动科技体制创新，一些长期困扰企业的产研脱节、科研成果转化不畅和科研开发短期化倾向等问题得到了一定程度的解决，企业技术创新体系不断完善。中央企业从研发资金保障、科研基础条件平台建设和科技人才队伍建设等方面加大投入力度，研发能力逐步增强。

表 3-5 中央企业 2007~2009 年任期业绩优秀企业中的创新型（试点）企业

序号	企业名称	创新型（试点）企业批次	连续 6 年 A 级
1	中国移动通信集团公司	第二批	●
2	中国石油化工集团公司	第一批	●
3	中国石油天然气集团公司	第二批	
4	神华集团有限责任公司	第一批	●
5	中国兵器装备集团公司	第二批	
6	中国第一汽车集团公司	第一批	
7	中国兵器工业集团公司	第二批	●
8	中国建筑工程总公司	第二批试点	
9	中国核工业集团公司	第三批试点	
10	中国船舶重工集团公司	第二批	●
11	中国航天科技集团公司	第一批	●
12	中国电子科技集团公司	—	●
13	中国航空工业集团公司	—	
14	中国中化集团公司	第三批试点	●
15	国家电网公司	第一批	●
16	中国华能集团公司	第二批	
17	招商局集团有限公司	—	●
18	中国中煤能源集团有限公司	第三批试点	
19	中国航天科工集团公司	第二批	
20	中国长江三峡集团公司	第一批	
21	中粮集团有限公司	—	
22	中国海洋石油总公司	第三批试点	●
23	华润（集团）有限公司	—	
24	中国机械工业集团有限公司	—	
25	中国交通建设集团有限公司	第三批试点	
26	中国铁路工程总公司	第一批	
27	中国铁道建筑总公司	第二批试点	
28	中国建筑材料集团有限公司	第二批试点	
29	国家开发投资公司	—	●
30	中国国电集团公司	第二批试点	
31	中国五矿集团公司	第三批试点	
32	中国船舶工业集团公司	第三批试点	
33	东风汽车公司	第三批试点	
34	中国南方电网有限责任公司	第二批	
35	宝钢集团有限公司	第一批	

注：加标注的 12 家企业是连续 6 年考核均为 A 级的企业。

一是企业技术创新体系逐步完善。中央企业按照优化资源配置、培育企业核心竞争力的要求，加大内部科技资源整合力度。许多创新型（试点）企业加强科研基地建设，按照中央研究院、直属专业科研机构和分、子公司技术中心等不同层次构筑技术创新体系，分别负责企业战略基础性研究、产品应用研究及生产一线的工艺改进研究。通过更新改造大型科研仪器设备，充实实验检测手段，提高了企业整体科研条件水平。中国石油化工集团公司推进40个企业重点实验室、试验基地建设，不断强化总部层面研究院所和技术中心，构建"一个整体、两个层次"的技术创新体系。中国西电集团公司整合集团所属3个行业研究所，成立了西安高压电器研究院，构建了公司重大关键技术研发和企业产品技术开发相结合的两层研发体系。神华集团有限责任公司投资25亿元建设低碳清洁能源研究所、神华研究院，投资10亿元建设煤炭直接液化国家工程实验室，投资130亿元建设首条百万吨级煤直接液化示范生产线。科研基础条件的加强支撑创新型（试点）中央企业新增一大批国家工程技术研究中心、国家企业技术中心等国家级研发机构。

中央企业积极探索建立开放式的研发体系和技术创新战略联盟。中国铝业公司投资1亿元与中南大学联合组建"中国铝业联合实验室"，并进一步拓展与国际知名高校和研究机构在铝加工领域的研发合作。中国兵器装备集团公司在意大利、日本、英国和中国的重庆、上海建立"四国五地"全球协同研发机构，实现全球24小时不间断开发。中国化学工程集团公司牵头组建的"新一代煤化工产业技术创新战略联盟"成功开发了具有国际领先水平的甲醇制丙烯（FMTP）工业技术，对中国煤炭资源清洁高效利用，延伸煤化工产业链具有重要意义。

二是科技投入水平逐年提高。中央企业通过采取建立科技专项基金，明确各级企业科技投入比例并纳入业绩考核体系等措施，初步建立起科技投入稳定增长的长效机制，科技投入水平逐年提高。许多中央企业确定"十一五"期间研发投入年均增长率达到20%以上。据对2009年61家创新型（试点）企业的统计，[①] 科技活动经费总额达到1911亿元，占全部中央企业科技活动经费总额（2633亿元）的72.6%，占主营业务收入（99678亿元）比重达到1.92%；61家创新型（试点）企业研发经费支出达到1294亿元，占全部中央企业研发经费支出（1468亿元）的88.1%。中国航天科技集团、中国石油天然气集团公司两家企业研发经费支出总量超过百亿元；中国船舶重工集团公司、中国航天科工集团公司、中国石油化工集团公司、武汉钢铁（集团）公司、中国铁道建筑总公司、国家电网公司6家企业研发经费支出总量超过50亿元（见表3-6）。

① 中国第一汽车集团公司、中国东方电气集团有限公司两家中央企业没有提供2009年数据，故只统计61家创新型（试点）企业。下同。

表3-6　2009年创新型（试点）中央企业研发经费支出10强　　单位：亿元

序号	企业名称	研发经费支出
1	中国航天科技集团公司	176.5
2	中国石油天然气集团公司	104.2
3	中国船舶重工集团公司	71.8
4	中国航天科工集团公司	66.4
5	中国石油化工集团公司	65.6
6	武汉钢铁（集团）公司	56.6
7	中国铁道建筑总公司	51.6
8	国家电网公司	51.4
9	中国移动通信集团公司	47.2
10	中国兵器装备集团公司	40.2
合计		731.5

61家创新型（试点）企业的研发经费强度（研发经费支出占主营业务收入比重）为1.3%，高于中央企业的平均数（1.2%）。其中，研发经费强度达到5%以上的企业有15家，占企业总数的24.6%；2%~5%的企业有18家，占企业总数的29.5%；仍有28家企业在2%以下，占企业总数的45.9%（见表3-7）。

表3-7　2009年创新型（试点）中央企业研发经费强度分布情况

研发经费强度	企业数量（家）	占比（%）
超过5%	15	24.6
3%~5%	6	9.8
2%~3%	12	19.7
2%以下	28	45.9

全部61家企业中，前10名企业研发经费强度都超过7%，其中超过10%有7家企业（见表3-8）。

表3-8　2009年创新型（试点）中央企业研发经费强度前10名　　单位：%

序号	企业名称	研发经费强度
1	中国商用飞机有限责任公司	73.96
2	中国航天科技集团公司	26.45
3	北京有色金属研究总院	12.16
4	机械科学研究总院	11.44
5	电信科学技术研究院	10.38
6	上海医药工业研究院	10.10

续表

序号	企业名称	研发经费强度
7	武汉邮电科学研究院	10.03
8	中国航天科工集团公司	9.38
9	北京矿冶研究总院	7.93
10	上海贝尔股份有限公司	7.74

三是人才强企战略得到有效落实。第一，注重畅通人才发展渠道，创新人才管理模式，营造科研人才脱颖而出的成长环境。一批创新型（试点）企业通过建立首席专家、科技带头人制度打通职业技术人员的岗位晋升双通道。中国兵器工业集团公司首席专家、中国南方电网有限责任公司的特级技术专家享受不低于分、子公司领导班子正职待遇。第二，注重吸引高端人才。据统计，目前中央企业已引进海外人才近400名，其中92人列入中央“千人计划”。第三，强化创新激励机制。一批试点中央企业结合企业实际，探索建立多种层次、不同形式的激励分配机制。如科研人员贡献累积金、科技人员内部柔性流动机制及项目提成、岗位分红与成果奖励相结合的薪酬制度等。武汉钢铁（集团）公司设立1亿元奖励基金，重奖做出突出贡献的科技人员，2009年虽然受到金融危机的冲击，企业科技奖励金额仍然高达3000万元。第四，加强职工队伍建设。努力营造良好的企业创新文化，激发全员创新热情，推动职工队伍素质稳步提高。中国铝业公司积极开展全员技术创新活动，四年来公司每百名员工年均提出的合理化建议达21.3件，累计用于合理化建议奖励金额超过3000万元。宝钢集团有限公司建立了2000多个职工创新小组，涌现了一大批“工人发明家”、“最佳实践者”。自2006年国家科技奖励开创工人获奖先河以来，宝钢已有三名一线工人获此殊荣。

（三）创新产出成果丰硕

创新型（试点）中央企业的专利数量和质量明显提高。2006年以来，国资委对中央企业专利情况进行了排序，中央企业日益重视和加强知识产权管理。2009年，61家创新型（试点）中央企业申请发明专利17170件，授权发明专利4415件，分别占全部中央企业申请发明专利（19993件）、授权发明专利（4891件）的85.9%和90.3%。每家创新型（试点）中央企业平均发明专利申请数为281件，授权发明专利72件，远超过全部中央企业两项平均指标数（155件和38件）。

从单个企业来看，电信科学技术研究院、中国石油化工集团公司、中国航天科技集团公司、国家电网公司四家中央企业2009年发明专利申请过千件；前10名企业平均发明专利申请量达到1035件（见表3-9）。

表 3－9　2009 年创新型（试点）中央企业发明专利申请数 10 强　　单位：件

序号	企业名称	发明专利申请数
1	电信科学技术研究院	1858
2	中国石油化工集团公司	1582
3	中国航天科技集团公司	1437
4	国家电网公司	1068
5	中国移动通信集团公司	853
6	中国航天科工集团公司	812
7	中国冶金科工集团有限公司	758
8	中国船舶重工集团公司	718
9	中国石油天然气集团公司	641
10	中国铝业公司	618
	合　计	10345

中国石油化工集团公司 2009 年的授权发明专利超过 500 件，电信科学技术研究院等 12 家企业 2009 年授权发明专利数超过 100 件；前 10 位企业平均授权发明专利数达到 271 件（见表 3－10）。

表 3－10　2009 年创新型（试点）中央企业发明专利授权数 10 强　　单位：件

序号	企业名称	发明专利授权数
1	中国石油化工集团公司	537
2	电信科学技术研究院	492
3	中国化工集团公司	301
4	中国电子信息产业集团有限公司	265
5	宝钢集团有限公司	248
6	中国石油天然气集团公司	220
7	中国航天科技集团公司	220
8	中国铝业公司	183
9	中国船舶重工集团公司	130
10	中国移动通信集团公司	113
	合　计	2709

新产品销售收入直接反映企业通过创新实现经济效益的状况。2009 年，创新型（试点）中央企业的新产品销售收入达到 16225 亿元，占主营业务收入的比重达 16.8%。比上年（9547 亿元）增长 69.9%。其中，前 10 名企业的新产品销售收入总量达 11605 亿元，占全部 61 家企业新产品销售收入的 71.5%（见表3－11）。

表 3-11 2009 年创新型（试点）中央企业新产品销售收入前 10 名 单位：亿元

序号	企业名称	新产品销售收入
1	中国铁路工程总公司	3440
2	中国石油化工集团公司	2740
3	中国移动通信集团公司	1314
4	中国兵器装备集团公司	995
5	东风汽车公司	692
6	中国建筑工程总公司	627
7	中国船舶工业集团公司	572
8	中国船舶重工集团公司	477
9	中国铝业公司	380
10	中国电信集团公司	369
合计		11605

创新型（试点）中央企业取得了一批具有世界先进水平的重大科技成果。中国航天科技集团公司的“神舟”系列载人航天飞船和“嫦娥一号”绕月探测工程，国家电网公司的1000千瓦交流特高压试验示范工程，神华集团有限责任公司的百万吨级煤直接液化示范工程，电信科学技术研究院主导提出的4G候选技术标准，中国南车集团公司、中国北方机车车辆工业集团公司的时速300公里以上高速动车组，宝钢集团有限公司研制成功的最高牌号取向硅钢等科研创新成果，不仅具有国际先进水平，而且对引领行业技术进步方向、支撑企业发展都具有重要意义。中国普天信息产业集团公司推出国内首套拥有自主知识产权的数字集群通信系统，打破了国外通信巨头厂商在无线数字集成方面的技术垄断。在智能电网、三网融合、电动车、新能源等战略性新兴产业方面，许多中央企业提早布局，具备产业链比较完整和较强的技术储备等优势。中国中化集团积极发展生物育种等战略性新兴产业，发起组建中国种子生命科学技术中心，建设转基因技术与常规育种的科技创新平台。在举世瞩目的上海世博会上，一批体现中央企业低碳、绿色、环保发展理念的创新成果集中“亮相”。第一汽车集团公司生产的奔腾氢燃料电池车和电动客车投入世博会使用。中国船舶重工集团公司设计建造的国内第一艘大型太阳能混合动力推进船，成为世博会高科技展示船。中国移动通信集团公司建设的全球首个TD-LTE宽带移动通信演示网，为参观者提供移动高清会议、视频点播、便携视传和高速上网卡等业务体验。中国电信集团公司在世博园区内提供千兆到楼、百兆到桌的高速上网，实现高清IPTV，为视频会议、全球眼、网上世博、交互信息等多媒体业务提供载体。

在2010年国资委授予“科技创新特别奖”的23家企业中，有21家是创新型（试点）企业，占总数的91.3%，充分体现了创新型（试点）中央企业创新能力和业绩比较突出（见表3-12）。

表 3－12 中央企业 2007～2009 年任期"科技创新特别奖"中的创新型（试点）企业

序号	企业名称	创新型（试点）企业批次
1	中国核工业集团公司	第三批试点
2	中国航天科技集团公司	第一批
3	中国航天科工集团公司	第二批
4	中国航空工业集团公司	—
5	中国船舶重工集团公司	第二批
6	中国石油天然气集团公司	第二批
7	国家电网公司	第一批
8	中国华能集团公司	第二批
9	中国西电集团公司	第三批试点
10	中国铁路工程总公司	第一批
11	中国铁道建筑总公司	第二批试点
12	中国北方机车车辆工业集团	第二批
13	中国铁路通信信号集团公司	—
14	中国兵器工业集团公司	第二批
15	东风汽车公司	第三批试点
16	中国第一重型机械集团公司	第二批
17	武汉钢铁（集团）公司	第二批
18	中国铝业公司	第一批
19	中国交通建设集团有限公司	第三批试点
20	电信科学技术研究院	第一批
21	中国石油化工集团公司	第一批
22	中国南车集团公司	第二批
23	中国移动通信集团公司	第二批

中央企业在历年的国家科学技术奖励中都是主要的获奖群体。据统计，2006～2009 年，中央企业获得国家科技进步一等奖 29 项，二等奖 222 项，分别占该类奖项总数的 58.0% 和 28.1%。2007 年和 2008 年国家技术发明一等奖及历年国家科技进步特等奖均由中央企业获得。这些中央企业绝大多数都是创新型（试点）企业。此外，自 2008 年"企业技术创新工程项目"纳入国家科技进步奖评奖范围以来，有 7 家中央企业或其所属企业获此殊荣，占获奖总数的 58%。

（四）经济效益明显提升

通过开展创新型企业建设，中央企业的经济实力和规模明显提高，经济效益明显改善。对 61 家创新型（试点）中央企业的统计，2009 年主营业务收入达到 99678 亿元，占全部 129 家中央企业的主营业务总收入（126272 亿元）的 78.9%；

税后利润6638亿元，占全部中央企业利润总额（8151亿元）的81.4%；上缴税金10161亿元，占全部中央企业上缴税金总额（11475亿元）的88.5%。上述分析显示，创新型（试点）中央企业的税后利润和上缴税金占比高于主营业务收入占比，表明创新型（试点）中央企业的经济效益较好，且明显高于中央企业的平均水平。

在2010年国资委授予"效益进步特别奖"的12家中央企业中，有7家是创新型（试点）企业，占总数的58.3%。说明创新型（试点）中央企业的经济效益向好（见表3-13）。

表3-13 中央企业2007~2009年任期"效益进步特别奖"中的创新型（试点）企业

序号	企业名称	创新型（试点）企业批次
1	中国南车集团公司	第二批
2	中国葛洲坝集团公司	第二批试点
3	中国通用技术（集团）控股有限责任公司	—
4	中国华录集团有限公司	—
5	武汉邮电科学研究院	第一批
6	中国煤炭地质总局	
7	中国北方机车车辆工业集团公司	第二批
8	新兴铸管集团有限公司	第三批试点
9	中国西电集团公司	第三批试点
10	中国水电工程顾问集团公司	—
11	中国铁路通信信号集团公司	—
12	中国中材集团有限公司	第二批试点

创新型（试点）中央企业已成为中国企业参与国际竞争的主力军。2010年《财富》全球500强企业榜单上，43家中国内地企业中有30家中央企业，其中创新型（试点）中央企业占24家，占内地上榜企业总数的55.8%。尤其是中国石油化工集团公司、国家电网公司、中国石油天然气集团公司三家中央企业进入前10强，表明在规模上已经具备与世界一流企业竞争的基础（见表3-14）。

表3-14 2010年《财富》全球500强中创新型（试点）中央企业名单 单位：百万美元

序号	公司	500强排名	营业收入	创新型（试点）企业批次
1	中国石油化工集团公司	7	187518	第一批
2	国家电网公司	8	184496	第一批
3	中国石油天然气集团公司	10	165496	第二批
4	中国移动通信集团公司	77	71749	第一批

续表

序号	公司	500 强排名	营业收入	创新型（试点）企业批次
5	中国铁道建筑总公司	133	52044	第二批试点
6	中国中铁股份有限公司（中国铁路工程总公司）	137	50704	第一批
7	中国南方电网有限责任公司	156	45735	第二批
8	东风汽车公司	182	39402	第三批试点
9	中国建筑工程总公司	187	38117	第二批试点
10	中国中化集团公司	203	35577	第三批试点
11	中国电信集团公司	204	35557	第二批
12	中国交通建设集团有限公司	224	33465	第三批试点
13	中国海洋石油总公司	252	30680	第三批试点
14	中国第一汽车集团公司	258	30237	第一批
15	中国南方工业集团公司（中国兵器装备集团公司）	275	28757	第二批
16	宝钢集团有限公司	276	28591	第一批
17	中国华能集团公司	313	26019	第二批
18	中国冶金科工集团有限公司	315	25868	第二批
19	中国五矿集团公司	332	24956	第三批试点
20	中国北方工业集团公司（中国兵器工业集团公司）	348	24150	第二批
21	神华集团有限责任公司	356	23605	第一批
22	武汉钢铁（集团）公司	428	20543	第二批
23	中国铝业公司	436	19851	第一批
24	中国国电集团公司	477	17871	第二批试点

创新型（试点）中央企业积极运用科技手段实现节能减排目标。2009 年中央企业万元产值综合能耗与“十一五”初期相比下降 15.1%，二氧化硫排放量减少 36.8%，化学需氧量减少 33.0%，提前完成了“十一五”主要污染物减排目标。中国华能集团公司 2009 年供电煤耗达到 327.7 克/千瓦时，比全国平均水平低 14.3 克/千瓦时，相当于年节约标煤 587 万吨。中国中煤能源集团公司建立“煤炭开采—洗选—矸石发电—建材”循环经济产业链，年利用煤矸石、煤泥 440 万吨，粉煤灰、炉渣 13 万吨，矿井水利用率超过 70%。中国远洋运输（集团）总公司面对金融危机所带来的市场萎缩，依托先进技术手段推行“最经济航速”策略，有效减少空船空驶，每年可节约标煤近 60 万吨。2010 年国资委表彰的“节能减排特别奖”的 6 家企业全部是创新型（试点）企业，表明创新型（试点）中央企业在落实节能减排指标上发挥了表率作用（见表 3 – 15）。

表 3-15 中央企业 2007～2009 年任期"节能减排特别奖"中的创新型（试点）企业

序号	企业名称	创新型（试点）企业批次
1	国家电网公司	第一批
2	中国石油天然气集团公司	第二批
3	中国铝业公司	第一批
4	中国海洋石油总公司	第三批试点
5	中国华能集团公司	第二批
6	新兴铸管集团有限公司	第三批试点

实践表明，通过开展创新型企业建设，创新型（试点）中央企业在研发能力、创新绩效、经济实力和国际竞争力等方面都有了长足进步，并且带动其他中央企业转变发展方式，走上创新驱动发展道路。当然，与世界一流企业相比，中央企业仍存在较大差距。中央企业拥有比较丰富的创新资源和较强的经济实力，在提升自主创新能力、提高核心竞争力、带领中国企业参与国际竞争等方面，应责无旁贷地承担起自己的历史使命。

附表3－1 中央企业名录（129家）

序号	企业（集团）名称	创新型（试点）企业批次
1	中国核工业集团公司	第三批试点
2	中国核工业建设集团公司	—
3	中国航天科技集团公司	第一批
4	中国航天科工集团公司	第二批
5	中国航空工业集团公司	—
6	中国船舶工业集团公司	第三批试点
7	中国船舶重工集团公司	第二批
8	中国兵器工业集团公司	第二批
9	中国兵器装备集团公司	第二批
10	中国电子科技集团公司	—
11	中国石油天然气集团公司	第二批
12	中国石油化工集团公司	第一批
13	中国海洋石油总公司	第三批试点
14	国家电网公司	第一批
15	中国南方电网有限责任公司	第二批
16	中国华能集团公司	第二批
17	中国大唐集团公司	—
18	中国华电集团公司	—
19	中国国电集团公司	第二批试点
20	中国电力投资集团公司	—
21	中国长江三峡集团公司	第一批
22	神华集团有限责任公司	第一批
23	中国电信集团公司	第二批
24	中国联合网络通信集团有限公司	—
25	中国移动通信集团公司	第二批
26	中国电子信息产业集团有限公司	第一批
27	中国第一汽车集团公司	第一批
28	东风汽车公司	第三批试点
29	中国第一重型机械集团公司	第二批
30	中国第二重型机械集团公司	第二批试点
31	哈尔滨电气集团公司	第二批试点

续表

序号	企业（集团）名称	创新型（试点）企业批次
32	中国东方电气集团有限公司	第一批
33	鞍山钢铁集团公司	第一批
34	宝钢集团有限公司	第一批
35	武汉钢铁（集团）公司	第二批
36	中国铝业公司	第一批
37	中国远洋运输（集团）总公司	第二批
38	中国海运（集团）总公司	—
39	中国航空集团公司	—
40	中国东方航空集团公司	—
41	中国南方航空集团公司	—
42	中国中化集团公司	第三批试点
43	中粮集团有限公司	—
44	中国五矿集团公司	第三批试点
45	中国通用技术（集团）控股有限责任公司	—
46	中国建筑工程总公司	第二批试点
47	中国储备粮管理总公司	—
48	国家开发投资公司	—
49	招商局集团有限公司	—
50	华润（集团）有限公司	—
51	中国港中旅集团公司［香港中旅（集团）有限公司］	—
52	国家核电技术有限公司	—
53	中国商用飞机有限责任公司	第三批试点
54	中国节能投资公司	—
55	中国高新投资集团公司	第二批试点
56	中国国际工程咨询公司	—
57	中国包装总公司	—
58	中商企业集团公司	—
59	中国华孚贸易发展集团公司	—
60	中国诚通控股集团有限公司	—
61	中国华星集团公司	—
62	中国中煤能源集团公司	第三批试点
63	中国煤炭科工集团有限公司	—
64	中国机械工业集团有限公司	—
65	机械科学研究总院	第一批

续表

序号	企业（集团）名称	创新型（试点）企业批次
66	中国中钢集团公司	—
67	中国冶金科工集团有限公司	第二批
68	中国钢研科技集团公司	第一批
69	中国化工集团公司	第二批
70	中国化学工程集团公司	第一批
71	中国轻工集团公司	—
72	中国工艺（集团）公司	—
73	中国盐业总公司	—
74	华诚投资管理有限公司	—
75	中国恒天集团公司	—
76	中国中材集团有限公司	第二批试点
77	中国建筑材料集团有限公司	第二批试点
78	中国有色矿业集团有限公司	第二批试点
79	北京有色金属研究总院	第一批
80	北京矿冶研究总院	第一批
81	中国国际技术智力合作公司	—
82	中国房地产开发集团公司	—
83	中国建筑科学研究院	—
84	中国北方机车车辆工业集团公司	第二批
85	中国南车集团公司	第二批
86	中国铁路通信信号集团公司	—
87	中国铁路工程总公司	第一批
88	中国铁道建筑总公司	第二批试点
89	中国交通建设集团有限公司	第三批试点
90	中国普天信息产业集团公司	第二批试点
91	电信科学技术研究院	第一批
92	中国农业发展集团总公司	—
93	中国中纺集团公司	—
94	中国外运长航集团有限公司	—
95	中国丝绸进出口总公司	—
96	中国出国人员服务总公司	—
97	中国林业集团公司	—
98	中国医药集团总公司	第二批试点
99	中国国旅集团有限公司	—

续表

序号	企业（集团）名称	创新型（试点）企业批次
100	中国保利集团公司	—
101	中国新时代控股（集团）公司	—
102	珠海振戎公司	—
103	中国建筑设计研究院	—
104	中国冶金地质总局	—
105	中国煤炭地质总局	—
106	新兴铸管集团有限公司	第三批试点
107	中国民航信息集团公司	—
108	中国航空油料集团公司	—
109	中国航空器材集团公司	—
110	中国电力工程顾问集团公司	—
111	中国水电工程顾问集团公司	—
112	中国水利水电建设集团公司	—
113	中国黄金集团公司	—
114	中国储备棉管理总公司	—
115	中国印刷集团公司	—
116	攀钢集团有限公司	第一批
117	中国乐凯胶片集团公司	第二批
118	中国广东核电集团有限公司	—
119	上海船舶运输科学研究所	—
120	中国华录集团有限公司	—
121	上海贝尔股份有限公司	第二批
122	彩虹集团公司	第二批
123	武汉邮电科学研究院	第一批
124	上海医药工业研究院	第二批
125	华侨城集团公司	—
126	南光（集团）有限公司	—
127	中国西电集团公司	第三批试点
128	中国葛洲坝集团公司	第二批试点
129	中国铁路物资总公司	—

第四章

创新型企业的职工技术创新活动

创新型企业建设启动以来，按照总体工作部署，全国总工会等部门通过组织开展职工技术创新活动，努力建设知识型、技术型、创新型职工队伍，积极发展创新文化，极大地激发了广大职工的创造活力，为增强企业自主创新能力奠定了坚实基础。

一、职工技术创新活动——创新型企业建设的重要内容

（一）职工技术创新是增强企业自主创新能力的基础

企业是技术创新的主体，职工是企业的主体，企业的创新发展离不开包括企业家、科技人员、管理人员和一线职工在内的企业全体职工的高度认同和积极参与。实践证明，职工群众蕴藏着无穷的智慧和创造活力。创新型企业的持续发展，既是企业所有成员共同的事业，也是一个不断强化组织创新能力的动态学习过程。不仅需要企业家的创业精神和对创新的执著投入，需要专业科技人员的研究探索，同时也需要掌握精湛技能的一线职工的积极参与。企业家、科技人员、管理人员和一线职工作为企业经营不同层面的主体，有着各自不同的特点和优势，将其有效地组织起来共同为企业创新发展做出贡献，是创新型企业建设的一项重要内容。

企业职工技术创新活动有合理化建议、技术革新、发明创造、技能比赛、生产竞赛等多种形式。它既是创新型企业建设的重要内容，也是企业技术创新体系建设不可或缺的重要基础。开展形式多样的职工技术创新活动，无论是对企业和个人的发展，还是对国家和社会的进步都有着良好的促进作用。

近年来，各级工会围绕增强企业自主创新能力和促进以企业为主体的技术创新体系建设，把职工技术创新活动作为劳动竞赛的重要内容，积极组织职工深入实施以推动技术创新为主题，以开发具有自主知识产权的核心技术为重点的职工

技术创新活动，引导和鼓励职工开展“小革新、小发明、小改造、小设计、小建议”（“五小”）活动，在技术创新的实践中发挥聪明才智和多出成果。一大批企业以生产经营为主线，深入开展创新创效劳动竞赛，引导和激励职工岗位成才，岗位创新，既有效增进了企业效益，同时也全面提升了职工技能素质，实现了企业和职工的“双赢”。

据全国总工会等部门的统计，2007～2009 年，全国职工提出的合理化建议达 2256.7 万项，其中有 1108.4 万项获得采纳和实施；开展技术革新 144.8 万项，发明创造 59.7 万项；新被命名的先进操作法有 24.1 万项，获得的国家专利超过 10 万项（见表 4－1）。

表 4－1　2007～2009 年全国职工创新活动情况　　单位：万项

年份	提出合理化建议	采纳和实施建议	技术革新	技术发明	先进操作法	国家专利
2007	727.6	389.6	46.1	6.0	8.8	—
2008	719.8	321.8	57.1	16.5	7.4	5.4
2009	809.3	397.0	41.6	37.2	7.9	5.0
合计	2256.7	1108.4	144.8	59.7	24.1	10.4

资料来源：根据《中国工会统计年报》等资料整理。

新中国成立以来，各级工会组织长期关注职工发展，通过群众性合理化建议、班前班后生产会议、技术革新等多种形式的活动以及扎根企业的职工技协组织建设，丰富了职工参加管理和创新的内容，形成了具有中国特色的职工参与传统。2000 年后，全国总工会为落实科教兴国战略，一方面积极号召广大职工学习和掌握科学技术文化知识，另一方面深入开展职工技术创新活动，激发广大职工群众的巨大热情和创造活力，将企业的创新发展与职工自身的能力提升紧密地结合起来，在全国职工中全面启动实施了以推动技术进步为主题、以技术创新为重点、以开展争当“创新示范岗”和“创新能手”活动为载体的“群众性经济技术创新工程”。

在新的历史时期，积极投入创新型国家和创新型企业建设，是广大职工义不容辞的责任和光荣使命。创新型企业的建设，需要结合东西方企业创新的特点，探索具有中国特色的企业职工创新的新模式。提升企业全员创新能力，加强职工创新活动的组织和管理，是各级工会组织进一步加强职工工作的科学性、系统性、预见性，使职工工作更好体现时代性、把握规律性、富于创造性的重要体现。

（二）“全员创新”的理论基础

在创新理论的发展中，企业家创业精神、专业科技人员的研发活动受到较多重视，而一般职工的创新工作行为（Innovative Work Behavior，IWB）尽管也是企业创新中不可或缺的重要因素，但未得到学术界足够的重视。在解释为何工业革命率先发生在欧洲的原因时，有历史学家注意到工程师和企业家这两个重要社会群体的作用，认为18世纪的英国史无前例地通过制度变革，形成了这两个群体的合作，从而促进了英国向工业社会的飞跃，进而引领了欧洲乃至全世界的发展。然而，一个企业的创新发展，除企业家和技术人员的积极投入外，其所有成员在创新意愿、能力和文化认同上的充分支持，也是非常重要的影响因素。其他学者进一步研究表明，从18世纪英国工业革命到20世纪后期的200年间，世界工业领袖从英国转移到美国，再转移到日本，都与这些国家当时生产车间的竞争优势有一定关系。如英国的以内部下包制为特征的技术工人控制生产模式，日本的以年功序列、终身雇佣为特征的工人利益捆绑模式，都起到了重要作用。

"全员创新"是企业多主体协同创新、共谋发展的重要体现。根据国内外相关学者的研究，组织结构、关键人员所起的作用、员工的培训和发展、工作的组织形式（如团队合作）、人们参与创新的程度、组织内部的学习和共享机制等多个方面的因素，都会对企业技术创新起到一定的支持作用，改善企业的创新环境。正因为如此，国内外一些学者强调创新是全体员工共同的行为，而不应只是企业家和研发人员的专利，企业职工对创新活动的积极参与是企业创新发展的重要组成部分，企业中的每个员工都可以成为出色的创新源。

"全员创新"要求企业内部各个不同层面的主体——企业家、科技人员、管理人员和一线职工，在企业发展过程中，相互协调和配合，形成创新合力。其思想主要来源于三个方面：一是以企业提议制度为基础的全员参与，包括前苏联的"群众性创新活动"、中国的"鞍钢宪法"、日本的"为改进工作而提建议制度"等；二是以全面质量管理为基础的全员参与，其中特别是日本企业的质量控制管理理念，对世界各国的管理方式产生了深远影响，也使全员参与的思想深入人心；三是以组织创新和建设为基础的全员参与，它包括永续创新、学习型组织和创新型组织建设等新的企业发展理念，其核心是使创新与企业每一个人的投入和发展紧密关联。

（三）"全员创新"的国际经验

企业职工的创新行为有多种表现形式，对企业创新发展可以起到重要的促进作用。在日本，企业职工对创新的高度参与，是战后日本经济快速发展和腾飞的一个重要促进因素。在提议制度建设上，日本企业将其与持续改进相结合，形成了具有日本特色的"为改进工作而提建议制度"。如在尼桑、东芝、三菱、马自达、丰田、欧路轮胎、日制发动机、富士重工等一些著名企业中，职工提出的建议数量庞大，而且很多得以实施，对企业改进生产效率起到了重要的促进作用。在日本制造企业的"质量奇迹"中，其持续改进、质量小组、全面质量管理等以全员参与为基础的管理理念深入人心，也使职工对企业创新的参与达到了极高的程度。

在一个有创新文化的组织中，有创造性构想的个人可以从系统中获得支持和鼓励。被誉为“创新沃土”的美国3M公司，就是一个鼓励企业职工全员参与创新并取得突出成效的典型企业。3M公司内部建立了一种“内部前神经”成长方式，鼓励个人从事自己感兴趣的构想，允许他们用15%的时间进行这种活动。如果这一活动看上去前程远大的话，就由内部投资基金资助进行更全面的开发。这种严格的科学纪律与坚持不懈的个人创新相结合的创新文化，已被该企业视为成就百年基业的基石。创立于1889年的全球领先的调味品生产商——美国味好美公司坚信雇员最了解公司情况，为鼓励雇员积极参与企业管理设立了一个特殊的“可轮换的管理委员会”，主要针对公司管理、生产、销售、研发等各方面存在的问题进行调研、提出解决问题的对策建议。委员会完全是由员工自发组织的，最少9人，最多不超过18人，任何部门经理以上职务的高级管理人员都不能进入委员会，高层管理者无权干涉委员会成员的去留。德国西门子公司有一个构建“齐尼亚”知识城的计划，在其中设立由各种人员组成的“创新者工作室”，通过打造一个有助于充分分享和交流的空间，激发人们自由进行创新。

总之，企业职工技术创新有着深厚的理论和实践基础，在从“中国制造”向“中国创造”迈进的历史进程中，中国企业需要充分发挥职工技术创新的基础性作用。

二、推进职工技术创新活动的进展与成效

职工是企业的主体，是增强企业自主创新能力、建设创新型企业的主力军。团结动员广大职工积极投身各类经济技术创新活动，既是各级工会组织义不容辞的责任，也是开展创新型企业建设工作的重要方面。

（一）倡导开展形式多样的职工创新活动

全国总工会围绕增强企业自主创新能力，重点开展了“创建学习型组织、争做知识型职工”活动，实施职工素质建设工程和经济技术创新工程，组织倡导创新型企业广泛开展多种形式的职工技术创新活动。各地工会组织也积极围绕企业创新发展需求，组织职工实施以推动技术创新为主题，以开发具有自主知识产权的核心技术为重点的职工技术创新活动，引导和鼓励职工积极参加“五小”活动，在技术创新的实践中发挥聪明才智，对增强创新型企业的整体实力起到了积极促进作用。

自2003年开始，全国总工会、科技部、工业和信息化部、人力资源和社会保障部联合举办全国职工优秀技术创新成果评选活动，每三年评选表彰一次。在

2009年举办的第三届全国职工职业技能大赛，吸引了全国1300多万职工参加，95万人通过各级比赛晋升了技术等级。在三届全国职工优秀技术创新成果评选活动中，有256项科技含量高、涉及面广、实用性强、经济效益和社会效益显著的职工优秀技术创新成果获奖。通过评选活动激发了全国职工的创新潜能和创造活力，有效地推进了职工技术创新活动。

2009年3月，全国总工会下发《关于在全国职工中广泛开展“同舟共济保增长，建功立业促发展”竞赛活动的决议》，随后又下发了《关于开展“十大产业振兴”劳动竞赛的意见》，使劳动竞赛成为工会围绕中心、服务大局，团结动员职工为应对国际金融危机，保持经济平稳较快发展的重要抓手。各级工会组织在“同舟共济保增长，建功立业促发展”竞赛活动中，一是抓好重点工程、重点项目建设劳动竞赛，在全国累计施工和新开工的50多万个建设项目中，70%以上都开展了竞赛活动；二是结合“十大产业振兴”规划，组织开展装备制造业领域的“重大装备制造联合立功竞赛”、汽车行业的“六创六比”劳动竞赛、船舶制造业的“保增长、促发展、振兴船舶”劳动竞赛等；三是组织一大批中小企业开展以提质降耗、转型升级为重点的竞赛。各项竞赛活动主题鲜明，重点突出，内容丰富，形式多样，感召力强，影响广泛，已经成为各级工会组织体现和发挥作用的活动品牌。据不完全统计，全国有80%的企事业单位和77.2%的职工参与到竞赛中。到2009年底，全国职工提出合理化建议1400多万条、实施616.2万条，技术革新312万项，发明创造45万项，聘请职工节能减排义务监督员67万人。

许多创新型（试点）企业将职工技术创新活动摆在企业发展的重要位置，成立领导小组，制定试点方案，组织职工广泛开展各种形式的职工技术创新活动，在技术创新的实践中发挥职工的作用，大力推广先进适用技术和先进操作技法，促进科技成果转化。根据创新型企业试点申报材料的不完全统计，2005～2009年间，创新型（试点）企业在开展职工创新活动方面，共征集合理化建议超过300万条，共组建班组6000多个，进行7万多项技术革新。

如海尔集团公司的技术骨干李长业针对钣金生产能力不足，影响订单完成的状况，带领青年骨干组成“智慧星”QC小组开展攻关，使钣金生产能力提高了25%，达到世界先进水平，共有8项成果获得集团的小发明命名及SBU表彰，被中国质量管理协会、中华全国总工会、中国科学技术协会、共青团中央联合授予“全国优秀质量管理小组”的称号；鞍钢集团有限公司2005年以来，各单位有372项被命名为厂级先进操作法，其中有的职工立足本职岗位，总结、摸索出适应连铸生产的操作诀窍，浇钢记录达到国际国内同行业先进水平。

（二）推动提高职工技能水平和创新能力

建设创新型企业，离不开高素质的职工队伍。在创新型企业建设工作中，各级工会大力实施职工素质建设工程，充分发挥工会“大学校”作用，以职工技术培训、技术比赛、技术交流、岗位练兵、师徒帮学等多种形式，调动职工学技术、练技能、强素质的积极性，提高职工的学习能力、实践能力和创新能力，培养一大批职工技术创新拔尖人才。

在组织工作中，各地工会一是发挥工会“大学校”作用，深入实施《全国职工素质建设工程五年规划（2010～2014年）》。开展“创建学习型组织，争做知识型职工”活动，用社会主义核心价值体系引领职工，提升职工创新能力和职业素质。二是推动建立健全各级劳动竞赛委员会，以创建“工人先锋号”为载体，组织动员广大职工深入开展各种形式的创先争优建功立业竞赛活动，最大限度地激发职工劳动热情创造活力。三是广泛开展岗位练兵、技术比武、选树“首席员工”等活动，推动形成了“劳动光荣、知识崇高、人才宝贵、创造伟大”的氛围。青岛港工人许振超作为新时期产业工人的杰出代表，凭借“技术绝活”创出“振超效率”，近年来享誉全国，许振超本人也当选为中国科协常委。

在各项活动带动下，广大职工学技术、练技能的热情空前高涨。山东省总工会与有关部门联合开展了技能培训4.8万场次，培训职工400多万，其中1.74万人晋升为高级工，3350人晋升为技师、高级技师。湖南省总工会举办农民工技能培训班1546期，120余万人次农民工参加了培训，3万多人获得职业资格证书。上海电气集团、机电工会通过成立李斌工作室、举办“李斌杯”大赛，建立李斌技师学院等，构建了以全国劳模李斌为核心的高技能人才培养平台，为技术工人的成长创造了良好条件。据创新型企业试点申报材料的不完全统计，2005～2009年间，试点企业在提高职工技能素质方面，共开展2万多次技术培训、交流与协作，进行3万多次劳动技能竞赛。

（三）着力营造良好创新文化氛围

发展创新文化是建设创新型企业的重要内容，也是激发职工创造活力的重要保障。技术创新只有上升到企业文化层面，积淀成为组织及其成员的潜意识，并进而成为其自觉、自发的思想和行为，才会真正成为一项有效率的事业。各级工会组织和创新型（试点）企业围绕进一步培育创新意识，倡导创新精神，积极发展创新文化，努力营造职工创新活动得到支持、创新才能得到发挥、创造成果得到奖励的环境，激发和调动广大职工的积极性、主动性和创造性。

在组织工作中，一是开展广泛深入的宣传教育和思想发动工作，进一步教育引导工会干部和职工把思想认识统一到建设创新型国家的战略决策和创新型企业建设的部署上来，把智慧和力量凝聚到推进企业增强自主创新能力，促进以企业为主体、产学研紧密结合的技术创新体系建设上来。二是建立健全有利于技术创新的机制，保护和调动职工的创新热情。一些省市和企业制订了关于加强职工技能队伍建设的意见和职工技术创新成果奖励办法，为技能人才的快速成长和技术创新创造条件。三是通过选树“首席员工”、“金牌工人”、“创新能手”、“创新示范岗”，创建劳模和技术人才工作室等，大力培养、选树、表彰和宣传创新人才，营造良好创新氛围。据不完全统计，目前各地共有 2 万多家企业建立了“首席员工”制度，选树“首席员工”等技能带头人近 10 万人。

三、创新型企业职工技术创新活动的典型经验

在创新型企业建设的推动下，许多企业积极探索职工技术创新的有效形式，积累了丰富的经验，取得较好的成效，为增强企业自主创新能力，实现持续创新奠定了坚实的基础。

（一）建立健全激励职工技术创新的体制机制

许多创新型企业将工会组织作为企业创新决策层的重要组成部分，通过发挥工会在群众性创新活动中的组织和管理作用，充分发掘广大职工的创新能力。此外，许多企业还积极发挥职工技术协会等组织的作用，搭建职工创新平台，建立健全有利于职工创新的体制保障。

广州市白云电气集团有限公司（以下简称白云电气）是广东省一家民营高新技术企业集团。在由集团董事长担任主任的创新型企业建设委员会的构架中，工会委员会、技术委员会、专家委员会一起成为企业创新决策的重要组成部分，并搭建起决策、管理、实施、监督等职能完善、分工明确的权责体系。在其推动下，企业职工创新活动开展得有声有色，推动了企业创新能力建设。

工会委员会下辖白云电气职工科技协会，作为员工自发的科技组织，通过实施与公司技术中心立项相适应的小改小革活动、工艺攻关活动，参与企业技术创新活动。科技协会还通过组织月度例会、定期对外交流、年度科技大会等方式，在推动企业的技术革新方面发挥了重要作用。

以技术中心和职工科技协会为主要力量，集中企业优质资源，建立全员参与、全方位实施、全过程管理的创新体系，整合内外部资源持续推进创新能力建设，使职工代表能够充分参与公司重大创新决策，确保最大限度发挥职工个人智慧和团队精神，将职工创新行为纳入组织并进行全过程管理，增强了全体职工的凝聚力，充分发挥了一线职工在合理化建议和小改小革、工艺改善方面的主观能动性。

宝钢集团有限公司（以下简称宝钢集团）作为拥有 10 余万职工的大型国有企业，把职工经济技术创新作为以生产现场为重点、以稳定提高和精益运用为特征的持续改进体系的重要组成部分，建立了较为完善的职工经济技术创新组织管理体系。职工经济技术创新作为自主创新的基础，已经成为企业技术创新体系的重

要组成部分。

在宝钢集团技术创新管理体系的框架内，专门成立了职工经济技术创新活动领导小组，制定了《关于进一步深入开展职工经济技术创新活动的指导意见》，立足企业发展战略和职工创新的实际需求，建立职工经济技术创新制度体系，保证职工经济技术创新持续开展；建立职工经济技术创新活动体系，引导激励职工岗位成才，岗位创新；建立职工经济技术创新活动评估激励体系，发挥最佳实践的引领作用。这些制度将职工经济技术创新活动纳入了专业化管理，成为企业管理的重要内容，使职工创新得到了落实。

武汉钢铁（集团）公司（以下简称武钢）于2005年率先在国内建成了首个工人科技园，为职工创新活动造“家”，其宗旨是为企业技能人才搭建技术学习交流和成果推广应用两座平台。首先，武钢紧抓学习、培训环节，打好基本功。先后邀请专家、教授在工人科技园讲授《创造学》、《专利法》、《创新成果论文撰写》等知识。与院校合作，开办了班组长培训班、劳模提升班、青工高技能人才培训班、技术能手理论强化班等，吸引更多的技能人才从“要我学”向“我要学”转变。其次，开展技术创新活动，激发创新热情。武钢技协以工人科技园为平台开展“三大”活动，即双年技能竞赛、单年成果评审、常年技师攻关，使创新活动制度化、规范化。工人科技园成立后，继承和发扬了这项传统赛事，通过“以赛促练，赛练结合”，引导职工干在岗位、学在岗位、奉献在岗位、成才在岗位。以“缺什么、补什么，补什么、赛什么”的竞赛理念，在努力提高职工技术素质上有了新的突破。工人科技园成立伊始，就决定在工人中开展创新成果的评审活动。此项活动已经举行了三届，共征集工人自主创新成果1000多项，经专家评审，共评选出金奖15个，银奖30个，铜奖45个，在武钢科技大会上进行颁奖，金奖成果获得三万元的奖金。科技园又从中推选部分成果参加全国各类发明展，有14项成果荣获金奖。为了激励更多技能工人投入到创新活动中来，武钢在评审中又增加了优秀奖和入围奖，使参加活动的一线职工越来越多。如今，工人热衷搞创新发明已经成为武钢的一大亮点。

（二）开展群众性“五小”技术革新活动

鼓励职工围绕企业生产经营主线，在技术方面进行局部改革与创新活动，能够有效地改进企业生产和工艺过程，提高企业生产技术水准，挖掘企业技术潜力，实现增产节约，更好地实现生产经营目标。在各级工会组织的倡导下，创新型（试点）企业纷纷开展具有代表性的“五小”技术革新活动。

徐州工程机械集团有限公司（以下简称徐工集团）根据企业的特点和需求，将“五小”活动进一步扩展为“八小”（即小核算、小革新、小改进、小发明、小创造、小建议、小节约、小经验）活动，作为群众性经济技术创新工程的有效载体，形成徐工集团持续快速发展的特色之路。

一是利用各种宣传工具，广播、黑板报、网络，不断提升全员参与意识，深入宣传开展“八小”活动的意义，并结合各单位的实际将成本、效益、市场等新观念、新思路，展现在职工面前，使职工充分认识“没有创新就没有出路”，使群众性“八小”活动不断深化。

二是健全工作机制。公司每年都要制订下发活动意见和活动计划，在组织上，集团公司和所属各单位都能及时调整充实由党委书记任组长，总经理、工会主席任副组长的领导小组，做到从上到下层层有人管；在程序上，进一步明确了立项登记、组织实施、帮助协调、成果申报、验收评审、公开发布、表彰奖励和宣传推广八个步骤；在核算上，制定了每年公司降本增效2000万元总目标，各单位将降本增效目标，层层分解，指标量化到工段；在考核上，建立健全了“八小”活动成果评审小组，完善了评审程序。

三是把“八小”活动与班组建设、厂务公开，QC活动、安全质量月、合理化建议、科技创新等活动有机结合，组织广大职工在本岗位上围绕生产经营工作中的重点、难点和关键点深化“八小”活动。

四是坚持“三化、四统一、五个结合”。“三化”即活动具体化、参与全员化，目标落实基层化。“四统一”即宣传发动和组织实施相统一，广泛宣传、精心组织，最大限度地把职工吸引到竞赛中来，为活动开展打好基础；活动内容与有效实施相统一，力求实实在在的效果，不搞形势，确实达到降本增效；组织领导和群众性创新相统一，鼓励职工大胆探索，创造适合推动活动开展的新方法、新经验；做好本职工作和技能挖潜相统一，倡导职工爱岗敬业，努力学习，充分发挥特长，提高竞争实力和自身素质，推动技术进步。“五个结合”即结合预算管理，实现总体目标；结合生产实际，深入革新挖潜；结合班组管理，夯实企业基础；结合问题管理，加强安全文明生产；结合合理化建议，促进企业发展。近两年来，徐工集团对在“八小”活动中涌现出的20个先进集体、40名优秀个人和20个最佳项目等给予了大张旗鼓的表彰奖励，为全面深入开展“八小”活动产生了积极的推进作用，有效地调动了广大员工心往一处想、劲往一处使的积极性，充分体现了广大职工的主人翁精神风采。

（三）完善职工合理化建议制度

合理化建议是由企业职工提出的“有关改进和完善企业生产技术和经营管理方面的办法和措施”，涉及企业经营管理的各个方面，对企业经营绩效提升具有良好的促进作用。激发广大职工提合理化建议已经成为各企业加快创新型企业建设的一项重要措施。合理化建议在职工技术创新活动中的重要基础作用已得到广泛认同，是企业依靠全体员工办企业思想的充分体现。实践表明，结合企业科研、技改、安全环保、节能减排和生产经营的重点、难点，大力推进群众性创新活动，广开言路，集思广益，不但可以起到提高职工素质、促进技术创新、提质降耗的作用，同时也营造了职工关注企业发展、全员参与管理和技术创新的文化氛围。

宝钢集团20多年来一直坚持开展员工合理化建议与自主管理活动。在宝钢，“小切入大主题，小文章大课题，小活动大影响，小投入大效果，小人物大舞台”已成为企业员工共识。公司成立了合理化建议与自主管理活动委员会和办公室，建立合理化建议与自主管理活动推进网络。每年召开合理化建议与自主管理活动年度工作研讨会。

宝钢集团在活动中，一是强调围绕主题。在坚持活动开展的广泛性前提下，围绕对公司生产经营重点工作具有重要支撑作用的四大活动主题：安全、质量、节能减排、降本增效，运用好合理化建议与自主管理工具方法。二是强调改创机制。强化改进提案激励机制，形成人人想问题、出点子的良好氛围；改进单位内部评价机制，激励基层管理者提高活动水平；创建员工参与活动的协同机制，全面调动各路力量的积极性，消除改进死角。三是强调普显活力。大力推广宝钢分公司先进经验，扩大活动面，提高活动水平；扩展技术创新活动计算机管理系统（BeS 系统）在各分公司、子公司中的应用，提高活动效率和管理质量；管理重心下移，提高现场问题的解决能力和员工的知识化程度。

宝钢合理化建议与自主管理活动已经形成了一体化管理的整体形态。百名员工年均提出合理化建议数保持在一个较高水平。据统计，从建厂到2009年底，职工提出并实施的合理化建议114万条，创经济效益130亿元。

在海尔集团公司，合理化建议活动是员工参与企业民主管理的一个重要途径。一方面，集团工会成立了“职工创新成果经营公司”，专门管理职工的合理化建议活动，还利用信息化建立了合理化建议网上申报、网上确认，让职工提合理化建议更加便捷，建议解决更加迅速，职工参与率达100%，并且合理化建议采取提案书的制度，在一张提案书上实现了建议提出、建议落实、建议跟踪、建议死循环。另一方面，在全集团推行“实时激励”，即职工的建议被采纳后，奖金随即发到位。每天被新采纳的合理化建议都会在信息网上发布、推广；内刊《海尔人》也会随时刊登员工合理化建议“实时激励获奖情况”。

白云电气集团通过设立信箱、网站、企业报，建立党员之家、职工论坛、职工建议系统、企业座谈会、合理化建议体系等多种方式，广泛收集职工合理化建议，确保企业与职工之间及时有效沟通。在具体操作上，一是设立多项奖励，鼓励职工积极思考。工会在充分调研的基础上，配合企业管理办公室制定了《职工合理化建议制度》、《星级职工评选管理办法》、《职工激励管理办法》等管理标准，鼓励基层职工在生产实践的过程中勤于发现问题、解决问题，积极思考，献言献策，只要有切实可行的建议提出，不论时间、不论地点立即予以物质上的奖励。每年都设立特别奖金，对当年在企业生产实践中提出重大合理建议的职工进行年度奖励，并在企业网站、报纸、论坛上逐月公布，以示精神鼓励；对提出重大改进意见并被公司采纳后产生较大经济效益的，纳入职工档案，优先享受星级职工评定加分、晋升、加薪。二是设置考核指标，完善合理化建议制度。针对各个部门设置合理化建议考核指标，分季度进行考核，以此推动各部门管理干部采取措施，敦促职工积极献言献策。

在鞍钢集团，技术改进和合理化建议活动从计划立项、组织实施到评审、认定，形成制度化、规范化，全员参与的积极性高涨。主要做法：一是建立体系。公司建立以科技质量部、工会为职能管理部门，以各单位广大职工为主体的管理体系。工会负责群众性的合理化建议活动，科技质量部负责重大合理化建议和技术改进项目。二是完善制度。先后制定并实施《奖励办法》、《考核管理实施细则》等公司管理制度和激励政策。三是实施过程死循环管理。各单位把合理化建议和技术改进工作纳入工作计划体系，由指定的部门和人员负责此项工作，重大的合理化建议和技术改进项目每年年底申报，公司形成年度生产经营计划（科技质量部分），项目实施后公司组织有关专家进行推进、现场检查、评审、答辩、量化赋分，根据建议深度、技术含量和效益大小，公司科技质量部确定等级、奖励标准报公司总经理批准，公司下发文件进行表彰，形成死循环管理。四是建立奖励机制。各级工会组织充分调动基层职工献言献策，并给予奖励，每年评选出 20 项最佳合理化建议进行表彰。每年专项奖励资金 300 余万元。

（四）强化职工创新型班组和团队建设

班组是企业生产经营管理活动的基本作业单位，也是职工学习技术、提升素质、发挥作用的基本场所。各级工会组织积极配合企业加强班组管理工作，在推动完成生产任务、提高职工素质、促进安全生产等方面做了大量工作，涌现出一批各具特色创新型班组。如中石油抚顺石化公司王海班组，在平凡的岗位上创造了不平凡的业绩，其经验被归纳为“五型”班组，即技能型、效益型、管理型、创新型与和谐型班组；东风汽车公司商用车车身厂匡开勋班组，“在思考中探索，树立学习理念，使其内化于心；在探索中创新，转化学习成果，使其外化于行；在创新中超越，建立学习机制，使其固化于制”，探索出一条具有自己特色的学习育人发展之路。

东风汽车公司开展班组建设工作至今已有 36 个年头。近几年来，东风汽车公司围绕创新型企业建设，把班组建设活动与职工创新活动紧密结合起来，使职工创新活动有了坚强的阵地和基础。

首先，建立载体，明确要求，形成三种有代表性的班组职工改善创新方法。一是开展班组改善“小课题”活动。“小课题”活动强调让班组职工围绕质量、成本、交货期三项中心任务，掌握和应用改善工具，每名职工每年实施1～2项改善课题。二是开展班组共同改进行动。每个班组成立质量、成本、安全等共进小组，负责相关内容的改进任务。在改进行动中，班组通过工作交流、现场巡视、班次交接、日常会议发现在实现班组目标方面存在的问题，由班长汇总形成改进行动清单，按照预判问题处理的难易程度和性质进行归类处理。三是开展班组职工团结圈活动。班组团结圈由班组内部职工自由结合而成。其特点为小组成员共同确定改善课题、共同制订改善方案、共同动手实施、共同享受改善成功的喜悦，用创新精神和团队力量，按自己的方式解决自己的问题。

其次，完善机制，为班组职工改善创新活动提供动力。一是通过班组达标升级活动进行激励。公司每年对“小课题”改善活动进行评比验收，召开大会对标杆班组进行命名授牌。二是通过多层次成果发布活动进行激励。公司不定期召开班组建设成果发布活动，对包括班组改善创新活动在内的班组成果进行表彰，将职工改善创新成果汇编成册。三是通过表彰奖励进行激励。公司工会对班组职工改善创新活动成绩突出的班组优先评比“工人先锋号”和先进班组、标杆班组，优先推荐参加省级以上各类先进班组的评比。各基层单位定期评出持续改进项目和岗位创新明星，并以改善者的名字命名改善项目。四是通过提供学习交流机会进行激励。对优秀成果的发表人选送参加相关合资企业在国内外组织的发表活动，或者组织改善明星出国研修，为他们提供更好更多的学习交流机会。五是通过经费保障进行激励。公司将班组建设经费列入行政管理费，为班组改善创新活动提供物质保障。

最后，提升素质，把班组改善创新活动作为职工实现自身价值的重要舞台。一是建设创新型的班组长队伍。公司把班组长纳入专业人才管理，实行竞聘上岗，开展定期培训，为班组长搭建成长平台，建设一支富于学习创新精神和组织管理能力的班组长队伍，为广泛深入开展班组改善创新活动奠定基础。二是在班组内广泛开展学习培训、技能竞赛活动。在全公司班组中普遍做到有学习场所、有学习计划、有考核制度，使班组成为职工学习成长的课堂。经常性地开展专项培训、人人当讲师、互帮互学、拜师学艺、岗位练兵、技能比武等活动，提高职工的学习力、创新力，为班组改善创新活动提供了平台。三是在改善创新活动中提升职工的实际能力。通过班组组织的改善创新活动，培养了职工学习创新的能力、解决问题的能力、展示自我的能力和沟通协作的能力，为职工的发展成长开创了更为广阔的空间。四是通过改善创新活动培育职工的团队精神和进取精神。班组改善创新活动基本上都是以团队活动的形式开展的。在活动中，每个员工充分施展个性，寻求与同事的沟通与合作，自主而且不懈地营造一个能实现自身价值的愉快的工作环境，通过活动使职工得到一种企业文化的浸染和精神上的升华。

宝钢集团加强员工创新活动基地建设，职工经济技术创新小组发挥作用突出。

一是建立员工创新活动基地开展跨厂际交流。2008 年，在人才开发院建立了“宝钢员工创新活动基地”。基地具有自主性、开放性和服务性特点，主要发挥导师、信息、学习、中试、转化等功能。各单位依托“员工创新活动基地”，深化本单位的职工经济技术创新活动，加快专利实施，开展跨厂际交流。2009 年策划组织开展“创新论坛”、“创新成果发布”、“创新沙龙”、“专题研究班”等46 项次活动，吸引更多职工参与职工经济技术创新活动。二是通过职工经济技术创新小组，促进职工跨组织团队创新。职工经济技术创新小组以矩阵式的虚拟团队为组织形式，由孔利明式的创新职工任组长，将岗位持续改进中未能解决的，企业的重点和难点，作为课题开展攻关活动。近几年，宝钢职工经济技术创新小组数量逐年递增，2008 年，全公司有创新小组 2007 个，2009 年已达到 3765 个，有近 3 万名职工直接参加了职工经济技术创新小组活动。每年申报的专利近 40% 来自职工经济技术创新活动。三是以 JK 活动促进职工跨岗位自主创新。JK 活动是宝钢集团从新日铁引进的、开展职工技术创新活动的重要工具。JK 活动的课题来自现场和合理化建议，职工围绕完成任务自主发现问题、自主立项选题、自愿结盟团队、自主解决问题。职工在 JK 活动中，以项目攻关完成为目的，运用 PDCA 死循环管理方法自主开展活动。到 2009 年底，宝钢集团共形成自主管理小组 3.3 万个，开展活动课题 4.6 万项，取得自主管理成果 3.4 万项，获得国家、冶金行业以及省、市级优秀质量管理奖 6 百多个。

（五）组织多层次职工技术培训与交流

开展职工技术培训、交流与协作，是提高职工技能素质，提升职工创新意识和创新能力的重要途径，也是企业提高核心竞争力的重要保证。建立和完善职工培训制度，整合运用各类教育培训资源，办好职工技术交流与协作是创新型企业建设的重要内容。

为尽快提高员工的操作技能，唐山轨道客车有限责任公司工会主动创新培训方式，把对职工的接力培训、后续培训由课堂搬到生产现场，在每道工序采取指导教师现场讲解、标准示范，操作者结合实物现场实习、在岗位上反复练习，在此基础上举办工序小型技术比赛，用“比”促进员工“学”和“练”，检验“教”的科学性这样一整套程序性培训方式，并反复循环，直到操作者的操作行为规范、固化成习惯动作。每场比赛工会给予经费支持，对达标职工给予奖励，有效地提高了职工学技练功的积极性和操作技能的不断攀升。

公司工会建立了“金蓝领”工作室，为“金蓝领”工人配备办公计算机、书籍等，拟定攻关课题。目前“动车铆钳技术”、“加工技术”、“铆焊技术”金蓝领工作室在立项攻关、技术革新等方面已发挥了重要作用。公司还把助理技师以上的生产骨干组织起来，成立技师协会，赋予每名技师带 3 名徒弟的任务。2008 年以来，共有560对师徒结成对子，在师傅精心指导和培育下，大部分徒弟已成为生产技术骨干或能单独顶岗作业。同时，每一名技师都被赋予现场演示的职责，他们的创新技能、经验成果定期向岗位员工展示。

通过一系列职工技术、技能培训活动的持续开展，公司员工整体素质得到明显提升，为高速动车组项目的顺利实施提供了强有力的人才支持。

青岛港（集团）有限公司（以下简称青岛港）重视员工素质提升，持续开展以“五学”（学政治、学业务、学技术、学文化、学实践）为载体的“创争”（创建学习型港口、争做知识型员工）活动，培育锻造了以许振超为代表的高素质的员工队伍。主要做法：一是全员学习，提升员工的整体知识结构。青岛港坚持实施“个十百千”工程（建立1个人才培训中心，推出10个科技创新基地，建成100个职工图书室和学习之家，设立1000个职工学习园地），形成了“集团有中心，公司有基地，基层队有阵地，班组有园地”的全员学习格局。每年以工资总额的2.5%，划拨职工培训教育专门经费，仅2007年以来就先后投入近2亿元用于各种教育培训。青岛港年年开展全员脱产大培训、技术工人考工晋级、技术大比武。二是重点学习，推动领导干部、党员队伍和管理人员的“素质革命”。2009年开始，青岛港大力建设学习型党组织、学习型港口，组织三级班子、两级机关管理人员共1500多人，分期分批举办了为期3个月的工商管理高级研修班和为期半个月的中级研修班；分两批举办了每期5天、196人参加的党员脱产培训班。2010年，青岛港又分9期、8个专业（港口业务管理、安全技术管理、水工土建管理、财务管理、人力资源管理、政工管理、行政综合管理和统计管理）组织对1600多名管理人员进行脱产7天的专业培训。

（六）开展创新创效劳动竞赛

加快创新型企业建设，离不开广大职工的劳动创造和拼搏奉献。劳动技能竞赛是展现企业职工劳动技能的重要载体，组织动员广大职工深入开展岗位练兵、技术比武等创先争优建功立业竞赛活动，最大限度地激发职工劳动热情，是促进企业创新能力的提升重要方式。

马钢（集团）控股有限公司（以下简称马钢）围绕生产经营建设，根据公司不同时期的工作重点和难点，在相关职能部门的配合下，以“品种、质量、效益”为龙头，积极开展创新创效劳动竞赛。

一是在主体生产厂组织开展炉机对标竞赛，协助解决生产中一些矛盾和制约因素，推动生产厂部分经济技术指标、主要产品质量刷新历史纪录。

二是在矿山系统开展提高矿石产量和品位竞赛。加大竞赛考核力度和奖励力度，充分调动广大职工的参赛热情，促进各矿山全年生产任务的完成。

三是在设备系统开展设备运行零故障管理竞赛，有效支撑设备长周期安全稳定运行。

四是在能耗系统开展节能降耗和节能增效竞赛，提高余热余能利用水平，减少了公司外购能源费用，促进了效益的提升。

五是在广大职工中开展“高效工作在岗位，增效节支做贡献”为主题的增效节支活动。

此外，近年来针对生产经营建设中的重点、难点，瞄准业务技能的制高点，马钢开展了一系列职业技能竞赛活动，积极推进职工素质工程，努力打造金色蓝领。公司除每年组织一些专项技能竞赛外，每两年还举办一次职业技能大赛，一般为10～15个工种，对获奖选手给予重奖，并申报晋升技师、高级工，目的是通过大赛为岗位职工提供一个展示自我、相互学习和交流的平台。

徐工集团构筑多种活动平台，丰富竞赛载体。把各种形式的建功立业竞赛活动作为“当好主力军、建功‘十一五’”的重要内容，紧紧围绕企业的生产经营目标，调动职工参加竞赛活动的积极性和主动性，同时不断扩大活动覆盖面，构筑多种活动平台、丰富竞赛载体，使职工经济技术创新活动取得实效。

一是注重活动的持续性。2008～2010年，公司连续组织了多次全员建功立业竞赛活动，以保增长、促发展为目标，2008年开展了主题为“冲刺400亿”、“勇攀新高峰、建功在岗位”劳动竞赛，2009年“苦练内功赢速度、以质取胜攀高度”以及2010年上半年开展了“夺市场、保增长、全力冲刺‘双过半’”等不同形式的建功立业竞赛。

二是注重活动的系统性。细化内容，量化标准，这是活动深化的关键。如在“勇攀新高峰、建功在岗位”劳动竞赛中，把赛质量提升、赛效能提高、赛销售业绩、赛技术创新、赛管理改进、赛安全生产、赛服务质量作为竞赛单项，每项内容都有5～7条具体竞赛量化指标，并设定科学规范、重点突出、简明易评的评价标准。与此同时，还在全体职工中广泛开展素质提升竞赛、关心关爱竞赛、和谐共建竞赛以及创建“学习型组织、争当学习型个人”等活动，保证了建功立业竞赛的系统性、持续性和有效性。

三是注重活动的管控性。公司结合劳动竞赛目标和生产实际，加大对竞赛活动的管控力度，在管理办法上采取制定短期目标和长期计划相结合的管理模式，对计划任务进行系统分解，对单位、单元、岗位和职工个人都有明确考核指标，逐月考核，并将月度考核评价纳入单位和个人的绩效考核，直接和收入挂钩，实行每月浮动、按绩取酬，有效地保证了竞赛的规范性和实效性。

四是着力于技能比武活动的扎实推进。徐工集团制定了技能比武实施细则，明确提出了“四个一”的规定，即集团公司级技能比武每两年举办一次，各单位技能比武每年举办一次，分厂级技能比武每季度举办一次，对于获得名次的给予一次性重奖。近三年来，集团和所属单位举办各类技能比武高达410多场次，参加人数达1.5万人次，仅参加市级以上技能大赛的就达800多人，其中，有60%以上的人员分别取得了高级工和技师证书，有68人次分别获得国家、省、市级“五一劳动奖章”、“五一创新能手”和“技术能手”等荣誉称号。培养出一大批“知识技能型、技术技能型、复合技能型”三型技能人才队伍。

总结近年来创新型（试点）企业开展职工技术创新活动的实践，可以看到职工群众中蕴藏着无穷的智慧和创造力，企业创新必须充分依靠广大职工，职工群众素质的提高是企业发展的根基，职工群众的技术创新是增强企业和全社会创新能力的坚实基础。建设创新型国家，提高企业技术水平和自主创新能力，既需要科技工作者勇于探索、攻坚克难，也需要生产一线职工群众的广泛参与、深入实践，努力提高岗位技能和技术革新能力。采取更加有力的措施，组织和引导广大职工积极参与技术创新活动，鼓励广大职工为企业技术创新建功立业，将有力地推动创新型企业建设工作的开展。

第五章

地方创新型企业建设

2009年，随着国家技术创新工程的启动实施，各省、自治区、直辖市以及计划单列市［以下简称省（区、市）］把实施技术创新工程作为本地区“调结构、转方式”的重要抓手，通过促进企业技术创新加速经济结构转型与经济发展方式转变。为适应区域经济发展需求，2009年启动了国家技术创新工程地方试点工作，并陆续确定了浙江省、安徽省、江苏省、山东省、广东省、四川省、辽宁省、上海市、青岛市9个试点省（市），加大了对地方创新型企业建设的指导与支持，使地方创新型企业建设进入新阶段。①

一、地方创新型企业建设进展情况

（一）基本概况

按照国家技术创新工程的总体部署，2009年全国各省（区、市）继续加快推进创新型企业建设工作。各地在积极参加科技部、国资委、全国总工会组织实施的国家层面的创新型企业建设外，大部分省（区、市）也组织开展了本地区的创新型企业建设工作。据不完全统计，目前已有北京市、河北省、山西省、内蒙古自治区、辽宁省、吉林省、黑龙江省、上海市、江苏省、浙江省、安徽省、福建省、江西省、山东省、河南省、湖北省、湖南省、广东省、广西壮族自治区、四川省、云南省、甘肃省、青海省、宁夏回族自治区、新疆维吾尔自治区及宁波市、厦门市27个省（区、市）组织开展了省（区、市）级创新型企业建设工作。②

有些省（区、市）虽然暂时没有开展本地区的创新型企业建设，但在积极参

① 本章采用的资料和数据主要来自全国各省、自治区、直辖市、计划单列市科技厅（委、局）报送的2009年创新型企业建设工作情况报告以及科技部有关部门、各省（市、区）科技厅（委、局）的相关网站。其中，黑龙江、陕西、江西、宁夏、西藏、新疆没有报送2009年创新型企业建设工作情况报告。

② 天津、重庆、海南、贵州、陕西、西藏、大连、深圳、青岛等暂时未开展本地区创新型企业试点工作。

与国家层面的创新型企业建设的同时，正在酝酿开展本级的创新型企业建设。天津市即将启动创新型企业认定工作，拟由市科委与市经信委、市国资委、市总工会共同组织；重庆市截止到2009年底，市级创新型企业认定工作的调研阶段已经基本结束；贵州省结合省情连续三年通过软科学研究省级创新型企业评价指标，制定了符合省情的评价指标，计划以本省技术创新工程实施为抓手，准备开展省级创新型企业建设工作。

各计划单列市在积极参加国家、省层面的创新型企业建设的同时，宁波、厦门已经开展了市级创新型企业建设工作，其他市也正在着手启动相关工作。青岛市2007年就开展了创新型中小企业培育工作，2010年11月下发了开展第一批创新型企业工作的通知，年内拟认定50家市级创新型试点企业，形成以国家试点为龙头，省、市级试点为补充的多层次的创新型企业试点梯队；大连市在初审116家企业基础上，拟评审确定50家左右企业作为市创新示范企业，50家左右企业作为市创新成长企业。

此外，2009年越来越多的地级市组织开展了本级创新型企业建设。安徽省的合肥、蚌埠、马鞍山、铜陵、黄山、巢湖、池州、阜阳、亳州等市开展了市级创新型企业培育工作，认定的市级创新型试点企业已达200多家，评价认定的市级创新型企业近100家；湖南省长沙市组织开展了两批试点工作，首批有48家企业入选，第二批入选企业79家；江苏省南京市、常州市等地市已启动市级创新型企业评价认定工作，常州市2009年首批认定市级创新型企业34家，成为推动创新型试点城市建设的重要内容。山东省菏泽市2007年首批选择了12家工业企业开展试点。此外，河北省的张家口、邢台、衡水、邯郸等地级市。内蒙古自治区的部门市盟、福建省的福州市、三明市等也开展本级创新型企业建设工作。

（二）主要进展

根据对已开展本地区创新型企业建设工作的27个省（区、市）的不完全统计，截至2010年10月，共计有3914家企业被选择认定为省（区、市）级创新型试点企业，评价命名的创新型企业达到1189家（见表5－1）。

从2009年各地创新型企业建设情况来看，各地区的创新型（试点）企业的数量呈不均衡分布。其中，四川、上海、福建、北京4个地区选择确定的创新型试点企业已经超过300家，分别达到706家、335家、315家、305家；山东、浙江的试点企业超过200家，分别达到266家、255家；安徽、广东、湖北、河南、江苏、河北的试点企业也超过100家，分别达到190家、188家、150家、140家、112家、108家。试点企业超过百家的省份共有12个。

在12个试点企业超过百家的地区中，除辽宁、青岛外，四川、上海、山东、浙江、安徽、广东、江苏7个国家技术创新工程地方试点省市都在其中，表明这些试点省市推动创新型企业建设力度较大，发挥了示范带动作用。安徽省各级政府及相关部门对创新型企业建设高度重视，相关工作十分活跃，形成国家、省、地市三级联动的局面；四川省已经开展了四批创新型企业认定工作，形成示范、试点、培育企业梯度格局。

表 5－1　2009 年各地开展本地区创新型（试点）企业建设情况　　单位：家

地区	省级试点企业数	省级试点开展批次	省级创新型企业数
北京	305	3	56
河北	108	2	0
山西	70	2	0
内蒙古	61	2	20
辽宁	98	1	98
吉林	50	2	50
黑龙江	71	2	18
上海	335	2	200
江苏	112	1	112
浙江	255	4	40
安徽	190	3	46
福建	315	3	62
江西	47	1	5
山东	266	2	0
河南	140	3	50
湖北	150	1	0
湖南	67	2	27
广东	188	3	78
广西	41	1	0
四川	706	4	237
云南	91	4	19
甘肃	60	2	16
青海	20	2	20
宁夏	10	1	0
新疆	14	1	0
宁波	71	3	7
厦门	73	4	28
合计	3914	—	1189

注：统计数据截止到 2010 年 10 月；黑龙江、江西、宁夏、新疆 2010 年没有提供数据，仍采用 2009 年提供的数据。

（三）主要特点

各省（区、市）在开展本地区创新型企业建设工作中，注重发挥创新型（试点）企业在转变经济发展方式中的示范和引导作用，并结合本地区的产业和经济优势，通过多种多样的形式推动创新型企业建设。

1. 创新型（试点）企业遴选方式各具特色

各地在遴选地方创新型企业时，比较注重从本地区发展水平与产业特点出发，体现出地区特色。

上海市2010年出台的《关于推进上海市创新型企业建设的工作方案》（沪科合［2010］16号）明确规定，申报“上海市创新型企业”称号的企业，必须是注册在本市的国家高新技术企业。将是否被认定为高新技术企业作为入选创新型企业的重要条件，体现了上海市推动创新型企业建设的产业导向。2010年上海市认定的200家创新型企业均为国家高新技术企业。

《湖北省创新型企业建设试点工作方案》明确规定，“试点企业遴选基本条件”是“在湖北省境内注册，年销售收入在5000万~5亿元的内资或内资控股的中小企业”。体现了加强对中小型创新型企业培育的政策倾斜。依照此规定，2009年湖北省遴选创新型试点企业150家。

河北省在第二批创新型试点企业的认定过程中，考虑到区域创新体系建设和完善的需求，统筹区域发展的均衡，兼顾到不同行业不同类型的企业，以充分发挥创新型企业在推动本地区产业结构调整和升级方面的示范带动作用。

2. 推动创新型企业建设的方式多样

各地在推动创新型企业建设过程中，采取多种多样的方式，形成许多值得借鉴推广的模式。

安徽省将“创新型（试点）企业科技专员队伍”建设制度化、经常化。2009年5月会同有关部门举办创新型企业科技专员培训班，对自主创新政策和各类科技计划进行系统培训；召开政策法规和技术创新工程座谈会，对修订后的《科技进步法》、自主创新政策和《技术创新工程试点省实施方案》进行系统解读。

北京市在中关村百家创新型企业试点基础上，2010年提出实施“十百千工程”，重点培育一批收入规模在十亿元、百亿元、千亿元级的创新型企业，形成具有全球影响力的创新企业群。主要工作思路是：聚焦中关村战略性新兴产业领域，建立动态管理机制，选择200家以上具有一定规模、创新性强、处于行业龙头地位的重点企业，实行“一企一策”的培育方式，集中政策资源给予重点支持，培育形成一批具有全球影响力的千亿元规模企业、产业带动力大的百亿元规模企业和高成长的十亿元规模企业，探索形成支持企业创新发展、做强做大的有效模式，营造良好的企业发展环境。

广东省科技厅继开展“百强创新型企业培育工程”后，又会同省经济和信息化委启动开展广东省“自主创新 100 强企业”评选工作。组织专家对省级以上创新型（试点）企业和广东省百强创新型企业培育工程示范企业申报材料进行专业组评选和综合评选，遴选出 100 家拥有核心自主知识产权、持续创新能力和行业带动性强的企业，加大宣传和资助力度，在建设区域创新体系中充分发挥创新型企业的龙头带动作用。

3. 围绕地方主导或新兴产业开展创新型企业建设

各地在推动创新型企业建设中，紧紧围绕区域主导优势产业和新兴产业，充分发挥创新型企业在促进产业结构优化升级和培育新的经济增长点中的示范引导作用。

北京市依托中关村国家级自主创新示范区建设，致力于打造一批世界级创新型企业。已经参加试点的企业主要分布领域是：软件及信息服务（93 家）、集成电路（14 家）、计算机及网络通信（22 家）、文化创意（7 家）、新材料（24 家）、先进制造（48 家）、生物工程及新医药（48 家）、新能源与环保（41 家）、高技术服务（8 家）。基本覆盖了中关村示范区重点的发展领域。

上海市市级创新型试点企业所属行业主要集中于生物医药、电子信息制造、软件和信息服务、新材料等，均是该市重点发展的高新技术产业领域。体现上海推动创新型企业建设中明确的产业导向。

随着中国—东盟自由贸易区的建立，外资进入广西数量显著提高，尤其东盟国家增长最为迅速，同比 2008 年投资增长 19 倍之多。为配套外资优惠政策，更好地引导和利用外资，使其在广西经济建设和产业结构调整中发挥积极作用，广西认定了 5 家中外合资企业为广西区级创新型试点企业，占试点企业总数 12.2%。

湖南省的创新型（试点）企业几乎涵盖了该省先进装备制造、新材料、生物、信息、新能源、文化创意、节能环保七大战略性新兴产业领域，体现了湖南省发挥创新型（试点）企业在战略性新兴产业培育和发展中的带动作用的政策目标。

二、地方创新型企业建设主要成效

2009 年以来，各省（区、市）加大了本地区创新型企业建设力度，新认定了一批创新型企业及试点企业。各省（区、市）对创新型企业建设的投入不断加大，管理更加制度化、规范化，促进了创新型（试点）企业的健康发展。创新型（试点）企业在地区经济中的地位和影响不断加强，示范带动作用更加明显。

（一）经济贡献更加显著

各省（区、市）创新型（试点）企业大多是区域或行业龙头企业，承载着促进区域经济和产业结构调整，推动经济发展方式转变的责任。2009年以来，随着创新型（试点）企业群体不断壮大，对地方创新能力的带动作用十分明显，在区域经济中的地位也显著提升（见表5-2）。

表5-2　2009年各地创新型（试点）企业经济指标一览表

地区	增加值		主营业务收入		纳税额		税后利润	
	总量（亿元）	占省比重（%）	总量（亿元）	占省比重（%）	总量（亿元）	占省比重（%）	总量（亿元）	占省比重（%）
北京	899.1	21.40	1728.6	13.30	73.5	11.10	141.8	14.40
河北	444.1	5.62	2017.4	—	100.6	—	139.7	—
山西	874.1	—	3125.3	—	203.0	—	131.2	—
内蒙古	549.6	12.20	1577.5	15.20	108.1	69.10	167.2	16.90
辽宁	402.1	—	382.2	—	57.7	—	—	—
上海	—	—	194.6	0.77	—	—	117.1	8.17
江苏	975.8	5.93	3494.7	4.87	167.0	6.19	277.8	6.78
安徽	780	19.60	2798.0	21.88	201.0	38.40	121.0	14.77
福建	273.3	5.80	1196.4	7.30	75.4	11.60	102.7	9.30
山东	1095.0	—	5097.3	—	328.1	—	383.2	—
河南	503.0	5.00	3016.2	—	157.2	—	85.5	—
湖北	84.4	—	231.4	—	13.7	—	27.6	—
湖南	292.2	—	1226.5	—	50.7	—	76.0	—
广东	1867.6	10.24	7976.8	12.06	567.4	21.91	663.8	15.79
四川	1005.3	17.69	3148.4	18.32	278.6	15.99	196.5	21.62
云南	205.9	9.86	1030.7	20.81	48.7	4.7	40.64	13.12
甘肃	313.8	23.52	1331.8	35.47	80.4	18.54	66.1	27.51
青海	51.6	8.96	311.7	28.65	27.5	15.14	36.4	36.42
厦门	31.8	4.70	392.0	14.00	18.9	—	30.5	—

注：数据来源于各省报送的《2009年度省（区市）创新型企业建设情况一览表》，部分来自各省市创新型企业建设报告中的数据。下同。

北京市试点企业围绕国家战略取得了一批关键技术突破，推出了一批知名品牌，试点企业的示范带动作用正逐步显现。试点企业牵头成立了物联网等40多个产业技术战略联盟。一批具有自主知识产权的技术、产品在高速铁路、神六等重大工程中得到应用，品牌知名度大幅提升。一批试点企业具备了成长为具有全球竞争力的创新型企业的基础。百度公司是全球最大的中文搜索引擎提供商。搜狐公司是领先的新媒体、电子商务、游戏及移动增值服务公司。完美时空研发了国内首款3D游戏引擎，填补了国内空白，成为中国最大的网络游戏开发商和运营商之一。

江苏省以省级创新型企业为重点，以市场为导向，以共性技术和重要技术标准为纽带，组建了生物医药、风力发电、集成电路等十大产业技术创新联盟和纳米技术、平板显示两大产学研合作联盟，通过创新型企业的示范带动，光机电一体化、电子信息和生物医药等创新型企业集中的战略性新兴产业发展迅速，产业综合竞争力显著提高。2009 年，新能源、新材料、生物技术和医药、节能环保、软件和服务外包、物联网六大新兴产业销售收入增幅达 26%。在无锡尚德、天合光能等创新型企业的支撑下，新能源产业产值增长 60%，光伏产业规模居全国首位，太阳能电池产量占全国的 70%，新兴产业已成为江苏经济的强劲增长点。

（二）创新投入持续加大

2009 年，各省（区、市）创新型（试点）企业创新投入持续增加，研发机构建设得到进一步加强，特别是各省创新型（试点）企业牵头组建各类产业技术创新联盟近 200 个，说明创新型（试点）企业已经成为促进产业结构优化升级、培育和发展战略性新兴产业、推动区域创新体系建设的骨干力量。各省（区、市）创新型（试点）企业共计建立海外研发机构 80 多个，创新型（试点）企业开始更加积极主动地获取海外创新资源（见表 5－3）。

表 5－3　2009 年各地创新型（试点）企业创新投入情况一览表

地区	R&D 支出		企业办研发机构			参与创新联盟		研发人员	
	总量（亿元）	占省比重（%）	国家级（个）	省级（个）	海外（个）	牵头（个）	参与（个）	总数（人）	占省比重（%）
北京	56.2	11.10	48	85	9	65	40	26541	19.50
河北	68.1	22.39	26	59	8	15	28	29073	19.38
山西	154.6	—	24	69	2	26	67	—	—
内蒙古	44.1	—	9	30	0	1	8	14469	—
上海	87.5	20.25	36	81	—	0	15	50204	34.65
江苏	112.7	16.57	63	173	19	30	64	47224	7.03
安徽	131.0	1.30	43	161	3	13	25	37444	23.00
福建	36.0	35.30	69	119	—	—	—	20571	34.50
山东	116.5	—	68	114	—	—	—	43767	—
河南	92.2	61.70	52	217	—	2	22	46595	20.70
湖北	13.1	—	—	68	—	—	—	9916	—
湖南	73.2	—	28	51	8	—	—	17604	—

续表

地区	R&D 支出		企业办研发机构			参与创新联盟		研发人员	
	总量（亿元）	占省比重（%）	国家级（个）	省级（个）	海外（个）	牵头（个）	参与（个）	总数（人）	占省比重（%）
广东	426.5	68.25	52	268	13	30	64	215505	35.92
广西	3.0	—	3	41	—	3	15	8075	—
四川	97.6	44.56	38	102	—	—	—	6015	21.25
云南	—	—	12	68	—	1	4	7731	—
甘肃	15.7	49.44	11	119	—	—	—	13483	22.59
青海	13.9	—	5	28	—	1	4	1601	—
厦门	19.3	—	18	33	—	5	22	—	—

2009 年，安徽、江苏、山东等省市创新型（试点）企业的 R&D 投入都超过了 100 亿元，河南省创新型（试点）企业的 R&D 投入占到全省比重的 61.7%。四川、甘肃等省的创新型（试点）企业创新投入也接近本省 R&D 投入的半数。山东省试点企业科技活动经费内部支出总额为 160 亿元，研发经费支出总额为 116.5 亿元。表明创新型（试点）企业已经成为各地研发投入的主体。

各地鼓励并优先推荐创新型（试点）企业申报国家工程中心、国家工程实验室重点实验室、重点项目中试基地、博士后科研工作站以及省级各类研发平台建设。在国家和各省的相关政策扶持和推动下，创新型（试点）企业纷纷建立起支撑企业创新发展的国家级或省级研发机构。如江苏省 112 家创新型企业拥有国家级研发机构 63 个，山东省创新型（试点）企业共拥有国家级研发机构 68 家。

各地创新型（试点）企业的研发人员大部分在 1 万人以上，北京、河北、上海、江苏、安徽、山东、河南都超过 2 万人，广东则超过 20 万人。特别是研发队伍的职称、学历结构不断优化。

国家和省（市）级研发机构成为创新型（试点）企业的重要基地，而各种形式的产业技术创新战略联盟的建立为企业的技术创新提供了后劲与支持，高水平的研发队伍成为企业创新的保障，持续增长的研发投入促进了持续创新。

（三）创新产出不断涌现

从 2009 年各地创新型企业的专利产出情况来看，由于各地创新型企业数量、标准、行业性质不尽相同，各省市的数据差别也较大。但一致的趋势无论是从申请量还是从授权量看，创新型（试点）企业发明专利占本地区的比重明显高于专利总量的比例；而授权专利中创新型企业所占的比重又明显高于申请数所占比重。说明创新型企业的专利产出质量较高（见表 5－4）。

表 5-4　2009 年各地创新型（试点）企业创新绩效一览表（一）

地区	专利申请		发明专利申请		专利授权		发明专利授权	
	总数（项）	占省比重（%）	总数（项）	占省比重（%）	总数（项）	占省比重（%）	总数（项）	占省比重（%）
北京	4314	25.00	2918	27.60	3379	32.10	1539	39.20
河北	1722	15.16	498	17.72	985	14.40	175	25.33
山西	1313	—	497	—	761	—	140	—
内蒙古	530	21.30	253	35.20	371	24.80	104	59.80
上海	—	—	4046	18.38	—	—	137	2.28
江苏	2843	1.63	1157	3.64	1593	1.83	282	5.30
安徽	2802	17.10	852	19.10	1891	22.00	213	26.80
福建	1851	10.50	709	18.50	859	7.60	110	13.40
河南	2826	14.40	866	17.50	1794	15.70	219	19.40
湖北	955				417			
湖南	1532	—	510		959		213	
广东	21898	17.42	14955	46.38	11948	14.29	6127	53.96
广西	241	0.60	44	3.40	142	5.20	12	3.70
四川	3751	11.35	624	9.96	2544	12.64	185	11.59
云南	584	12.61	243	14.84	400	13.68	104	21.85
甘肃	553	22.53	186	18.33	498	39.79	145	66.59
青海	73	14.60	29	16.60	30	8.20	6	17.10
厦门	1114	22.67	407	32.79	702	23.50	93	28.35

各地创新型企业还积极参与国家、行业技术标准的制订。承担了一大批国家与省级研究项目，取得了一批国家和省级科技成果奖励（见表 5-5）。

表 5-5　2009 年各地创新型（试点）企业创新绩效一览表（二）

地区	技术标准				新产品		科技奖励		科技项目	
	主持国家（项）	参与国家（项）	主持行业（项）	参与行业（项）	销售收入（亿元）	占省比重（%）	国家级（项）	省部级（项）	国家级（项）	省部级（项）
北京	207	175	189	200	657.1	21.1	42	214	359	423
河北	48	50	14	54	468.2	33.0	10	69	79	107
山西	71	73	60	63	754.4	—	14	78	56	170
内蒙古	58	25	13	9	470.0	—	5	55	53	44
上海	59	36	16	20	1139.5	20.9	22	99	—	214

续表

地区	技术标准				新产品		科技奖励		科技项目	
	主持国家（项）	参与国家（项）	主持行业（项）	参与行业（项）	销售收入（亿元）	占省比重（%）	国家级（项）	省部级（项）	国家级（项）	省部级（项）
江苏	107	257	116	180	1881.9	29.4	26	179	229	355
安徽	69	177	72	155	1125.0	73.0	2	98	183	300
福建	96	215	106	209	610.7	—	1	35	99	133
河南	787	—	1236	—	802.8	—	4	29	—	—
湖北	318	—	—	—	144.1	—	52	117	—	—
湖南	68	67	43	53	537.7	—	15	71	103	174
广东	481	565	691	1152	3783.8	47.3	23	—	—	—
广西	—	26	—	26	148.0	—	12	22	36	103
四川	102	367	162	565	1202.0	34.3	18	137	18	208
贵州	11	16	3	3	26.7	—	—	5	21	26
云南	62	—	19	—	367.5	—	13	52	41	99
甘肃	78	56	74	39	354.1	19.0	8	70	70	145
青海	1	3	5	8	144.0	—	5	12	17	54
厦门	16	43	13	51	274.2	—	6	32	49	76

此外，各地创新型（试点）企业在加强创新战略谋划，完善创新管理，创新体制机制，建设创新文化等方面也有了明显进步，真正体现了开展创新型企业建设的政策导向作用。

三、地方推进创新型企业建设主要举措

2009 年，各地在推动创新型企业建设过程中，一方面坚持了原有的行之有效的做法，包括多部门联合推动创新型企业建设，加大财政支持力度，并利用税收、金融等政策对创新型企业进行支持，对创新型企业进行表彰和奖励等；另一方面，总结前几年的工作经验，各地方陆续推出了一些新的做法和措施。以下将各地具有共性的做法和措施归纳如下：

（一）建立部门联合推动机制

2009 年，各省（区、市）党委和政府部门高度重视本地区的创新型企业建设工作，将这一工作摆在重要位置。许多省（区、市）的主要领导多次讲话强调加强创新型企业建设工作的重要意义。同时，各地方继续加强多部门合作，共同推动地方的创新型企业建设工作。

安徽省进入首批国家技术创新工程试点省后，成立了由省委书记和省长担任组长的高规格的国家技术创新工程试点暨合芜蚌自主创新综合试验区领导小组，协调、指导、推进自主创新工作。领导小组的成员由20多个省有关部门和合肥、芜湖、蚌埠三市主要领导组成，领导小组办公室设在省科技厅。在试点省领导小组指导下，省八部门建立联合推进技术创新工程的工作机制，为大力建设创新型企业奠定了良好基础。

湖南省委、省政府的主要领导在不同场合要求大力培育创新型企业，做好国家级和省级创新型企业的试点工作，支持有条件的试点企业参与相关重大专项的实施，加强创新基础设施条件建设，对创新业绩突出的试点企业给予优先奖励。湖南省科技厅与省国资委、省总工会建立联席会议制度，每年定期召开联席会议，对创新型（试点）企业工作经验进行总结、对具体工作进行布置，协同推进试点工作，确保试点实效。

甘肃省为贯彻落实《国家技术创新工程总体实施方案》，省科技厅、省工信委、省财政厅、省教育厅、省国资委、省总工会、开发银行甘肃省分行共同制定印发了《甘肃省技术创新工程实施意见》，并于2009年11月召开动员大会，正式启动实施甘肃省技术创新工程。计划经过3~5年的努力，选择支持50个左右的省级创新型企业，力争使10个企业成为国家创新型企业、20个企业进入国家创新型试点企业行列。

河北省为了保证创新型企业试点工作的顺利进行，由省科技厅、省国资委和省总工会主要负责人组成了认定工作协调领导小组，制定了《河北省创新型企业试点工作实施方案》，对创新型企业试点工作进展情况定期进行总结，统筹资源、协调指导、加强评估。

青海省为推动创新型试点企业的发展，专门成立了由省科技厅、省经委、省总工会主管领导组成的协调领导小组，负责创新型企业试点工作的组织和协调。2008年11月，省科技厅、省经委、省国资委和省总工会根据全省实际制定了《青海省创新型企业评定办法》和《青海省创新型企业评定指标打分体系》，由四部门每两年联合组织评定一次。

湖北省委、省政府将创新型企业建设纳入《中共湖北省委湖北省人民政府关于推进自主创新长效机制建设的意见》（鄂发［2010］12号）中。省科技厅和财政厅、教育厅、国资委、总工会、国家开发银行湖北省分行联合制订了《湖北省技术创新工程总体实施方案》，方案将实施创新型企业建设专项行动作为重要内容。省科技厅制定了《湖北省创新型企业建设试点工作方案》和《湖北省创新型企业建设试点总体推进方案（2010~2012年）》。省科技厅还联合中共湖北省委组织部、省财政厅、省人力资源和社会保障厅、省教育厅、省国家税务局、省地方税务局、省知识产权局出台《关于支持湖北省创新型企业建设试点的若干意见》，建立了省创新型试点企业推进工作联席会议制度，并推出了一系列措施，推动创新型企业建设工作开展。

浙江省作为首批国家技术创新工程试点省，按照国家技术创新工程和省委、省政府建设创新型省份的总体部署，省科技厅、发改委、经信委、财政厅、国资委、金融办、质监局、总工会、人行杭州分行等十部门建立了创新型企业建设工作机制，出台实施方案，构建考评制度，完善政策措施。并决定从2010年开始在省市县三级全面推进创新型企业建设工作。

（二）加大财政支持力度

加大财政支持力度是各地促进和支持创新型企业建设的主要措施和手段。从各省的做法来看，一些地方直接从政府预算中拿出部分资金，对被授予创新型企业称号的企业给予奖励，还有一些地方政府通过政府立项的形式支持创新型（试点）企业，对被授予创新型企业称号的企业申请政府立项项目给予优先考虑。

北京市的创新型企业建设是在北京市政府、科技部和中国科学院共同领导下，在中关村科技园区内展开的。2009年12月，科技部、中科院和北京市联合发布《关于支持中关村百家创新型试点企业做强做大的若干措施》。科技部等国务院有关部门通过国家科技计划等形式对试点企业给予大力支持。中科院的实验室优先对试点企业开放，与试点企业开展联合研发、技术转移、联合培养人才等合作，支持重大成果转化和产业化。北京市统筹资源向试点企业倾斜，通过承担国家重大项目、股权激励、人才引进、科技经费改革试点、政府采购、金融扶持等多种方式，支持试点企业创新发展，并制定实施了帮扶企业应对国际金融危机的有关政策措施。

安徽省委、省政府授予8家国家级创新型试点企业“安徽省创新型企业奖”，各颁发奖金100万元，奖励企业经营班子和技术骨干。2009年2月，省科技厅等六部门下发了《关于印发加快培育创新型企业意见的通知》，承诺从制定发展规划、项目支持、人才队伍建设等8个方面，集成资源，为创新型（试点）企业提供服务。省财政设立每年6亿元合芜蚌自主创新试验区专项资金和国家技术创新工程试点省专项资金，用于对创新型企业的奖励、项目资助等。据统计，2009年安徽省对114家创新型（试点）企业共安排科技计划资助项目66项，资助经费3.22亿元，带动企业研发投入15.5亿元，拉动产业投资35亿元。

广西对创新型试点企业申报的科技计划项目，优先予以立项支持；科技计划中有产业化前景的项目，优先支持试点企业承担；大力支持试点企业申报国家各类科技计划项目；科技金融工作对试点企业给予重点支持。广西科技厅设立创新型企业科技专项，每年投入固定资金支持创新型企业建设。2009年，投入经费420万元，支持28家创新型试点企业研发项目。

上海市优先支持企业承担科技计划项目。创新型企业申请承担市科委科技计划中有产业化前景的项目，市科委将在同等条件下给予优先支持；积极支持创新型企业申报国家各类科技计划项目。

广东省科技厅拨出专项资金组织省级以上创新型企业启动实施技术创新工程试点项目，重点支持创新型企业制定和实施企业技术创新工程总体方案，引导企业从顶层设计上加强创新战略谋划；支持有良好研发基础的省级以上创新型企业，组建集研究开发、成果转化、科技服务、综合管理于一体的企业综合型研究开发院，加强企业内部创新资源整合，提升企业技术创新研发平台建设的规模、层次和管理水平；引导和支持已建立研究开发院的创新型企业运用技术路线图、标杆法等方法构建企业创新发展的路线图初步模型，制定与实施企业创新路线图。

辽宁省综合运用财政补助、贴息和税收优惠等多种扶持方式，引导企业增加创新投入。制定配套政策，鼓励金融机构、社会资金不断加大对企业技术创新的投入。改革科技管理运行模式，围绕企业发展的技术需求制定和实施科技计划。加大对创新型企业的科技三项费用支持，每个企业选择一个项目，每个项目支持强度不低于 100 万元。此外，还设立了产学研联盟专项资金、企业研发平台建设资金、科技成果转化资金和科技成果转化奖励资金等，这些计划对创新型企业也给予重点支持。

湖北省科技厅每年根据税务部门认定的创新型试点企业的研发经费支出总额，采取后补助方式，坚持投入多补助多的原则，制定年度试点企业研发投入后补助经费计划，分摊试点企业创新成本。每年用于分摊试点企业研发经费支出的比例达到 10% 以上，后补助总经费在 7500 万元以上，每家试点企业后补助强度不低于 50 万元，不高于 150 万元。

厦门市为了鼓励和扶持企业争创国家级创新型企业，对获得国家创新型企业及试点企业认定的企业分别给予 100 万元和 50 万元的资助。

（三）完善税收、金融扶持政策

重庆市对于认定为国家级创新型企业，从认定次年起，由市、区县（自治县）财政连续三年按其企业所得税地方留成部分的 50% 计算给予奖励，用于科学研究和技术开发活动。列入国家级、市级新产品项目计划的新产品，经鉴定投产后，按现行财政体制，由市、区县（自治县）财政按国家级新产品三年、市级新产品两年新增增值税地方留成部分的 60% 计算给予奖励，用于研发活动。

安徽省制定了一系列税收优惠政策，省级以上创新型企业各项行政性收费的省、市留成部分，实行免征。创新型企业所缴纳企业所得税新增部分的省、市留成部分，3 年内全额奖励企业。

湖北省积极推动创新型试点企业与商业银行的融资合作。一是会同有关银行，研究知识产权成果作价模型，并在试点企业中开展知识产权质押的试点工作。2010年，建立银行、企业、中介机构认可的知识产权成果作价模型。2011年，将选择5家创新型试点企业开展知识产权质押的试点工作。二是优先推荐试点企业开展银企合作，发行企业债券。2010年，出台企业债券发行办法；2011年，将选择5家创新型试点企业，开展企业债券发行工作；预计2012年，企业债券发行扩大到20家。此外，湖北省积极支持创新型试点企业引入风险投资与上市融资。一是对有融资需求的试点企业，提供创业投资服务，促使试点企业的管理者深刻认识资本运作对于企业快速发展的重要作用。通过资本运作，实现试点企业快速发展。确保3年建设期，销售收入过5亿元企业达30家，过10亿元企业达10家。二是推荐创新型试点企业成为省上市后备企业，争取50%的试点企业进入省上市后备企业名单。三是优先支持创新型试点企业在中小企业板、创业板上市和进入非上市企业股权交易系统进行股权交易。

天津市引导有条件的银行业金融机构设立专业部门为创新型企业提供信贷支持；市级打包贷款平台，优先支持承担科技计划项目的创新型企业的无质押贷款；积极推行针对创新型企业的知识产权质押贷款；设立科技担保公司为创新型企业提供担保服务；大力发展创业风险投资，市创业投资引导基金优先支持创新型企业；鼓励保险机构开发专门针对创新型企业的保险险种。

山东省鼓励各级政府建投公司都参股1～2家担保公司和典当行，充实资本金，放大担保贷款倍数，提高为创新型企业、中小企业融资担保的能力。积极推动建立小额贷款组织，合理引导民间融资，支持创新。如济南市规定对企业以银行贷款为主（企业自有资金投资占项目总投资额比例低于50%）投入的，两年内按照银行同期贷款基准利率计算的利息总额给予20%～40%的贴息补助，最高每年不超过50万元，所需资金全部从市成长型企业发展专项资金中列支。

四川省充分发挥财政资金的引导作用，加强风险投资引进、科技支行试点、科技保险和担保、证券交易、政府补贴等措施，做到"投、贷、保、证、补"并举，帮助科技型中小企业解决融资难问题。举办"2009中国（西部）高新技术产业与风险资本对接推进会"，引进风险投资18.5亿元，其中省外机构投资数超过3/4，资金比例占97%。设立并实施投资补助资金，98个项目获得2000万元政府引导投资补助资金，撬动10余亿元的社会投资效应。在全国率先成立建行成都科技支行、成都银行股份有限公司科技支行，组建了一个金融服务中心、两个重点实验室，初步搭建了科技金融研究、创新、服务的平台。

广东省继续推进企业研究开发费税前扣除政策落实工作，组织修订《企业研究开发费用税前扣除实操指南》，加强对企业的政策宣传和培训，使更多企业了解和掌握企业研发费税前扣除政策具体规则，使该项政策成为引导企业加大研发投入，提高创新能力的重要杠杆。编写出版了《自主创新产品政府采购制度操作指南》，从具体操作层面上指引企业理解和把握自主创新产品政府采购制度。“2009年广东省第一批自主创新产品”中，有119项产品被列入2009年第一期《广东省政府采购自主创新产品清单》，采购144批次，充分发挥了政府采购政策在引导、鼓励、扶持和促进企业自主创新中的重要作用。

（四）健全表彰激励制度

许多地方政府通过建立健全对创新型企业的表彰激励制度，大力推广创新型企业的经验，激励更多的企业成长为创新型企业。

青岛市在科技进步奖中增设了创新工程类项目奖，重点对实施技术创新工程中自主创新成效显著的创新型企业、产业技术创新战略联盟、创新平台等进行奖励，不仅奖励企业，也奖励个人，引导科技人员以多种形式深入企业开展技术创新活动，激发全社会创新创业的激情与活力。

上海市总工会对成绩特别突出且符合条件的创新型企业，优先推荐上海市五一劳动奖状评选。

天津市的做法是树立一批业绩突出的创新型企业典型，对其成功经验加以推广，对符合条件的优先推荐申报“天津市五一劳动奖状”，并择优推荐申报“全国五一劳动奖状”。

（五）支持创新人才队伍建设

培育和形成创新人才队伍，是提高企业创新能力的关键。各地政府将支持创新型企业的创新队伍建设作为提高企业创新能力的重点，制定了各种支持创新型企业的创新队伍建设的政策和措施。

重庆市对创新型企业引进海外高层次人才申报自然科学基金项目建立“直通车”，支持企业培养和引进高端人才。企业引进高级人才的住房补贴、安家费、科研启动经费等，可依法列入成本。对职务科技成果完成后1年内本单位未实施转化的，成果完成人有权转化并享有相应的合法权益。大力倡导鼓励创新、勇于突破、宽容失败的创新文化，营造尊重劳动、尊重知识、尊重人才、尊重创造的良好风尚。

山东省鼓励试点企业引进海外高层次紧缺人才。对引进的高层人才开展科研项目所需的启动资金，由用人单位在本单位或科技管理等有关部门的科研专项经费中安排解决。

上海市支持企业加大创新人才队伍建设，市科委、国资委和总工会三部门通过各自渠道，依托社会机构，组织对创新型企业管理人员的技术创新管理、知识产权管理等培训，组织对企业的标准化培训，组织开展企业与科研院所、高等学校的人员交流与合作，支持企业培养国际化人才。同时，支持企业加强高技能人才队伍建设。市总工会支持创新型企业加快高技能人才队伍建设，建立健全首席技师制度，鼓励企业为首席技师承担技术革新、技术攻关任务和推广新技术、新工艺、先进操作法等工作提供资金、场地、设备、设施、人员等方面的支持。

湖北省根据试点企业人才需求，积极培育创新人才和创新团队。湖北省计划到2010年，50%的创新型试点企业设置至少1个以上创新岗位，组建了1个以上创新团队。其中争取省委组织部创新团队计划项目10个，争取省人社厅创新岗位计划项目10个。2012年，试点企业的创新岗位总数达300个，创新团队数达200个，争取省创新团队计划项目和创新岗位计划项目均达到20个以上。同时，与省委组织部、省人社厅形成试点企业人才培育协商机制，指导与帮助试点企业设置创新岗位和组建创新团队。

（六）加强创新型企业动态评价

随着地方创新型企业建设的深入展开，各地日益重视对创新型企业的动态管理，探索建立创新型企业的动态调整机制。

北京市根据试点工作总体部署，对中关村国家自主创新示范区第一批试点企业，组织开展了试点评估工作。一是根据《中关村国家自主创新示范区百家创新型试点企业试点实施方案》评估试点企业是否完成确定的试点任务和目标，二是对完成试点任务和目标的企业，依据评估指标体系对其试点期间的创新情况进行考核，通过评估考核的方式提升企业的动力，推进试点工作。同时，指导试点企业制定创新发展战略和实施方案，引导试点企业通过组建产业技术联盟、建立创新平台等持续提升技术创新能力、管理能力和市场开拓能力。2009年对第一批试点企业进行了评估，有56家企业完成了试点任务，被认定为中关村国家自主创新示范区创新型企业。

河北省制定了创新型试点企业调查制度。为了便于创新型企业建设工作地顺利开展，河北省科技厅专门创建了创新型企业建设服务网站。该网站及时展示了河北省创新型企业的最新动态和通知公告，而且设立了创新型企业的填报系统，为其认定工作提供了便利。

湖南省在创新型（试点）企业试行科技专员制度和有关部门重点联系制度，加强业务指导和信息交流；建立创新型（试点）企业季报年报制度和绩效考核制度，完善创新型（试点）企业评价指标体系，开展创新型企业评价授牌，发挥评价对全社会企业创新的导向作用；实行优胜劣汰的动态管理机制，每个年度对创新型企业进行评价考核，合格的不再重复授牌，不合格的记录备案，连续两年不合格的取消创新型企业称号。

湖北省建立了竞争淘汰制度，对于创新型企业实行优胜劣汰。围绕创新投入、创新平台、创新队伍、创新产出、创新发展效益等方面，制定评价指标体系。通过量化评价指标，开展年度考核。对达不到试点企业创新目标的，不予以经费支持。对连续两年完不成计划任务的企业，淘汰出建设试点队伍。同时，积极吸纳有创新基础和创新愿望的企业进入到试点企业队伍来。通过动态管理，确保试点企业队伍始终具有创新的热情、创新的能力、创新的效益。

上海市三部门联合建立创新型企业信息库，掌握创新型企业发展状况，为政府分类指导、完善服务提供参考；建立政府与创新型企业的互动机制，向创新型企业征集技术需求，并将其作为政府拟订科技计划项目指南的重要参考。在市科委科技计划项目评审专家库中，进一步提高来自创新型企业的专家比例，使来自企业的专家有更多机会参加科研立项的咨询和论证过程。

四、试点省市创新型企业建设工作进展

2009 年，国家有关部门和地方政府联合启动实施国家技术创新工程地方试点工作，目前已陆续确定了浙江、安徽、江苏、山东、广东、四川、辽宁、上海和青岛 9 个试点省市。总体上看，试点省市党委、政府高度重视，认真落实试点方案，加强组织领导，建立工作机制，采取有力措施，把实施技术创新工程作为地方转变经济发展方式的重要抓手，扎实推进三大载体建设等任务，着力提升企业创新能力和产业核心竞争力，工程实施进展顺利。下面将重点介绍 9 个试点省市创新型企业建设工作进展情况。

（一）浙江省创新型企业建设

2009 年 11 月，国家科技部等六部门批复浙江省为国家技术创新工程试点省份，省委、省政府召开动员大会，对试点工作进行全面动员和部署，明确创新型企业建设为试点工作方案确定的“八个一批”的首要任务。截止到 2009 年底，已确定四批省级创新型试点示范企业 255 家。

1. 进展情况

据不完全统计，130 家创新型试点企业共申请专利 4020 件，其中发明专利 1670 件，发明专利申请量、授权量分别占企业专利总数的 41.9% 和 38%。万向集团公司等 11 家创新型企业入围 2010 年度中国企业 500 强，占全省全部入围企业 46 家的 24%；3 家创新型企业入围中国民营企业 500 强，占全省 18 家入围企业的 17.2%。

在 2009 年全省获得的 39 项国家科技奖中，有 22 项由 27 家企业为主或参与研究开发，其中吉利集团独立完成的“吉利战略转型的技术体系创新工程建设”项目获国家科技进步二等奖。

浙江省计划到2015年，建设县级以上创新型企业5000家以上，其中省级创新型企业500家以上，国家级创新型企业50家以上，努力把创新型企业发展成为培育战略性新兴产业的排头兵、改造提升重点支柱产业的领头羊、整合利用产学研用创新资源的主力军、带动产业技术创新与进步的引领者。

2. 主要做法和措施

（1）建立健全创新型企业建设工作机制。建立省、市、县联动推进机制，明确工作分工，落实工作责任，形成部门各司其职、上下密切配合的工作格局。省级层面重点抓好国家和省级创新型试点、示范企业建设工作，加强对市县创新型企业建设的指导与服务。各市县是建设创新型企业工作的实施主体和责任主体，部署组织开展市县级创新型企业建设工作。

（2）建立自主创新投入的稳定增长机制，落实税收优惠政策。凡申报国家级、省级以上创新型企业的，其研发经费占主营业务收入的比例，主营业务收入小于5000万元的企业，比例不低于6%；主营业务收入在5000万元～2亿元的企业，比例不低于4%；主营业务收入在2亿元以上的企业，比例不低于3%。支持创新型企业落实所得税等优惠政策。创新型企业发生的职工教育经费支出，不超过工资薪金总额2.5%的部分准予扣除；超过部分准予在以后纳税年度结转扣除。符合企业所得税法规定的固定资产可以缩短折旧年限或采取加速折旧的方法。对符合国家减税条件的科技型企业、国家技术中心等单位，进口设备免征进口关税和进口环节增值税、消费税。

（3）建立较为完善的企业技术创新体系，加大对创新型企业研发机构支持力度。鼓励行业龙头骨干企业和创新型企业、高新技术企业做大做强研发机构，建立企业研究院，符合条件的给予优先支持。优先推荐国家、省级创新型企业独立或联合高等院校、科研院所申报建立国家级研发机构等。支持省级创新型企业联合高校、科研院所建立省级行业创新平台，符合条件的按不超过新增投资的10%、新增设备总价的50%给予补助。优先支持以国家、省级创新型企业为主体，联合高校、科研院所实施重大科技专项，承担国家科技计划项目，优先给予配套支持。对创新型企业申报的各类科技项目，同等条件下予以优先立项。

（4）进一步重视创新人才、团队的培养引进。以深化技术要素参与股权和收益分配为核心，积极探索股权、期权激励、科技人才贡献积累金、研发人员能级工资制、科技人员内部柔性流动机制等措施，完善企业自主创新的人事、分配和奖励等激励政策；加强重点企业技术创新团队建设，探索与高校、科研院所联合培养创新人才；培养具有创新意识的企业经营管理队伍，建立首席专家和技术带头人制度和首席技师等制度。结合国家“千人计划”和省“海外高层次人才引进计划”的实施，重点引进一批直接面向创新型企业，掌握核心关键技术的海外高层次人才，符合条件的给予每人 100 万元的一次性资助。采取各种措施支持从事技术研发、成果转让工作的事业单位高层次人才到国家、省级创新型企业工作。

（5）引导创新型企业建立完善的知识产权制度。在企业内部鼓励和支持开展发明创造活动，加强知识产权管理机构和管理制度建设，培养知识产权管理人员，提高知识产权的创造、运用、保护和管理能力。鼓励创新型企业主导或参与国际、国家、行业标准制（修）订工作，实质性采用国际先进标准，符合科技项目立项条件的优先予以支持，享受政府标准研究专项经费补助。

（6）进一步加强与高校、院所的科技合作。促进企业加强与国内外高校、科研机构科技合作，建立健全长期稳定的合作关系或联合共建产学研联合体。鼓励企业通过强强联合，以大带小，联合高校、院所建立利益共享、风险共担的产业技术创新战略联盟。引导高校、科研院所、检验检测机构大型仪器设备、科学数据、科技文献等向创新型企业开放，为其提供检测、测试、标准等服务。支持企业与高校、科研院所联合培养人才；支持企业科技人员以访问学者的身份参与高校、科研院所的科研工作，切实落实校企合作创新的相关税收优惠政策。

（7）加大对创新型企业自主创新的金融支持力度。鼓励支持金融机构加大对创新型企业的信贷支持力度，进一步扩大股权、专利权、商标权等无形资产质押融资业务。通过贷款贴息、担保、风险补偿、风险投资等手段，鼓励企业利用银行贷款、股权投资等加大自主创新投入。鼓励保险机构开发高新技术企业产品责任保险、产品质量保险、出口信用保险、高管管理人才和关键研发人员团队健康保险、意外保险等险种。创新型企业完成股份制改制的，优先列入省上市后备企业进行培育，优先推荐其进入省未上市公司股份转让平台和实现境内外资本市场上市融资。有针对性地组织证券中介机构为创新型企业做好上市改制辅导工作。优先支持创新型企业发行企业债券。优先支持符合条件的创新型企业发行短期融资券和中期票据，探索推动创新型中小企业发行中小企业集合票据。

（8）进一步发展创新文化、推进全员创新。弘扬企业家敢为人先、敢冒风险、自强不息的创新精神；弘扬科学精神、倡导科学方法、普及科学知识，提高企业职工的科技素养和创新意识，组织开展合理化建议、技术革新、技术攻关和发明创造活动，开展技术培训、技术比赛、技术交流、岗位练兵等活动，组织和引导职工参加“创建学习型组织，争当知识型职工”活动，组织开展全员创新，推广应用创新方法；进一步提倡求真务实的精神，鼓励创新，宽容失败，保护自主创新的积极性，建设有利于自主创新的企业文化。

（二）安徽省创新型企业建设

安徽省将培育创新型企业，提升企业自主创新能力，加快建立以企业为主体、市场为导向、产学研相结合的技术创新体系，作为国家技术创新工程试点省的重要工作任务推进，全省创新型企业建设工作取得良好成效。

截止到2010年8月底，先后选择确定了三批共190家省级创新型试点企业，并于2009年7月认定了第一批省级创新型企业46家。另外，合肥、蚌埠、马鞍山、铜陵、黄山、巢湖、池州、阜阳、亳州等市也开展了市级创新型企业培育工作，市级创新型试点企业已达200多家，市级创新型企业近100家。

1. 进展情况

（1）创新能力不断增强。36家创新型（试点）企业建立了43个国家级研发机构，98家企业建立了161个省部级研发机构；76家企业承担了183个国家级科技计划项目，82家企业承担了300多个省部级科技计划项目。创新型（试点）企业大多数分布于安徽省传统优势产业和战略性新兴产业领域，企业创新能力的不断提升对于改造提升洁净煤、高性能材料、装备制造、信息家电等优势产业，发展壮大新能源汽车、新型显示、节能环保、公共安全、生物技术、文化创意等新兴产业，促进产业结构调整发挥了重要的示范带动作用。

（2）创新投入不断增加。创新型（试点）企业主营业务收入2798.05亿元，研发经费支出达78.47亿元，研发经费强度为2.8%。98家企业研发经费支出占主营业务收入的比重超过3%，其中70家企业超过5%。

（3）创新成果不断涌现。创新型（试点）企业申请专利2802项，其中发明专利852项；授权专利1891项，其中发明专利213项。主持制定国家标准69项，参与制定国家标准177项，主持制定行业标准72项，参与制定行业标准155项。淮南矿业集团公司的“低透气性煤层群无煤柱煤与瓦斯共采关键技术”、安徽国祯环保节能科技股份有限公司“SBR法污水处理工艺与设备及实时控制技术”获得2009年国家科技进步奖二等奖。65家企业的98个项目获省部级奖。

（4）创新效益不断提升。创新型（试点）企业新产品销售收入1125亿元，占主营业务收入比重39%。其中，新产品销售收入30%以上的企业92家，工大高科、锻压机床等68家企业新产品销售收入达到50%以上。企业纳税201亿元，税后利润121亿元，出口创汇52亿美元。

2. 主要做法和措施

（1）加强领导，建立多部门联合协调工作机制。2006年开展创新型企业试点以来，省科技厅、发改委、经信委、财政厅、教育厅、国资委、总工会、开发银行省分行共同参与，建立了试点工作联席会议制度。2009年进入首批国家技术创新工程试点省，成立了国家技术创新工程试点暨合芜蚌自主创新综合试验区领导小组，协调、指导、推进自主创新工作。领导小组组长由省委书记和省长担任，成员由20多个省有关部门和合肥、芜湖、蚌埠三市主要领导组成，领导小组办公室设在省科技厅。

（2）明确思路，培育创新型企业作为重点任务推进。省政府印发了《国家技术创新工程安徽省试点工作实施方案》（皖政［2010］8号），确定国家技术创新工程试点省在三个层面上推进，强化三体建设，主攻十大产业，构建五大平台，实现倍增目标。以提升企业自主创新能力和产业竞争力为核心，突出企业主体、创新载体和产学研一体，引导各类创新要素向企业集聚，着力培育一批创新型企业和知名品牌。确定目标到2015年，省级以上创新型（试点）企业超过300家。

（3）集成资源，加大支持创新型企业力度。一是省委省政府授予8家国家级创新型试点企业"安徽省创新型企业奖"，各颁发奖金100万元，奖励企业经营班子和技术骨干。二是省科技厅等六部门2009年2月印发《关于印发加快培育创新型企业意见的通知》，承诺从制定发展规划、项目支持、人才队伍建设等8个方面，集成资源，为创新型（试点）企业提供服务。三是省财政设立每年6亿元合芜蚌自主创新试验区专项资金和国家技术创新工程试点省专项资金，用于对创新型企业的奖励、项目资助等。2009年对114家创新型（试点）企业共安排科技计划资助项目66项，资助经费3.22亿元，带动企业研发投入15.5亿元，拉动产业投资35亿元。四是省市县三级联动，启动实施技术创新"十区提升、百企示范、千企培育行动"。省里重点推进10个园区提升，选择100家企业开展示范，省市县联手对1000家企业进行培育扶持。

（4）政策引导，扶持创新型企业做大做强。一是省委、省政府印发了合芜蚌自主创新综合试验区实施意见和政策措施，重点支持创新型企业建设，其中明确"省级以上创新型企业各项行政性收费的省、市留成部分，实行免征。创新型企业所缴纳企业所得税新增部分的省、市留成部分，3年内全额奖励企业。"省科技厅等五部门今年联合印发《关于推进皖江城市带承接产业转移示范区自主创新的若干政策措施》，对创新型企业政策进一步延伸到皖江城市带承接产业转移示范区区域。二是进一步落实自主创新优惠政策。2009年加大企业研究开发费用所得税前加计扣除政策宣传落实力度，印发了《关于企业研究开发项目审核的通知》，协调税务部门，明确操作要求。三是省科技厅等八部门联合印发《关于促进产学研结合构建和发展产业技术创新战略联盟的实施意见》，引导产学研紧密结合，加快提升产业技术创新能力。指导以创新型企业、高新技术企业为主体，联合高等院校、科研机构组建汽车电子等一批产业技术创新战略联盟。四是推动地方加大政策落实。合肥、马鞍山、黄山、淮南、亳州、池州等6个市出台了创新型企业培育激励政策措施。

（5）抓住契机，着力培养科技专员队伍。继续会同有关部门举办创新型企业科技专员培训班，对自主创新政策和各类科技计划进行系统培训；召开政策法规和技术创新工程座谈会，对修订后的科技进步法、自主创新政策和技术创新工程试点省实施方案进行系统解读；举办全省创新型企业科技专员知识产权培训班，系统讲解我国和日本知识产权法律法规及企业知识产权管理等。着力把科技专员培养成为熟悉自主创新政策、熟悉科技计划项目管理、对口联系有关部门的科技创新工作高级复合型人才，打造一支创新型（试点）企业科技专员队伍。

（三）江苏省创新型企业建设

江苏省紧紧抓住被列入首批国家技术创新工程试点省份之一的机遇，大力培育创新型企业。2009 年，在开展两批省级创新型企业试点工作的基础上，启动了省创新型企业的评价工作，命名首批 112 家企业为省创新型企业。

1. 进展情况

（1）培养了一批自主创新企业。在 112 家省级创新型企业中，有 97 家企业被认定为高新技术企业。通过创新型企业培育工作，涌现出中电电气、大全集团、尚德等一批自主创新企业，江苏沙钢集团有限公司等 10 家企业获得国家创新型企业称号，无锡尚德太阳能电力有限公司等 7 家企业列入国家创新型试点企业。

（2）企业创新能力增强。112 家创新型企业拥有国家级研发机构 63 个、省级各类研发机构 173 个，海外研发机构 19 个，研发人员 47224 人，占全省研发人员总数的 7.03%。部分行业骨干龙头企业还建立了重大研发平台，沙钢集团、南京联创科技股份有限公司等 8 家企业建立了研究院，实现创新型企业研发机构建设全覆盖，并制定了各自企业创新战略、创新规划和政策制度。

（3）企业研发投入加大。2009 年，创新型企业研发费用支出达 112.66 亿元，占全省企业研发经费支出总额的 16.57%，户均研发投入占主营业务收入的比重达 3.22%，仅沙钢集团当年研发经费支出就高达 20.99 亿元。

（4）企业创新产出优势明显。2009 年，创新型企业专利申请 2843 项，占全省专利申请数的 1.63%；其中申请发明专利 1157 项，占全省发明专利申请数的 3.64%；专利授权 1593 项，占全省专利授权数的 1.83%，其中发明专利授权 282 项，占全省发明专利授权数的 5.30%。主持制订国家标准 107 项、参与制定国家标准 257 项、主持制订行业标准 116 项、参与制订行业标准 180 项，获得国家级科技奖励 26 项、省部级 179 项，承担各类国家级科技计划 229 项、省部级科技计划项目 355 项。创新型企业创新能力强，行业支撑作用日益显著。

（5）企业经济效益显著。2009 年，创新型企业实现增加值 975.82 亿元、主营业务收入 3494.65 亿元、纳税额 166.95 亿元、税后利润 277.80 亿元，占全省规模以上工业企业增加值、主营业务收入、纳税额和税后利润的比重分别为 5.93%、4.87%、6.19%、6.78%；利税率达 12.73%，高于同期规模以上工业企业平均利税率 3.2 个百分点；新产品销售收入 1881.89 亿元，占全省规模以上工业新产品销售收入的 29.42%。

(6) 促进了新兴产业的快速发展。江苏省组建了生物医药、风力发电、集成电路等十大产业技术创新联盟和纳米技术、平板显示两大产学研合作联盟，集聚资源，集成创新。通过南京南瑞集团、扬子江药业集团等创新型企业的带动示范，推动了整个产业技术创新，形成创新智慧竞相迸发的良好局面。光机电一体化、电子信息和生物医药等创新型企业集中的战略性新兴产业发展迅速，产业综合竞争力显著提高。2009 年，新能源、新材料、生物技术和医药、节能环保、软件和服务外包、物联网六大新兴产业销售收入增幅达 26%。在无锡尚德、天合光能等省创新型企业的支撑下，新能源产业产值增长 60%，光伏产业规模居全国首位，太阳能电池产量占全国的 70%，新兴产业已成为江苏经济的强劲增长点。

(7) 加快了区域创新体系的建设。2009 年，在国家和省级创新型企业培育和评价工作的带动下，各地市、县也积极探索开展区域创新型企业建设工作，向上衔接，把市级创新型企业试点和评价作为地方推动企业创新，建设创新型城市、创新型乡镇的重要工作内容。截至 2009 年底，南京市、常州市等地市均已启动市级创新型企业评价认定工作，如常州市 2009 年已首批认定市级创新型企业 34 家，有效推动了地区创新型试点城市的建设。

2. 主要做法和措施

(1) 全面推动企业成为技术创新的主体。着力抓好“双百工程”的组织实施，重点培育 100 个重大自主创新产品，做大做强 100 家重点自主创新企业，深入实施企业知识产权战略，力争所有大中型企业均拥有专利，显著提高企业自主创新产出。对不同类型的企业进行分类指导，有针对性地引导和激励企业建立和完善有利于技术创新的机制，分层次确立技术创新示范企业。2009 年培育认定了 112 家省级创新型企业，新认定 1357 家高新技术企业，全省民营科技企业总数达 24431 家，树立了一批企业技术创新标杆。

(2) 建立和完善科技创新投入机制。把政府科技投入作为科学发展观考核评价的重要内容，在持续增加省级财政科技投入的基础上，继续推动市、县加大财政科技投入，强化市县级财政科技投入考核制度的实施，确保省、市、县每年新增财政支出中科技支出的比例分别不低于 6%、3%、2%。落实各项科技税收优惠政策，加大科技计划经费支持企业的力度，引导企业加大研发经费投入。2009 年全省高新技术企业共减免所得税 60 亿元，企业研发经费加计扣除超过 50 亿元，企业技术创新投入机制更为健全。

建立完善科技贷款奖励和风险补偿机制。2009 年在省科技成果专项资金中设立了风险补偿专项，通过设立专门的信用保障资金，引导金融机构增加对高技术产业、科技型企业、科技园区建设等的贷款支持，同时积极支持市县建立地方风险补偿专项资金。加快推进创业投资发展，充分发挥省中小企业创投引导资金的作用，积极吸引民间资本、海外资本支持创新创业。开展知识产权质押贷款和科技保险试点，企业技术创新融资渠道得到了有效拓宽。

（3）探索建设科教优势转化机制。启动实施科技服务社会“校企联盟”行动，动员省内高校院所科技人员走进企业和农村，推动高等院校和科研院所面向企业技术需求开展科研工作，加快科技成果向企业的转移，建立各类“校企联盟”4112个，省内高校院所服务企业的科技人员达18000多名。加快推进产学研重大创新载体建设，在13所重点高校设立技术转移中心，累计转让技术成果1000多项，为全省企业技术创新提供广泛的科技项目资源。

（4）健全完善科技资源整合机制。推动落实“千人万企”政策，在全省科技系统中选派1000名工作人员担任“政策辅导员”，为企业开展政策服务，使高新技术企业税收优惠、企业研发费用加计扣除等重点科技政策落到实处。依托已认定的省创新型企业和行业龙头骨干企业，新建国家级重点实验室、工程技术研究中心等平台8家，总数47家。在生物医药、太阳能光伏、轨道交通等重点产业领域，建立13家企业研究院、15个重大产业创新支撑平台。在新兴产业和高科技企业集中的高新园区、特色产业基地等，建设230家科技公共服务平台。大中型企业建立研发机构2139个，其中本土大中型企业建有研发机构比例达64%。

实施“江苏高层次创新创业人才引进计划”和“江苏科技创新创业双千人才工程”，以企业为主体，省市县三级联动，项目资助、平台支撑、待遇奖励、股权激励等措施相结合，着力推动高端人才向企业集聚。三年引进海内外各类创新创业人才7000多人，团队891个。

（5）建设完善企业创新组织机制。依托行业骨干企业，构建一批具有较强国际竞争力的新兴产业技术创新战略联盟，推动技术集成，加快科技成果向现实生产力转化，形成产业技术创新链，提升产业核心竞争力。面向新兴产业和优势产业，加强创新要素布局，加快创新活动组织。围绕国家和省级高新技术产业开发区，建设10个创新型园区，积极培植新的经济增长极。加强国家高新技术产业化基地建设，推进特色产业集聚发展，实施百亿级和千亿级特色产业基地创建计划，形成无锡太阳能光伏、苏州新型光电显示、南通海洋工程装备等5个千亿级创新型特色产业基地，形成一批产业创新集群。

（四）山东省创新型企业建设

山东省坚持以政府引导，企业主导，以提升企业自主创新能力为核心，积极引导创新要素向企业集聚，探索促进企业成为技术创新主体的有效模式和措施，全面推进创新型企业建设试点工作，逐步形成了各种类型具有示范性的创新型企业，试点工作取得显著成效。至今先后确定两批共266家省级创新型试点企业。

1. 进展情况

截至2009年底，77家省级以上创新型（试点）企业资产总额为3991.62亿元，企业从业人员数519541人，企业增加值1095.02亿元，主营业务收入5097.33亿元，纳税328.11亿元，税后利润383.21亿元，出口创汇额238243.13万美元，占全省出口创汇总额的2.56%。新产品销售收入为2568.06亿元，占全省新产品销售收入的比重为6.12%。全省创新型（试点）企业拥有国家级、省级科研机构分别为68家、114家，其中国家级企业技术中心39家；拥有科研人员43767人，占全省研发人员总数的比重为9.28%。承担国家和省科技计划项目分别为170项和477项，取得重大科技成果434项；试点企业科技活动经费内部支出总额为160亿元，研发经费支出总额为117亿元。

2. 主要做法和措施

（1）坚持企业为主体，创新自主知识产权模式。一是加大对创新型企业研发的支持力度。优先推荐创新型企业申报各级各类科技攻关、重大专项、创新基金等项目，重点加强对创新型（试点）企业关键技术的支持，2009年向创新型（试点）企业补助资金6.9亿元。二是加强创新型（试点）企业研发平台建设。鼓励并优先推荐创新型（试点）企业申报国家和省级各类研发平台建设。三是不断推进关键、核心技术创新和技术向创新型（试点）企业集聚。组织、鼓励和推动创新型（试点）企业以重大新产品、重大技术装备等为龙头，进行技术集成或开发成套技术。四是鼓励创新型（试点）企业组建战略联盟。积极推动创新型（试点）企业加强与高校、研究院所的联合，组建战略联盟。五是引导创新型（试点）企业实施知识产权战略。积极开展创新型（试点）企业知识产权示范、优势培育和试点工作，针对试点企业组织了多期知识产权培训班。

（2）探索科技融资担保机制。一是设立专项予以资金支持。在省、市、县三级财政科技经费中设立创新型企业、中小企业融资贷款担保体系建设专项资金，列入财政预算，用于支持创新型企业、中小企业贷款风险补偿和保费补贴。用于支持创新型企业研发基础设施和平台的建设，创新人才团队培养，组织实施创新战略、知识产权管理、技术标准和质量保证体系等建设。2009年以来，省级财政投入近5亿元用于该项工作。二是鼓励各类担保、典当机构为创新型企业、中小企业提供融资服务。鼓励各级政府建投公司都参股1~2家担保公司和典当行，充实资本金，放大担保贷款倍数，提高为创新型企业、中小企业融资担保的能力。积极推动建立小额贷款组织，合理引导民间融资，支持创新。

（3）优化人才机制，搭建创新平台。一是构建高层次试点企业技术创新组织平台。帮助试点企业开展技术开发中心、工程技术研究中心和博士后工作站建设。

使“一站两中心”成为试点企业吸引、凝聚、培养企业技术创新人才的核心。二是鼓励试点企业引进海外高层次紧缺人才。对引进的高层人才开展科研项目所需的启动资金，由用人单位在本单位或科技管理等有关部门的科研专项经费中安排解决。三是采取多种方式接收、使用企业外部人才。四是努力培养、用好现有人才。通过不定期举办讲座、培训等手段或途径，帮助现有人才学习掌握市场经济知识、企业管理知识和科学技术知识等，并制定一系列的优厚政策留住现有人才。五是不断完善企业创新文化建设。创新型（试点）企业都制定了自己的创新发展战略及制度，形成了各具特色的企业创新文化。

（五）广东省创新型企业建设

广东省把加强创新型企业建设作为推进国家技术创新工程广东省试点工作的重中之重，积极探索推动创新型企业发展的新方法、新模式，着力提升企业创新软实力和自主创新综合竞争力，引导和鼓励创新型企业发展成为拥有核心技术和自主品牌、具有国际竞争力的龙头企业，示范和带动全省更多科技型企业发展成长为创新型企业。截至2009年底，广东省已组织3批合计188家企业开展省级创新型企业试点工作，其中已认定2批合计78家省级创新型企业。其中，有164家创新型（试点）企业被认定为国家高新技术企业。

1. 进展情况

（1）创新型企业在国民经济中的重要地位凸显。广东省188家省级创新型（试点）企业既有国家大型骨干企业，也有民营科技企业和实施企业化转制的科研院所，产业领域覆盖电子信息、生物制药、新材料、新能源等重点发展的战略新兴产业。188家企业的销售收入总额约占全省国有及规模以上非国有工业企业主营业务收入12.03%，上缴税额约占全省税收入总额的21.97%，实现税后利润占全省工业利润总额的15.71%，资产总额约占全省国有及规模以上非国有工业企业资产总额的17.7%。

（2）创新型企业技术创新体系建设逐渐完善。省级创新型企业中165家企业设立了研发机构，包括国家级52个，省级267个，海外研发机构13个；研发人员总数达21586人，全年共投入研发经费426亿，约30.77%的企业研发投入占销售收入的比重超过6%，有37家企业已获准建立国家重点实验室，牵头组建了30家产业技术创新战略联盟，参与了61家产业技术创新战略联盟的组建，一批企业承担了国家和地方的重大科技开发项目。

（3）创新成果产出增幅明显，创新能力显著提升。2009年专利申请数量22034件，其中发明专利达14997件，占申请专利总数的68.6%；授权专利12077件，其中发明专利达6127件，占全部授权专利的53.96%。2009年，省级以上创新型企业主持制定国家技术标准 481 件，行业技术标准 691 件；参与制定国家技术标准 565 件，行业技术标准 1150 件。省级创新型企业新产品销售收入总量达 3835.74 亿，占全省新产品销售收比重为 48%，创新型企业已成为全省产业发展和产业技术创新的重要载体。

2. 主要做法和措施

（1）启动实施广东省创新型企业技术创新工程试点项目。省科技厅拨出专项资金组织省级以上创新型企业启动实施技术创新工程试点项目，推动试点企业通过项目实施，构建一个创新发展的组织领导架构、组建一个企业综合型研究开发院、制定一个创新规划路线图、攻克一批关键核心技术、建立一套创新投入、知识产权管理、人才激励等规章制度、开展一系列企业特色的创新文化活动，在实施项目中提升企业创新软实力。

（2）开展广东省“自主创新 100 强企业”评选，发挥龙头创新型企业示范带动作用。继开展“百强创新型企业培育工程”后，省科技厅又会同省经济和信息化委启动开展广东省“自主创新 100 强企业”评选工作。遴选出 100 家拥有核心自主知识产权、持续创新能力和行业带动性强的企业，加大宣传和资助力度，发挥自主创新 100 强企业在各行业内的标杆作用，带动广大科技型企业提升创新能力，推动相关产业集群优化发展。

（3）开展技术创新方法培训推广。省科技厅把创新方法在企业的推广应用作为建立以企业为主体的技术创新体系的重要工作，深入开展企业技术创新方法培训，提升企业运用技术创新的理论、方法、工具解决一线具体技术创新问题的能力。2010 年 5 月，省科技厅划拨专项资金，邀请国内顶尖技术创新方法应用推广专家团队，面向企业一线技术研发骨干开展为期半年的技术创新方法高级培训班，重点选择全省 21 家龙头创新型企业作为创新方法推广应用试点企业，将选送的 70 多名一线技术研发骨干培养成创新方法的传播者、推动者、实践者。

（4）加大企业科技创新政策的宣传与落实，不断优化企业创新发展的环境。继续推进企业研究开发费税前扣除政策落实工作，组织修订《企业研究开发费用税前扣除实操指南》，加强对企业的政策宣传和培训，使更多企业了解和掌握企业研发费税前扣除政策具体规则，使该项政策成为引导企业加大研发投入，提高创新能力的重要杠杆；编写出版了《自主创新产品政府采购制度操作指南》，帮助企业掌握享受自主创新产品政府采购政策的要点和技巧，从具体操作层面上指引企业理解和把握自主创新产品政府采购制度。“2009 年广东省第一批自主创新产品”中，有 119 项产品被列入 2009 年第一期《广东省政府采购自主创新产品清单》，采购 144 批次，充分发挥了政府采购政策在引导、鼓励、扶持和促进企业自主创新中的重要作用。

（六）四川省创新型企业建设

2009年，四川省科技厅牵头省级10个部门继续组织开展建设创新型企业工作，大力支持企业提高自主创新能力，增强产业核心竞争力为主要任务，以推动创新要素向企业聚集为主要手段，取得初步成效。2009年，四川省开展第四批建设创新型企业认定工作，新增创新型企业试点企业77家、培育企业118家。示范、试点、培育企业总数达到706家。258家创新型（试点）企业集中在高新技术产业重点发展的六大领域和传统优势产业领域，主营业务领域覆盖了大部分的重点产业和战略性新兴产业。其中高新技术企业236家，占91.47%。

1. 进展情况

（1）内在创新动力显著增强，研发投入逐年快速增长。2009年研发投入为97.6亿元，研发投入占主营业务收入的比重达到3.1%，占全省研发经费支出总额的44.56%；研发人员占全省研发人员总数的比重达21.25%。

（2）核心竞争力明显提升。全部试点企业都申请了发明专利，2009年发明专利申请量增加到624件，占全省发明专利申请数的9.96%；发明专利授权数185件，占全省发明专利授权数的11.59%。71.6%的试点企业主持或参与制定过技术标准。共主持制定了102件国家技术标准，162件行业技术标准；参与制定了367件国家技术标准，565件行业技术标准。新产品销售收入总额为1202亿元，占全省新产品销售收入比重达到34.28%。构建了产学研创新联盟95个。

（3）试点企业正在成为集聚创新要素的重要载体。试点企业拥有国家级研发机构总数达到38个，省级102个。共主持和参与国家和省级科技计划项目226项，获得经费资助近0.8亿元；主持或参与国家科技计划项目的企业占全部试点企业的比重近60%。

（4）对国民经济发展形成重要支撑和带动作用。2009年，9家创新型（试点）企业入选中国企业500强，46家企业进入四川省百强企业。试点企业创造的增加值达到1005.32亿元，占当年全省生产总值的比重达7.1%；税后利润总额达196.53亿元，上缴税费总额达278.64亿元，约占当年四川省税收（不包括关税、耕地占用税和契税）的15.99%。

2. 主要做法和措施

（1）抓创新型企业梯队建设。每年开展一次四川省建设创新型企业遴选认定工作，积极推荐有条件、有优势、有特色的省级创新型企业参与申报国家级创新型企业试点和评价工作。组织省级以上创新型（试点）企业积极申报国家和省内相关科技计划和项目。2009年，四川省科技计划类资金共向317家创新型企业投入1.02亿元，同比增加34.12%。资助项目344项，支持资金占当年投入的39.02%；科技部政策引导类计划资金向四川省22家创新型企业投入585万元，资助项目22项。

（2）抓联盟构建。以创新型企业为主体，建立了覆盖全省“7+3”领域和战略性新兴产业领域、支撑产业发展的产业技术创新联盟95家，进一步推进联盟试点工作。

（3）抓创新服务平台建设。2009年末认定和培育产学研联盟、重点实验室、孵化器、工程中心以及各类专业（公共）科技服务平台300个。其中国家级重点实验室12个、省部级重点实验室51个，国家级工程技术中心13家、国家级企业技术开发中心27家、省级工程技术中心80家。

（4）抓政策落实。建立企业创新政策联络员制度，推动自主创新政策在企业的全面落实。通过研究开发项目认定备案、自主创新产品认定、技术合同登记、企业技术创新优惠政策培训等方式，重点落实三项政策。一是企业技术研究开发费用150%加计扣除政策，2009年，共对262家企业、2053个研究开发项目进行认定备案。全省企业研发费加计扣除税收减免超过6亿元，引导企业技术开发投入超过50亿元。二是落实自主创新产品政府采购，2009年，认定自主创新产品410个。三是落实技术转让税收优惠政策，鼓励企业等单位开展技术交易。2009年，登记技术合同7654项，实现合同成交金额56.43亿元，较2008年成交金额增长了9.91%，技术转让税收优惠1.3亿余元。

（5）抓人才智力支撑。实施省属高校科研创新团队建设计划，依托平台、整合资源、培育团队、提升能力、集成创新，充分发挥重点实验室、工程（技术）研究中心等科研创新平台的作用，凝聚一批优秀的创新群体，形成优秀人才的团队效应，提高省属高等学校为地方社会经济发展服务的能力。

（6）深入开展“专利标准企业行”、“技术创新方法企业行”、“科技人员服务企业行动”活动。提高企业标准制定能力，抢占产品在市场竞争中的发言权；面向企业开展技术创新方法培训、典型示范与推广应用，从源头上提升企业技术创新能力；组织科技人员服务企业志愿团、特派团、创业团，帮助企业开展技术创新活动以及到企业创业。

（7）抓金融支撑。充分发挥财政资金的引导作用，加强风险投资引进、科技支行试点、科技保险和担保、证券交易、政府补贴等措施，做到“投、贷、保、证、补”并举，帮助科技型中小企业解决融资难问题。设立并实施投资补助资金，98个项目获得2000万元政府引导投资补助资金，撬动10余亿元的社会投资。在全国率先成立建行成都科技支行、成都银行股份有限公司科技支行，组建了一个金融服务中心、两个重点实验室，初步搭建科技金融研究、创新、服务的平台。形成以财政投入为引导、企业投入为主体、金融信贷支持为支撑、风险投资为重要补充的多元化、多渠道、多层次的科技创新投融资体系。

（8）保障机制。建立以省政府主要领导牵头的国家技术创新工程四川省试点工作联席会议制度。集成各类技术改造专项资金、产业园区产业发展引导资金、技术创新资金、重大高新技术产业化专项资金、各类科技支撑计划资金、高新技术产业化资金，围绕技术创新工程目标，调整使用结构，形成稳定支持渠道。创新科技计划组织方式，建立和完善以企业技术创新需求为导向的立项机制，应用开发类项目的指南编制、课题遴选、立项论证充分发挥企业作用。建立部省市县四级联动机制，强化部省会商制度，建立厅市会商制度，开展县（市）技术创新工程试点，优化全省技术创新产业支撑布局。落实好企业技术研究开发费用加计扣除、自主创新产品政府采购、高新技术企业所得税减免、技术交易税收优惠等政策。加大技术创新宣传工作力度，营造良好的社会环境。

（七）辽宁省创新型企业建设

辽宁省于2008年开始实施科技创新示范企业创建工程，在全省优选出98家省科技创新示范企业（含国家创新型试点企业10家），对其实行优惠政策措施，推动企业技术创新能力提高。

1. 建设进展

据不完全统计，2009年，81家中小型科技创新示范企业实现产值402.15亿元，同比增长16.32%；销售收入382.22亿元，同比增长17.78%；利税57.66亿元，同比增长23.13%；新增固定资产投资25.73亿元，同比增长24.24%；投入研发经费20.41亿元，同比增长18.25%；开发新产品956个，新产品产值123.35亿元，同比增长17.67%。81家中小型科技创新示范企业中，销售收入增幅接近或超过50%的企业有13家。

17家大中型科技创新示范企业共拥有2个国家重点实验室，5个国家工程实验室，12个国家级企业技术中心，46个省级技术中心，与全国20多个知名大学和科研机构开展了产学研合作，并组建了8个产学研技术联盟，部分企业在国外建立研发机构。81家中小型科技创新示范企业中，70家拥有各类研发中心，占企业总数的86%；47家示范企业拥有省级工程技术研究中心，占企业总数的58%；70%的企业同国内外高等院校、科研院所建立了产学研合作关系。

2. 主要做法和措施

（1）加强组织领导，营造有利于创新型企业发展的政策环境。辽宁省委、省政府于2006年决定成立辽宁省科技创新工作领导小组。省长任科技创新工作领导小组组长，省委副书记、常务副省长、主管科技副省长任副组长，省委、省政府

27 个部门的主要领导为成员。省科技创新工作领导小组的成立对加强领导，整合科技资源，促进各地、各部门之间的沟通和协调，形成合力共同推进以企业为主体的技术创新体系建设发挥了重要作用。

（2）拓宽投入渠道，引导企业成为创新投入的主体。综合运用财政补助、贴息和税收优惠等多种扶持方式，推动企业增加科技创新投入；制定配套政策，鼓励金融机构、社会资金加大对企业技术创新的投入。改革科技管理运行模式，围绕企业发展的技术需求制定和实施科技计划。明确企业为科技项目承担主体，引导大学和科研机构的价值取向。加大对创新型企业的科技三项费用支持，每个企业选择一个项目，每个项目支持强度不低于 100 万元。还设立了产学研联盟专项资金、企业研发平台建设资金、科技成果转化资金和科技成果转化奖励资金等。

（3）建立奖励考核机制，保证创新体系建设工作顺利实施。逐步完善对国有企业及国有控股企业负责人的考核机制，将技术创新、研发投入、创新发展规划制定实施情况等纳入考核指标体系，推动国有及国有控股企业负责人确立自主创新理念，建立推进企业技术创新的长效机制。加大对技术创新的奖励，逐步完善企业科技创新人才奖励制度，重点奖励在实施科技成果转化中作出突出贡献的创造者、实施者和中介服务者，以及在依靠科技创新创建国家、省名牌产品和国家驰名商标、省著名商标过程中做出突出贡献的企业技术创新团队和个人。

（八）上海市创新型企业建设

上海市科委、国资委、市总工会于 2008 年 3 月确定了第一批 135 家创新示范试点企业。2010 年启动了“上海市创新型企业”评选工作，评价命名了 200 家本年度上海市创新型企业。

1. 建设进展

市科委、市国资委、市总工会（以下简称三部门）发挥各自职能，加强协调与合作，集成、整合扶持企业技术创新的政策和资源，合力推进创新型企业建设，进一步完善企业技术创新环境。

2010 年，为全面落实《国家技术创新工程上海市试点方案》，加快培育一批具有显著竞争优势的创新型企业，启动了 2010 年度“上海市创新型企业”评选工作。通过对 1024 家申请企业的评价，决定授予 200 家企业 2010 年度“上海市创新型企业”称号。

在 200 家市级创新型企业中，国有独资企业 18 家，占 9%；股份有限公司 17 家，占 8.5%；有限责任公司 113 家，占 56.5%；中外合资、中外合作、外商独资企业 37 家，占 18.5%；内地与港澳台合资、港澳台独资企业 15 家，占 7.5%。

200 家市级创新型企业均为高新技术企业，主要集中于生物医药、电子信息制造、软件和信息服务、新材料等本市重点发展的高新技术产业领域。

通过创新型企业建设工作的开展，充分发挥标杆企业的引领、导向和示范效应。2009 年，200 家市级创新型企业在全市参加统计年报的 1766 家高新技术企业（2009 年全市共计 2500 家高新技术企业）中，R&D 经费支出占 47.83%，发明专利申请量占 54.26%，总收入占 31.81%，净利润占 24.26%。

2. 主要做法和措施

（1）开展"上海市创新型企业"评选。参照国家创新型企业评价体系，结合地方实际，三部门联合制定上海市创新型企业评价指标体系，开展"上海市创新型企业"评选。评选工作每两年举行一次，重点对企业在评价周期内的创新投入、创新产出、经济效益以及创新体系建设等方面指标和绩效进行综合考量。申报企业必须是注册在本市的国家高新技术企业，经评选符合条件的企业，授予该年度的"上海市创新型企业"称号。三部门依据每次的评价结果，对"上海市创新型企业"实行动态管理。

（2）加大对创新型企业的支持。

优先支持企业承担科技计划项目。创新型企业申请承担市科委科技计划中有产业化前景的项目，市科委将在同等条件下给予优先支持；积极支持创新型企业申报国家各类科技计划项目。

优先支持企业建设创新基地。市科委优先支持符合条件的创新型企业，独立或联合科研院所、高等院校等建立重点实验室（工程类）、工程技术研究中心以及国际科技合作示范基地等各类研发基地。

优先支持企业牵头或参与产业技术创新战略联盟建设。市科委对由创新型企业领衔或参与的产业技术创新战略联盟建设优先予以支持，鼓励创新型企业联合高校、科研院所和相关社会中介机构，开展产学研合作。

给予"加速企业创新计划"支持。市科委支持创新型企业实施"加速企业创新计划"，帮助企业针对自身创新管理中的薄弱环节采取措施，逐步建立系统、科学的技术创新管理体系。三部门将通过案例汇编、研讨会、报告会等形式，将企业的创新案例、创新经验和创新战略进行宣传和推广，充分发挥创新型企业的示范效用。

支持企业加强标准和知识产权工作。市科委支持创新型企业牵头制订技术标准，支持企业开展企业标准试点，支持企业建立健全知识产权管理体系，制定和实施知识产权战略和自主品牌战略。

支持企业加大创新人才队伍建设。三部门通过各自渠道，依托社会机构，组织对创新型企业管理人员的技术创新管理、知识产权管理等培训，组织对企业的标准化培训，组织开展企业与科研院所、高等学校的人员交流与合作，支持企业培养国际化人才。

支持企业加强高技能人才队伍建设。市总工会支持创新型企业加快高技能人才队伍建设，建立健全首席技师制度，鼓励企业为首席技师承担技术革新、技术攻关任务和推广新技术、新工艺、先进操作法等工作提供资金、场地、设备、设施、人员等方面的支持。

支持企业开展群众性发明创造活动。市总工会支持创新型企业工会深化职工素质工程建设，推动以“岗位学习、岗位创新、岗位成才、岗位奉献”为主题的群众性科技创新活动，广泛开展以职工合理化建议、小改小革、发明创造等活动为重点的群众性创新实践活动，激发职工的首创精神和创造热情。

加大对创新型企业的表彰和奖励。市总工会对成绩特别突出且符合条件的创新型企业，优先推荐上海市“五一劳动奖状”评选。

(3) 强化业绩考核对技术创新的导向功能。市国资委将重大科研项目实施情况和研发投入等指标作为国有企业负责人业绩考核和评价的重要内容，鼓励和引导国有企业完善创新管理、增加研发投入，并结合考核工作对系统内创新先进单位和个人实施奖励。

(4) 加强对于创新型企业的跟踪与服务。三部门联合建立创新型企业信息库，掌握企业发展状况，为政府分类指导、完善服务提供参考；建立政府与创新型企业的互动机制，向创新型企业征集技术需求，作为政府拟订科技计划项目指南的重要参考。在市科技计划项目评审专家库中，进一步提高来自创新型企业的专家比例，使来自企业的专家有更多机会参加科研立项的咨询和论证过程。

(5) 推荐申报国家级创新型企业。企业在获得“上海市创新型企业”称号后，如符合国家创新型企业试点要求，可经三部门联合推荐，申报国家级创新型（试点）企业。

（九）青岛市创新型企业建设

2009 年以来，青岛市深入实施国家技术创新工程，加快创新型企业的培育，建立和完善促进企业自主创新的体制机制，引导创新要素向企业集聚，创新型企业建设得到全面发展，为促进全市经济走入创新驱动、内生增长的轨道起到了积极的示范和推动作用。截至 2009 年底，青岛市共有国家级创新型试点企业 10 家，其中已命名的国家级创新型企业 6 家；省级创新型试点企业 10 家（包括国家级创新型企业 7 家）。

1. 进展情况

(1) 创新型（试点）企业取得明显成效。2009 年 13 家创新型（试点）企业资产总额达1762.36亿元，主营业收入达1891.08亿元，占全市工业主营业务收入的20.52%，其中新产品销售收入1343亿元，占全市新产品销售收入45%以上；纳税额73.09亿元，占全市工业纳税总额的8.5%；税后利润139.33亿元，占全市工业利润总额的30.34%；研发（R&D）经费支出98.02亿元，研发人员10124人，占全市研发人员的36.92%；主持制定国家标准80项，参与制定国家标准180项，主持制定行业标准159项，参与制定行业标准329项；2009年创新型（试点）企业累计申请专利1882项，占全市专利申请数的21.5%，其中发明专利申请数824项，占全市发明专利申请数的37.51%；专利授权数1309项，占全市专利授权数29.54%，其中发明专利授权数187项，占全市发明专利授权数33.88%。获得国家科技进步奖1项，省级科技进步奖16项。

（2）以创新型企业为龙头的高新技术项目产业化基地建设成效显著。高速列车基地骨干企业青岛四方2009年销售额突破200亿元，获“京沪高铁”超过40%的订单；数字化家电基地骨干企业海尔集团高清数字模卡电视机已建成2条年产50万台生产线，实现产值超过15亿元；新型显示技术基地骨干企业海信集团大尺寸液晶显示器LED背光模组实现产值近30亿元；数字化橡胶轮胎专用装备与高性能子午胎基地骨干企业软控集团投资3.2亿元建设轮胎工艺与控制国家工程技术研究中心，2009年实现销售额超过40亿元。高速列车、数字化家电产业化基地被科技部认定为国家级高新技术产业化基地。

（3）以创新型企业为依托的主导产业关键技术攻关取得重要突破。青岛四方时速350公里动车组项目列入国家高速列车自主创新联合行动计划，自动焊接关键技术成功应用于高速动车组生产，“时速250公里动车组高速转向架及应用”项目成果获国家科技进步一等奖；海尔嵌入式高清流媒体软件平台技术取得突破，列入国家“核高基”重大专项，并起草4项国家标准、1项国际标准；海信网络大运量快速公交智能系统取得突破，列入国家科技支撑计划，市场占有率已居全国第一；软控轮胎均匀性测试机试制成功，申报3项发明专利，制定1项国家标准，填补了国内空白。

（4）创新型企业对全市产业结构调整升级发挥了带动作用。青岛市确定了8个领域的战略性新兴产业培育计划，其中许多领域都是依托创新型企业开展攻关与培育：在新一代网络终端设备及软件领域，依托海尔、海信和有关科研院所；在智能控制与精密制造装备领域，依托软控等企业；在高端通用芯片及行业基础软件领域，依托海尔、海信、青岛四方等企业；在电力无线传输器件及装备领域，依托海尔等企业。

2. 主要做法和措施

（1）完善组织领导机制。成立了青岛市国家技术创新工程试点工作领导小组，由市委副书记、市长任组长，20 个政府部门主要负责人任领导小组成员，制定了领导小组工作职责与工作制度，建立了决策议事制度。

（2）将创新型企业建设纳入重点工作规划。青岛市从 2008 年开始实施“四个十”科技创新工程，即搭建十类创新平台、实施十个领域关键技术攻关、建设十大高新技术项目产业化基地、引进培养十大创新人才团队。2009 年制定了《青岛市高新技术高端产业创新发展工程建设规划（2010～2015）》，确定了以培育一批创新型企业、构建一批产业技术创新战略联盟等为重点任务的“八个一批”工作目标，将扶持培育研发能力强、发展潜力大的创新型企业纳入建设规划之中。

（3）加快建设以创新型企业为龙头的高新技术项目产业化基地。以海尔、海信、软控、青岛四方等创新型企业为载体，建设了数字家电产业基地、新型显示技术产业基地、数字化橡胶轮胎专用装备与高性能子午胎产业基地、高速列车产业基地等十大高新技术项目产业化基地。

（4）支持创新型企业开展关键技术攻关研究。支持创新型企业开展面向现代服务业的软件开发，重点突破数字社区关键技术；支持三网融合技术的研究开发，重点突破多种通讯协议融合技术，推进数字化家电产业的延伸发展；支持 LCOS 新型显示技术的研究开发，重点突破激光新光源技术，完成高清晰 LCOS 样机开发，推进显示技术向高端发展；支持交通流预测、智能化交通事件检测技术的研究开发，重点突破关联融合算法及关键器件设计技术，开发完成城市综合交通管理平台，推进智能交通产业发展等。

（5）支持创新型企业建设国家重点实验室和工程技术研究中心。2009 年，分别投资 50 万元支持海尔塑料模具工程技术研究中心、海信智能交通工程技术研究中心、海洋化工研究院海洋涂层材料及功能材料重点实验室建设；支持青啤“啤酒生物发酵工程”、海化院“海洋涂层与功能材料”申报第二批企业国家重点实验室；花生国家工程技术研究中心经过三年多建设，顺利通过验收；目前正在积极组织青岛四方、汉河电缆、海尔模具等 3 家企业申报国家工程技术研究中心。

（6）不断完善科技创新服务体系。2009 年 4 月，青岛市科技创新综合服务平台正式运行，建成了“一站式”服务大厅和计算机信息系统。同时市南集成电路设计、市北电子商务、四方橡胶化工、李沧精细化工和机械加工、城阳新材料、即墨纺织服装、胶南纺织机械、胶州食品加工设备、莱西食品加工、平度机械加工等一批区市特色产业创新平台已建成运行。

（7）完善科技创新评价与奖励机制。在科技进步奖中增设了创新工程类项目奖，重点对实施技术创新工程中自主创新成效显著的创新型企业、产业技术创新战略联盟、创新平台等进行奖励，不仅奖励企业，也奖励个人，引导科技人员以多种形式深入企业开展技术创新活动，激发全社会创新创业的激情与活力。

第二部分

专题探讨

第六章 创新型企业的跨国成长

从本土企业演变为跨国公司的成长过程，是工业化进程中企业成长的一个基本规律。在全球化背景下，在中国走新兴工业化道路的进程中，越来越多的中国企业呈现跨国发展的趋势。创新型企业作为中国企业中最具创新能力的群体，是跨国成长的先行者和积极探索者，其成长也尤其需要从全球范围获取创新资源，在全球市场实现创新价值。跨国公司将逐渐成为创新型企业的常态组织形式。

据初步分析，中国创新型企业在全球范围获取创新资源，主要有三种方式：自建海外研发机构、国际研发合作联盟和跨国并购。这三种方式各有其实施的基础和要求，需要遵循相应的基本规则。

2010 年中国企业发展的重大事件之一就是浙江吉利控股集团有限公司（以下简称吉利集团）并购瑞典沃尔沃（Volvo）汽车公司，这一案例因其并购对象知名度高、并购资金规模较大、涉及知识产权核心技术的转让而引起国内外的广泛关注。为此，本章将结合上海汽车工业（集团）公司、中国化工集团公司、吉利集团、长沙中联重工科技发展股份有限公司等创新型企业海外并购案例的深度分析，参照部分国家或地区的典型做法和经验，重点探讨中国企业通过跨国并购方式获取全球创新资源、提升自主创新能力的战略、方式和经验。①

一、跨国成长：创新型企业发展的新命题

全球化条件下，自主创新是在全球创新资源获取基础上的、以拥有自主知识产权核心技术为目的的创新活动。在从国内企业成为跨国公司的跨国成长过程中，全球创新资源获取对创新型企业具有战略意义。近年来，受全球并购浪潮的影响，中国企业主动进入跨国并购的行列。跨国并购正在成为中国创新型企业实现跨国成长的重要选择。

① 其他两种方式将在以后的年度报告中陆续推出。

（一）经济全球化新阶段：研发与创新的国际化

始于20世纪80年代末的这一轮经济全球化浪潮，对世界经济产生了深刻的影响。其第一阶段主要是生产的国际化，主要体现为全球对外直接投资（FDI）的急剧增长（见表6－1）。

表6－1　全球对外直接投资流入量　　单位：亿美元

年份	1980～1985	1986	1988	1990	1995	2000	2005	2006	2007
总额	498（年均）	783	1582	1838	3430	14110	9480	13060	18330

资料来源：联合国贸易和发展会议：《三论世界发展中的跨国公司》，《2008年世界投资报告：跨国公司与基础设施的挑战》。

2000年前后，经济全球化进入了新的阶段，即研发和创新的国际化。1998年，经济合作与发展组织（OECD）发表了题目为《工业研究与开发的全球化》的研究报告，指出50家研发费用最高的大公司海外研发费用占总研发费用的比重，美国为33%、欧洲为42%、日本为57%，比20世纪90年代初有明显提高。① 另一项研究表明，1992～2002年的10年间，美国、日本和欧洲的跨国公司中，高度依赖外部技术资源的公司比例，从20%猛增到80%以上。②

经济全球化在微观层面的影响导致企业战略发生重大变革：获取战略资源的范围从国内扩大为全球，即企业必须从全球获取战略资源，才能形成和维持竞争优势。在企业战略诸要素中，研发和创新资源属于重要性最高者。

目前，发达国家的跨国公司在全球范围内获取战略资源的特点：一是从海外市场获取战略资源的份额不断加大。二是从海外市场获取战略资源的活动范围和作用不断扩大。三是海外分支机构的组织模式多样化，出现全球集权型、核心型、一体化网络型、战略联盟等多样化模式。

近年来，随着中国全球化、市场化进程的加快，跨国公司越来越重视利用和开发中国的研发资源，主要方式包括：一是在中国设立研发机构。据统计，截至2009年，中国已有3300多家外资研发机构。二是与中国企业和科研院校建立研发合作联盟。如美国康明斯公司2004年与东风汽车公司合作设立中国技术中心，还与清华大学等开展联合研发。三是加大并购力度。近些年中国医药行业的跨国并购比较活跃，2010年10月全球第三大制药企业法国赛诺菲—安万特（Sanofi－Aventis）公司以5.2亿美元收购中国维生素和咳嗽感冒药生产的最大厂商美华太

① OECD, Globalization of Industrial R&D, June 1998.

② C. Kimzey & Sam Kurokawa, "Technology outsourcing in the USA and Japan", Research Technology Management, June 2002.

阳石集团，后者共有78个品种的药物进入国家医保目录，2009年销售额约1.47亿美元，旗下“好娃娃”产品是国内最大的小儿感冒咳嗽品牌。赛诺菲—安万特公司此前在中国市场仅有处方药和疫苗等业务，通过并购将在感冒咳嗽这个最大的细分市场占据强势地位。2010年11月，瑞士制药公司奈科明（Nycomed）宣布以2.14亿美元收购广东天普生化医药股份有限公司（Techpool Bio - Pharma）51.34%股权，总部位于瑞士的奈科明公司是全球知名制药公司，2009年销售总额为32亿欧元，而后者是全球最大的人尿蛋白生物制药企业。加之前几年比较有影响的德国拜耳医药公司2006年收购广东盖天力公司旗下的“白加黑”，瑞士制药巨头诺华公司2009年宣布收购中国疫苗企业浙江天元生物药业股份有限公司85%股权等。通过并购中国品牌产品及其销售渠道，这些跨国医药巨头也同时获得中国医药行业比较优质的研发资源和成果。

全球化背景下企业的这一战略变革，对于后发企业尤为重要。后发企业本身不具备先行者既有的技术优势和管理水平，在经历国际化竞争初期以生产、加工为主的阶段后，很难进入技术或资本密集型行业。同时，后发企业经历初期发展后，若一味定位在原地，不突破、不创新，就有可能被长期锁定在全球产业分工体系的低附加值环节和产业核心活动外围。

从全球范围获取战略资源，不仅有利于先行企业的发展，更有助于后发企业实现“弯道超车”。借此机会，后发企业得到获取全球最新技术、信息等创新资源的学习机会，这些创新资源是企业自主创新的原动力，借此可能迅速拉近与先行者的距离。而且经济全球化使企业各种资源的跨国流动性大大增加，跨国交易成本大大降低，这使弱小后来者原来做不成的事现在变为可能。

（二）跨国获取创新资源的国内外实践

在跨国获取创新资源方面，日本企业是最早的战略实践者。Kogut 和 Chang 1991年在《技术能力和日本在美国的直接投资》一文中，重点考察了日本企业对美国投资的动因问题，即日本企业在美国的直接投资究竟是为了利用日本企业的特定优势，还是以获得美国的技术为目标。结果发现，日本企业更倾向与美国企业建立合资企业以获得美国的技术。① 根据前面提到的 OECD《工业研究与开发的全球化》研究报告中的数据，日本公司海外研发费用占总研发费用的比重远远大于欧美公司，也说明其对获取海外研发和创新资源的高度重视。

韩国企业在获取海外研发和创新资源方面，超过其老师日本企业，最显著的事例就是发展大规模集成电路产业。20世纪80年代初，为进入该产业，三星、现

① B. Kogut & Sea - jin Chang, “Technological Capabilities and Japanese FDI in the U. S.”, The Review of Economics and Statistics, 1991.

代、金星（LG 前身）和大宇等公司都是先在美国硅谷设立技术监听站，然后在当地高薪雇用美籍韩国科技人员组建研发机构，才较快打开局面的。[①]

印度企业近年来频频通过跨国并购等方式获取海外创新资源，以提升其全球竞争力。据统计，2005～2009 年，印度企业共进行了近 1500 次并购，总金额超过 1200 亿美元，涉及领域包括信息技术和服务、医药、保健品和生物技术、钢铁、有色金属、电信等。通过跨国并购，一批印度跨国公司迅速成长。如在医药行业，印度最大制药企业南新实验室有限公司（Ranbaxy Labs Ltd.）通过一系列海外并购已经跻身世界仿制药生产商前 8 强，年收入达到 12 亿美元，其中 77% 来自海外市场；另一大型药企瑞迪博士制药有限公司（Dr. Reddy's Ltd.）先后在欧美地区收购 4 家公司，年收入达到 6 亿美元，其中 66% 来自海外市场。进入 21 世纪，印度将其大部分的 FDI 用于海外并购，海外并购额占对外 FDI 的比重高达 98%。[②]

库玛（Kumar）1998 年在《全球化、外国直接投资和技术转移：发展中国家的冲击与展望》一书中指出，在过去的 10 年中，亚洲新兴工业化国家和地区的跨国公司对发达国家的 FDI 增长迅猛，这些直接投资成为建立品牌、获得新的生产技术和更大的分销网络的捷径。[③]

其实，中国企业在这方面也有许多成功案例，近 20 年来比较成功的大中型企业似乎都有涉猎。20 世纪 90 年代中期，四川长虹电器股份有限公司成为“中国彩电大王”的一个关键战略措施，是与日本东芝公司进行一个合作研发项目，派出一批科技人员赴东芝公司，开发出国内同行没有的新型彩电产品，投入市场后占有率明显提高。

潍柴动力股份有限公司（以下简称潍柴动力）能取得今日行业地位过程中的一个重要战略措施，就是 2004 年与世界著名的发动机供应商——奥地利格拉茨 AVL 公司合作，设立欧洲研发中心，聘用 AVL 公司知名的内燃机专家，潍柴动力派出 100 多人的研发队伍，全面直接参与开发和攻关。2005 年 4 月，潍柴动力开发出中国第一台拥有自主知识产权并达到欧 III 排放标准的 10 升、12 升大功率发动机。

奇瑞汽车股份有限公司（以下简称奇瑞汽车）迅速成长过程中的一个关键举措也是与奥地利 AVL 公司合作开发发动机。AVL 公司是德国顶级汽车公司奔驰、宝马等汽车公司的发动机供应商。2002 年，奇瑞汽车与 AVL 公司达成开发一系列发动机的协议，并且在合作中坚持“以我为主”的原则，奇瑞汽车的研发人员全程参与新产品开发，而且全部知识产权都属于奇瑞。2003～2005 年，双方合作开

① J. Mathews & Dong-Sung Cho，Tiger Technology：The Creation of a Semiconductor Industry in East Asia，Cambridge Univ. Pre.，2000.

② 潘松：《我们向印度学什么：印度超一流企业的崛起与启示》，机械工业出版社，2010 年。

③ N. Kumar，Globalization，FDI & Technology Transfers，N. Y. Rout Ledge，1998.

发出三大系列 18 款发动机，奇瑞汽车的研发人员参与了从概念设计到各个分系统设计的整个开发过程。这使得奇瑞汽车在核心零部件上拥有了自主品牌和自主知识产权核心技术，大幅度降低生产制造成本，提高产品质量，培育了企业的自主研发能力。

类似的事例还有很多，如中国风电设备制造行业的龙头企业金风科技股份有限公司（以下简称金风科技）2008 年收购了德国稳系统公司（Vensys），该公司专门从事风机设计和研发，是永磁直驱发电机组的创始者。该收购为金风科技设计 2.5 兆瓦风机、开拓海外市场奠定了技术基础。之后金风科技还通过该公司收购了一家海外变流器企业，进一步提高了金风风机变流器的国产化水平。深圳迈瑞生物医疗电子股份有限公司（以下简称迈瑞医疗）2008 年 5 月出资 2.02 亿美元收购了美国 Datascope 公司的医护监控设备业务，跻身全球三大医护监控设备生产商之列。其他诸如华为、联想、海尔的案例，都比较熟悉，就不再赘述了。

把从日本、韩国、印度及中国的企业在跨国获取创新资源方面的经验做一个简单总结，可以发现其中的关键是：在本行业的技术高地上，通过新建、并购、研发合作联盟等方式设立相关机构——技术监听站、研发中心、合资企业等。很显然，绝大部分行业的技术高地都在美国、欧洲和日本。表 6－2 收集了 20 世纪末美国最显著的 10 个技术高地。当然，技术高地也是相对的，只要比本企业技术水平高的地方，就有去占领的价值。

表 6－2　美国最显著的 10 个技术高地

区　位	技　术	主要公司
阿尔布克克	集成电路	英特尔、摩托罗拉、飞利浦、霍尼维尔
奥斯汀（德州）	电脑、软件、生物技术	IBM、三星、摩托罗拉、德州仪器、3M
波士顿（麻省）	电脑、通信、生物技术	Loycos 以及数百家新公司
鲍尔德（加州）	计算机、航空	300 家高技术新公司
恒茨维尔（阿拉巴马）	航空航天	卡明斯、霍尼维尔、休斯公司、洛克希德、UTC
波特兰（俄勒冈）	电子	英特尔、Tektronix、美国西部公司
Provo/Orem（犹他）	软件	诺特维尔
研究三角园区（北卡罗来纳）	医药、微电子、电脑、通信、生物技术	98 家研究公司
硅谷和旧金山湾	软件、计算机、电子	HP、英特尔、施乐、甲骨文、Sun
西雅图（华盛顿）	航空、通信、生物技术	波音、微软

资料来源：Comello，1998.

近年来，随着中国经济与全球经济的进一步接轨，中国企业参与国际竞争程度的深化。一部分中国企业已率先从“引进来”的内向国际化转为“走出去”的外向国际化。同时，随着一波又一波的全球并购潮浪，中国企业中也掀起了几波跨国并购的热潮。在此之中，不乏通过跨国并购获取全球创新资源，从而实现跨国成长的企业。

（三）跨国并购：后发者获取全球创新资源的重要途径

20世纪60年代，随着日本经济的崛起，学界提出“后发优势理论”。日本作为全球第二大经济体的崛起，伴随许多后来者居上企业的真实案例，证实了后发企业也可能超越老牌欧美企业。此后，亚洲四小龙——特别是学习日本的韩国经济腾飞，再一次印证了后发企业的优势。事实上，在经济全球化的背景下，创新资源的流动性增强后，后发企业在面临巨大挑战的同时，也拥有了更多“弯道超车”的机会。面对这些机会，在众多实现超越的方式、方法中，跨国并购是后发企业获取全球创新资源、实现跨越发展的快速通道。

西方企业大都经历过早期的资本和技术积累过程，因此后来者一旦在起步阶段落后，往往就很难在此后超越先行者。如欧洲的化工、制药行业，都是一些拥有近百年历史的老牌企业称雄。后来者不仅在资本上无法与这些大企业媲美，而且在技术积累上更无法与之相提并论。因此，以往在某些传统技术积累比较集中的行业，后来者几乎不可能进入并成为领导者。

然而，全球化的时代背景为后发企业提供了超越先行者的可能性，这也是后发企业实现赶超的先决条件。因为只有在全球化的条件下，才能打破原本各国家、各地区相对封闭的资本、技术限制，使其可以在全球范围内流动。加之在全球化背景下，发达国家主动将一些落后产能、非核心产业向发展中国家转移、分散，一小部分通用性较大的技术开始在全球范围内传播。纵观全球汽车制造业的发展史，从欧美企业到日本企业，再到韩国企业，就是汽车制造技术在全球范围内流通、传递的典型例证。

当然，后发者必须对既有技术主动加以学习、借鉴和获取，形成自己的知识积累和内生的技术能力，才能有效地帮助企业实现技术撬动，完成“弯道超车”。在中国改革开放30年的历程中，通过中外合资、引进技术，使得中国的技术人员开阔了眼界，拥有了全球化、国际化的视野。这为中国企业的发展与创新奠定了基础。在此基础上，后发国家、后发企业通过学习和借鉴发达国家、发达企业的技术和经验，既能吸取先行者的教训、避免走它们走过的弯路，又可以在其技术基础上加以创新，实现蛙跳式的突破。20世纪中后期，后发者优势分别由日本和韩国的企业集团证实——部分日韩企业已在某些细分行业内可以与老牌欧美企业并驾齐驱。

而对中国企业来说，可以学习、借鉴的对象就更多了。远到地球另一端的美国，近至邻近的日韩甚至印度，都是中国企业可以模仿、学习、借鉴的榜样。在第一轮内向型国际化的努力下，中国企业完成了初级阶段的模仿和学习，中国经济在30年中实现了高速的发展。这正是中国打开国门、引进外国资本、先进技术的结果。

21世纪初，当中国国力进一步强大之际，追赶已不再是中国企业唯一的目标，发挥后发优势实现超越是中国企业的新追求。但赶超先行者的难度要远远大于追赶，单纯依靠引进国外技术来模仿、学习，是很难做到的。在学习的基础上借鉴、创新，最终实现自主创新，才是实现赶超的关键。

然而，与日韩经济发展背景不同，中国企业面对的是一个科技发展速度更快的新世纪。静态学习、借鉴海外先进技术往往造成企业掌握的始终是先行者淘汰不用的技术，中国企业需要学习借鉴的除了技术本身之外，还有生产技术的源泉——创新资源。创新资源包括技术、人才、经验、能力等一系列企业长期累积的资源——是一个综合的整体。这种资源是很难单独引进的，而通过跨国并购获取创新资源则是一个比较快速有效的方式。

实际上，中国企业近年来跨国并购也比较活跃。据《南方都市报》报道，中国企业2009年海外并购创纪录达298宗，并购金额达426亿美元。《经济学人》对2004年至2009年11月已完成的172宗金额在5000万美元以上的并购案进行分析，发现中国近半数的海外并购交易旨在满足国内对能源和自然资源持续增长的需求；其次是开拓新的海外市场、获得技术以及谋求潜在的资本收益。[①] 另据普华永道报告，2010年上半年中国公布的海外并购交易99宗，交易金额大增，2010年上半年7宗海外并购交易金额超过10亿美元，而去年同期只有3宗。其中，资源行业仍处于主导地位。有关部门公布了14宗资源行业领域的海外并购交易，最大一宗是中国石油化工集团公司以47亿美元向Conoco Phillips购入加拿大Syncrude公司9%的股份；另外一宗是中投公司再次投资加拿大Penn West Energy公司，累计投资额达12亿美元。普华永道认为，除资源行业外，机器设备、汽车和高科技的海外并购活动比例有所增加。[②]

在最近一波中国企业跨国并购潮中，最具影响力的是吉利集团对瑞典沃尔沃汽车公司的并购案。2010年3月，吉利集团对外宣布，以18亿美元收购沃尔沃汽车公司100%股权，包括沃尔沃公司全部关键技术和知识产权的所有权，以及全部福特汽车公司与沃尔沃公司相关的知识产权使用权，这是中国汽车行业迄今为止最重大的海外收购之一。据《中国经营报》2010年4月5日对李书福的专访，沃尔沃公司每年的研发投入超过10亿美元，拥有大量的知识产权、专利技术，特别是享誉世界的汽车安全技术。吉利集团通过并购有望大大缩小与全球领先汽车厂商的技术差距，提升在全球汽车市场的地位和份额。这一具有重大意义的事件彰

① 《中国企业2009年海外并购创纪录达298宗》,《南方都市报》2010年4月1日。
② 《中国海外并购总量增长迅速并购目标锁定资源》,《21世纪经济报道》2010年9月2日。

显了全球化时代中国企业运用跨国并购方式获取全球创新资源，实现跨国成长的积极努力。

二、跨国并购：中国企业获取全球创新资源的新方式

在经济全球化的新阶段，作为后来者的中国企业如何赶上全球经济发展的步伐？欧美、日韩先行企业在跨国创新资源获取上的经验，值得作为后来者的中国企业学习和借鉴。近10余年，有部分中国企业已经率先跨出国门，尝试进行跨国并购。其中不乏通过跨国并购获取全球创新资源的成功案例（见表6－3）。

表6－3 部分创新型企业跨国并购事件一览表

企　业	年份	并购事项	创新型（试点）企业批次
上海汽车工业（集团）公司	2004	收购MG罗孚汽车公司的核心知识产权	第三批试点
中国化工集团公司	2006	收购法国安迪苏（Adisseo）公司、澳大利亚凯诺斯（Qenos）公司、法国罗地亚（Rhodia）公司的有机硅和硫化物业务	第二批
上海药明康德新药开发有限公司	2008	1.6亿美元收购美国AppTec公司	第一批试点企业
深圳迈瑞生物医疗电子股份有限公司	2008	2.02亿美元收购美国Datascope公司监护业务	第二批
深圳市大族激光科技股份有限公司	2008	通过二级市场及配股，收购意大利PRIMA公司总股份的9.92%，成为其战略股东	第二批
长沙中联重工科技发展股份有限公司	2008	收购意大利工程机械制造商CIFA公司	第一批
金风科技股份有限公司	2008	收购德国稳系统（Vensys）公司	第二批
浙江吉利控股集团有限公司	2009	收购澳大利亚自动变速器厂商DSI公司	第一批
浙江吉利控股集团有限公司	2010	18亿美元收购瑞典沃尔沃（Volvo）公司100%股权，含全部关键技术和知识产权的所有权	第一批
广西柳工机械股份有限公司	2010	收购波兰HSW公司下属工程机械业务单元及其全资子公司Dressta100%的股权、资产及全部知识产权和商标	第二批

下面我们选择了几家比较有代表性的企业，并根据其跨国并购的背景、过程等方面的不同分为三种类型，分别介绍这些企业通过跨国并购获取创新资源实现跨国成长的做法和经验。①

（一）从内向国际化到外向国际化的实践者

在中国企业的国际化道路上，内向国际化（中外合资）远远早于外向国际化

① 本部分引用案例参考何志毅、柯银斌：《中国企业跨国并购10大案例》，上海交通大学出版社，2010年。

（走出去）。许多行业的龙头企业在进行跨国并购之前，都已是内向国际化的实践者，与境外企业建立比较深入的合作关系。其中较有代表性的是上海汽车工业（集团）公司（以下简称上汽集团），作为改革开放后第一个获批“走出去”找合作伙伴的中国汽车企业，正是与德国大众公司的合作才使其从一个地方车企发展成今日中国三大汽车制造集团之一，进入《财富》全球500强之列。

这些中国早期国际化的亲身参与者们，在中国经济高速增长的背景下，保持持续的规模增长。然而，风光背后也存在着致命的隐患——市场并未换来真正的技术。尽管就目前来看，这些企业的规模庞大、盈利能力强，但从长远看，早期的规模增长与企业发展，并未赋予企业真正持续的成长能力。因为中国企业并未获得确保企业增长的源动力——先进的技术和持续创新能力。

中外合资企业引进的是解一时燃眉之急的“存量技术”，而没有赋予企业生成“增量技术”的能力。“落后—引进—再落后”的循环往复使企业进入了发展的怪圈，却不能真正满足企业获取技术、掌控技术、自主发展技术的迫切要求。而企业这些最迫切的要求，可以在“跨国并购”中被满足。

20世纪初，具备全球化视野的中国企业，开始考虑长期、持续发展的问题。境外公司的先进技术，是他们梦寐以求的。于是这些早期国际化参与者们，开始了第二轮深度国际化进程。以上提及的上汽集团与同城的上海电气集团两家大型国有集团，是这轮国际化的代表。

1. 资深“国际化”参与者的困扰

1984年10月，《上海大众汽车有限公司合营合同》的签署，标志着中国汽车制造业进入中外合资的阶段。1995年10月，上汽集团与美国通用汽车公司合资成立上海通用汽车有限公司。20世纪80年代末至90年代末，桑塔纳和别克车推动上汽集团的高速发展。但20多年后，蓦然回首，最初中国汽车工业“市场换技术”的目标并未实现，在规模高速扩张的同时，企业并没有掌握世界先进的汽车制造技术，缺乏自主研发汽车的能力。

1988年上海电气集团下属的印刷机械板块——上海电气印刷包装机械集团（以下简称印包集团）组建了上海亚华印刷机械有限公司，这是中国印刷包装机械制造业第一家中外合资企业。此后几年中，陆续成立了沪港美合资上海申威达机械有限公司、中美合资上海紫光机械有限公司、上海高斯印刷设备有限公司等。然而，在频频合资的同时，相比国际上先进的印刷机械制造水平，中国印刷机械制造技术仍落后15~20年，合资企业仍未解决这一产业落后的状况。

两家同城企业面临同样的尴尬——与国外企业合资，但“成长性”并不尽如人意。两家企业也存在同样迫切的需求——对真正掌握先进技术的渴求。

2. 并购对象：没落贵族

除了相似的国际化经验和对先进技术同样迫切的需求外，上汽集团与上海电气集团在跨国并购对象选择及并购过程也有相近之处——它们都是在业界享有盛名的老牌明星企业，也都是因经营不善面临解体的破产企业。

（1）经营不善但拥有先进技术的老牌企业。日本秋山印刷机械株式会社（以下简称秋山机械）创办于1948年，是世界著名的单张纸胶印机制造公司，拥有一流的胶印机技术、多项国际专利和全球知名品牌及销售网络。1995年，秋山机械推出了双面彩色印刷机，填补了印刷界的一项空白。

20世纪80年代末，日本经济高速增长的泡沫破灭，从此进入一个长期的萧条阶段。21世纪初，难敌日本国内经济颓势，特别是日本印刷出版行业的萧条和需求不足，秋山机械的营业额持续下跌，加之经营不善，银行银根紧缩，在欠下76亿日元巨额负债的情况下，被迫于2001年3月宣告进入破产保护。

尽管如此，秋山机械在全球印刷设备制造业的优势仍在。公司是世界六大单张纸印刷设备制造商之一，拥有50多项专利，多项技术在国际上处于领先地位，有些甚至被写入中国印刷机械专业的大学教科书。日本经济大背景的不景气拖累了这个技术、研发实力极强的企业，使之成为不折不扣的“没落贵族”。

2003年底，在英国也出现了一个更资深的“没落贵族”——MG罗孚。这家拥有百年历史的老牌汽车企业，曾被视为英国汽车工业的旗帜，曾打造出“陆虎”、“Mini”等世界级的汽车品牌，拥有英国女王和罗马教皇等重量级的“粉丝”。然而，全球汽车制造业的转型、英国汽车制造业整体商业模式滞后等一系列问题，导致英国汽车企业接二连三地走向衰败，MG罗孚也因经营不善而走到尽头。

虽然MG罗孚昔日的辉煌不再，但在汽车制造上的成套技术仍是其价值所在。公司拥有罗孚75、25等系列车型的整体知识产权、MG罗孚品牌车型的知识产权、英国工厂的整车及发动机生产线和模具等有价值的“技术资产”。

（2）曲折的收购过程。上海电气集团对秋山机械、上汽集团对MG罗孚的并购意向，都可以用“一见钟情”来形容。秋山机械拥有上海电气集团梦寐以求的世界级印刷技术，MG罗孚拥有成熟、完全的整车开发技术和系统支持。对两家中国企业来说，这两家濒临破产的海外企业，拥有中国企业长期发展急需的原动力。因此，尽管两家中国企业在收购过程中不同程度地遇到一些阻碍，但他们对收购都倾尽全力。

上海电气集团遇到的问题是日方的保守和对中国企业的不公平对待。最初，因为日本企业希望由欧美或日本企业而非中国企业来接管秋山机械，充满诚意的上海电气集团被拒之门外。然而，上海电气集团对秋山机械却是势在必得，并找来美国晨兴集团，共同完成了此次收购。

上汽集团却没有那么幸运，收购 MG 罗孚几乎是以失败告终的。MG 罗孚收购战最终在上汽集团、南汽集团两家中国汽车企业的竞购中进入高潮，实力雄厚的上汽集团不幸败北。但上汽集团并非颗粒无收，而是在南汽集团收购 MG 罗孚前，抢先买下了 MG 罗孚的核心知识产权。因此，尽管从形式上说，上汽集团的这次收购是不成功的，但是仍得到了最关键的核心技术资源。

（3）精心整合旨在获取核心技术资源。对跨国并购来说，收购交易的结束仅仅是一个开始，成败的关键取决于完成交易后的整合过程。两家中国企业确定了获取创新资源这一目的，因此在交易后施以精心整合，以最大限度地利用收购资源、培养自主创新能力。

然而，创新资源并不是一个简单的物品，完成交易买卖后就可以顺利转移。事实上，上海电气集团和上汽集团所收购的资源是该行业先进的专业技术，而技术是各类资源的复合体，包含了企业的行业经验和技术人员等各方面的因素。因此，要真正发挥出收购技术对企业自主创新的作用，对人才的整合才是关键。

上海电气集团保留了秋山机械原有的企业文化，实施属地化管理，将实际管理和经营权“还给”日籍管理人员。因此，并入上海电气集团后的秋山机械不仅留住了并购时接受的原企业 53 名员工，还成功召回了近 80 名在收购前离开企业的老员工，完全保留了秋山机械在技术和研发上的能力和资源。

上汽集团在收购交易中虽然不敌南汽集团，但对 MG 罗孚的人才“收购”却远胜于南汽集团。在收购 MG 罗孚的同时，上汽集团在英国设立了汽车研究中心，并抢先“挖”走了许多 MG 罗孚的核心技术人员。因此，尽管没有买下 MG 名爵，拥有 MG 名爵大量核心知识产权和关键人才的上汽集团，仍具备与南汽集团就自主品牌汽车竞争的雄厚实力。

3. 四两拨千斤的核心技术

对中国企业来说，现阶段跨国收购、整合的目的是为了实现企业整体的成长。尤其是通过跨国并购获取创新资源后，让资源实现“四两拨千斤”的效果，实现依靠自主创新带动企业的整体发展，才是中国企业跨国并购的核心目的。

通过并购，上海电气集团下属印包集团的各子公司获益良多。并入后的秋山机械，作为印包集团在日本的研发中心，凭借日本的人才和经验在技术上又有进一步的突破，为集团研发出一系列新产品。而通过跨国并购将新技术、新产品引进中国本土，不同于以往内向型国际化中外合资企业中的外方将部分技术输入中国。前者是在同一母公司下，日本的公司将最前沿的技术，或为中方独立研发的、更适合中国本土发展的技术输入中国；而中外合资企业的外方合作者往往是将落后的、淘汰的技术输入。

目前，秋山机械正在成为印包集团的全球胶印机研发中心、新产品中试基地以及部分国内尚不具备生产条件的高档产品制造和全球销售基地。而印包集团下另一家子公司上海光华公司，正在成为运用秋山国际成熟技术大量生产，并向海内外销售高级胶印机的主要基地。同时，秋山胶印机的引进也带动了相关产业的发展。如采用欧洲技术配方和亚洲颜色体系开发的新型胶版油墨——上海牡丹快干亮型胶版油墨，作为与秋山印刷机配套使用的油墨，随着秋山胶印机的热销，也成为热销产品。

对上汽集团来说，自始至终，收购 MG 罗孚技术的目的都是发展自主品牌汽车。尽管收购不顺利，但上汽集团还是完成了对 MG 罗孚核心技术和人才的获取，推出了自主品牌——荣威。最终，上汽集团、南汽集团的合并，完成了跨国收购交易中未完成的任务。“上南配”实质是将 MG 罗孚的创新资源再次会聚，以此助力中国自主品牌汽车的发展。

（二）学习型并购的探索者

这类企业与第一类拥有丰富国际化经验者不同。这类企业不具备丰富国际化经验，在跨国并购上是“门外汉”。相比第一类规模庞大、盈利能力较强的强势企业来说，这类企业中有些是背负历史负担的弱势企业。它们对先进技术的渴求更迫切，企业需要先进的核心技术来解决生存与发展的大问题。而借着跨国并购获取全球创新资源的新机遇，这些企业边学边干，也走上跨国成长的道路。

1. 不同的经历同样的需求

北京第一机床厂（以下简称北一）是共和国长子企业，其历史可追溯到解放前。2002 年，根据北京市政府的规划，北一从市区内搬迁到郊区。原有土地换得 20 多亿元资金，成为北一向现代化企业迈进的财务基础，也成为产能落后的北一生存与发展的唯一资源。利用这笔资金，北一对落后工艺、技术进行改造，与日本、法国等知名公司进行合作。但总体来说，北一仍是一家产能落后的老企业，尽管已有涉足国际化的迹象，但对行业新技术、新工艺的需求仍是迫切的。同时，在国际化的路上，北一初来乍到，还是一个新手。

中国化工集团公司（以下简称中国化工）是 2004 年 5 月组建的国有大型企业，下属企业包括中国蓝星（集团）股份有限公司、中国昊华化工（集团）总公司、中国化工装备总公司、中国化工农化总公司、中国化工橡胶总公司等。中国化工集团公司是改革开放后诞生的新型央企，集团由各地众多的国有企业重组而成，存在整体盈利能力差、主营业务不突出的棘手问题。拖着一大批产能落后、地域分散、规模小的下属企业，中国化工急需在国际化工领域中寻找领先的技术，为企业注入活力，解决众多企业生存与发展的问题。

2. 当弱势初学者遇上优势企业

从自身条件看，北一与中国化工与以上提及的上汽集团和上海电气集团相比，都相对弱势。但北一和中国化工的并购案例，却是最具典型意义的成功跨国并购。究其缘由，与两家国际化“初学者”的学习态度有密切相关。此外，他们在收购前与被收购企业都有一定的合作关系和相互了解，加之被收购企业都是细分行业领先的盈利企业，也促成了并购的成功。

（1）细分行业佼佼者。拥有近百年历史的德国阿尔道夫·瓦德里希科堡机床厂有限两合公司（Waldrich Coburg，以下简称科堡公司），是全球铣床机械市场的领军者，是全球最大的高精度重型机床制造商，最具特色的重型龙门铣床被视为行业标准。这家老牌家族企业于1986年被美国英格索尔（Ingersoll）机床工具集团收购后，又于2004年被德国海克勒斯（Herkules）公司收购。因宏观经济不景气、生产经营萎缩，且科堡公司与海克勒斯公司主营业务相关性不高，公司再次面临易主。

对北一来说，自1984年开始与科堡公司就存在合作和联系。近百年积累的先进制造工艺、质量保证体系、独到的专有技术、管理技术与产品设计构成了科堡公司的核心技术，这对北一来说是梦寐以求的战略资源。借科堡公司再次易主的机会，将其收入囊中是势在必行的。

中国化工的并购对象也都是化工细分行业的领先者。拥有152年历史的法国安迪苏（Adisseo）公司，是世界上最早掌握大规模生产固体和液体蛋氨酸技术的企业，拥有最先进的蛋氨酸工程化技术和生产装置，是迄今为止全球唯一能够同时生产固体和液体两种蛋氨酸产品的公司，蛋氨酸产品排名世界第二。

罗地亚（Rhodia）集团是硅酮胶的发明者，公司的有机硅生产技术，经过50多年的不断开发提高，形成了国际领先的上下游一体化技术。在有机硅业务上，罗地亚拥有3000多个产品、500多项专利，是全球六大有机硅材料制造公司之一，在全球有机硅市场中名列第五。

无独有偶，安迪苏和罗地亚与中国化工也是长期的合作伙伴，两家公司在母公司面临财务危急之时面临出售。两家企业在细分行业中领先的技术吸引中国化工的强烈关注。尽管没有任何跨国并购的经验，中国化工仍将两家企业的核心技术视为集团强化主营业务，实现长期发展的重要战略资源，因此决策收购。

毋庸置疑，北一和中国化工的收购对象都是盈利能力较强的优质企业，均由于母公司的问题被迫出售，因此风险较小，是更利于初学者的收购和整合对象。

（2）学中干和干中学。由于是初学者，所以北一和中国化工都遵守跨国并购的“游戏规则”。按照北一崔志成厂长的说法：“甘当小学生，完全按照教科书的规定去做！”在收购中，北一聘请了香港的投行顾问、美国的会计师事务所（普华永道）和德国的律师事务所，组成了一个国际化团队。崔志成亲自担任团队负责人，给这个团队布置作业，及时听取汇报和阅读文件，不断地发现问题，不断地要求对方补充资料。

中国化工在收购后，中外方之间互派高层管理人员，突破了并购方单方面派遣管理人员至被并购方的传统模式。中国化工委派少量管理人员进入被并购公司，全部担任助理职务，以学习为主要任务，不参与公司经营管理决策。目标公司的原高层人员位置基本不变，有些人员的职位还得以提升（如进入董事会）。

在这种边学边干，干中再学的循环往复下，不仅实现了跨国并购的成功交易和平稳过渡、整合，而且为并购后提升中国企业的整体创新实力奠定了基础。

3. 基于生存目的的整体战略

在中国企业中，北一和中国化工这样的企业并不是最引人注目的。首先，它们不是最受重视的特大型企业，很难从中央和各级政府得到最大限度的支持。其次，它们又不如民营企业、新兴企业那样可以轻装上阵，由于某些历史原因，亏损、离退休员工等沉重负担，制约了它们的发展。因而，创新资源的获取对这批企业来说，是它们解决企业生存问题的关键，是基于企业生存和发展问题的战略目标。这批企业都是在学习、摸索中尝试跨国并购的。事实上，企业生存和发展的压力，无法留给它们过多的时间去积累国际化的经验，虚心学习是他们唯一的制胜之道。

从技术上看，弱势的北一与强势的科堡是一对母弱子强的组合，这与西方主流的强势企业并购弱势企业的惯例有很大不同，但吸收整合后，两家企业获得了双赢。特别是对中方来说，对企业整体实力的推动作用极大。

北一对科堡公司实施的是"参与不主导"原则。首先，收购的目的在于获得科堡在品牌、市场网络、技术、研发能力、人才等方面的优势资源，重在开拓未来的发展空间，所以保持和维护收购后科堡的完整性和提升盈利能力，利用科堡公司的技术优势提升北一产品质量，是收购后的工作重点。其次，是保留科堡现有的管理层，实施有条件的本土化管理，即"科堡还是科堡"，保持科堡的现行管理制度不变。在高、中管理层，主管财务、人力资源，生产、制造、技术，销售、市场的都是德国人，而唯一的中国人负责整个公司的协调。员工仍是以前的员工，且不断增加。在管理层面，由科堡管理层制定一套规则，北一认可后双方遵照执行。

科堡也为北一整体发展做出了贡献。北一吸收科堡公司的先进技术，提高北一的技术水平和现有产品的性能与质量，利用德国顶级设计资源及其销售渠道，将北一的产品推向国际市场。在学习、融合的氛围下，科堡在德国得以良性发展，保持原有的技术和研发实力，同时通过技术和研发能力的输出，也培育了北一的技术创新能力。同时利用双方的优势，通过确立协同采购、协同服务体系、协同销售、产品合作开发、技术交流和人员培训六个方面的合作，形成了多重协同效应。为北一这个老牌企业注入了活力，使得北一有能力参与进一步的国际化竞争。

中国化工并购整合后的成果也是巨大的。集团以全资拥有的海外企业为“根据地”，在全球市场上进行拓展，进一步巩固和扩大中国化工的影响力和控制力；同时把海外企业拥有的技术和管理资源转移到中国，与中国本土企业拥有的生产资源和市场资源进行有效的整合，提升中国化工的整体组织能力。

在蛋氨酸业务上，中国化工利用安迪苏公司全球领先的蛋氨酸生产专利技术，在天津新建一套年产 15 万吨的蛋氨酸装置。中国化工蛋氨酸产品在全球的市场份额将凭此提高到 42% 左右，成为全球最大的蛋氨酸生产商。

在有机硅业务上，中国化工在利用法国罗地亚公司的有机硅技术改扩建蓝星星火有机硅厂的同时，在天津临港新建一套年产 40 万吨有机硅单体装置，中国化工的有机硅年产量将达到 100 万吨，跃升世界第二位。

（三）快速奔跑者的并购选择

改革开放后，涌现出一大批新兴企业，它们与中国经济一起成长、一起发展，迅速生长、壮大起来。生于市场经济、长于市场经济的新兴企业中，有一批优秀的企业已发展成为行业或细分行业的龙头企业。

与以上两类企业不同，这一类企业从诞生之日起，就经历市场竞争的洗礼，相比老企业来说，它们的管理水平、市场竞争力比较强，也没有沉重的历史负担，是一批相对良性发展的、增长势头很强的企业。

1. 金融危机前后的机遇

1992 年 9 月，时任建设部长沙建设机械研究院副院长的詹纯新带着 50 万元启动资金和 7 名工作人员一起成立了长沙高新技术开发区中联建设机械产业公司——长沙中联重工科技发展股份有限公司（以下简称中联重科）的前身。目前中联重科是中国工程机械装备制造业的领军企业。

1993 年，李书福萌发了进军汽车业的想法，在当时国有大型企业垄断的汽车制造领域中，一个民营企业家的“汽车梦”显得不切实际。但是被业界誉为“汽车疯子”、“价格鲇鱼”的李书福，不仅带领吉利集团进入了中国汽车市场，而且占据了一席之地。

这两家企业的共同之处在于，它们都是市场经济体制下诞生的新兴企业，没有老企业的负担和陈旧的理念。通过多年的发展，两家企业均在各自行业中具备一定的竞争力。对于它们来说，通过并购获取全球创新资源的迫切性不如前两类企业，但好的并购却可以为企业注入持续发展的动力。

2007 年 10 月，急需现金偿还债务的意大利工程机械制造商 CIFA 公司的股东有意出售 CIFA 股份。2008 年初，中联重科收到投标邀请。早在 2001 年，中联重科的詹纯新就去意大利专程造访过 CIFA，当时他希望从这家全球第三大混凝土工程机械制造商采购一些核心零部件。早已倾慕 CIFA 的中联重科，收到邀请后，很快将其作为重要的收购目标。

2008 年，一场源于美国的次贷危机在全球范围内爆发，发达国家收购力剧减，企业深受影响。但危机却成为中国企业跨国并购的机遇。全球资产价格的大幅度下滑，给中国企业一个抄底的好机会。当中国学界还在讨论“现在是不是跨国并购抄底机会”的时候，一些企业已经率先出手了。吉利集团收购澳大利亚自动变速箱企业 DSI，成为中国抄底金融危机的第一单。

2. 看准机会迅速出手

无论是 CIFA 股东的财务危机，还是由美国引发的次贷危机。对中国企业来说，都是一次次不可多得的机会。面对这样的机会，那些眼明手快、该出手时就出手的企业无疑是危机的受益者，也将是危机过后成长性最佳的企业。

CIFA 的产品和品牌在行业内有良好的声誉，在并购前已经成为欧美具有较强盈利能力的工程机械装备制造商。公司是意大利最大的混凝土输送泵、混凝土泵车和混凝土搅拌运输车制造商，欧美排名第二的泵送机械制造商，同时是欧美排名第三的混凝土搅拌运输车制造商。在全球混凝土工程机械制造商中，老牌的 CIFA 排名第三，仅次于德国的普茨迈斯特和施维茵。20 世纪 80 年代中期，CIFA 研发并制造了世界第一台混凝土喷射机械手，成为 CIFA 的明星产品。而这一明星产品，正是中联重科等中国混凝土工程机械制造商模仿和学习的对象。

作为中国混凝土工程机械的领军企业，中联重科在成立短短十几年内，凭借对产品创新的不懈追求和中国经济大环境的良好势头，一路迅猛发展。2007 年，CIFA 出售这一偶然的机会，是中联重科计划之外的。然而，当中联重科收到 CIFA 竞购邀请后，立即被这一老牌企业吸引，全力投入收购中。

2007 年，次贷危机已开始在美国本土蔓延，业界都预言美国及欧洲的房地产市场很难在短期内复苏。事实上，这场全球金融危机爆发之前的出售，正是意识到危机的 CIFA 股东预警、主动提早退出的表现。中联重科此时接手，是否是高位接盘？中联重科董事长詹纯新就此表示：“（收购 CIFA）现在的时机似乎也不是最好的，但如果我们的竞争者收购了 CIFA，整个格局就是两个概念，所以我们志在必得。”事实上，对于 CIFA 这类不可多得的优质企业，一味等待就会失去机会，况且其他竞争对手也虎视眈眈，一旦失去这一战略性资源，很难再有同样的机会。

在 CIFA 股东出现财政危机的第二年，一场范围更大、更广的全球性金融危机爆发了，结果是众多企业纷纷倒下。当然，倒下的企业中有一些是本身便有很大问题、不具备抗风险能力的，但也有一些是本身资质不错，但敌不过大环境向下的巨大冲击。于是，一批眼明手快的新兴企业，以它们在市场经济中练就的敏锐触觉，开始在海外破产企业中"淘宝"。

澳大利亚 DSI 公司也是一家拥有近百年历史的老牌企业，是全球仅有的两家独立于汽车整车企业之外的自动变速器公司之一，具有年产 18 万台自动变速器的生产能力。次贷危机导致美国几个汽车巨头面临破产危机，受害最大的就是像 DSI 这样的汽车部件生产商。因此，2009 年 2 月，DSI 也进入破产程序。

尽管 DSI 已经没有订单、被迫停产，但是其自动变速器技术仍处于领先地位，公司曾经长期为美国福特、韩国双龙等汽车制造企业提供自动变速箱。历史悠久的工业经验和技术积累，优秀的工程师和技术工人，自动变速器的自主核心技术和研发能力，处于汽车行业前沿的技术创新能力，对中国唯一的民营汽车制造企业——吉利集团来说，是可遇而不可求的。

2009 年 2 月，吉利集团提交了一份非约束性的竞标书，报价 5590 万澳元（当时 DSI 账面价值为 10890 万澳元）。2009 年 3 月，中国农历新年刚过，吉利集团完成了对 DSI 的收购。而此时自 DSI 破产仅 1 个月。

吉利集团从成立至今，一直摆脱不了低价、模仿的影子，尽管在中国汽车市场赢得了一席之地，但核心技术的匮乏是其软肋。将 DSI 收入囊中，无疑使吉利集团拥有了更多的信心和更强的实力。

3. 危机与整合

中联重科在金融危机大面积爆发前收购 CIFA，并没有在收购价格上得到实惠。但金融危机中的整合，却使中联重科和 CIFA 都因并购受益。

中联重科作为中国新兴企业的代表，在创新能力以及对混凝土工程机械的专注上，与 CIFA 存在高度的一致性。两家文化、理念相近的企业，在融合上并不存在很大的问题。同时，中联重科也给予并购后的 CIFA 高度自主权，中、意两地错位竞争，发挥生产和运营商的协同作用。

由于 CIFA 作为欧洲传统企业的制造成本特别高，在金融危机中这一劣势更为明显。并入中联重科后，由于双方许多零部件存在通用性，可以发挥运营协同。在中国生产零部件，然后运回意大利组装，即使计入海运成本，仍比原先的成本低了许多。而原来零部件生产线上的工人则转移到出货车间，大大提高了 CIFA 的出货能力。在市场方面，中联重科和 CIFA 维持两地双品牌，CIFA 专注高端市场，中联重科专注中低端市场，两个市场几乎不重合，发挥了多重互补性。

对中联重科来说，与 CIFA 的联姻组成了全球混凝土工程机械行业的"联合舰队"，使其快速跻身于该行业领军企业的行列。同时 CIFA 先进的技术和卓越的名牌影响力，为其提供了进入高端市场的途径。在中、意两地实现生产、销售协同的情况下，中联重科也间接进入了高端混凝土工程机械的市场，提升了企业整体的创新能力和竞争力。

相比中联重科收购 CIFA 后的显著效果，目前谈论吉利集团对 DSI 的整合效果可能为时尚早，但吉利集团为这个原本破产、停工的企业注入了资金，原企业的技术人员不必担忧失业后的生活保障问题。这对 DSI 公司及其员工来说已是莫大的收益。同时，DSI 对吉利集团的发展也有至关重要的作用。DSI 作为吉利集团在澳大利亚的研发中心，为吉利集团强化了自动变速器这一块技术软肋，增强了这家民营汽车企业的技术实力。

目前，DSI 正在研发世界先进水平的八速前后驱动自动变速器、DCT 双离合变速器及 CVT 无级变速器。通过收购 DSI，吉利集团将在原有小扭矩自动变速器的自主知识产权基础上，进一步丰富产品线，强化自动变速器的研发与生产能力。总的来说，收购 DSI 有助于吉利集团保持快速发展的势头。

（四）殊途同归：获取创新资源实现持续发展

尽管以上三类中国企业跨国并购在并购背景、过程、整合中各有特色，但最终结果是一致的——通过跨国并购成功获取企业持续创新发展所需的资源。

上海电气集团、上汽集团代表的国有大型集团，是中国经济的领跑者。企业得到来自政府大力支持的同时，往往也背负着带动中国某个行业发展的艰巨任务。这批中国企业是跨国并购最早的试水者，当然这些企业中也不乏失败的案例。选择上海电气集团和上汽集团的原因是，它们在秋山机械和 MG 罗孚的并购中，着眼于创新资源的获取，并最终将其转化为企业自身的创新原动力，实现了企业自身和中国相关行业（印刷、汽车）的进步。

北一和中国化工也是规模较大的国有企业，但是与那些最受重视的国有大型企业相比，它们能够享受的资源相对匮乏，同时却背负着国有企业的许多包袱。这批中国企业的任务，是解决生存问题、吃饭问题。先进技术是帮助这些企业摆脱历史包袱，化腐朽为神奇的力量。同时，与第一类“财大气粗”的中国企业相比，这批企业在跨国并购中能够以学习的心态，与被并购方融合。与其说是中国企业并购了西方先行企业，不如说是中国企业通过并购融入先行者的产品和技术领域，从而带动自身的发展。

中联重科和吉利集团都是伴随着改革开放春风而诞生的新兴企业，没有历史包袱，具有比较先进的市场理念，技术、经营、管理模式等的创新是企业发展的原动力。通过跨国并购获取创新资源，源于这些企业对市场的敏锐触觉和对企业发展的长远规划。在市场经济的历练下，它们更清楚创新资源对企业发展的战略意义，对全球范围的创新资源是趋之若鹜的。但不可否认的是，这批企业的整体实力还有限。在收购中，它们需要专业机构的支持，需要类似金融危机这样较佳的购买时机。

三、跨国并购获取创新资源的基本法则

在西方发达国家，思科（CISCO）公司的跨国并购是众多企业跨国并购学习和借鉴的典范。然而，对弱势的中国企业来说，西方跨国并购理论和经验很难直接照搬和引用。结合当前中国企业跨国并购的背景、条件和能力，我们归纳总结出成功跨国并购需要遵循的若干基本法则。

（一）以获取技术资源为主要目的

目前中国企业在价值链的制造环节拥有国际竞争优势，但在价值链的研发与技术环节、营销与品牌环节缺乏优势。跨国并购作为创新型企业跨国成长的一种方式，其主要目的在于通过并购获取创新资源，建立技术与品牌优势。从实践来看，以获取技术资源为主的并购案的成功率要大于以获取市场渠道和品牌为主的并购案。这表明研发与技术距离制造优势要“近”，而营销与品牌相对“远”，从产业价值链看，以获取研发与技术等创新资源为主要目的的并购能够更好地发挥中国企业在制造环节的优势。上面介绍过的几家企业，获取创新资源这一并购目的十分明确，其成功率自然也就更大一些。

上海电气集团通过收购日本秋山机械，获得了国际一流的印刷技术，使所属印包集团的技术水平提升了18年。中联重科、北一都通过并购获得所需要的技术，对企业技术能力的提升大有助益。中国化工的跨国并购也是以获取技术为主的，中国化工非常重视海外企业先进技术和新产品与中国本土市场的协同效应。交易完成之后，立即启动先进技术向国内转移的工作，把海外企业的先进技术转移到国内的生产基地中（在天津基地建设20万吨有机硅项目，在南京基地建设蛋氨酸项目等）。

然而，以获取先进技术为目的的跨国并购，也有失败的案例。如华立集团收购飞利浦CDMA技术、京东方收购韩国现代液晶面板技术等。尽管造成失败的因素多种多样，但需要特别指出的是，失败企业对并购方研发与管理能力（人才）的获取明显不足。

以上汽集团为例，MG罗孚并不是企业的第一起跨国并购。在此之前，2004年上汽集团曾通过收购成为韩国双龙汽车公司的第一大股东（持股达51.33%），但因整合受阻而受挫。被上汽集团并购后的韩国双龙汽车公司，在主观上存在抵触情绪，加之上汽集团派出的高管未能协调好与韩方人员的关系，造成中韩人员关系上的紧张局势。由此，上汽集团无法通过韩方的技术层、经营层、管理层获取持续的创新资源，反而使双龙汽车成为集团的“难言之隐”。而在并购MG罗孚

的过程中，有了前车之鉴的上汽集团，就特别重视对人才的预收购。尽管并购并不算成功，但掌握 MG 罗孚大批技术和管理人才的上汽集团，还是如愿以偿地获取了相关的创新资源，也为之后的“上南配”奠定了扎实的基础。

因此，明确、适合的并购目的是中国企业跨国并购能否成功的首要因素，尤其是结合中国制造的优势，以研发和技术等创新资源为获取目标，应该成为现阶段中国企业进行跨国并购的主要目的。

（二）重视人才储备和经验积累

作为后来者的中国企业，要赶超先行企业，实现跨国成长，主要有三种方式：一是跨国并购；二是自建海外研发机构；三是国际研发合作联盟。目前，跨国并购是中国企业运用越来越多的方式，自建海外研发机构也有一批创新型企业在积极尝试，国际研发合作联盟所要求的门槛较高，当前只有少量极为优秀的中国企业可能跻身其中。对大部分中国企业来说，可行性最高、收效最快的方式还是跨国并购。但即使对发达国家的优势企业来说，跨国并购的成功率也不高，因此中国企业应在并购前做好充分准备。

中国企业跨国并购的最大制约因素是缺乏跨国运作的人才和企业并购的经验。在跨国并购过程中，虽然可以通过与国际专业服务机构和投资机构合作，来弥补人才和经验的不足，但企业自身的人才历练与准备仍是必不可少的。

中国化工早在其前身蓝星集团时代就开始国际化经营的准备，成立了国际部和海外办事机构，负责海外市场和企业的调研，并逐步汇集了一批从事国际化经营的人才。蓝星集团先后收购重组了 70 多家国内化工企业，积累了比较丰富的并购整合经验和能力。中国化工还拥有中国化工行业规模最大、最具实力的专业情报研究机构——中国化工信息中心，拥有 24 家科研院所，在各自技术领域掌握前沿的技术信息，为中国化工的跨国并购提供了有力的情报服务和研究支持，其作用在并购标的公司选择的前期阶段表现尤其明显。此外，安迪苏和罗地亚两家目标公司在并购发生前都与中国化工打过 3 年以上的交道。中国化工与罗地亚公司在 2004 年曾建立战略联盟合作关系，与安迪苏也先后洽谈过技术转让和合资经营，在这个过程中，双方高层人员频繁接触，增进了相互了解和认同，也帮助双方直接获得对方的及时、准确的信息，为日后的并购奠定了良好的心理基础，也为并购后的整合做了准备。

中联重科在并购 CIFA 前进行过一系列规模相对较小的国内外并购。早在 2001 年中联重科就曾收购英国保路捷公司 80% 股权，这是中国加入世界贸易组织（WTO）后国内企业首次成功并购国际知名企业。之后，中联重科先后在国内以 1.27 亿元收购“中国带锯王”湖南机床厂、2004 年收购中国环卫机械行业第一品牌——中标实业，2008 年以 1.19 亿元收购华泰重工 82% 的股权等。此前的并购为中联重科收购 CIFA，乃至今后的并购积累了经验。

相比之下，TCL 集团收购法国汤姆逊彩电公司、联想集团并购 IBM 公司的 PC 业务等，在并购人才等方面准备不足，导致 TCL 集团收购后合资企业高管团队频繁调整，连续换帅，甚至找不到合适首席执行官人选，只能由李东生亲自接手。汤姆逊公司原销售团队成本过高，却找不到更合适的团队替代。联想集团完成收购后 5 年内也是频繁换帅，三任 CEO 分别是来自 IBM 公司的沃德、来自戴尔电脑公司的阿梅里奥及杨元庆，不同的管理理念和风格致使企业管理团队不断调整，企业战略不断变化，影响并购整合的效果，导致联想集团出现严重亏损，老帅“柳传志”重新出山。

因此，跨国并购是企业发展的重大战略举措，必须进行多层面、充分的战略准备，这包括并购经验和能力的积累、国际化人才队伍的构建、国际市场和行业技术趋势的把握、跨国并购规则的熟悉等。

（三）寻找适合的并购时机

一个好的收购目标、一家拥有创新资源的企业往往是十分稀缺的资源，一旦失之交臂就后悔莫及。即便经济周期上下起伏是不可避免的，但“有价无市”也是并购中常出现的问题。

中联重科收购 CIFA 是在 2009 年金融危机全面爆发前夕完成的。与之形成鲜明对照的是同样在金融危机前夕，“一时冲动”收购欧洲富通集团的中国平安保险公司（简称中国平安）。两起跨国并购的共同点是，两家中国企业都曾被认为是在“非常错误”的时候，掏钱并购，若晚几个月并购，价格可以低很多。不同之处是，中国平安不仅买贵了，而且买错了，在富通上的投资成了不能挽回的损失；而中联重科虽然没有以一个更便宜的价格买到 CIFA，但是企业最终买到了梦寐以求的技术、品牌、渠道和协同效应。金融危机袭来，CIFA 不仅没有成为中联重科利润上的黑洞，而且快速走出低谷，实现了并购后的双赢。

究其原因，中国平安并没有如中联重科一样购买创新资源，而是一种资本投资，因为次贷危机冲击使得这起并购很难有翻身的机会。而中联重科买的是全球行业领军企业，其技术、人才、工艺、渠道都是中联重科仰慕已久的。换言之，CIFA 从整体上拥有创新资源，是一个具备投资价值的并购对象。因此，中联重科在收购中明知美国次贷危机对全球经济可能带来的影响，但还是着眼于中联重科在全球行业内的发展，着眼于企业的长期成长性和自主创新的能力。这是一种为买心头好一掷千金的做法，也是中国企业抢占先机的果断决策。

吉利集团的运气更好一些，DSI 因金融危机面临破产，吉利集团出手之快，是业界始料不及的。媒体以“暗度陈仓”来形容此次收购。事实上，看准 DSI 价值的吉利集团，以最快的速度果断决定收购，也是中国企业在跨国并购中抢占先机的表现。

总的来说，全球的创新资源从整体而言是稀缺资源，即便有资源可供出售，弱势的中国企业仍可能在竞购中遭遇一些不公正的待遇，如上海电气集团在收购秋山机械中，就受到日方的排斥；华为技术有限公司在收购美国 3COM、2Wire（宽带互联网软件提供商）、摩托罗拉移动网络基础设施部门等事件中，屡遭商业之外因素的阻挠而受挫。但这是中国企业发展过程中必须经历的，正是因为资源的稀缺，当有价值的资源出现时，中国企业才应该果断出手。

（四）选择有利的并购方式

当明确并购目的、做好充分准备、及时把握并购时机后，采取有利于中国企业的并购方式也是至关重要的，这包括并购标的选择、并购规则等。

首先，应选择业务范围相同或相近的并购对象。作为后发、弱势群体的中国企业，目前并不具备业务多样化的资源和实力，并购业务范围跨度过大，不利于中国企业获取创新资源，也不利于创新资源的整合。因此，在以上介绍的几起跨国并购案例中，中国化工的战略定位是"化工新材料"，被收购的安迪苏公司的蛋氨酸业务和罗地亚集团的有机硅业务都属于化工新材料业务范围；吉利集团收购的 DSI 的主要业务自动变速器是汽车零部件行业，是整车制造的上游环节。其他几例的并购对象也均是与其业务相同、相近的同行业企业。

其次，通过引入"第三方"主动拉近并购双方的关系。日本秋山机械最初并不认可中国企业，上海电气集团也是找来了外国投资者——美国晨兴集团（Morningside Group）共同参与才顺利完成收购。中联重科对全球混凝土机械行业排名前三的 CIFA 公司的收购，不仅耗资巨大，而且存在法律障碍和并购陷阱的可能。为了保障收购交易的成功、减少后续可能出现的问题，中联重科找到专业从事企业股权投资、中国本土且有海外背景的私募基金——弘毅投资公司。弘毅投资不仅作为并购顾问帮助中联重科进行相关谈判，而且弘毅投资也置身其中，买下 CIFA 公司 18.04% 的股份，为中联重科锁定了部分筹码。因此，在中国企业海外并购过程中，联手具有国际背景并了解国际规则的第三方，可以减少被并购方及其所在国或地区各方面的抵触情绪，取得双赢甚至多赢的效果。

最后，善用权威的专业服务机构。聘请专业服务机构的主要目的，是缩小企业跨国并购现有能力与并购活动所需能力之间的差距。以专业机构的知识和经验帮助企业做出合理的决策，而决策后果只能由企业承担。吉利集团为保证收购沃尔沃汽车公司的成功，组成了国际水准的收购专业团队。富尔德律师事务所负责收购项目的所有法律事务；德勤负责收购项目、财务咨询，包括成本节约计划和分离运营分析、信息技术、养老金、资金管理和汽车金融尽职调查；洛希尔银行负责项目对卖方的总体协调，并对沃尔沃资产进行估值分析。国际知名的投资银行、律师行、会计师行等的参与，给被并购方留下吉利集团了解国际游戏规则的深刻印象，增加了收购成功的砝码。同时，这次被称为有史以来最为复杂的汽车业并购交易，也为吉利集团的跨国成长提供了一次很好的训练。

（五）追求“学习式”融合

跨国并购是一种全面获取全球创新资源的方式。发达国家的企业可能由于外部市场衰退、股东不愿长期经营、突发的经济不景气等问题，将原本资源优良的企业出售。在以往的收购案例中，都是由发达国家一些实力雄厚的企业完成并购，这些企业往往吸收被并购企业中一些有价值的资源、技术，然后将那些非核心的资源、技术再次出售。

中国企业的做法恰恰相反，在以上提及的案例中，中国企业不仅没有分拆被并购企业，还要最大限度地保留海外企业原有的生产和经营模式。事实上，这与中国企业通过跨国并购获取全球创新资源的理念相符。正是由于中国企业需要被并购方整体的创新资源，才需要最大限度地将其集中、还原、保留。只有在其完整的情况下，才具有可参照性和学习性，中国企业才可能在此基础上加以借鉴和创新。

上汽集团在竞购 MG 罗孚失利后，在海外大量聘请 MG 罗孚的核心技术人员，在国内几经努力最终收购南汽集团，即表现出其对全球创新资源整体性的重视。吉利集团收购沃尔沃汽车公司时特别承诺要充分尊重欧洲成熟商业文明，尊重沃尔沃百年形成的企业核心价值理念。支持沃尔沃实现“双零双强”计划（双零是指零伤亡，零污染；双强是指形成强大的竞争力和强劲的企业生命力），不改变沃尔沃在欧洲的一切生产设施，并提出“吉利是吉利，沃尔沃是沃尔沃”的并购理念。迈瑞医疗完成 Datascope 公司医护监管业务的收购后，也强调保留 Datascope 现有的产品线，并继续在美国生产 Datascope 的产品，Datascope 医护监管业务现在的管理团队和员工也大部分留任。因此，通过并购单纯买到知识产权、买到机械设备甚至买到专利技术都是不够的，要真正实现“走出去”参与全球创新发展，必须将创新资源的所有要素整合、统一。特别是创新资源往往与被并购方的人员有莫大关系，若只并购法律意义上的企业及其资产，却失去熟悉技术、经验丰富的技术人员，那么通过跨国并购获取创新资源的努力仍是失败的。上汽集团对韩国双龙汽车公司的并购失败，就是因为中方没有处理好与韩方人员的关系，最终并购不仅没有促进企业的发展，反而成为上汽集团的一大隐痛。

中国企业的跨国并购，与强势企业并购弱势企业的观念不同。就目前而言，中国企业跨国并购从总体上而言是弱势企业并购强势企业。通过并购获取的创新资源，对母公司来说是整体发展的核心战略资源。换言之，中国企业是通过跨国并购获取企业成长与发展的原动力，以此实现跨国成长。因此，对于一起成功的跨国并购来说，任何精妙的设计和方式都不是成功的充分条件，完成交易后的融合才是关键。在并购的过程中，如何发挥被并购企业的最大价值，并将其固有的资源转化为中国企业的整体资源，才是最需要考虑的。在此方面，以北一和中国化工为代表的第二类企业，在并购整合中做得比较好。北一收购德国科堡公司时，德国媒体曾认为："对于北一这个母亲来讲，科堡这个孩子显得太大了。"为应对这种困难，北一坚持"小学生姿态"，不仅并购交易完成，并购后的经营管理也很顺利，实现了预期的目标。这是值得中国企业学习和借鉴的。

因此，在正确选择创新资源的同时，如何以一个后发者的心态与被并购方融合，如何通过并购用好这些资源，是中国企业并购获取创新资源的关键所在。北一、中国化工等的"学习式并购"是解决这一问题的最佳途径。作为后来者的中国企业，跨国并购的目的是获取全球创新资源，那么以学习的态度完成并购，与这一最终目的相符合。

总之，跨国并购是全球化条件下后发企业在全球范围获取创新资源，实现跨国成长的有效方式，许多中国企业已经或正在进行积极尝试，并取得了一些成效。但需要强调，在跨国并购方面，中国大多数企业仍缺乏经验，尤其缺乏资源整合能力，这是一个持续的学习过程，需要中国企业能够以学习心态借鉴国内外企业的成功经验，逐步达到能够比较娴熟地运用这一方式来快速提升自身的创新能力，尽快成长起一批具有全球竞争力的跨国公司。

第七章

创新型企业案例

自创新型企业建设工作启动以来，这一企业群体的规模不断扩大。创新型企业作为中国企业中最具创新能力和竞争力的“标杆企业”，是中国企业依靠创新驱动发展的先行者和探索者。对创新型企业进行系统的案例研究，总结归纳出中国创新型企业的共性特点和成长规律，对于引导众多以“创新型企业”为目标的中国企业尽快走上依靠创新发展的道路具有重要的意义。

案例一
远达环保：以核心技术打造一流环保企业

中电投远达环保工程有限公司（以下简称远达环保）成立于2000年，位于重庆“两江新区”，主要从事烟气脱硫脱硝项目总承包、烟气脱硫特许经营、脱硝催化剂制造、水务项目总承包、核电环保等业务。

远达环保是股份制国有企业，主要股东为中国电力投资集团公司和重庆九龙电力股份有限公司。公司现有控股分子公司8家，建有国家级企业技术中心、国家地方联合工程研究中心等4个中心。公司现有总资产17亿元，2009年公司实现销售收入110064万元，利润5027万元，人均产值位于行业前列。公司员工500余人，75%以上员工具有本科以上学历。

2000年公司以7500万元注册资本起步，经历了艰苦创业的初期阶段。公司抓住由区域性电力第三产业向全国性新兴环保产业转变的历史机遇，以技术创新带动企业的高速发展。2009年完成了五大产业布局，迎来又一个黄金发展期。

1. 引进吸收再创新的发展战略

为摆脱中国烟气污染物治理技术依赖国外技术的现状，尽快赶上国际先进烟气处理技术的前进步伐，加快烟气处理技术产业化进程，公司确定了“以电力环保和节能降耗技术产品为方向，以技术引进为基础，自主创新为核心，研究中心、实验基地为支撑，技术研发与工程建设相辅相成，从引进吸收走向自主创新，致力于火电行业烟气治理及节能降耗技术和产品的创新，并逐步延伸到煤炭、冶金、化工等领域的技术创新，逐步成为具有国际一流技术水平的电力环保和煤炭化工领域高科技环保集团”的企业创新发展战略。

公司的创新思路是：通过技术引进、消化、吸收、二次创新，解决国外技术水土不服、投资高等问题，将国外技术国产化，开发出具有自主知识产权的核心技术。为此，公司围绕烟气脱硫、脱硝、脱汞、二氧化碳减排等研究领域承担了多项国家级重大科技项目，凝练出近、中、远期阶段性创新发展规划，制定了自主技术开发的详细方案。同时，构建了多个以自主知识产权技术开发、工程化应用为目标的大型成果转化基地、研究中心、实验室等创新平台，通过专业化、规模化、集群化基地建设和资本化运作，全面融入电力环保产业链。

2. “小改革、大奖励”促进“全员创新”

任何大的创新都包含着无数小的革新。远达环保十分重视通过一个个小革新的量的积累最终达到实质性创新，将创新活动内化到全体员工的各项工作中。公司提倡“全员参与、全员创新”，通过研发人员统筹规划、市场人员收集信息、工程人员综合需求、设计人员提供设计、技术服务中心反馈效果等方式，形成以技术中心为主体，各职能部门广泛参与的创新模式，在信息收集、技术研发、工程应用、优化升级上形成良性循环，有效地发挥各职能部门在科技创新中的作用。

在“全员参与、全员创新”的管理模式下，公司建立了“小改革、大奖励”的创新激励机制，制定了科技奖励办法，实行经济目标责任制考核，实行收入分配和工作绩效挂钩，科技开发和经济效益挂钩，并通过内部经济责任制分解落实；设立了科技奖励基金，对在设计优化、标准制定、知识产权保护、科技立项、工程建设等方面做出成绩的员工进行奖励，2008 年、2009 年公司对 19 个部门的 20 项管理创效项目和 68 项技术创新项目进行了奖励，奖励总额近 500 万元。

3. 创建综合集成及开放式的研发体系

公司致力于创建“专业化、集成化、现代化、系统化”的技术创新体系及开放式的创新平台，形成了以国家级企业技术中心、燃煤烟气净化技术及装备国家地方联合工程研究中心为主体、多个创新载体支撑的研发体系。

国家级企业技术中心、国家地方联合工程中心包含了重庆市工业烟气排放控制工程研究中心、中电投集团环境工程技术中心。中心下设合川原烟气净化、永川技术成果转化两大综合实验基地，其中，合川原烟气净化综合实验基地是目前国内最大的原烟气净化实验基地，集烟气脱硫、脱硝、脱汞、二氧化碳净化技术研究与工程示范于一体，与国际同步。中心还建有国内首个烟气脱硝流场模拟实验室、CFD 流场模拟计算中心、校企共建烟气分析测试中心、产品性能检测中心以及国内产能最大的脱硝催化剂生产基地。同时，中心建有西南地区行业内首个企业博士后科研工作站；设立了水处理技术、核电环保、CO_2 减排与资源化利用等 6 个研发小组，围绕现有行业技术的共性和关键问题展开实验与研究。

公司还与浙江大学、华中科技大学、西安交通大学、重庆大学等多所高校开展了 20 多个科技项目合作，合作项目涉及烟气污染物治理、水处理、节能技术与产品开发等多个领域。公司不断加大科技投入，为科技创新工作提供了稳定、持续的资金保障。2009 年公司科研投入 5000 余万元，占当年销售收入的 5%。

4. 构筑专利保护网，推动专利标准化和产业化

为全面提升知识产权运用能力，发挥知识产权战略在企业发展中的作用，公司提出“构筑专利保护网，规避专利侵权风险；专利标准化，增强企业核心竞争力；专利产业化，全面提升知识产权创造、转化、运用能力”的专利战略思路。

构筑专利网。将知识产权作为攻防一体的“双刃剑”，对正在开展的新技术提前构筑好专利保护网，一方面保护自己的核心技术，避免技术被盗用而带来损失；另一方面可先于竞争对手占据该领域的有利位置，防止竞争对手入侵。

专利标准化。坚持让公司掌握的核心技术走“技术专利化—专利标准化—标准垄断化”的路线，增强企业的核心竞争力。

专利产业化。加强公司核心专利的转化及应用，促进自主创新成果的知识产权化、商品化、产业化，引导企业采取知识产权转让、许可的方式实现知识产权的市场价值，为企业创造经济效益。

公司建立了知识产权工作体系，成立了知识产权管理小组，建立了知识产权管理制度与专利责任制，制定了专利奖励和分配制度，引导员工及时申请专利并从中受益。设专人负责专利情报收集与分析等知识产权相关事宜，实现了科研开发、专利维权等各个环节的专利保护。公司还加强员工知识产权培训，强化员工知识产权保护意识，培训覆盖率达 100%。

通过一系列制度、措施的实施，公司专利拥有量持续增长，2006 年、2007 年、2008 年新增专利数量分别比上年增长约 850%、186%、80%。目前共计申请专利 127 项，其中发明专利 62 项，已获授权发明专利 16 项。被当地政府授予首批知识产权试点企业。

5. 双管齐下培养研究应用两用型人才

公司按照“事业留人、感情留人、待遇留人”的原则，给予科技人员相对自由的空间发挥才能；委以更多责任，增强人才的责任感和创造的成就感；给予科技人员参与企业管理的机会；在收入分配上向科技人员倾斜。

公司通过“博士为主、硕士为辅”，“传帮带”等方式，致力于培养研究应用复合型人才。形成学术带头人、科研骨干、基层科研人员等专业背景互补的梯队式科研团队，并通过科研项目、产学研联合培养等途径，锻炼和培养年轻工程师的科研管理与工程应用能力。公司拥有了一支结构合理、配置优化的技术创新队伍，科技活动人员 212 名，专业涉及热能热动、化工、环境工程等多个领域。

公司通过建立科学的考评体系与激励机制，调动技术创新人员的积极性和创造性。实行经济目标责任制考核，收入分配和工作绩效挂钩，科技开发和经济效益挂钩，并通过内部经济责任制分解落实；制定《创新创效奖励实施细则》，将创新奖励的范围扩大到所有技术相关部门，稳定了高水平的人才队伍。

6. 依靠创新与精细化管理打造行业科技品牌

公司自主开发的具有完全自主知识产权的“YD－BSP 烟气脱硫成套技术”于 2007 年注册商标，在全国推广应用的同时成功地进入印度、土耳其等国际市场。公司被国家环境保护部批准为国内唯一的“燃煤电厂二氧化硫减排核查核算培训基地”；被科技部指定为“燃煤电厂烟气净化技术国际培训班”唯一承办机构；是中国电力企业联合会批准的“全国火电厂烟气脱硫设备运行维护人员培训基地”；并被国家发改委、环保部批准为首批具有脱硫特许经营的十家环保企业之一。

为持续打造“远达”品牌，公司增强工程项目质量管理力度，建立项目质量奖惩机制，编制“项目建设错误手册”。在市场部增加专人进行国际市场开拓及宣传，设立了专门的企划宣传部等，承办“碳捕集与封存国际研讨会”、“中国环境科学年会”等国内外大型技术交流活动。

7. “激情、责任、团队、想象力”的核心理念

“激情、责任、团队、想象力”是公司企业文化的核心理念，其中，“想象力”是针对创新所提出。对于创新，远达企业文化中是这样诠释的：“创新是企业发展的原动力，而想象力是创新的源泉。富有想象力的去工作才能有创造性的思维，才能引发技术和管理的变革，提升企业的竞争力”。

以人为本、悉心听取员工的声音是公司一贯坚持的管理理念。公司还通过开展各种演讲、辩论比赛，引导员工积极培养创新思维和创新意识，为全员创新营造良好氛围。设计部、工程部、技术中心等技术部门先后开展了 20 余次“岗位练兵”、“技术比武”、“创新与发展”辩论赛等，在公司内形成“你追我赶”的良性技术竞争氛围。同时，公司每年设立培训基金，对公司员工进行 100% 覆盖率的综合素质和技术培训，根据每位员工的实际情况与创新潜能，一对一地制定培训计划，并将培训完成情况与年度绩效挂钩，引导员工主动学习。

8. 企业创新成效

目前，公司业务覆盖了全国26个省市地区，累计承接烟气脱硫脱硝项目79个，特许经营项目4个，合同金额约90亿元，市场增长幅度在国内同行业中最快，烟气脱硫市场占有率达到12%。2003～2009年，公司环保产业收入、利润总额年均增长41.18%、52.61%。

公司累计承担国家级科技项目6项、省部级科技项目30项。建成了国内最大的原烟气净化综合实验基地、国内首台万吨级二氧化碳捕集装置、国内产能最大的烟气脱硝催化剂生产基地等7个创新平台。利用这些平台，形成了自主知识产权的燃煤电厂碳捕集工艺技术、双相整流烟气脱硫成套技术、两级式烟气脱硝技术、脱汞技术，为推动中国电力工业可持续发展提供了技术保障。

公司获各类科技奖励23项，其中"YD－BSP烟气脱硫成套技术与装备"获得重庆市科技进步一等奖，并被列入国家首批自主创新产品。编制的《燃煤烟气脱硫设备》（GB/T 19229.1—2008）、《燃煤烟气脱硝技术装备》（GB/T 21509—2008）两项国家标准已正式发布，制定了《火电厂烟气脱硝工程施工验收技术规程》等6个行业标准，其中已发布1项。公司已掌握15种环保核心技术，是目前同行业掌握技术最多的企业之一，这些技术已在全国30家电厂推广应用，每年可为国家减排二氧化硫180万吨，创造经济效益240亿元。持续创新引领公司已经发展成为环保行业的龙头企业。

案例二
风华高科：从引进模仿走向自主创新

广东风华高新科技股份有限公司（以下简称风华高科）成立于1984年，是一家专业从事新型元器件、电子材料、电子专用设备等电子信息基础产品的国有控股高科技上市公司。现已成为国内最大的新型电子元器件及电子专用材料、电子专用设备的科研、生产和出口基地。

公司经过二十多年的发展，经济规模逐年扩大。目前下属10家分公司、10家子公司及5家参股公司。2009年完成主营业务收入16.7亿元，总资产26.8亿元，税利1亿元，全员劳动生产率达到6.3万元/人。公司从业人员7483人，其中科技人员1771人，研发人员785人。

公司经历了1984～1996年的立业阶段，1996～2000年的快速发展阶段和2001～2008年的持续发展阶段。1996年11月，风华高科在深交所上市。2008年，肇庆市政府与广东省广晟资产经营有限公司签署《全面战略合作框架协议》，广晟集团入主风华高科，揭开了风华高科发展新篇章。

1. 从引进模仿到自主创新的发展战略

"九五"期间，公司坚持技术改造与技术创新、制度创新相结合的发展路子，靠技术改造上规模，靠技术创新上档次，靠制度创新营动力的发展战略，推动企业实现了跨越式发展。制定了引进与创新相结合的发展战略。一方面，针对制约企业发展的薄弱环节，以原材料、生产设备和工艺为突破口，引进技术消化吸收，靠先进设备和人的创造性，生产出高质量产品，通过成品率提高、成本降低、销量增加，使企业跑到了国内同类企业的前列。另一方面，以国家工程技术研发中心为主体，根据行业市场需求及发展趋势，制订开发计划，并积极承担国家"863"计划项目、国家"双加"工程等，形成具有自主知识产权的核心技术，逐步发展成为电子元件行业的龙头企业。

2. 技术创新与深化企业改革相结合

公司建立了"小中心、大网络"的运行机制，通过联合科研开发、共建实验室、组建项目公司等方式整合社会资源，建立自主开发的产业体系。公司以国家级技术中心为主体，依托社会科技资源，建立严格的项目管理机制和有效的激励机制，建设企业博士后科研工作站，积极引进和培养高素质人才，抓好重大科技攻关和新技术、新产品开发，不断提高自主开发能力，加强企业科研成果和高技术的产业化，培育新的经济增长点。

公司努力深化企业改革，一是积极探索企业机制的创新，建立和完善有效监督的法人治理架构，形成规范的母子公司结构、科学的总体决策与分层决策机制、财务主导型的销售和进出口管理体制；二是建立和完善以现代企业制度为特征的创新产权制度，设立国有资产授权经营企业和国有独资集团组成的投资中心、以上市公司为主的资产营运中心，形成二十多家子公司组成的产业网络；三是建立和完善以投融资体制创新为特征的风险投资制度，积极引入风险投资基金，筹建企业参股的风险投资公司；四是建立和完善以各种有形资本收益和无形资产参与分配为特征的创新激励制度；五是建立与国际接轨的管理体系，全面引进和推广ISO9000 质量保证体系，积极推广 TCS 全面客户满意体系。

3. 多层次、开放式的研发支撑体系

公司建立和完善以技术中心为核心，以各子公司二级研究应用中心为支撑，以车间创新小组为基础的金字塔式的研发支撑体系。风华研究院拥有一流的实验、分析、检测和中试装备，根据公司的研发需求，设立了纳米材料、元器件工艺技术、薄膜技术、电磁兼容、有机材料、可靠性及安全性、测试仪器分析中心 7 个实验室，集聚公司从开发层到应用层的研发设施和人才，主要从事中长期项目研究和重大技术、关键工艺的研发；子（分）公司二级研究应用中心直接面向市场，从事新产品的开发和现有产品的改进；各车间创新小组开展群众性技术攻关活动，重点解决成本和质量问题。三个层次既分工有别又相互结合，使长、中、短期研究开发活动相结合。

公司发起及参与了 4 个战略联盟：一是与清华大学、电子科技大学、中科院等联合组成的“无源电子元器件及集成产学研战略联盟”；二是与广州电器科学院、华南理工大学、华为、美的电器等联合组成的“无铅电子制造产学研战略联盟”；三是与香港科技大学、粤晶高科等联合组成的“微电子制造装备产学研战略联盟”；四是与佛山市华南精细陶瓷技术研究开发中心、中国科学院上海硅酸盐研究所、清华大学等联合组成的“LTCC 产学研创新联盟”。同时加强与日本太阳诱电、美国 JDI、美国 GE、美国 3I、韩国电信研究院等一批知名企业和研究机构合作，并组建了广东省国际科技合作示范基地，形成全球化的产学研合作体系。

公司每年拨出不少于年销售总额 5% 的经费进行科研开发。2006 年度、2007 年度、2008 年度公司累计投入研究开发费用达 33881 万元，仅 2008 年度公司投入研究开发费用就达 9348 万元。

4. 科技领先、以人为本的知识产权战略规划

公司贯彻“科技领先、以人为本”的宗旨，制定和实施切合公司实际发展需要的知识产权战略发展规划。“科技领先”要求公司始终站在国际同行业领域的制高点进行新的创新和改进。“以人为本”要求公司尊重员工的智力劳动成果，并不断完善鼓励技术创新的政策措施，调动和激励员工从事发明创造的积极性。

公司一直重视知识产权管理工作，1998 年成立了由公司领导挂帅的知识产权管理领导小组，设立了知识产权管理办公室，并配备专职知识产权工作者。同时各子（分）公司配备知识产权工作负责人和联络员，从而形成了以公司知识产权办为核心，各子（分）公司知识产权管理部门为支撑的管理体系。

公司制定了一系列的知识产权管理办法和奖励措施。2008 年初对《知识产权工作管理办法》做了相应的调整和修改，进一步规范了管理制度，大幅提高奖励力度。

至 2009 年底，公司共申请专利 207 项，其中发明专利占 60.9%，共获得省市科技进步奖 110 项。通过省级鉴定项目 156 项，其中达到国际领先技术水平 15 项；达到国际先进技术水平的新产品 66 项。

5. 三大“民心工程”构建以人为本的和谐企业

公司围绕“构建以人为本的和谐企业”的方向，按照人是企业最宝贵的资源和财富的人本管理思想，全面实施“健康工程”、“安心工程”和“成长工程”三大“民心工程”建设，提升公司“以人为本”的经营理念和企业文化。

公司在吸收人才方面，一是充分发挥国家级工程中心效应，吸纳国内一流人才，同时聘请一批国内顶级技术专才；二是通过博士后工作站，吸纳高层次人才，先后共吸纳 40 名博士后进站工作；三是走产学研相结合的道路，通过项目合作外聘专家，既调动和整合了社会资源，又可弥补人才缺乏。

公司采取以项目激励为主、薪酬福利激励为辅的激励模式。鼓励技术研发人员多参与项目开发，当技术项目创出效益时，项目团队可按照效益的一定比例计提项目奖励基金（几万到一百万不等）并进行内部分配；公司建立技术研发专属通道的职位晋升体系，出台了《技术研发人员考核与激励管理办法》，从制度上保障技术研发人员应获得的地位、待遇以及足够的晋升空间，同时技术研发序列与管理序列对接，技术研发人员同样享受相对应等级管理职位的薪酬福利政策，甚至超过对应等级管理职位的薪酬福利水平。

通过以上措施，公司培养和造就了一大批高素质、老中青相结合的科研开发队伍。现有公司员工 7483 人，其中科技人员 1771 人、研发人员 785 人。

6. 实现品质跨越，构建品牌基石

公司大力实施名牌兴企战略，将思路定位在“立足现有资源，打造风华精品”，把目标瞄准在“实现品质跨越，占领国际市场”。

在品牌建设方面，一是狠抓质量，构建品牌的基石。坚持以“质量是企业的生命”和“用户第一”的经营宗旨，推行卓越绩效的管理模式，并严格按照 IEC 国际先进标准组织生产，通过建立严格的 ISO9001：2000 等国际先进的质量保证体系保证产品质量并坚持持续质量改进。二是加强技术创新，打造品牌内核。三是不断开拓国际市场，扩大品牌影响。目前，风华磁材因为质量、市场、效益与行业地位处于国内领先水平而获得“中国名牌产品”的称号，也是全国磁性材料领域中广东省唯一上榜的中国名牌产品。风华半导体分立器件 2008 年获“广东省名牌产品”荣誉，至今风华高科共获得 1 个中国名牌产品、6 个广东省名牌产品。

在市场开拓上，一是实施国际化营销战略。公司加强与国内外整机生产企业的信息沟通及合作，以外向型战略带动发展，主动参与区域经济合作和全球贸易，瞄准国际市场，开发生产新产品。二是实施主动型营销战略。为了适应全球化市场的需要，公司摒弃了传统的“跟着市场走”的被动观念，实施“陪着市场走”和“领着市场走”这一主动型市场营销战略，即把产品的技术开发及服务提前做到整机用户的研究开发及设计部门中去，把新产品开发充分融合到最新市场需求之中，并积极与整机企业建立新型战略联盟。目前，公司已建立起强大的全球营销网络和销售渠道，产品在欧美、日本、韩国等产品技术强国和主流市场中打开了通道，跻身世界同行的先进行列，获得中国出口企业成就奖。

7. 将“创争”理念引入企业文化建设

公司在创新文化建设上围绕“创建学习型组织、争做知识型职工”的理念，建立完善“创争”活动工作机制，制定创争活动规划进度表，把“创争”活动相关理念和意识纳入到公司管理体系，实现“创争”团队化。

公司通过每年一次的职代会、经理信箱、OA 办公网论坛、员工座谈会、“我为风华进一言”活动等渠道收集员工合理化建议，广纳良言，充分发挥集体智慧。对于被采纳的建议，公司对建议者予以奖励并大范围学习推广，部分涉及生产操作的改造创新，公司以建议员工的名字为新操作法命名并推广。

公司工会每年坚持组织开展以“岗位技术创新”劳动竞赛为主的多种形式的职工群众性经济技术创新活动，组织发动基层员工紧紧围绕技术创新的关键点和难点，针对影响生产成本、产品质量、生产效率、节能降耗的突出问题，开展“三技一化”的经济技术创新。工会还大力开展劳动竞赛、技术比武活动，比生产效率、比产品质量等。下属各子（分）公司工会均成立了劳动竞赛组织机构，常年开展岗位练兵、技术比赛。通过一系列的技能竞赛和群众性的创新活动，有效地激发出广大员工学习新技术、新知识的积极性，进一步增强了企业全员的创新能力和创新意识，为企业技术进步奠定了坚实的基础。

8. 企业创新成效

通过自主创新，公司在材料技术、设计技术、设备技术等七个重点技术领域掌握了一大批具有自主知识产权的尖端前沿技术和工艺，拥有从原材料、关键核心技术到专用设备的完整的自主知识产权，取得“片式元器件内电极贱金属化”、“环保型电子陶瓷粉料”、“电子元器件无铅化”和“真空溅射技术”等一系列重大科技成果，打破了发达国家的技术垄断和封锁。公司在新型电子元器件及材料相关领域的关键技术研发和工程化能力大幅提升，片式元器件年生产能力达1500多亿只，规模和技术水平居国内第一；高性能软磁铁氧体生产能力10000吨/年，产品被Philips、GE、Epcos、Pulse、Osram等国际知名公司大量使用，确立了在国内的领先优势和国际市场竞争力；公司发展出自主民族品牌，推动了中国新型电子元器件及其材料行业的科技进步。

案例三

华北新药公司：瞄准未来需求的“三位一体”创新模式

华北制药集团新药研究开发有限责任公司（以下简称华北新药公司）是华北制药集团有限责任公司下属的集“信息—科研—中试—生产”为一体的从事新药研究开发的法人实体，2001 年由华北制药集团新药研究开发中心（其前身为 1957 年成立的“华北制药厂中心试验室”）改制成立。公司以创新药物研究开发为目标，承担着国家和华药集团的重大新产品、新技术的研发任务，主要研究领域为抗生素和半合成抗生素、生物技术药物、药物新剂型研制、小分子药物及天然药物筛选研究等。

公司下设天然药物、合成药物、生物资源等 10 个研究室，天然药物、生物技术等 5 条中试生产线和口服制剂生产线等 4 条 GMP 生产线。华北新药公司是中国制药企业首批国家级企业技术中心、国家“863”高技术产业化基地、微生物药物国家工程研究中心、抗体药物研制国家重点实验室、科技部国际科技合作基地、河北省工业微生物代谢工程技术研究中心。

2009 年，公司总资产 28928 万元，主营业务收入 13981 万元，技术开发费支出总额 4950 万元，工业增加值 10454 万元，利税 4504 万元，税金 1904 万元，产品销售利税率 32%，全员劳动生产率 17.87 万元/人。

1. 以产品结构调整为核心的创新思路

公司确定了“发挥优势、创建品牌、瞄准未来、跟踪前沿”的创新发展思路，取胜的关键点在于产业结构的调整。公司按照集团总体战略部署，围绕产品结构调整这一核心战略任务，在分析了国内外研发现状和自身优势后，瞄准未来市场需求，明确研发方向。

公司按照统筹兼顾，分步实施的办法，将创新战略进行目标分解。以建立国内领先和国际先进水平的微生物发酵药物和基因工程药物技术创新平台为目标，开发以器官移植后免疫抑制剂、新型抗生素、基因工程重组蛋白类药物为主的高技术含量高附加值新产品，并进行科技成果转化和新产品产业化基地建设，保持公司创新的可持续性发展和经营业绩的稳定发展。

2. 基础创新—新产品研发—产业化三位一体的创新发展格局

公司以目标为导向，以人才为中心，强化过程管理和机制创新，针对企业发展出台了包括成果转化、利润分配、专项奖励、人才引进等举措，为员工搭建创新平台，使企业的技术创新水平、国内和国际竞争力不断提升，形成了以研究室、中试生产线、GMP 产品生产线三位一体的创新体系。

公司利用自身拥有的具有自主知识产权的药用微生物菌种资源库，通过采集分离、新药筛选及微生物代谢产物快速分离、结构解析、遗传育种、发酵技术等一整套完整试验技术，先后获得普伐他汀、霉酚酸、咪唑立宾 3 个新菌种，并均在 1 年多的时间内开发出工业化生产技术，免疫抑制剂产品由原来的环孢素单一品种发展为西罗莫司、吗替麦考酚酯、FK506、咪唑立宾等多个产品系列，成为世界上唯一同时拥有上述免疫抑制剂产品研发及核心生产技术的企业。

3. 构建专业化、开放式研发支撑体系

公司建立了全方位、多层次、开放式的科研体系，形成了以企业为中心，高等院校、科研机构广泛参与，利益共享，风险共担的产学研联合开发机制。

公司拥有 2 个国家级研究机构：微生物药物的国家工程研究中心、抗体药物研制国家重点实验室和一个省级研究机构：河北省工业微生物代谢工程技术研究中心。拥有天然药物研究室、生物资源研究室等 10 个专业研究室。

公司与云南微生物研究所、北京大学药学院、河北医科大学等多家单位共建联合实验室。先后与中国医学科学院、中国预防医学科学院、中国科学院、军事医学科学院、北京大学、天津大学、武汉大学及美国、日本、瑞典等国内外 20 多家院校合作，建立了微生物来源新药筛选和新产品开发、生物技术药物研发两大技术平台体系，共同承担国家重大科研项目，实现了 10 多项科研成果的转化和产业化生产。

公司参与了“维生素产—学—研技术创新战略联盟”、“微生物药物技术创新产学研联盟”的建设，以国家需求为己任，以项目为纽带，力争攻克一批重大疾病创新药物研发“瓶颈”，解决关键技术问题，推进微生物药物研发联合攻关。

4. 增强知识产权保护意识培育企业核心竞争力

公司成立之初，知识产权保护意识比较薄弱，2000 年以前仅申请了 1 项专利。从 2002 年开始公司日益重视专利申请，每年都制定专利申请计划，仅 2005 年专利申请就达到了 17 个。2006 年，公司制定了知识产权战略规划，以培育和发展企业核心竞争力为目标，以提高自主知识产权产品的数量和质量为核心，以提高企业知识产权保护和管理的综合能力为重点，通过申请专利，保护公司的新产品、新技术，提升企业自主创新能力。

公司认真贯彻实施华药集团的“专利管理办法”、“科学技术奖励管理办法”、“技术档案管理办法”、“商标与品牌管理办法”、“保密工作管理办法”、“企业技术秘密保护管理实施细则”、“新产品、新技术科研开发管理办法”等，并在此基础上进一步地修订和完善，使公司的知识产权工作逐步走上规范化、标准化。2005~2010年共申请专利47项，获得授权专利11项，专利申请数量较以往有了成倍的提高，专利质量也有很大的改善。

5. 育人与用人相结合，打造创新团队

公司历来注重研发团队的建设，采取育人和用人相结合，用事业留人，用感情留人，激励员工勇于实践，勇于创新，并给予相应的物质奖励和精神鼓励，使员工心往一处想，劲往一处使。

公司先后出台了《课题考核奖惩办法》、《对外技术服务奖励办法》等，对员工的发明创造及时给予奖励，对员工的科研成果按照贡献大小给予奖励，科技骨干还给予出国或到国内重点院校进行深造的机会，为员工的发展创造了条件。

公司通过博士后科研工作站招收博士后人员进站从事研究工作、与国内著名高校联合培养博士硕士、鼓励科研人员申报和承担国家各种重大科研项目、派遣科技人员到国外进修、聘请国内外知名学者来中心讲学和交流等形式，构建了一支与发展战略和技术创新要求相适应的人才队伍和技术带头人。在公司600余名员工中，科技人员占60%以上，100余人具有高级职称，80余人具有博士或硕士学位。多人是享受国务院特殊津贴专家和国家有突出贡献的中青年专家。技术队伍平均年龄在45岁以下，具有丰富的实践经验和创新能力。

6. 塑造优秀品牌，促进市场营销

公司通过优良的产品质量、患者满意的疗效、相对低廉的价格、良好的售后服务等措施不断扩大公司和品牌的知名度与社会认知度，“华北牌”注册商标是“中国驰名商标”。

公司生产线主要设备采用韩国、德国进口的先进设备；车间空调、制水等公用系统及相关设备、工艺均按照GMP要求定期进行验证；其中免疫抑制剂产品“宜欣可”和抗耐药菌抗生素“万迅”均在公司GMP车间生产，各项技术指标符合中国药典标准和国外药典标准。公司设有完善的生产、质量管理部门，制定了相关的质量管理制度，保证公司产品质量稳定、可靠。公司还不断优化生产工艺，提高生产技术水平，降低生产成本，增加产品的国内、国际竞争力。

7. 打造“全员创新”的创新氛围

公司的核心价值理念是“开拓创新，追求卓越”，创新理念是“持续创新是推动公司持续发展的原动力”。公司通过思想教育、树立榜样、鼓励先进、素质提升方式，把“以创新求生存、以创新求发展”理念深入人心，成为每个员工工作的出发点和落脚点，打造出特有的创新文化氛围和环境。

公司以“全员创新”为目标，培养创新文化，建设创新型企业。公司每年都积极鼓励员工对公司的科研、生产、安全、技改、节能等提出合理化建议，百名员工年均合理化建议数 10 条，有 70% 被采纳。还积极组织群众性的技术创新活动，通过技术攻关、技术改进、技能大赛、岗位练兵和技术培训等形式，围绕公司科研、生产技术、质量等关键点，开展多层面、多方位、多角度群众性技术创新活动，每年公司参加技术练赛人数达 100 多人，有多人获得集团技术练赛标兵。三年来公司获得集团级科技进步奖 6 项，新产品奖 5 项，科技信息奖 3 项，管理成果奖 3 项，为公司创造和节约成本 2000 多万元。

8. 企业创新成效

公司在微生物来源发酵药物和生物技术药物研发平台建设中建成了国内医药工业企业中最大、总数达到 5 万株的药用菌种资源库。重点进行微生物发酵来源的器官移植后抗排斥系列药物、新型抗生素类药物、眼用高端制剂药物、基因工程抗体药物等合计 10 多个高技术含量高附加值新产品的研制开发工作和关键技术的创新工作，取得了多项具有国内领先和国际竞争优势的创新成果，有 6 个产品获得新药证书，23 个产品获得生产批文，其中包括两个填补国内空白的国家二类新药。建立了自己的哺乳动物细胞高表达细胞株构建技术平台和大剂量蛋白药物纯化技术平台并相继开发出了多个生物技术产品，其中，具有自主知识产权的一类新药“基因工程人源单克隆抗狂犬病毒抗体注射液”突破了多项关键技术，获得临床批件，标志着公司在抗体药物研制领域已进入国际领先水平。

近年来，公司共申请到国家“973”计划、“863”计划、国家重大新药创制、国家重大专项、科技支撑计划、国家高技术产业化专项、省市重大科技创新项目等几十个项目，获得专项经费达 1 亿多元。通过这些重大项目的实施，公司的整体科研开发实力得到极大的提升。公司已成为中国新药研发行业有较大影响力的企业。

案例四
东轻公司：改革求变焕发国企创新活力

东北轻合金有限公司（以下简称东轻公司）始建于1956年，其前身是东北轻合金加工厂（即101厂），被誉为“中国铝镁加工业的摇篮”。1984年，公司获得中国第一批“国家质量管理奖”，1998年6月，由工厂制改为国有独资公司。2007年9月，经由中国铝业公司和哈尔滨市国资委重组，成为中铝公司第五大铝合金加工基地。

公司下属16个生产单位及子公司。2007年公司主营业务收入19.9亿元，总利润5900多万元。企业增加值2.8亿元，全员劳动生产率24.5万元/人；在册职工7733人，其中工程技术人员1216人；公司拥有各类设备5226台（套），其中部分设备如预拉伸机、热轧机等为亚洲和国内少有的大型铝加工设备。

1. 技术创新和装备创新相互推动实现跨越式发展

公司坚持构建自主创新、高效率的创新体系的理念，以经济效益为中心，以创新转化为现实生产力的能力强、速度快为制胜之本，依靠技术创新和装备创新相互推动，着力发展具有自主知识产权的实用技术和专有产品，不断增强自主创新能力，通过管理创新、机制创新和科技创新，实现“基地化、专业化、集团化、规模化”的跨越式发展战略。

公司从加强研发能力建设、加大研发投入力度、培养创新人才队伍、推进创新基地开放共享、完善创新战略和管理制度、完善创新机制政策等方面开展创新工作。公司以科研人才队伍提出科研项目研制，以科研项目研制带动科技创新，以科技创新研制高性能产品，以此保持市场竞争优势。公司优先发展航空、航天、兵器、造船、交通运输类合金产品研制，并着力发展科技含量高、市场前景好、具有自主知识产权的高精尖铝镁合金材料，始终保持公司在军工化、合金化产品的技术优势和国内领先地位。

2. 全方位改革管理和运行机制

改革企业组织模式，向以研发和市场为主的企业组织形式转变。由总经理主抓全面工作，副总经理协助主管科研创新，下设技术部负责科研创新活动的协调管理，并设立了相对独立的研发检测中心进行具体实施，并在各生产单位及子公司的相关部门设立专门的科研创新人员，从整体上配合协调创新活动的进行。

推进人力资源改革，大胆起用年轻骨干人才，实施分配机制改革和人力资源开发策略。重点是改进经济责任制考核办法和分配方式、建立专项奖励制度；同时加大人力资源管理、培训和开发工作力度。

建立促进成果转化的新机制，采取市场、现场相结合的推动方法。公司既把全国的专家请来，加强产学研结合，促进成果转化示范基地的建立，同时也鼓励科研人员走出去交流。

开发建立高效的企业管理信息系统，实施管理服务的转变。在工作目标上，从全面出击、追求数量向突出重点、提高质量、实现跨越转变；在工作任务上，从单纯抓科研项目向抓科技创新和产业化转变；在工作方法上，推行规范化和科学化管理，计划立项、成果评审、机构审批都要上档次，上水平；同时强化科技管理队伍建设，提高科技管理人员的素质，提高服务水平。

3. 整合内外部科研资源

公司的研发体系是以技术部负责总体协调管理，以研发检测中心为研制主体，各生产单位及子公司积极配合。

公司以自有研发力量为基础，并将内部科研体系与国内外科研院所对接，有效利用各自的科研优势，开展科研项目的研制，共同承担国家、省部级的技术研发、技术改造等科研任务，建立长期稳定的外部科技合作和技术支持关系；并利用国家和合作单位的资金支持，投入到科研开发当中，进一步完善科技创新体系。

公司先后与中南大学、东北大学、哈尔滨工业大学、哈尔滨理工大学、北京有色金属研究总院签订了包括项目建设、科技开发、成果转让、共建企业技术中心、人才培养及共建企业博士后工作站等在内的全面合作协议。每年组织专业技术人员到国外进行考察、学习，2007 年组织考察团赴德国、巴西、美国等国家进行了学习和交流。

公司的研发经费强度自 2006 年开始出现突破性增长，达到 10.04%，2007 年是 7.55%，远高于同行业其他企业的研发投入强度。公司新产品销售收入占主营业务收入的比重持续增长，2006 年为 32.05%，2007 年达到 33.67%。

4. 实施动态的知识产权管理

公司将知识产权提升到公司战略资源的高度进行管理，加强对产业化技术的研究和相关专利申请。

公司成立了“知识产权管理委员会”，由技术部负责具体的知识产权管理工作。在专利申请、实施、防御等方面进行有效管理和跟踪。公司制定了专利管理办法以及关于企业技术秘密的管理制度，重点针对军品及主导民品科研生产中的知识产权保护问题，制定了一系列管理办法，将专利、计算机软件、技术秘密等知识产权的管理融入到科研、生产、经营的各项工作中。公司还制定了《未来知识产权发展战略分析》，根据产品市场的特点，分别对军品和民品开发进行了不同方式的战略实施和分析。

5. 开发人力资源，建立人才梯队

公司坚持以培养为基础，以引进为重要途径，以用好用活为目的，全方位开发人才资源；建立了以绩效考核评价为基础，与岗位责任、风险和经营业绩挂钩的薪酬激励和约束机制；并以知识更新和提高创新能力为核心，培养了一批专业技术人才。公司坚持德才兼备原则，把品德、知识、能力和业绩作为衡量人才的主要标准。在人才培养上，以需求为导向，切实做到人才培养与公司发展相适应、与岗位实际需求相一致。在吸引和稳定人才政策上，坚持"用事业成就人、用感情温暖人、用待遇吸引人"的有机统一。主要做法包括：

一是大胆起用年轻骨干人才，调整并充实专业技术岗位和经营管理岗位。通过推行一人多岗、一职多能，在短期内快速推进了人才团队的年轻化、知识化和专业化。

二是采取有效的激励政策，重奖有科技创新成果和突出贡献的专业技术人才。公司制定了《科学技术奖励管理办法》，组织专家对科研成果进行评选，并进行表彰奖励。自2005年起，公司推出了首席技师制度，每年拿出100万元设立总经理奖励基金，实施了4项奖励政策，把创新成果与薪酬奖励制度相结合，鼓励和引导员工热爱技术、钻研技术和精通技术。

三是加强人才信息资源建设，建立人才信息库，为公司发展提供人才信息和智力服务。

四是科学预测未来人才需求。通过建立竞争择优的人才选拔机制和开放灵活的人才流动机制，更多地吸引人才，更好地使用人才，更充分地发挥人才作用。

公司逐步建设起一支专业配套、结构合理、水平较高的技术人才梯队，并在工程建设关键领域和专业培养了一批国内一流的技术专家。

6. 狠抓产品质量，打造强势品牌

公司对产品质量严格把关，先后通过了ISO9001质量管理体系认证和ISO14001环境体系认证。公司积极开展产学研合作，以研发机构为依托，通过申报国家、省市科研项目获取相关支持，不断研制开发新产品，并积极申报国家专利，使产品始终处于行业中的领先地位，产品质量达到国际先进水平。

公司利用广告、订货会等形式加大超大规格特种铝合金板带材的宣传力度，利用自有品牌提升企业的行业地位和竞争优势。还通过举办一些公共关系活动进行产品的宣传，经常参与一些公益性活动，建立了良好的公众形象。

公司充分利用既有的市场销售网络，面对国内外两个市场，在开发和培育国内消费市场的同时，以发达国家的产品标准为目标，努力提高产品质量，向国际市场进军，扩大海外销售份额。

目前，公司拥有中国名牌产品“天鹅牌铝板带材”。其主导产品已成为铝板带加工行业中高技术含量、高附加值的代表性产品。

7. 企业创新成效

公司在航空航天、轨道交通等重点技术领域，掌握了一大批具有自主知识产权的核心技术成果，打破了发达国家的技术垄断和封锁，现拥有专利45项，先后取得240多项科研成果，其中69项重大研究成果填补国内空白，有的达到国际先进水平。公司在运载火箭、卫星、飞船、月球探测器和导弹武器等领域的研制能力大幅提升，市场竞争力迅速增强。

东轻公司作为一个有半个多世纪历史的老国企，顺应市场和时代潮流，改革求变，坚持自主创新，探索科研成果市场转化机制，焕发了新的活力，全面提升了创新能力和核心竞争力，实现了创新的良性循环。

案例五
迈瑞医疗：创新成就国际品牌

深圳迈瑞生物医疗电子股份有限公司（以下简称迈瑞医疗）是中国领先的高科技医疗设备研发制造厂商，也是全球医疗设备的创新领导者之一。自1991年创立以来，公司始终致力于临床医疗设备的研发和制造，产品涵盖生命信息与支持、临床检验及试剂、数字超声、放射影像四大领域，远销全球190多个国家和地区。

公司总部位于中国深圳，同时在深圳、北京、南京，美国西雅图、新泽西，瑞典斯德哥尔摩设有研发中心，在中国29个主要城市以及美国、加拿大、英国、荷兰、法国、德国、意大利、俄罗斯、土耳其、印度、墨西哥、巴西、印度尼西亚等国家设立了子公司，在世界各地建立了强大的分销和服务网络。截至2009年底，全球员工超过5800名，其中研发人员1400余名。

2006年9月，迈瑞医疗作为中国首家医疗设备企业在美国纽约证券交易所成功上市；2008年5月，收购美国Datascope公司监护业务，成为全球生命信息监护领域的第三大品牌。

1. 以构建核心技术优势为目标的创新战略

迈瑞医疗坚持“以国内为基础、以国际为目标、以研发为动力、以质量为核心”的发展策略，始终强调自主创新，加大自身科研投入，提高创新效率。公司每年坚持将约10%的年销售额投入研发，以年均7~10款的速度开发新产品，并根据自身资源、能力、素质、研发方向大力拓展发展空间，持续进行研究开发与成果转化，形成核心自主知识产权，不断巩固和发展核心竞争力。

目前，公司已设立了监护参数、EMC、超声功率测量、三坐标测量四个开放实验室及多个专业实验室。2005年公司将EMC、安全和环境实验室整合组建成可靠性检测实验室，并使之按照国际通用的实验室管理准则——ISO/IEC17025标准建立了严谨科学的质量管理和技术保证体系；2006年10月获科技部批准成立“国家医用诊断仪器工程技术研究中心”；2007年8月可靠性检测实验室顺利获得“CNAS实验室认可资格证书”，成为业内企业兴建的首家通过国家权威机构CNAS认可的国家级实验室。

2. 依照最新管理理念规范研发体系管理

迈瑞医疗在发展过程中非常重视管理机制的建设，吸收最新管理理念，使公司产生了很强的凝聚力，吸引了大批优秀的专业技术和管理人才的加盟。

公司在研发方面实施项目管理机制，对研究开发项目及相应的工程实验建设的各个环节制订了严格的研究、申报、审批制度，从而提高了公司对重点工作、研发项目的整体把握，提高了项目运行管理效率，减少了资金浪费和工作失误，增强了公司的总体协调和资源调度能力。

同时，随着研发系统规模的不断增长，公司对研发的组织结构、职位体系进行优化及调整，以保证研发系统整体工作更有效地开展。未来研发系统将加大力度进行技术平台、管理平台及IT平台的建设，提高研发效率。公司还提出并组织专家参与了多项国家和行业标准的制定与修订工作。

3. 按照国际标准构建集成产品开发管理模式

迈瑞医疗坚持以客户和市场为中心，准确把握客户需求，致力于以企业为主体的产学研合作，采用最新技术生产最优性能价格比的产品。

公司逐步摸索建立起一套适合自身实际的国际化研发管理流程，从项目立项到产品系统设计过程监控、开发样机制作、关键技术点评审、设计转化试产及批量生产，都严格执行制度化的“需求管理、过程管理、结果管理”等运作流程，采用IPD（Integrated Product Development）集成产品开发管理模式，合理组织产品研发流程，有效实施研发项目管理，保证新产品开发成功率。

公司在倡导研发技术始终与国际领先水平同步的前提下，在产品立项开发阶段即遵循国际ISO9001/ISO13485质量体系和中国CMD质量体系的要求，并建立了符合FDA、CE标准的设计、工程转化流程，由专家委员会对开发过程进行控制和管理，在所有产品开发过程中按照相关的国际标准进行设计，并开展全面的专项试验（包括电磁兼容EMC，安全，环境等）验证，使得产品安全性、可靠性得到充分保障。

4. 利用专利制度形成市场竞争优势

迈瑞医疗自1997年申请第一件专利起至今，知识产权工作已贯穿到研发、采购、生产、销售等企业经营的各个环节。在国际化进程中，公司将知识产权保护纳入发展战略之中。一方面，自觉主动地利用专利文献提供的新技术新产品信息，正确引进专利技术，尊重他人知识产权；另一方面，运用专利制度挖掘科技创新、保护企业知识产权资产，形成自己独特的市场竞争优势。

目前，公司建立了涵盖专利查新和分析、专利申请、专利奖励的管理制度和流程，截至2009年12月已累计申请专利950余项，其中170多项为国际专利。

5. 将企业办成员工的终身大学

“将迈瑞办成员工的终身大学”是公司一直秉承的理念，公司建立了完善的员工培训和职业发展体系，在人才培养方面推行“导师制”，让员工从进入公司的第一天起，就有明确的职业发展方向，并在不同的职业发展阶段获得持续、有规划的职业培训，从而提升人员知识、能力，保证研发系统人力资源满足公司业务发展需要，提升公司整体绩效。

公司致力于建设学习型组织，坚持营造一种公平、公正、公开的氛围，为员工提供良好的创新环境和实现自我价值的发展空间。公司建立了一整套符合公司核心价值观的企业文化，通过对员工技能、业绩、劳动态度、合作精神的综合评估确定个人待遇、提供发展空间，极大地调动了员工积极性、创造力和劳动热情。

目前，公司研发系统汇集了1400余名优秀的研发人员和一批资深专家顾问。30%的员工服务于研发系统，从事各种与临床应用相关的产品研究，65%的研发工程师拥有硕士以上学历。

6. 高性价比造就品牌国际竞争力

“市场是方向盘，研发是发动机”，公司建立起一整套完善的客户调研、研发评估体系，通过准确把握市场方向、掌握用户需求，为用户提供最优性能价格比的产品；同时提供优质服务，积极拓展海外市场，成为国际生物医疗电子行业强有力的竞争者。

目前，国内超过4万家医疗机构、95%以上的三甲医院在使用迈瑞产品。迈瑞监护系列产品连续10年稳居国内榜首；血液细胞分析仪全国市场占有率第一，其中三分群血液细胞分析仪连续10年销量第一，五分类血液细胞分析仪自2006年上市以来销量连续四年居中国市场排名第二；全自动生化分析仪连续6年摘取国内市场装机量桂冠；黑白超声产品连续5年销量第一，临床实用型彩超自2006年上市以来，凭借优越的性价比2008年、2009年连续两年位居国内市场排名第一。同时，全线产品在各级政府采购项目中频频中标，迈瑞医疗已成为中国政府医疗设备采购项目的重要供应商。

在海外，迈瑞产品已销往190多个国家和地区。荣获世界知名市场调研机构Frost & Sullivan公司颁发的“2006年度全球监护市场渗透领袖奖”、“2007年度全球监护市场卓越奖”、“2008年度北美监护市场最佳客户价值奖”、“2010年度欧洲监护市场全球战略卓越奖”，迈瑞的殊荣来自全球客户的信赖。

7. 践行企业公民的责任

迈瑞医疗以“普及高端科技，让更多人分享优质生命关怀”为使命，倡导并弘扬关爱生命、回报社会的文化理念，将企业发展与社会发展融为一体，在全球范围内践行企业公民的责任，为医疗卫生、教育、慈善、绿色环保等做出贡献。

2003 年 SARS 爆发期间，公司特别向中国卫生部捐赠价值 300 万元人民币的医疗设备；新疆地震、印度洋海啸、“碧利斯”南方洪灾期间，公司员工集体向灾区捐款、捐赠设备。2008 年 5 月 12 日汶川大地震发生后，心系灾区、关切生命，公司在第一时间向灾区捐赠价值 320 万元的急需医疗设备，公司员工自发捐款 1061312 元，奉献拳拳爱心，为灾区人民送去关爱和祈福。

公司积极响应国家新农村医疗建设的号召，关爱农民健康和农村学子的成长，2007~2009 年相继向甘肃会宁县、吉林省、安徽省乡镇卫生院、汕头市濠江区计生服务机构捐赠价值 2259 万元医疗设备。2009 年 10 月，向非洲埃塞俄比亚捐赠了医疗设备。支持新农村医疗建设、捐建希望小学，支持海外基层医疗建设，这些都表现出公司高度的社会责任感。

8. 企业创新成效

迄今，迈瑞医疗已相继推出 70 余项新产品，填补国内科研、开发的空白，创造了 20 余项中国“第一”：中国第一台血氧饱和度监护仪、第一台多参数监护仪、第一台全自动三分群血液细胞分析仪、第一台全自动生化分析仪、第一台全数字高档黑白超声诊断仪……2009 年成功研制出中国第一台拥有完全自主知识产权的中高端台式彩色多普勒超声系统，2010 年成功研制出中国第一台大型模块化流水线式生化分析仪。多项创新技术打破进口品牌垄断中国市场的局面，并改变国产医疗设备在高端领域的市场格局。

迈瑞人以开拓创新、脚踏实地的精神，孜孜追求着宏伟愿景——成为守护人类健康的核心力量，将生命科技带进大众人群，为人类健康事业做出卓越贡献。

案例六
博威集团：市场需求驱动创新发展

博威集团有限公司（以下简称博威集团）创建于1987年，前身是宁波有色合金有限公司，1993年改制为股份制企业，2009年更名为博威集团有限公司。是一家集有色合金新材料研发、生产、销售服务为一体的私营企业集团。

博威集团经过20多年的发展，从一家名不见经传，年产能仅300吨、拥有32名员工的乡镇企业，发展成为拥有6家子公司、员工1850余人，其中科技人员568人，年产能达到7万吨、年销售额近30亿元的大型集团型企业。2009年，集团总资产达到14.6亿元，总收入19.83亿元，利润总额1.77亿元，全员生产率达到18.18万元/人·年。

1. 市场需求驱动创新的战略思路

“市场需求驱动创新工程”是博威集团的创新战略思路，即以市场需求为基础、以技术开发为核心、以产业化为终极目标，推动企业持续创新、永续经营。

为确保企业创新战略思路落地生根，公司树立了“面向市场、面向未来、面向高端”，“研发项目必须从市场中来，再回到市场中去”等创新理念；成立了市场研究中心专门研究市场需求（包括客户、行业和社会的当前需求、潜在需求），提炼确立研发项目并提交研发中心进行研究开发，以确保公司的研发战略符合企业发展战略、研发项目满足市场需求；成立了新产品推广部专门负责新产品的市场应用推广，以保障研发成果进入市场应用，快速转化实现产业化。

2. 建立以市场为导向、产业化为目标的创新模式

公司形成了“以市场为导向、产业化为目标”的创新模式。公司的创新链条划分为“市场研究→小试研究→市场试样→中试研究→市场推广→产业化开发”六大环节，并建立了相应的运行组织和制度予以保障。

在组织建设方面，公司研发中心设置了市场研究部、研究中心、理化检测中心、试验车间、新品推广部、办公室等部门，其中，市场研究部负责市场研究提炼研发项目，研究中心负责新产品的研究开发，理化检测中心负责新产品的检测分析，试验车间负责新产品的试验及试产，新品推广部负责新产品的市场试样及销售推广，办公室负责研发项目管理及协调。各子公司设置了产业化开发部门负责新产品的产业化和市场开发工作。同时，为确保公司的创新链条有机串联，提

高组织运行效率，建立了专业化的“联合项目组”，即每个研发项目均成立项目组，包括项目经理、项目总工及团队成员，团队成员均由研发—市场推广—生产—销售各环节骨干组成，从而形成复合型的专业化项目团队，保障了研发项目有效推动。

在制度建设方面，公司建立了一套以市场为导向、产业化为目标的技术创新管理制度，包括市场研究、项目立项、项目计划、项目实施、过程管控、试验试制、检测分析、市场推广、产业化开发及考核激励、技术保密、经费来源及投入等，从制度上保障了公司的创新战略思想和创新模式有效实施。

3. 构建以新材料研发为主的研发支撑体系

集团研发中心的使命是“提供满足时代进步需求的合金材料”，发展战略目标是“成为国际独具特色的有色合金新材料研发基地”。为此，公司逐步建立了以新材料研发为主的研发支撑体系。

集团研发中心下设新材料研究中心、检测中心、试验中心、技术信息研究室和办公室，其中新材料研究中心负责新材料、新工艺、新技术的研究开发；检测中心负责材料的理化性能检测分析，为新材料研究开发支撑；试验中心下设小试车间 1 个、中试车间 3 个，负责新材料的试验试制，为新材料研究开发支撑；技术信息研究室负责行业技术发展信息收集、专利、标准的检索、查新，为新材料研究开发提供支撑；办公室负责研发项目的管理、考评及协调。研发中心于 2007 年被评为“国家认定企业技术中心”、2008 年被批准设立“博士后科研工作站”，检测中心于 2009 年被评为“国家认可实验室”。

公司以研发项目、国家认定企业技术中心、博士后科研工作站为平台整合社会研发资源，先后与中南大学、北京有研总院、北科大、哈工大、中科院宁波材料所、兵科院宁波分院、西安理工、昆明理工等科研院校及下游多家企业合作，并从国外聘请专家解决技术难题，近年产学研企合作项目达 10 个。

公司自 2004 年以来，不断加大科技投入，以保障研发体系的建设和高效运行。2009 年科技投入约 7679 万元，占当年销售收入的 3.1%。

4. “专利技术领先”的知识产权战略

公司建立了以“专利技术领先”的知识产权战略，即“构筑专利产品体系，并将具有自主知识产权的专利产品实现产业化、系列化、商业化，增强企业核心竞争能力”。为此，公司于 2001 年开始，结合自身实际建立了有效的专利工作机制，并于 2003 年成立了知识产权管理委员会，由总裁亲任组长，负责集团知识产权发展战略的总体规划及有效推动。知识产权管理委员会分设专利管理、品牌建设、法务等部门，负责知识产权的管理、使用及维权等工作。

为加强对专利工作的日常管理，公司制订了《知识产权管理制度》、《技术保密管理制度》、《商业秘密保护管理制度》、《档案管理制度》、《创新激励政策》等多项配套政策。同时，还聘用了专职律师负责公司知识产权的保护工作和诉讼工作，维护公司知识产权。

5. 产品开发与人才开发并驾齐驱

博威集团建立了“产品开发与人才开发并驾齐驱的人才培养模式”，即通过人才的开发培养模式吸引人才、培育人才、留用人才、凝聚人才。为此，公司近年来不断出台一系列新举措培养优秀科技人才，2006 年实施人才梯队建设工程，对优秀技术人员进行事业通道规划，并制定培养计划，从技术员、助理工程师、工程师、高级工程师或技术员、助理工程师、基层管理干部、中级管理干部、高级管理干部两条事业通道进行培养。

为了提高科研人员的积极性和创新性，除了给高级科研人员配车、住房、高薪和相关福利外，公司还制定出台了《技术创新激励政策》，设置项目进度奖、成果效益奖、发明专利奖、标准制定奖、科研计划奖、科技进步奖六大奖项，其中项目进度奖最高可达 20 万元；成果效益奖最高按成果销售利润的 25% 进行分成，享受期限最高可达 5 年；获发明专利授权每项可获 1 万 ~3 万元；制定国家或行业标准每项可获 1 万元，制定国际标准每项可获 3 万元；承担省市、国家重点项目或重大项目，可按相应规定进行奖励。同时，每年还组织研发人员外出旅游，为此公司被当地政府评为“重才爱才先进企业”。

6.“科技引领市场”的品牌提升战略

公司的品牌战略思路为“科技引领市场”，即以科技创新向市场提供新材料、以科技创新向市场提供高品质、高性能产品，塑造博威产品为高技术、高品质、高附加值产品的品牌内涵。

公司 1999 年专门成立了品牌创建小组负责品牌创建工作，2002 年确定将“博威”、“PW”两个品牌作为公司长期发展的推广品牌，2006 年又申请注册了“POWAY”商标。同时，还将“PW”品牌申请了国际商标注册，分别在美国、日本、德国、英国、比利时、荷兰、卢森堡、意大利、波兰、法国、瑞士、芬兰、土耳其、丹麦、加拿大等国申请了国际注册，目前，美国、加拿大已成功注册。公司还积极开展维权工作，“PW”商标被司法认定为中国驰名商标，同时获得浙江省著名商标、宁波市知名商标荣誉称号。“甬灵”商标被认定为“浙江省著名商标”。至今公司共注册商标 13 项。

从 2000 年开始，公司加大了研发和技术改造力度，重点提高产品性能和品质，在市场建立高性能、高品质、高精度的品牌形象，同时组织成功研发出高强高导铜铬锆、环保无镍白色铜合金、环保无铅易切黄铜、高强高耐磨多元复杂锰黄铜、高精度高韧性慢走丝复合线等专利技术产品进行推广和应用，形成具有自主知识产权的系列专利产品体系，进一步塑造了公司在市场及行业中的高端品牌形象。目前公司已成为中国高精密铜合金棒、线材料的龙头企业、品牌企业，也是中国铜合金棒、线材料国家和行业标准制修订的主要起草单位。

7. “超越自我、追求卓越”为核心的博威文化

博威集团提炼确立以“我们的事业是致力于提供满足时代进步需要的合金材料及其产品，是致力于资本增值，是致力于创造国际一流的博威品牌”为企业使命，以“以市场为导向、以品质作保证、以管理增效益、以创新促发展，整合资源，强化服务，提高企业的核心竞争力”为企业经营方针，以“真诚合作，勇于创新，挑战未来”为公司企业精神，以“以德为本，用创新和绩效来体现我们的价值”为公司价值观，以“快、短、直接有效”为公司工作作风等企业文化核心内容。

公司2006年开始全面推行以狼的“速度、智慧、团队精神”为核心内容的企业文化建设。全面组织员工学习狼的进攻性，用在完成工作的效率上；学习狼的智慧性，用在降低成本、提升能力、提升业绩的创新上；学习狼的团队合作精神，用在用心沟通、相互帮助、真诚合作上。同时，通过组织狼性标兵评选、员工活动、技能比武等来增强员工凝聚力、加深员工归属感。

8. 企业创新成效

公司的市场竞争能力和竞争优势显著增强，并成功抵挡住金融危机的冲击。通过自主创新，提高了公司产品性能及质量，成功开发出30多个新产品，形成了一系列具有自主知识产权的产品体系，新产品已成为企业主导产品和新增长点。2008年席卷全球的金融危机，对有色行业冲击较大，而公司的利润却不降反升。

公司的自主创新能力明显提高，科技成果产出大幅增加。公司建立起以市场为导向、产业化为目标的技术创新体系，打造了一支实力较强的研发团队，为公司持续创新发展打下坚实的基础。截至2010年6月，公司累计申报国家发明专利27项、国际发明专利2项，获得国家发明专利授权15项，美国专利授权1项，其他专利授权5项。先后承担国家“十一五”科技支撑计划2项、火炬计划4项、创新基金3项、成果转化2项、国家重点新产品2项等科研成果。

博威集团的行业地位不断提升，促进了行业技术进步。近年来，公司自主研发的新型铜合金牌号达20余种，其中15种合金牌号被国家标委列入国家新增牌号；主持或参与制（修）订国家和行业标准14项。

案例七

联创科技："三创"塑造民族通信软件龙头品牌[①]

南京联创科技股份有限公司（以下简称联创科技）是一家成立于1997年的民营企业，业务范围涵盖软件与服务外包、现代服务业和职业化教育等领域，公司连续8年入选"国家规划布局内重点软件企业"。

联创科技在我国香港、日本、美国有3家控股公司，在国内有10个控股公司和6个软件工程研发中心。2009年底，下属子公司联创科技（南京）有限公司与亚信集团股份有限公司合并成立"亚信联创集团控股有限公司"，并在美国上市，成为具有全球竞争力的民族通信软件和服务龙头企业。

公司现有软件科研人员近万人，其中大学以上学历占95%，海外归国及外籍人员达600多名，并有现代服务业配套从业人员5200人。2008年销售收入超过38亿元，利润和利税均同比增长40%以上。2009年销售收入达52亿元。

1. "创业、创新、创优"的可持续发展道路

联创科技从制定战略、塑造品牌、凝聚人才、产品技术、研究开发、成果转化、市场管理、组织体系、制度管理、文化建设、售后服务、商业模式等多方面全方位地推进企业创新体系和创新能力建设，将创新战略思路渗透到企业的方方面面，成功走出一条以科技为支撑、以人才为保障、以市场为导向、产学研相结合的具有联创特色的自主创新之路。

公司多年来始终保持着自主创新的强烈意识和愿望，围绕电信软件提升国际竞争力的战略需求，立足创新体系架构和创新资源配置，面向未来市场大量投入研发，实施时间差战略，快速反应，走在技术前沿占领产业制高点，发挥比较优势始终立于高端实施品牌战略，围绕核心技术拓展至现代信息服务业、职业化教育等领域进行多元化发展战略，并形成董事会决策、项目组实施和项目管理检查评价三个分工明确的组织架构，有效地保障了企业创新战略思路的实施，促进了联创人踊跃创新，企业自主创新能力大大增强，仅用7年时间就实现了第一个10年目标：发展成为全国一流的软件企业，树立起联创软件品牌形象，并驱动企业向更广阔的产业领域延伸发展，走上了"创业、创新、创优"的可持续发展道路。并通过持续创新所带来的全面价值创新协同客户实现跨越式成长，引领行业发展。

① 本案例原题目为《以人为本"三创"致胜》，见《中国创新型企业案例》（第一辑），清华大学出版社，2010年。

2. 股权激励"创新、创业、创优"积极性

为从机制上对企业的创新保驾护航，联创科技曾前后三次创新性地进行了股权改制，既解决了不同阶段企业资本机制问题，同时又得以建立高效的现代化企业管理制度，实现了企业长远发展和经营者及员工的利益一体化，激发了企业员工创新、创业、创优的积极性。

首创"职工股"，使员工实现了真正意义上的"当家做主"。由国有企业分离出来的联创科技对原有股份结构进行了调整，在江苏软件企业中率先实行"以股留人、利益共享"的股份制改革，在内部设立"职工股"，让员工入股，从而将员工与企业的发展"绑在一架战车上"，实现了员工、企业与投资者三方共赢。激发了员工的工作热情和创造力，企业凝聚力和向心力大大增强。

首发"人力资源股"，实现了人才由知识层面到企业核心价值层面的提升。1998 年，公司创造性地提出"人力资源股"，将科技人才的技术状况、工作年限、贡献大小等作价入股。人力资源股的发行在极大调动本企业人才积极性的同时，还吸引了一大批高级技术开发和管理人才加盟。

首个在电信软件领域引进外资，实现由本土化向国际化的飞跃。2002 年公司成功地引进三家国际著名投资商——新加坡政府直接投资有限公司、英特尔有限公司、软库中国创业投资有限公司。通过引进国际一流技术、先进管理经验，为联创科技向世界一流软件企业进军奠定了国际化基础。伴随企业发展，目前三家外资已经撤出，联创科技经过几次增资扩股，已成为国内软件企业中持股员工人数最多的企业。

3. 构建多层、开放的研发体系

联创科技以增强自主创新能力为基点，以技术产品创新为核心，以承担国家省市重大项目为抓手，致力于打造以系统级研发中心、重点专业技术研发中心、工程技术中心、软件研究院为主的多层研发体系。目前，公司在全国建立了 6 个研发中心；组建了江苏省内唯一的"省、市系统集成工程中心"、"省、市企业技术中心"和"江苏省（联创）软件研究院"；建立了专门的战略规划部门，跟踪、研究和掌握世界最新技术的发展，并分别与微软、IBM、HP、ORACLE 等跨国公司建立技术合作中心、签订战略合作协议。

联创科技非常重视产学研合作，陆续在南京大学、东南大学、南京航空航天大学、南京理工大学、南京邮电大学等众多高校设立"联创奖学、奖教金"，积极支持教育事业发展和人才培养；在项目上，联创科技联合南京邮电大学共同参与国家科技支撑计划课题，与南京航空航天大学等高校合作研发项目。2009 年，企业作为江苏省的唯一依托单位成立了江苏省（联创）软件研究院，旨在加强区域创新资源的积聚和整合，集成创新要素进行重点攻关，提高自主研发能力，积聚培养软件专业人才，开发拥有自主知识产权的软件共性关键技术，促进产业持续发展，加快形成以企业为核心、产学研相结合的创新研发和产业化转化的平台，占领未来软件创新的制高点。

公司每年将利润的30%投入到研发中。面对3G时代的到来，于2006年提前介入，先后投入2亿元资金预研发3G通信领域的系列软件产品，取得了一系列成果，多项技术成果达到国际领先水平并申报专利，使联创科技在3G通信软件产品领域成为全国和全球的领先者，其核心软件在国内的市场占有率第一，创造了良好的经济效益，项目新增产值10亿多元。

4. 将知识产权优势转化为核心竞争力

联创科技通过推进知识产权战略的实施，实现了机构、人员、政策、经费“四落实”，提升全体员工知识产权意识，把技术创新优势转化为知识产权优势，将知识产权优势转化为核心竞争力优势。

公司建立了在董事长领导下的知识产权管理体系，明确知识产权管理责任人、知识产权管理部门以及知识产权实施部门的职责。成立知识产权战略工作小组，结合联创特色，编制知识产权战略纲要。

公司建立了比较完善的知识产权管理制度，包括知识产权管理总则、专利管理办法、软件开发和使用管理办法、商标管理办法、技术秘密和商业秘密管理办法、员工发明创造奖励办法、职务成果知识产权归属办法、研发准备金制度等。

公司建立了联创专利信息库和技术成果库，并参与国内电信行业的相关标准制定，形成自主品牌。2008年以来，公司积极推进实施企业知识产权战略计划，将知识产权工作与科技创新、产品研发、市场营销以及人力资源等结合起来，运用知识产权战略参与国际市场竞争。目前，企业申请国内外发明专利和国家计算机软件著作权双双过百项，2009年1项发明专利获得了国家专利优秀奖、江苏省专利金奖及南京市专利优秀奖。

5. 建立人才的发现、培养、使用和凝聚机制

联创科技非常重视人才的引进培养，坚持实施人才创新战略，把发现、培养、使用和凝聚人才作为重要任务。

公司着力构建一个高效人才培养和招募体系，多年来致力于培养和吸纳技术研发人才和现代化管理人才，特别重视牵头人、核心技术人才的发掘与培养。通过健全人才脱颖而出的机制，从国内外引进培养并带动了一大批勇于开拓创新、富有市场竞争意识、结构层次合理、技术素养高的高素质人才。培养了“全国软件十大领军人物”、“省333高层次人才”、“省六大高峰人才”、“南京市中青年行

业技术学科带头人”等10多名行业领军型人才和行业技术学科带头人。

在企业内部建立起三个层次的人才培养计划，对每个员工都建立了个人职业生涯发展规划，制定个性化的人才培养计划，在公司内部实行“导师制”，让每一个员工都有自己的业务指导人，建立跟踪与反馈数据库。2006年4月，联创软件学院正式成立并运营，并于2007年经江苏省教育厅批准，更名为金陵软件教育培训学院，为公司和社会培养专业化软件人才。

公司的科技人才队伍，尤其是核心管理层非常稳定，人员流动率只有8%，远低于行业20%~30%的平均流动率。2009年在金融危机形势下，公司还新招1200名高素质软件科研人员，并引进多位海归、外籍人员、博士后等高级人才。

6. 塑造民族通信软件龙头品牌

联创科技坚持“一切产品均是服务，所有服务均为产品”的服务理念，实施走向高端、走向世界的品牌战略，不断加强企业文化建设和推进知识产权战略实施，以塑造企业品牌，形成强大的市场影响力和竞争力。

针对软件开发实施的行业特性，公司遵照ISO9000质量体系标准和国际软件成熟度模型CMMI建立了一套完整、科学的产品研发过程标准以及相关的质量控制体系和服务管理规范。在项目管理方面，自主开发了LINKAGE－SDP平台，从项目计划制订到项目任务跟踪，为项目管理提供一体化工具，并包含风险管理、问题管理、质量管理的功能。改革项目激励制度，制定细致周密的质量审核办法，并对项目组实施培训和辅导，切实帮助项目组实施有效的质量过程。

公司通过新闻媒体、广告和网络等手段宣传联创品牌，参加各种经贸活动和国内外大型行业展会，在产品品牌策划、营销、广告等环节结合区域品牌进行宣传，充分展示企业品牌形象，提升联创品牌的社会影响力。公司还致力于开拓国际市场，力争成为具有全球竞争力的民族通信软件和服务龙头品牌企业。

公司拥有江苏省名牌产品“联创牌移动BOSS系统软件、电信业务支持系统软件”、南京市名牌产品“联创牌电信运营商业务运营支撑系统、联创CDMA1X计费及业务支撑系统软件”，2006年入选“中国十大创新软件企业”。

7. “关注员工成长，塑造知识共享”的创新文化

“为社会提供优质完善的信息产品和信息服务，发展民族信息产业”是联创人的使命，诚信、务实、进取、合作、创新被写进了联创文化建设之中。

“以人为本，以德为先”是联创科技企业文化的核心。“关注员工的成长，积极塑造知识共享”的创新文化是联创的目标。公司在内部积极塑造知识共享的创新文化，鼓励公司与客户、公司与合作伙伴、公司内不同部门、不同员工间开展广泛的交流与合作，共享知识，共同进步，创造共赢。为传递企业文化和价值观，联创科技制定个性化人才培训模式，致力于员工个人与企业的共同发展。

通过创新文化的建设与推广，加深了员工的认同感、使命感和责任感，加强了集团理念与员工行为的有效统一，使员工与企业发展紧密相连，有效促进了集团创新活动的开展。2006 年，联创科技被评为“全国民营企业文化建设先进单位”，企业文化得到社会和行业高度认同。

8. 企业创新成效

联创科技的科研开发水平居全国同行业领先地位，自主开发出国家软件著作权产品 113 项，申请国内外发明专利 126 项；近百项科技成果分别列入国家科技部专项、国家发改委专项、国家工信部专项等重大科技计划。先后获得国家规划布局内重点软件企业、国家创新型企业、国家重点高新技术企业、国家软件百强（连续 8 年入选，2009 年列第 13 位）、全国电子信息百强企业、全国服务外包成长型百强、中国自主品牌软件产品前十家企业等多项荣誉资质。联创品牌软件价值得到市场充分认可，市场竞争力迅速增强，多次参与电信行业相关标准和规范的制定，核心软件在国内的市场占有率大幅提升至 70%，成为国内第一。

2009 年底，亚信联创科技控股有限公司在美国成功上市，市值超过 25 亿美元。新公司拥有 8000 多名软件科技人员，10 大研发中心，成为全球收入和市值均第二大的电信软件和服务提供商。联创科技已发展成为电信软件行业龙头企业，促进了江苏省电信特色软件行业的快速发展。通过产学研联动，拉长产业链，奠定了江苏省电信软件在全国的领先地位。联创科技的国际化发展，增强了中国电信软件在国际上的地位和话语权。

在商业模式的创新中，联创科技将在电信领域领先的核心技术复制到现代服务业领域，创新了城市信息一卡通、中联车盟、现代农业物联网等商业模式，提高了核心技术的附加值，拓展了产业范畴，为企业的发展谋得更广阔的出路。

联创科技已进入第二个 10 年（2010～2019 年），公司将抓住新一轮世界科技革命带来的战略机遇，努力突破更多核心关键技术，获得更多自主知识产权，依靠科技进步和自主创新推动企业发展，成为以电信行业为核心，以人才和知识为本，以世界领先行业知识和解决方案为载体，以咨询规划和优质服务为交付物的领先信息服务组织，成为引领行业发展、具备国际竞争力、具有强烈使命感和责任感的全球一流的软件和服务企业，进入全球软件企业 50 强。

案例八
新大陆：快速成果转化推动持续创新发展①

福建新大陆科技集团有限公司（简称新大陆）是创建于1994年的股份制民营科技企业。公司的主营业务是信息技术和环保科技产品的研发和销售。

公司拥有6家子公司，并参股福州市商业银行。创业15年来，经历了只有十几个人的创业阶段、几百人的管理规范阶段、二次创业阶段以及上市成功后的跨领域经营阶段。2008年，公司总资产达到18亿元，销售额达13.6亿元，同比增长31.03%，其中含有专利技术的主导产品的销售额达10.6亿元，同比增长45.23%。公司连续14年获得"纳税大户"称号，累计上缴税费超过5亿元。目前，员工总数近3000人，其中科技人员达2000多人。

1. 前瞻性地把握机遇，实现科研成果快速转化

新大陆通过持续的技术创新，实现长期技术积累，形成竞争优势，为客户创造价值，推动经济发展和行业进步。这突出表现在前瞻性地把握机遇和实现科研成果快速转化的能力上。

公司在国家重点扶持的3个朝阳产业领域中都经历了五六年的研发阶段，最终在各自领域拥有了国际领先水平的核心技术。公司与福州大学、洪山集团、省科委联手创办科技园，并在园区里建立了试制生产、科研开发、成果交易推广、创业交流指导及产学研培训等一系列中心，把三个方面的政策优势、经营机制优势和人才科研优势结合起来，使园区成为一个源源不断地把科研成果转化为市场产品的"孵化器"。由于科研链紧扣产业链，公司科研成果的商品转化率高达80%，科研成果的商品转化时间仅为6个月到1年，实现了科研成果的快速转化。

2. 客户、员工、企业三方面创新要素有机结合

新大陆将客户资源、员工的创新意识和企业的创新能力三个方面的创新要素有机结合起来形成独特的创新机制。

在产品研发的创意阶段，公司建立了以市场需求为导向的研发机制。建立了完善的"工程师回访产品制"、"业务走访用户制"，第一时间收集用户对产品的

① 本案例原题目为《把握创新机遇推进成果转化》，见《中国创新型企业案例》（第一辑），清华大学出版社，2010年。

意见和新的需求，以此寻找企业的开发课题。公司自主开发的 NL－800 金融 POS，就是针对当时市面上的 POS 产品不太注重安全性能的情况，迅速开发出的有 20 多道机具安全加密手段的产品，投放市场后大受欢迎。

在产品开发的实质阶段，公司采取“四位一体”的运行机制。开发的 43 个拥有自主知识产权的新产品，每一个产品的平均开发周期都没有超过半年。每个项目的团队是由技术人员、营销人员、生产人员、管理人员四方组成的，技术人员提供技术开发和支持，营销人员随时反馈市场需求，生产人员对工艺进行总体把控，管理人员从成本意识的角度进行协调安排。四种优势互补，使得技术开发、工艺设计、中试、成本核算四步并作一步，大大缩短了产品的上市周期。

公司实行用人“双轨”机制。在企业内部，干部分为行政干部（经理）和业务干部（主办）两个系列，相同级别的经理和主办有相同的待遇。

公司采取激励创新的分配机制。自创立伊始，就十分注重将员工的个人利益与公司的利益捆绑在一起，实行“多数员工持股，骨干员工持多数股”的员工持股制度，激发了员工的创新热情。

3. 构建“三位一体”的研发支撑体系

新大陆成立了技术创新系统工程领导小组，建成了发展研究中心、技术研发中心、工程制造中心“三位一体”的集团资源平台体系，分别从市场、技术、工程项目三方面对企业的业务和创新战略目标形成有效支持。

发展研究中心负责研究和拟定公司技术、产品及市场价值模型的发展方向和策略，完善并承担在知识产权、整体对外形象、产品形象、产品市场化支持、海外市场维系、市场模型建立等工作；技术研发中心的主要任务是在已经获得和积累的技术基础上，围绕着“嵌入式原型架构，IC 芯片方面技术的成果”，进行完善和市场化尝试，逐步形成对当前业务和战略目标的支持；工程制造中心则是在已经获得的工程化技术和生产制造管理经验的基础上，建立和完善整体产业服务的工程制造体系，为产业发展提供产品保障。

2008 年公司在研发费用上的投入为 8962 万元，占当年销售收入的 6.59%。

4. 通过知识产权保护提升技术创新水平

新大陆的知识产权管理战略是：“通过技术创新促进知识产权申报，通过知识产权保护提升技术创新水平”。

在资金保障上，公司建立了知识产权工作专项资金，专门用于企业内部知识产权运用、保护、奖励和管理等各环节的开支费用；在机构设置上，成立了知识产权部并设立专人负责知识产权的管理、使用、保护及监控等；在管理制度上，制定了完备的专利、商标管理制度，逐步完善规章制度，确保创新机制的有效运行；在员工培训上，与专业的知识产权代理公司及律师事务所配合，开展一系列培训工作，提高了干部队伍及职工团体的知识产权保护意识。

公司在实施知识产权管理战略上，一是严格掌控技术在“研发—成果—专利”三个阶段的产权保护工作，构建知识产权的立体保护体系。集团技术中心要求各技术研发部门在技术研发之前及时做好查新工作，了解目前世界专利技术最新动态；对于形成的技术成果，在产业化或技术公开之前，及时做好专利申请工作；对于已授权专利，做好专利监控工作，防止专利失效和过时专利的投资浪费。二是充分利用法律力量依法维权。一方面积极与海关配合，将企业的核心商标和专利进行知识产权保护备案；另一方面积极与知识产权代理机构及相关政府部门配合，加强专利、商标的监控，防止他人侵犯企业商标、专利的专有权，并针对侵权事件，寻求行政执法和司法诉讼的渠道来有效维护企业的合法权益。此外，还在加强专利国际化的同时，加强商标国际注册，为国际化市场运作打好基础。

目前，公司已开发出并拥有自主知识产权的产品和技术400多项（其中软件产品80余项），获100多项国家专利和5项美国专利。

5. 让人才价值在企业得到充分体现

新大陆凝聚人才队伍的总体思路和战略是：“以人为本”，通过对人力资本的大量投入和开发，实现人力资本的增值，以保障企业持续创新发展。

在人才培养上，围绕企业发展战略目标，并结合员工自身成长阶段的特点，构建起基于“岗位技能标准”的培训管理体系，形成涵盖“需求分析”、“项目执行”与“三级评估”的培训闭环管理平台。

在人才激励上，公司制定了较完善的晋级、培训、工资、奖励、福利等一系列分配制度和激励机制，并详细制定了职务发明创造和创新奖励办法、员工合理化建议和技术改进奖励办法、员工绩效管理和奖金分配办法等，让人才价值在企业得到充分体现。此外，依据相关政策，适时实施期股、期权等激励方式来吸引和留住优秀的技术和管理人员。

6. 实施单一品牌战略

新大陆下属各分子公司统一采用“新大陆 Newland”为品牌商标。实施单一品牌战略，是公司在10多年的发展中，通过充分考虑企业自身的行业特点和优势所做出的战略性选择。

目前，公司已拥有注册商标70多件，涉及商品及服务项目的全部45个大类，其核心商标——新大陆、NEWLAND及图形已进行了商标全类注册，并被认定为中国驰名商标、福建省名牌产品。

在市场营销上，公司构建了包括信息系统、营销团队、广告宣传、质量管理、客户服务在内的五步营销体系。一是建立信息系统，根据有效信息的导向，开发更适应市场、适应资源的新产品。通过信息系统，及时了解上级主管部门及国家有关部门的宏观发展规划和产业发展的市场需求，及时完成新产品开发课题，抢占市场先机。二是组建高素质的营销团队，增强推销力，提高产品市场占有率。三是做好企业和产品的广告宣传工作，提高企业的知名度、美誉度，提高企业的商品力。四是注重质量管理。严格把控生产和制造的各个环节，实施统一的质量管理。五是强调服务，用优质的服务不断提高客户满意度。

7. 营造鼓励创新、总结失败的文化氛围

新大陆崇尚“自下而上、自上而下、鼓励创新、总结失败”的纠错文化，并努力让其渗透到每一个员工的思想和行动之中，使企业创新生生不息。

新大陆电脑公司二维码技术、新大陆环保公司的紫外线 C 消毒技术、新大陆通信数字电视核心软件控制技术等都是研发了五六年才获得成功。集团公司董事会坚持每年加大对创新的投入，并在企业没有任何效益的情况下坚持对研发骨干和主要员工的股权，工资、奖金激励，让他们安心研发。

公司提倡建立学习型组织。强调上级对下级的教导与互教互学。上级对下级有培养、指导、以身作则的责任；同时，鼓励员工把自己的聪明才智发挥出来，互教互学。以此营造创新型的企业文化，构建了知识共享平台。

8. 企业创新成效

新大陆的科研成果转化率超过 80%，在多个领域填补了国家空白。公司在二维码识别技术和环保紫外及臭氧等相关技术领域处于国际同行先进水平；在芯片技术、金融电子支付、数字电视等相关技术上处于国内先进水平；同时在移动通信支撑网及高速公路信息化、政府政务及财税信息化、动物及农业溯源信息化服务和基于移动通信网络的电子凭证等行业信息化应用方面发挥重要作用。

公司产品销往世界各地，各项业务得到快速发展。其中，无线通讯 IT 服务稳居行业第一集团；交通监控信息化居全国领先地位，进入全国 5 个省份；金融支付机具成为行业内最重要的产品及服务提供商之一，POS 产品进入行业第一集团，市场占有率超过 30%（年销量达到 8 万 ~10 万台）；税控产品进入行业第一集团，市场占有率 5% ~8%；电子凭证运营成为中国电子化凭证的领导者，电子回执平台总流量达到 10 亿条以上；数据采集器形成国内市场的领先地位，国内市场占有率 70%，实现在国际市场的实质性突破，进入国际市场第一阵营。

新大陆实现自身飞速发展的同时，对区域经济科技的发展和社会进步也起到了积极作用，在海峡西岸经济区建设中起到了良好的示范作用。

案例九

登海种业：自主创新引领种业技术进步[①]

山东登海种业股份有限公司（简称登海种业）成立于1985年，是一家民营农业高科技股份制公司，国内种子行业的领军企业。主营业务包括玉米、蔬菜种子和花卉的繁育、生产、加工、销售以及相关的开发技术服务。

登海种业的前身掖县试验站是一家集玉米“育、繁、推、销”为一体的民营农业科研单位。1987年，掖县玉米研究所成立；1993年，莱州市农业科学院成立；1998年，莱州登海种业集团公司成立；2005年，登海种业成功上市。登海种业是国家首批创新型企业、国家玉米工程技术研究中心（山东）、国家玉米新品种技术推广研究中心、国家认定企业技术中心。

2008年，登海种业总资产达到11.32亿元，销售收入超过4亿元，实现利税6000多万元。公司从事科研活动的人员达320人，占员工总数的38.1%。

1. 自主研发与技术合作相结合

登海种业围绕着“科技创新，一切为种子用户服务”的核心理念，以研究开发新产品新技术为核心，采取技术合作战略，制定了一系列具体的实施方案。

一是突出自主研发。登海种业以高产优质多抗玉米新品种选育及配套技术研究为战略重点，通过在不同生态区设立科研机构，建成了覆盖全国玉米主产区的科研平台。一旦育成新品种后，立即申请知识产权保护，为确保国家粮食安全提供品种的技术支撑。通过研究开发新技术，登海种业在超级玉米高效育种技术、五彩糯玉米选育技术、安全制种技术、种子精细加工技术、高产栽培技术等方面取得领先地位，并在市场上率先推广，引领行业发展潮流，使自己长期处于市场竞争的主动地位。

二是加强技术合作。登海种业在单倍体、转基因、分子标记、细胞工程、辐射育种等方面与大专院校、国际高科技企业进行技术合作与开发，共同开展研发课题，依靠大专院校较强的基础科研能力和国际高科技企业的现代生物育种技术，弥补登海种业在基础学科理论研究和现代生物技术育种应用方面的不足，为企业的快速发展提供强大的技术支撑。

① 本案例原题目为《建立创新机制引领行业技术》，见《中国创新型企业案例》（第一辑），清华大学出版社，2010年。

2. 依靠利益共同体推动全员创新

登海种业建立了一套“有利于企业发展战略的实施，有利于企业科技创新工作的推进，有利于企业、员工形成共同利益”的决策机制与分配激励机制。

一是建立创新要素参与分配的激励机制，鼓励职工技术创新。公司的主要科研人员都直接或者间接持有上市公司的股份。公司创始人李登海作为首席专家，与其他科研人员共同以莱州市农业科学院的名义持有公司52.93%的股份，主要科研人员之一的毛丽华持有公司2.05%的股份。

二是建立责权利相统一的分配制度。公司突破等级工资制，制定了效益工资标准，薪酬重点向科研、开发和管理骨干倾斜，对在科技创新中有重要贡献的人员，采用年薪制并给予重奖。

三是出台成果奖励制度。公司制定了科技奖励规定，以重大科技成果、专利成果、新品种权、品种审定、品种营销、争取项目经费和发表论文等为奖励范围，根据不同的岗位推行不同的成果评定办法，每个成果都能找到对应的奖励标准，促进公司各部门为创新道路共同推进工作。

在创新决策与实施方面，公司采用“三层一带”高效运行机制。即由专家、教授组成高层次技术决策层，负责公司技术研发的方向和创新战略的制定；由专业骨干组成实施层，负责科研项目具体实施方案制定、组织协调；由经过严格技术培训的熟练科研助手组成操作层，负责项目实施方案的执行；由基层部门技术人员组成的生产试验开发带，在专业骨干和科研助手的带领下进行实验操作、示范生产等工作。

3. 内修外联搭建研发平台

登海种业建立研发支撑体系的总体思路和目标是“功能完善、保障有力、高效运行、全面合作”，并在此基础上建立了三个层次的研发支撑体系。

第一层次是建立以农业高科技研究院为代表的公司级研发机构，下设技术委员会、专家委员会、科研管理部、高新技术室、玉米研究所等部门。并建成高产玉米育种室6个、特用玉米研究室2个，种质资源研究室、高产栽培研究室、生物技术实验室、植物病理实验室各1个。

第二层次是积极利用全国各地区专家资源，形成全国最大的玉米研发科研平台。公司与各地农业专家采取不同形式与之合作，建立了32处育种中心和试验站，覆盖全国各大玉米生产区，形成独特的研发优势。

第三层次是瞄准国际前沿的发展方向，积极推动产学研联合。公司与中国农业大学、山东大学等16所高等院校和科研单位建立了长期合作关系，开展转基因、分子标记、细胞工程、辐射、航天等高技术育种和高产玉米栽培研究工作。

积极开展国际合作，与世界排名前四位的跨国种业集团（美国先锋、孟山都、瑞士先正达、法国利马格兰）均开展合作，引进新品种、新技术。

公司每年投入科研活动经费占销售收入的5%以上。2006～2008年科研活动经费分别为1955.3万元、1858.9万元和2219.3万元，占公司营业收入的6.87%、5.92%和5.23%。

4. 以知识产权保护促进自主创新

登海种业2008年制定了“知识产权战略”，提出加快自主创新步伐，探讨多种条件下的超级育种试验，实现玉米种业专利特别是发明专利申请的大幅度增长；发展一批种业试验基地，培育一批具有自主知识产权、适合不同区域的优质、高产玉米良种，实现以核心专利良种技术和最优品种占领市场、支撑发展、引领未来，最终取得市场竞争的有利地位，始终占领玉米种业的发展前沿。

公司重点进行了三方面的知识产权体系建设工作。一是注重知识产权的申请与保护。为保护自主创新成果，公司将知识产权纳入考核指标，并成立了知识产权保护办公室，专门负责植物新品种DUS测试工作、品种权申报和专利申报工作。二是建立知识产权维护体系。公司成立了法律事务部，专门负责知识产权的维权工作。三是制定科研人员保密制度、职务成果知识产权归属制度、品种权保护管理办法等管理制度，提高知识产权创造、管理、保护、运用能力。

至2008年底，登海种业申报品种权147项，授权47项；授权发明专利3项。有1项专利获山东省专利一等奖，1项专利获中国专利优秀奖。在2009年全国438家企业技术中心评价中，登海种业的发明专利拥有量位居第39位，在农业行业中居第1位。2004年，被山东省知识产权局评为“中国专利山东明星企业”，2004年、2009年两年被农业部授予“全国植物新品种保护先进集体”。

5. 培养与引进并重促进创新团队建设

登海种业2008年提出“提高总量、优化结构、建设梯队”的人才战略：“提高总量，到2020年各类人才总量达到500名；优化结构，到2020年，研究生以上学历人员达到20名，具有副高以上职称人员达80名；建设梯队，力争在五年内培养5～8名有较高水平、在国际、国内学术界有一定影响力的学科学术带头人，培养15～20名中青年后备学科学术带头人”。

在人才使用和吸引上，公司不但为科研人员提供完善的科研仪器设备和充足的科研经费，为聘请的专家建设了专家住宅楼，提供良好的生活环境；而且支持公司骨干科研人员争取重点科研项目，丰富主持科研工作的经验。2006年，泰山学者“玉米遗传育种与栽培学”在公司设岗，为公司吸引高层次人才提供了更好的条件。

在人才培养上，一是加强内部培训，公司邀请国内外知名专家来公司讲课。2000年以来，共邀请美国先锋公司、诺华公司等跨国种业的育种专家28人次来公司进行学术讲座；邀请56名全国知名专家来公司讲课。同时组织公司科研专家、学术带头人、科研骨干定期授课。二是加强外部教育，注重年轻人才的培养，创造机会让年轻人才到国内外的相关院所、著名大学学习。

通过上述措施，公司培养了一批高学历和具有较高技术职能的科研技术骨干。公司拥有国内最大玉米研发团队，其中科研人员132名，专职研发人员96名，中高级职称人员86名，博士生2名。在主要的研究人员中，有16位具有研究员职称，9名享受国务院津贴和山东省有突出贡献的中青年专家。团队骨干成员分别主持、参加了863计划、国家植物转基因专项和国家科技支撑计划等国家级课题，是公司的后备学术带头人。2008年3月，登海种业的科研创新团队被山东省委、省政府确定为山东省优秀创新团队，荣获集体一等功。

6. 以优质产品与服务质量培育登海品牌

登海种业品牌战略的总体思路和原则是“以商标为核心，以质量为根本，以服务为保障”。

一是以商标的注册和保护为核心。商标是品牌的核心标识，李登海用自己的名字作为公司的商标，2006年该品牌成为中国驰名商标。2008年公司提出将登海品牌打造成为“中国玉米种业第一品牌”的战略目标。“以商标为核心”的品牌战术，为推进品牌建设奠定了扎实基础，也为登海品牌的无形价值构筑起有效保护。

二是以产品质量为根本。质量是品牌的生命力，公司加强生产销售种子的质量保障工作，对准备制种的品种首先进行不同亲本自交系的生产力和环境测试；引进美国先进加工设备，对种子进行精细加工，质量达到国际标准。贯彻严格的生产管理程序，使登海种子的质量得到市场的普遍认可。2003年，公司通过了ISO9001：2000国际质量认证体系认证。

三是加强售后服务工作。公司在国内首先建立起玉米种子试验推广全程服务体系，对售出的产品实行电话回访制度，提高了品牌的质量保障。

7. 打造不断学习和全员参与的价值观体系

登海种业创新文化的核心理念是“标准、进取、创新、奉献”。为了将理念落实并体现于员工的行为，公司采取了一系列做法：一是形成目标明确的制度文化。公司以科学管理和现代经营为目标，逐步制定和完善管理标准、技术标准和工作标准。二是形成不断进取的学习文化。公司积极开展“创建学习型企业，争做知识型员工”活动，形成浓厚的学习氛围。三是形成全员参与的创新文化。鼓励职工开展技术革新、技术攻关、技术发明等创新活动，调动科研人员科技创新的积极性。通过上述措施，确立了“诚实守信，尊重员工，服务客户，奉献社会”的登海价值观，“以科技为先导，以创新为动力，以市场为中心，以发展为目的，一切为种子用户服务”的登海经营宗旨，形成登海价值观体系。

8. 企业创新成效

2000 年以来，登海种业承担国家及省级科研项目近 40 项，获得省级以上科技奖励 7 项，选育出了 50 多个通过审定的优良玉米品种，总结出“紧凑株型 + 高配合力”的玉米育种理论，在国内率先选育出超级玉米新品种，选育出世界首例绿色糯玉米；在国内首创“平面与立体双紧凑”定向栽培模式，创造了世界夏玉米高产纪录。

登海种业凭借覆盖全国的销售网络和登海玉米种子的优良质量，占据了较大的市场份额。2006 ~ 2008 年，公司主营业务收入分别为 28332.7 万元、29748.6 万元和 41455.4 万元。企业核心竞争力得到大幅提升，成为中国种业五十强第三位，山东省种业二十强第一位。

登海种业在业内起到了表率作用，在国内率先提出“紧凑型玉米”的概念，成为中国玉米育种的主导方向。选育出的 478 自交系是中国应用面积最大的玉米自交系，其组配的杂交种有 41 个通过了国家或省级审定。目前在生产上广泛使用的衍生系有 61 个，用这些二环系组配的并在生产上利用的杂交种有 110 多个，其中 72 个已通过省级或国家级审定。2005 年，登海 661 再次以 1402.86 公斤的亩产刷新世界夏玉米高产纪录，为中国玉米高产提供了新的标杆。

登海种业凭着“穷则变，变则通”的创新精神，突破了 20 世纪 80 年代初期农业科技体制和种子行业体制的束缚，自负盈亏搞科研，以科研促经营、以经营养科研，探索走出一条实现玉米产业化的成功道路。

案例十
西北有色院："三轮驱动"科技成果产业化

西北有色金属研究院（以下简称西北有色院）1965年建于陕西宝鸡（三线建设单位），1995年主体搬迁西安，1999年成为中央直属大型科技型企业，2000年转为陕西省直管企业，是专门从事稀有金属材料研发的大型综合研究院和行业中心。

2008年，西北有色院总资产达到27.9亿元，科技收入1.01亿元，总收入达到21.7亿元，实现利润总额1亿元，全员劳动生产率达到14.3万元/人年，现有员工2400多人，其中专业技术人员约占60%以上，拥有院士、享受政府特贴专家、全国杰出专业人才、全国先进工作者、国家新世纪百千万人才、何梁何利奖获得者、973首席科学家、博士、硕士等高层次人才160余人。

西北有色院经历了从1965年到20世纪80年代初的三线建设和初期发展阶段、20世纪八九十年代的技术积累阶段、1999年转制以来自主创新发展阶段。目前，形成了西安、宝鸡、商洛3市7区发展格局，下属15个研究所（中心）和以上市公司"西部材料"为代表的11个产业公司。

1. "研发—中试—产业"三轮驱动

西北有色院选择走科技与产业并举之路，以打造"研发—中试—产业"三轮驱动的技术创新模式为核心，以三个创新基地（具有国际先进水平的科技创新基地、高层次人才培养基地、高技术产业发展基地）为依托，全面实施"科技与资源、科技与市场、科技与资本相结合"的创新发展思路，产权改革、管理制度创新、人力资源管理创新、知识产权战略与创新文化建设共同推动，开展持续、系统的创新活动。

在9年的转制与创新过程中，西北有色院科研与产业并重，共同面向市场；加强工程应用研究；调整研究机构，强化科研队伍；加强科技成果转化，努力发展有特色的高技术特色产业；构筑研究、中试、产业三位一体的科技集团；重视原始创新，加强集成创新，向建设世界一流水平的科技型企业的目标迈进。

2. 创新无禁区

西北有色院建立了集科研、中试、生产为一体的科技集团管控模式和七大运行机制：融资机制、科技成果评价机制、成果转化机制、人才培养机制、综合平衡机制、综合监督机制和综合激励机制，创造性地解决了复杂体系的运行难题。

西北有色院以产权多元化为手段，整合优势资源，构筑了三种类型的产权架构：一是采用国有资产入股和控制、吸纳社会资本，针对市场广阔、发展潜力大的五大优势材料领域，组建主体产业公司；二是采用“小产权改革”模式，针对专业性强、市场规模尚不大、关键技术易流失的若干小领域，组建小产业公司；三是采用参股方式，加盟发展潜力大、与研究院专业领域关联度高、有利于形成战略合作链的产业。大小产业公司的建成，共同促进了科技创新与高技术产业基地的建设。

在分配制度方面，西北有色院首创“小产权改革”，兴办由研究院控股、员工参股、管理层持股的小公司，形成了“西北有色院产权模式”，以小产权做“利益纽带”和“激励工具”，促进企业的发展，同时实施生产四要素（资本、技术、劳动、管理）同时参与分配的制度，形成具有知识经济时代特色的分配制度。另外，研究院首创无形资产量化分配的办法，将在兴办公司过程中取得的5800万元无形资产量化到个人，以鼓励科研成果转化，解决了国有企业中无形资产分配的难题。

3. 科研与产业相互促进的研发体系

西北有色院探索科技与资源有效结合的创新模式，依靠科研与产业相互结合、相互促进，创新平台与实验基地的建设与共享，形成了从基础理论到技术开发到中试平台较为完善的研发体系。西北有色院发挥产业依靠科研、科研依托产业的优势，科研不断为产业研发新材料、新产品、新工艺、新技术，并跟踪和研究国外材料先进制备、成形与加工技术，促使工艺技术升级换代，解决传统加工技术长期存在的高能耗、高材料消耗和环境污染问题，大大提高了自主创新能力。利用已有优势，开展产学研合作，并打造行业产业链，沿主营产业链向上下两端延伸，不断拓宽，形成集团发展的产业带、产业群。

在研发系统和机构建设方面，西北有色院建有稀有金属材料加工国家工程研究中心、金属多孔材料国家重点实验室、超导材料制备国家工程实验室、中国有色金属工业西北质量监督检验中心、中法超导体与磁性材料应用实验室、国家超导材料实验基地、国家金属纤维及其制品实验基地等多个国家级企业研发平台及实验基地。西北有色院还拥有陕西省钛工程技术研究中心、陕西省超导材料工程技术研究中心、陕西省钛应用技术研究中心、陕西省超导材料应用技术研究中心4个及省级重点实验室1个。依托这些国家及省级中心、实验室平台，结合已有的研究所（中心），建立了较齐全的研究开发平台，使西北有色院成为新材料领域基础研究、技术研发、系统集成、工程化转化和人才培养基地。

西北有色院努力创造条件，实现稀有金属材料开发的“产、学、研”合作，进而实现“产、学、研、用”一体化。在产业领域，联合上、下游企业共同科技攻关和投资创办高新技术产业，促进成果转化。在学（高等院校）领域，联合许多著名的大学，共同培养高层次人才及开展合作研究。在研究领域，西北有色院同航空、航天、核能、舰船、兵器等系统的45个院所以及全国近100家民用研究院所都有重要的合作关系。通过产、学、研合作，不仅促进了合作项目的完成，而且不断学习兄弟单位的先进经验、先进理念，增强自身的创新能力。

在“十一五”期间，科研投入已占西北有色院主营业务收入的7%～10%。其中，第一部分是通过申报科研项目，争取纵向专项拨款，约占投入的70%；第二部分是通过横向合作，从市场取得经费，占总投入的20%；第三部分是通过成果转化，由产业反哺科研，占总投入的10%。随着产业的发展，产业反哺科研部分将逐渐成为创新投入的主要来源。

4. 围绕专利创造提升知识产权保护和管理能力

西北有色院在国际国内领先的材料领域加强了发明专利申请，实施专利保护战略，为持续创新保驾护航；在传统和新兴技术领域加大了专利查新力度，积极跟踪国际国内前沿，利用专利的先进性和时效性，消化吸收新技术、新理念，寻找突破口，拓展现有领域的创新面，使相关领域的整体实力得到提升；对新建的已形成较大规模的高新技术产业，通过专利查新，随时掌握产业发展的方向，以技术的再创新和引进为主。

西北有色院设立了知识产权管理领导小组，下设知识产权管理办公室，每年投入知识产权方面的管理经费平均为30万元左右。加大了高质量学术论文和高等级科技成果的奖励力度，极大地激励了广大职工自主创新积极性。

西北有色院先后起草了《西北有色金属研究院知识产权管理暂行办法》、《西北有色金属研究院无形资产奖励分配实施办法》、《西北有色金属研究院（集团）知识产权管理办法（试行）》，明确了职务发明人的权利和义务，增加和健全了专利产权管理、专利奖惩等方面的内容。同时在科研项目结题时就要求课题组制订出该项目无形资产的预期分配方案，为将来项目的成果转化和产业化理清了无形资产的归属关系。通过这些规定和制度的制定和实施，西北有色研究院的知识产权保护和管理能力得到显著提升，专利数量有了明显增加，2006年被国家知识产权局列入“第三批全国企事业知识产权工作试点单位”，并获得“2008年度陕西省专利工作先进单位”称号。

5. 五大举措凝聚创新人才

1999年转制后，西北有色院提出了“科技兴院、人才兴院、兴院富民、和谐发展”的战略，制定了“十一五”《西北有色金属研究院（集团）人才发展规划》，以建成“造就高层次人才培养基地”为目标，实现管理、科研、技能三支人才队伍的均衡发展。通过联合办学，推荐科研、生产骨干攻读在职研究生，广泛开展国际交流以及制定与实施科技奖励办法等措施，将“兴院富民”政策落到了实处。转制 9 年来，西北有色院已与东北大学、西安交大、法国傅立叶大学、德国汉堡技术大学等 10 多个高校建立了长期合作关系，培养研究生 300 多名。

西北有色院主要采取了“广求人才、精细识才、扎实育才、充分选才、大胆奖才”五大举措实施人才培养创新工程。制订和落实了一系列用人举措，打造了一个优秀的人才队伍。加强复合型管理人才、学术带头人、高技能人才三支队伍建设。大胆起用年轻学术带头人和年轻干部，使年轻科技人才脱颖而出。出台一系列人才政策，保障人才激励落到实处；通过无形资产量化分配和股权认购激励高层次技术、管理人才，拿出院无形资产 5800 万元的 40% 分配给有贡献的科技人员。在诸多举措中，具有特色的是允许资本、管理、技术、劳动等要素均参与无形资产分配，分配制度向科研、生产、管理工作做出突出贡献的人员倾斜。

6. 坚持自主品牌战略

西北有色院注册了具有自身特色的商标，在国内外科研领域树立 NIN 品牌，在产品上树立和加强航空用高性能钛合金、超导材料、高精度钨片和钼片、新锆合金、复合材料等品牌，形成了一系列在行业中具有影响力的自主品牌，并致力于把西北有色院系列产品打造成国际知名品牌。

依靠稳定的工艺，可靠的质量保证，西北有色院的产品大量应用于航空、航天、航海、武器装备国防军工领域。2007 年西北有色院被国家授予“高新武器装备发展建设工程突出贡献奖”。

7. “诚信科技”理念指导下的创新文化建设

西北有色院坚持“诚信科技”企业创新理念，最大限度地发挥科技创造力，突破科技成果转化“瓶颈”，通过健全的工会组织，大力开展职工技术创新活动，营造创新氛围，发展创新文化，构建和谐劳动关系，形成“求实、创新、高效、和谐”的企业文化，调动和激发了广大职工旺盛的自主创新热情和巨大的创造活力。

通过职工代表大会、工作信箱、满意度调查、专项问卷等形式，西北有色院近几年每年都收到职工合理化建议百余条。积极创建“学习型组织”，努力提高员工队伍整体素质，围绕科研、生产经营工作，大力推进群众经济技术创新，每年都要结合职业资格鉴定，抓技能培训、安排知识讲座，开展劳动竞赛、技术比武、提合理化建议等活动，参加人数占职工总数的 80% 以上。形成了尊重劳动、尊重知识、尊重人才、尊重创造的集团氛围，创造了人才辈出的良好环境。

8. 企业创新成效

西北有色院结合高技术产业发展的需要，有效地攻克了不同金属产品、不同生产线所需的关键技术、共性技术和配套技术。承担科研项目600余项，取得了近400项具有自主知识产权和核心技术性质的创新成果，有57项获得国家、部省级的奖励。企业自主知识产权专利的申请和授权数量不断增长，创造了50余个国际先进或国内领先。不仅推动自身的快速发展，而且促进了行业的技术进步，为中国稀有金属材料研究和产业发展做出了贡献。

在促进科技成果转化过程中，西北有色院的规模与效益连创历史新高，产品竞争力明显增强，产品的市场占有率显著提高。2000～2008年西北有色院的总资产增加12.2倍，综合收入增加13.5倍，科技收入增加5.7倍，成果转化的产业收入增加14.3倍，职工收入增加4倍。

西北有色院在创新机制、产权结构改革、分配制度等方面都有突破，首创无形资产量化分配办法，形成了富有特色的西北有色院模式。通过创新管理和组织方式的变革，使技术创新的各个关键要素——战略、组织、人才、过程等更加匹配，使创新活动更加高效，成为科研院所企业化转制的一个成功案例。

案例十一
中国重型院：百余项“中国第一”的创造者①

中国重型机械研究院（原西安重型机械研究所，以下简称中国重型院）成立于1956年，现隶属于中国机械工业集团公司，是国有大型现代科技企业。公司专门从事金属精炼、连续铸钢、金属轧制、金属锻压、节能与环保等重大技术装备，及其配套的机械、液压、电气传动等系统的研发设计、成套与工程总承包。

中国重型院2008年总资产17.5亿元，经营规模25亿元，销售额超过14亿元，全员劳动生产率达到198万元/人年。公司在岗员工785人，其中专业技术人员近600人，包括中国工程院院士1人、专家及研究员近100人。

中国重型院1956年成立于北京，1958年迁址沈阳，1961年迁址西安。1985年中国重型院成为第一批减拨事业费改革单位，1993年加入宝钢集团，成为其紧密层单位。1999年中国重型院转制为科技企业进入中国机械工业集团公司，2006年更名为中国重型机械研究院，2008年引入战略投资者宝钢集团后，改制为中国重型机械研究院有限公司。目前，下属13个专业研究所，2个制造装备厂，5个全资（控股）子公司（含4个分院）。

1. 以“强度、速度、高度”为目标的创新发展战略

中国重型院以战略管理和创新理念建设为核心构筑自主创新体系，选择重点专业领域重大装备技术研发为突破口，开展自主创新平台建设。目的在于引领国内行业技术进步，提高自主创新能力，构筑各专业发展的创新架构，做到在重大装备技术研发领域掌握一批核心技术、拥有一批自主知识产权、创造一批具有核心知识产权和高附加值的著名品牌，成为中国重型冶金行业的领航企业。为此，中国重型院确立了“做大做强之中选择做强、快速发展之中把握速度、创造业绩之中提升高度”的发展战略。

中国重型院瞄准国内外重型装备技术发展趋势和前沿技术，以核心技术、关键设备为重点，通过再创新研发国产首台（套）大型成套装备，形成国产化特色，树立企业品牌；在科技创新模式方面，考虑用户装备需求进行关键技术储备（前期技术储备）；针对用户项目特点，明确目标，进行技术集成创新；掌握成套化、

① 本案例原题目为《百余项“中国第一”是如何创造的》，见《中国创新型企业案例》（第一辑），清华大学出版社，2010年。

大型化、个性化、精确化产品需求，形成自己的技术特色。

2. 组织和管理模式变革共同推进

中国重型院积极创新研发组织体制。建立了以院领导为负责人、以院士为学术带头人的自主创新科技和学术组织，完善了由各专业技术带头人组成的院级技术委员会的技术参谋和决策体系，下设专业组。同时根据项目课题需要成立了不同形式的攻关课题组，实行组长负责制开展创新攻关工作。

中国重型院着力构建自主研发平台，依托研发平台提升自主创新能力。公司以国家重点实验室和工程技术研究中心为平台，实行目标责任制和项目负责制，加强科研成果中间试验和产业化基地建设。兼并陕西冶金设计研究院，使国产化业务拓展到工程总包；对直属的14个研究所、2个中试工厂和4个分院明确了以创新为方向的目标责任；对4个全资子公司要求建立独特的运行体系，实行集约化和差异化相结合的扁平化管理等。

中国重型院采用集约化与动态差异化相结合的项目管理模式。根据合同内容不同，负责人状况不同，采用不同的管理方式，以充分发挥技术人员的组织能力、协调能力，让技术人员直接面向用户与合作单位，释放技术人员的能量。根据创新需要，中国重型院分别建立了项目总指挥方式、总设计师负责方式、课题组长负责方式等不同的项目创新攻关模式，并根据合同的执行状况，让各主管及部门适时总结、解决、改善创新过程中的问题。

3. 建立横纵联合的研发支撑体系

中国重型院在“大科研、大经营、大财务”的经营构想之下，以行业应用基础研究和共性关键技术研究为源头，以提升科技成果转化能力为目标，利用利益优势互补形成“增值效应”以提升创新能力。

中国重型院研发体系的基本构架包括国家重点实验室、工程技术中心、产业化基地，主要功能是开展行业应用基础研究，聚集和培养优秀科技人才，加强科技交流，注重共性关键技术研究，增强技术辐射能力。在此基础上，中国重型院建设了“金属挤压与锻造装备技术国家重点工程实验室”、承担了“国家装备制造业高精度带材轧制成套设备产业化基地”等工作，开展自主创新工程平台建设。

中国重型院产学研结合的主要方式是让研发和技术创新工作直接面向市场，结合横向联合开展课题研究，将科研开发融于横向联合之中。在具体做法上，首先，中国重型院在相近领域进行科技攻关横向联合，形成社会协作与产业链，提升科技成果的转化能力。其次，中国重型院与西北工业大学、燕山大学等高校开展了多领域关键技术与理论的研究。例如凭借金属挤压/锻造国家重点实验室这一科技开发平台，中国重型院携手上海重型机器厂有限公司、上海交通大学、重庆大学等，采用边建设、边开发、边科研的方式，成为全球大型自由锻造设备行业的新秀。此外，中国重型院还与宝钢等国内30多家企业合作开展研究攻关和产业升级，对科技进步和市场开拓起到了重要的推进作用。

中国重型院设立了支持行业前沿技术项目研发的科技创新经费。重大工程项目前期准备等投入的经费达数千万元，为创新成果的转化和产业化奠定了基础。

4. 以专利技术的推广应用为核心的知识产权战略

中国重型院十分重视专利技术的实施推广应用，致力贯彻“立足国内市场，瞄准国际市场”的总体战略。转制以来，中国重型院申请专利300余件，其中发明专利60余件，是转制前的3倍。

中国重型院建立了一套保密工作网络，成立了由院长兼主任的保密委员会，下设保密办公室，并指定各单位行政负责人为保密责任人。在制度建设方面，中国重型院制定了《保密工作条例》、《科学技术保密工作规定》、《进出口保密工作责任制度》、《涉密人员对外科技交流保密守则》、《涉密人员对外科技交流保密义务承诺书》等一系列的规章制度，并有专门办事机构和人员监督检查上述制度的贯彻和执行。

中国重型院建立了严格的审批制度，将制度贯穿于每个课题、每个工程项目的每一个阶段：形成了以研究所、归口管理部门和院领导三级审批程序；设计网络、管理网络和互联网三网分离独立运行；设定个人密码、项目密码、档案密码多层保护和多级权限；实行网点运行监控、非法硬件监控、非法软件监控的网络安全监控体系和人工例行巡查制度；采用统一输出、统一复制、统一传递、统一保存的专人业务责任管理；控制纸制文件、磁盘文件、光刻文件并将其分类，分内容、分对象按不同格式外供。使知识产权得到了切实有效的保护。

中国重型院完善并建立了《知识产权管理办法（试行）》、《专利工作管理细则》、《专利申请办法》、《知识产权保护规定》、《专利申请奖励办法》等一系列管理制度，并定期发布专利信息，加大专有技术的管理和保护力度。

5. 打造“中国首台首套”的创新团队

中国重型院全面实施人才强企战略，遵循创新型科技人才成长规律，在创新实践中发现人才、使用人才。

中国重型院关注不同层次员工的需求，实行差异化管理，制定有效的激励政策，激发员工的思维能力和创新意识，在不断提高员工收入和社会地位的同时，使企业不断实现价值最大化。中国重型院坚持让人才直接面对市场，激励科研人员自主创新，创造出具有国内领先水平的科技成果。中国重型院把国内外领先技术装备作为追赶目标，把国内首台（套）设备研发、发明专利、科技成果推广量化纳入考核指标，对项目完成过程中做出重要贡献的科技人员进行奖励，科技人员的收入与其在项目中的贡献大小和创造的经济效益挂钩。

中国重型院积极实施人才凝聚战略，不断聚集和培养人才，调整人才结构，坚持提升科技人才的学识水平与创新能力，充分发挥学术带头人的骨干和引领作用。目前已形成以工程院院士和上百名专家为代表、数百名科研人员组成的打造“中国首台首套”的创新团队。

6. 铸造具有国际领先水平的品牌产品

中国重型院品牌战略的总体思路是依靠技术创新，持续推进产品升级与换代，铸造具有国际领先水平的品牌产品。

中国重型院以市场需求为导向，跟踪世界先进技术，不断研制具有高技术含量、高附加值的新技术和成套装备；同时不断用新技术改造老设备，使产品性能、技术水平和质量指标达到国内先进水平，让产品对中国有关行业、区域技术和经济发展产生重大积极的影响。

中国重型院在重大装备技术研发领域掌握了一批核心技术，拥有自主知识产权，创造了一系列具有核心知识产权和高附加值的著名品牌，使公司成为具有国际竞争力的企业。中国重型院近五年先后为国内特大型钢铁公司和其他大中型企业研究设计开发了数十套大型成套装备。新技术、新研制产品和升级换代产品的比率达50%以上，成套产品与技术大部分达到20世纪90年代末国际先进水平，多个产品达到了当前国际先进水平，形成了一批国际领先的品牌产品。

7. 以“开发创新、装备中国”为使命

中国重型院创新文化的内容包括：以“开发创新，装备中国”为使命、以“提升生活品质”为企业目标的制度文化；以“人、生活、诚信、事业”为核心价值观的物质文化；以“协同与集成”为经营理念的行为文化。

中国重型院围绕创新文化的实施，使创新思维成为员工日常工作的自觉行为；结合职工合理化建议和借助工会的力量，共同推动学习型组织建设。

中国重型院注重将创新文化融入到公司的主营业务中。在各个发展阶段中，中国重型院始终将创新文化作为企业战略实施的重要保障。以“追求无止境、进取永不息”、“平台为擂台、敢创天下先”为代表的创新精神融入到了改革创新的全过程，融入到了企业发展的各个环节。

中国重型院创新文化与企业提升核心竞争力相促进、与企业发展战略相适应、与企业生产经营管理相融合，极大地推动了企业的发展。

8. 企业创新成效

改制以来，中国重型院创造了36项中国企业新纪录，获国家和省部级科技进步奖百余项，研制的大型成套技术装备创造了百余项“中国第一”，申请专利300余件，完成自主知识产权工程技术图样100万张，完成新产品、新技术成果转移100余项，发表科技论文400余篇，制定及修订各类重型机械标准200余项，多次获得国家部委颁发的奖项。

中国重型院的年产出与收入持续增长。与工程直接相关的新产品销售收入显著增长，经营规模增长了近20倍。新产品销售收入以每年20%的速度递增，推广应用新产品科技成果合同额连年翻番，科技成果推广应用接近100%。与转制初期相比，中国重型院经营合同额和利润增长了10倍以上，近五年来净资产增长了15倍多。依靠市场竞争获得的经营业绩在全国转制院所中名列前茅。

案例十二
广州机械院：集成创新提升核心竞争力①

广州机械科学研究院（以下简称广州机械院）建于1959年，是原机械工业部直属综合性一类研究机构、央属重点国有科技企业。主要从事机械基础技术、基础材料、基础元件领域的高新技术和产品的研发，形成了密封、润滑、液压、机电、汽车零部件五大产业。研究院包括院总部和9家研究所（公司）两个层级。

2009年，研究院总资产达到36814万元，主营业务收入36526万元，比上年同期增长15.78%；实现利润1534万元，比上年同期增长18.27%。现有员工794人，拥有约400人的科技研发队伍，人均年创收40万元。

广州机械院经历了20世纪60~80年代以“研究室”建设为重点的发展阶段；20世纪90年代以“二次创业”、“转企改制”为重点的产业孕育阶段；世纪之交开始以促进科研成果转化和产业规模建设为重点的产业发展阶段。当前正走向产业协调发展，向“中国机械功能零部件集成服务领先者”的宏伟目标迈进。

1. 用系统理论指导集成创新

2006年，广州机械院提出实施“集成创新”发展战略，就是将系统集成思想创造性地应用于市场、文化、知识、制度、技术、管理等创新的动态过程，要求企业彻底打破直线制组织规则，以创新的管理观念、思路、战略、方法、手段、技术等方面的有效组织，在确立“成为中国机械功能零部件集成服务领先者”愿景目标的基础上，确定了“成为中国装备制造流体传动与工业润滑领域集成服务领先者”的中期目标。

根据集成创新总体战略思路和目标，研究院确立了“技术领先，集成创新；加强预研，进军重大；整合资源，联手企学；加大投入，构建平台”的技术创新战略，以制造和集成服务为主体，以供应链整合和资本运作为保障，为客户提供整体解决方案的业务运作模式；通过打造资本运作、营销管理、技术研发、监控与支持四大共享管理平台，培育资本运作、供应链整合、品牌管理以及技术创新四项关键能力，为研究院战略规划目标的实现提供支撑。

① 本案例原题目为《集成创新在服务行业中发展》，见《中国创新型企业案例》（第一辑），清华大学出版社，2010年。

2. 用集成思想改革体制机制

为实现集成创新战略，广州机械院探索建立了与市场经济相适应的事业部架构的企业管理体系，使企业向管理规范化、流程化运作方向转变。研究院明确院与所、公司职能定位，明确权责边界，清晰授权体系，并推动管控模式从财务管理型向战略管理型转变，初步建立基于发展战略的业绩考核管理机制。

总院对下属事业部考核改变过去纯财务指标考核模式，从总体战略的要求出发，灵活运用平衡计分卡工具，通过战略目标框架的制定、策略性目标的分解、关键业绩指标（KPI）的分解和制订 KPI 考核计划表来对事业部门进行战略监控和考核，使企业可持续发展得到保证，员工激励机制与企业发展方向紧密结合起来，企业愿景与员工成长得到和谐统一。

3. 建立集成创新研发支撑体系

广州机械院将“建立能够形成自主知识产权的技术创新体系及开放式的合作创新平台，打造国家机械基础件研发基地，为国家重点工程和重大装备提供关键技术支撑和产品服务，引领行业技术进步”作为研发工作重点任务之一，以机械基础技术、基础材料、基础元件领域的高新技术和产品研究为核心，从体系架构到研发机构进行系统设计与整合。

在研发系统和机构建设方面，研究院以国家和地方重大科技专项、重点工程关键技术攻关和研究院产业发展为导向，兼顾培育具有核心自主知识产权、对企业自主创新能力提高具有重大推动作用的核心技术，布局打造“共性上移、应用下沉”的两级创新平台，即院级平台侧重前瞻性和共性技术及重大项目的研究，产业级平台侧重当前市场所需产品的开发以及生产工艺技术的研究，两级创新平台在成果的研究开发→产业化→应用推广→产生经济效益的过程中，遵循成果共享、利益互补的闭环管理原则。两级创新平台建设目标定位于国内领先、支撑引领行业技术发展、培育新兴产业，功能上逐步向具有行业装备技术、产品输出能力的国际区域性技术中心转变。在院产业部门，以事业部和下属企业为主体，建立与产业、市场和经济发展紧密结合的产品创新平台，支撑产业发展。

广州机械院通过产学研合作，整合外部各种创新要素和资源，扩大外部支撑，建立了开放式的合作创新平台，形成研究院的技术供应链。研究院与华南理工大学、广东工业大学、暨南大学等省内著名大学和中国矿业大学、哈尔滨工业大学等国内著名大学建立研究生培养基地；牵头组建了“中国江门汽车摩托车零部件产业技术创新战略联盟”、“中国绿色制造技术创新联盟”、“中国机械关键基础件创新联盟”，建立了“广东省机械装备公共实验室”、“广州市橡塑密封行业工程中心”、“广州市工业润滑行业工程中心”等一批产学研创新平台。

广州机械院建成一个国家认可检测实验室、三个行业级检测中心、三个工程研究中心、一个博士后科研工作站。研究院坚持每年将总收入的10%以上用作科技发展基金，投入增量逐年上升。

4. 建立集成创新保护屏障

广州机械院提出“在机械工业零部件领域，构建中国领先的专利和非专利独占技术体系”的战略目标，提升运用知识产权制度和国际规则的能力。

研究院设置了统一的知识产权管理机构——由院长任主任的知识产权管理委员会，同时外聘专家律师作为法律顾问，协同处理知识产权法律事务。科技部门承担日常的知识产权管理工作，法律部门负责涉嫌侵权案件的调查及承担知识产权的保护工作，产业部门承担知识产权成果的转化及市场推广工作。

研究院颁布并实施了一系列创造、保护、管理知识产权的制度，包括《研究院知识产权管理办法》、《研究院科学技术奖励办法》、《研究院保密工作管理办法》等。同时与涉及商业秘密的科技、管理人员，签订保密协议；与对技术权益和经济权益有重要影响的科技、管理人员试行签订竞业限制协议；与所有离院科技人员签署保护知识产权保证书；和专利代理机构签订了保密协议；对涉嫌侵犯院商业秘密的违法犯罪行为，坚决予以打击，营造良好的知识产权保护环境。

广州机械院累计申请专利39项，获专利授权12项，制定国际标准1项，行业标准14项。

5. 以人为本搭建凝聚人才平台

广州机械院始终贯彻“以人为本”的人才理念，把“吸引高层次人才，培养高素质人才，提高人才的创新活力”作为人才工作的主要方针，积极搭建人才培养平台，用事业吸引人，用感情留住人，更用成长的土壤造就人，建立了一套培训、实践锻炼、激励、引领职业发展、成才等环节相链接的人才培养新模式。

研究院通过建立人才无障碍进入的绿色通道，从名校接收应届大学生、“双证”技校毕业生，从名企引进高素质管理、技术人才。还依托院研发中心、博士后科研工作站，与国内知名高校合作，聘任院士及行业知名专家为院科技专家，定期开展调研和前沿技术培训，培养学科带头人队伍，引进紧缺的高层次人才，优化员工结构，弥补内部培养的不足。

研究院通过建立两级培训体系，加强岗位技术培训和专业技术培训，选派科研、管理骨干出国进修学习，提升员工的整体素质，造就了一批优秀管理者和科技专家；通过建立内部讲师与导师制度，充分发挥高级技术人员和高级技师的“传帮带”作用，使年轻的大学毕业生、技术工人迅速成长，培养了一支技术过硬、各有特长的年轻技术创新人才队伍。

研究院通过设置不同晋升通道，建立企业经营者、核心业务和职能部门职业经理人、资深科技专家和高级专业人才、高技能工人的储备机制和人才多通道职业发展体系，建立一支创新人才梯队；通过发挥职代会作用，搭建员工参与企业管理事务的平台，让员工感受到自己主人翁的地位。

研究院积极推进薪酬体制改革，建立基于岗位价值的薪酬体系，让做出突出贡献的员工得到与其贡献相符的利益，使企业充满活力；让广大员工的利益随着企业发展、依据本人贡献逐步增长，使企业富有生机。为推进院二级研发体系建设，稳定高素质研发人员队伍，对中心从事基础研究的研发人员实行特殊津贴；为促进科技成果产业化，实施技术要素参与分配，技术成果参与利润提成；设置“科学技术奖”和“专利奖”，表彰作出突出贡献的单位和个人。

研究院外聘四名院士作为院科技专家。技术人员占员工总数的41%，其中高、中级以上工程技术人员占技术人员总数的47%；专职科研人员占员工总数的27%。

6. 精品工程塑造一流品牌

广州机械院在2006年确定了“实施商标战略，创立一流品牌”的品牌发展战略。近年来，以“精品工程”为中心，以“内部强化管理，实施精品工程；外部协同作战，推广品牌形象”为抓手，将企业品牌的规划、管理、推广、传播等多种资源和手段进行全方位的整合，形成集中出击的优势。

一是着力实施“精品工程”。通过建立和完善科学的管理体系，加强全方位的质量管理监控，打造名品精品，使产品高级化，以增强市场的竞争砝码；同时，以价值和创新为助推器，不断为客户提供领先的技术、产品和服务，在同行业中保持着引领市场的强势地位。二是通过多种渠道强化品牌形象建设。运用各种载体，比如网络、报纸、广告、印刷宣传品、行业会展、行业培训等等方式来传播品牌形象。

研究院着力建立以“满足客户需求为中心”的市场营销服务体系，使广研牌密封产品树立了良好的信誉和社会形象。目前，“广研”商标荣获广州市、广东省著名商标，以“广研”品牌为核心不同产品不同档次的多品牌体系已经初步形成，共拥有注册商标17件，覆盖范围从原来单一的密封产品扩展到密封、液压、润滑等16类别的产品及服务，密封类产品畅销全球市场。

7. 以“和”文化构建和谐企业

广州机械院的“和”文化以“合力同行、创新共赢”为核心价值观，并将核心价值观内化于心、固化于制、外化于行。

内化于心就是将“合力同行、创新共赢”融入到企业的各种学习培训、技术创新、文化体育等活动，变成职工的共识，形成共有的价值观。固化于制就是在制定规章制度、工作流程、行为规范过程中，贯彻“和、实、新”理念，建立一个与核心价值理念吻合，与和文化指向一致的制度体系。外化于形就是以人为本，以群团组织为桥梁和纽带，以文体活动、宣传阵地为载体，营造了健康向上、团结关爱、学习创新的人文氛围。

作为转企的科研院所，广州机械院摒弃不适应企业发展的各种旧观念，形成并推进了“顾客的要求就是命令”的服务文化，“讲真话，报实情，求真务实”的沟通文化，“主动沟通，主动协调，团结合作”的工作文化，“每天学习一点，每天进步一点”的学习文化，使创新观念体现在生产、生活的每一环节。

8. 企业创新成效

广州机械院坚持走集成创新之路，创新能力和核心竞争力全面提升，为产业快速发展提供了有效支撑。

广州机械院在液压、光机电一体化装备、密封、润滑、汽车零部件检测、设备润滑状态监测等方面的研究水平居国内先进水平，取得了1000多项科研成果，200多项成果获各级科技奖励，其中67项填补国内空白和国内第一、38项替代进口、两项填补国际空白。

近三年来，研究院承担的国家、省、市重点科技项目逐年增加，取得18项科技成果，有6项成果获省部级科技进步奖，两项成果获市级科技进步奖，9项产品获奖省部级高新技术产品奖，在国内外核心期刊发表论文130篇，初步形成高新技术产业的核心技术体系，跻身国家首批创新型企业、广东省高新技术企业、全国第四批知识产权试点企业、广东省“百强创新型企业培育工程”示范企业、广东省装备制造业重点培育百家企业、广东省知识产权优势企业、广东省重大科技专项实施单位。

研究院已发展成为拥有产值达5亿元的现代化中试生产基地其中密封产业发展成为中国密封技术集成服务领先者和国际知名密封产品制造商。

广州研究院始终把促进行业技术进步和区域经济发展作为一项重要“社会责任”，为提高行业和地方产业竞争力提供有力技术支撑，如依托该院的广东省机械装备公共实验室面向广东省机械装备领域，开放性、共享性地研究和推广重点工程装备制造业急需的关键共性技术，每年为省内企业提供服务超前千次，成为广东省机械装备制造业先进制造技术研究、开发、推广应用基地、信息交流和技术人才培训基地；研究院还积极参与制定广东省关键汽车零部件产业技术路线图，为省内产业发展出谋献策。

第八章

创新型企业技术创新依存度指数

创新型企业代表的是一种崭新的企业运行和发展模式。企业竞争力提升和持续发展依赖技术创新，通过客观、系统地评价企业发展对技术创新的依存程度，发挥评价导向作用，将有效地引导企业走创新发展道路。本章重点介绍创新型企业技术创新依存度指数的概念内涵和测算方法，并根据2009年创新型企业的相关数据，对创新型企业技术创新依存度指数进行测算和分析。

一、创新型企业技术创新依存度指数的概念与测算

（一）技术创新依存度指数的涵义

技术创新依存度指数是在总结创新型企业试点和评价工作的基础上，运用定量与定性相结合的综合评价方法，评价企业创新投入、创新产出、创新绩效和创新管理等对企业发展的影响，系统考察企业发展对技术创新的依存程度。

技术创新依存度指数的提出是基于对创新型企业四个基本特征的认识，即创新性、持续性、系统性和代表性。其中，创新性指企业实现了产品创新、工艺创新或服务创新，集中体现在企业对核心技术把握和拥有自主知识产权情况，以及技术水平在同行业的领先程度等方面；持续性指企业所具有的持续创新和发展的活力程度；系统性指企业为实现持续创新而进行系统的设计、组织和管理；代表性指企业创新行为对企业和行业发展所产生的市场和行业影响力及带动作用。

因此，技术创新依存度指数是运用综合指数的方法表征创新型企业的创新性、持续性、系统性和代表性，以此反映企业在获取市场竞争优势和持续发展过程中对技术创新依存的程度和趋势。

（二）技术创新依存度指数的指标构成

总结国内外针对企业技术创新的相关研究和实践，企业技术创新依存度指数

采用定量与定性相结合的综合评价方法，基于可采集性、可比性、可操作性，遴选出研发经费强度、千名研发人员拥有的授权发明专利量、新产品（工艺、服务）销售收入占主营业务收入的比重、全员劳动生产率4个定量指标和“创新组织与管理”1个定性指标，构成指数的指标体系（简称“4+1”指标）。

“4+1”指标以考察企业发展对技术创新的依存程度为核心，是在深入研究创新型企业的内涵与特征，比较分析国内外针对企业创新的各种评价方法和指标研究的基础上，结合中国创新型企业试点和评价工作实践经验而确定的。这些指标在评价创新型企业中所起的作用是不同的。通过4个定量指标反映创新型企业创新战略实施的效果，定性指标反映企业创新战略制定、部署和实施的过程。这些指标互为补充、互相印证，既克服了单纯使用定量指标反映企业技术创新活动的局限性，又克服了单纯使用定性指标反映企业创新状况的模糊性，构成了一个比较完整和严密的指标体系。

1. 定量指标

（1）“研发经费强度”指标，即研发经费支出占主营业务收入的比重，反映企业在资源配置上对技术创新的侧重情况。通过该指标，可以考察企业运用资本资源实现发展过程中对技术创新的依赖程度。这也是国际上通用的测度企业技术创新的重要指标。研发经费支出采用国家统计局与科技部的统计口径。

（2）“千名研发人员拥有的授权发明专利量”指标，反映企业对核心技术和自主知识产权的掌控情况和创新效率。企业拥有的授权发明专利量是指在考察期间内企业作为专利权人拥有的、经国内外专利行政部门授权且在有效期内的发明专利数量。研发人员（全称研究与试验发展人员）是指参与研究与试验发展项目研究、管理和辅助工作的人员，包括项目（课题）组人员，企业科技行政管理人员和直接为项目（课题）活动提供服务的辅助人员。

（3）“新产品（工艺、服务）销售收入占主营业务收入的比重”指标，反映企业收入构成和获取利润中直接来自技术创新的部分。新产品（工艺、服务）销售收入的计算主要采用国家统计局与科技部对新产品的统计口径。新产品一般是指采用新技术原理、新设计构思研制、生产的全新产品，或在结构、材质、工艺等某一方面比原有产品有明显改进，从而显著提高了产品性能或扩大了使用功能的产品。

某些能源、采矿、建筑、通讯服务以及工程类企业，产出具有一定特殊性，创新活动具有个性特征。对这些个别特殊企业的评价采取以下两种处理方式：一是对该指标的权重予以单独考虑；二是对指标数据的采集方法进行个案处理，如可以采用新工艺、新技术带来的新增产品或提供的工程、服务收入占主营业务收入的比重来表示。

通过“千名研发人员拥有的授权发明专利量”和“新产品（工艺、服务）销售收入占主营业务收入的比重”两个指标，可以考察企业获取竞争优势和取得经济效益对技术创新的依赖程度。

（4）“全员劳动生产率”指标，指企业年增加值与企业全体员工数量的比，反映企业综合经济效益情况。通过该指标可以综合考察企业发展过程中投入产出的整体效率，其中也包含着技术创新对企业发展的贡献，这在一定程度上可以体现绩效和创新之间的依存关系。该指标是国际通用的反映企业或其他经济体的技术创新依存度的综合指标。

工业、建筑业增加值是指工业企业（包括运输与邮电业）、建筑业企业在报告期内以货币表现的工业、建筑业生产活动的最终成果。收入法计算的工业增加值包括固定资产折旧、劳动者报酬、生产税净额和营业盈余。

2. 定性指标

“创新组织与管理”指标，主要包括创新战略谋划、研发组织建设、知识产权管理和创新文化建设等内容，与定量指标相结合，可以综合反映企业着眼长远发展对技术创新的依存情况。

——创新战略谋划。包括企业创新战略规划的制定和实施情况，特别是企业创新战略的目标与实施要点。一般而言，创新战略可以视为企业创新过程的始点，并对企业技术创新的全过程产生重要的影响。

——研发组织建设。包括企业内部研发机构建设及研发设施条件，企业研发团队建设及产学研合作情况等。

——知识产权管理。包括知识产权战略的制定、实施与措施，参与技术标准制定及措施，品牌塑造与管理的主要措施。企业技术创新活动是在一系列的管理与制度约束下完成的，但能突出体现技术创新活动的是知识产权管理和创新激励机制及相关制度安排。

——创新文化建设。主要包括企业的核心创新理念，企业主要管理者对创新的认识及其在企业创新中发挥的作用，职工技术创新活动，企业在鼓励创新方面采取的分配、激励措施，企业履行社会责任情况等。

其中，“创新战略”、“创新文化”体现了企业的创新软实力，“知识产权”在一定程度上反映了企业技术创新的市场价值实现，“研发组织建设”反映了企业对创新能力建设的重视程度。

因此，“4+1”指标从不同侧面和不同阶段，反映了企业技术创新的意愿、行为和绩效，可以比较全面、系统地考察和评价企业发展对技术创新的依存程度。企业技术创新依存度指数的指标体系构成如图 8－1 所示。

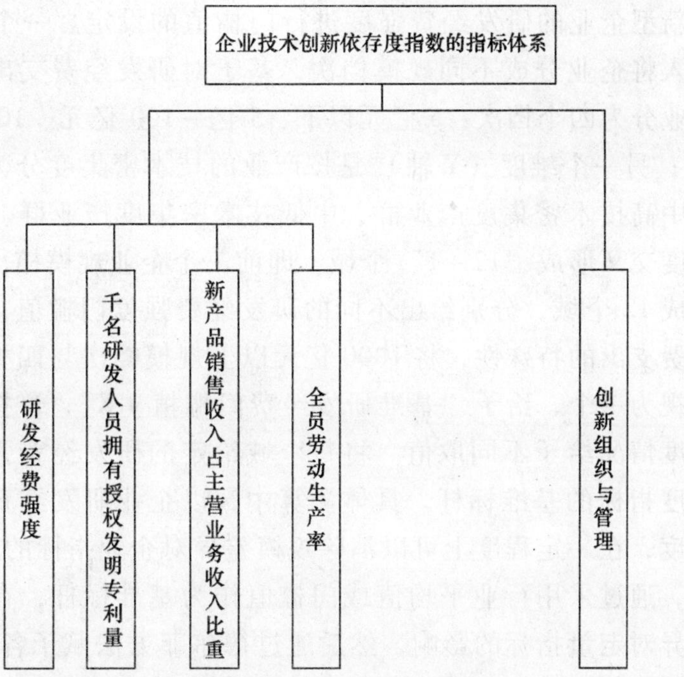

图8-1 创新型企业技术创新依存度指数的指标构成

（三）技术创新依存度指数的生成

创新型企业技术创新依存度指数是采用综合评价方法将上述定量指标与定性指标（即“4+1”指标）结合起来，以综合反映企业发展对技术创新的依赖程度。

由于面对的企业类型不同、行业多样、规模各异，评价既要反映企业技术创新的基本特征和规律，又要体现企业之间的创新差异。为此，技术创新依存度指数的生成需要着重解决三个关键问题：

一是如何确定指标的权重。解决方法是在具体测算中采用德尔菲方法，由专家们对各指标重要性进行打分，再综合专家给出的分值，最后确定各指标的权重。

二是如何处理不同行业企业的创新差异性。解决方法是选择行业平均数作为基准标杆。这是因为在同一行业内企业的经营生产活动相近，具有相似的主营产品（服务），企业技术创新活动的性质、方式和特征相同或相近，产品（工艺、服务）创新具有可比性。因此，从行业入手，选择行业平均数作为测度的基准标杆。具体说，任何一个定量指标的行业平均数反映的是行业中企业群体的平均水平，以此作为标杆进行测度，在一定程度上可以消除行业差异对企业指标的影响。

三是如何处理不同规模企业的创新差异性。通过对不同规模企业创新规律的分析，从研发经费强度入手，采用两个维度对不同规模和所处不同技术密集程度产业领域的创新型企业的研发经费强度进行门槛值的设定。一个维度（X 轴）是按主营业务收入将企业分成不同规模档次，基于对研发经费支出与企业规模的关系研究，将企业分为四个档次：5 亿元以下、5 亿～100 亿元、100 亿～1000 亿元、1000 亿元以上；另一个维度（Y 轴）是按产业的技术密集度分为四类：高技术密集度产业群、中高技术密集度产业群、中低技术密集度产业群、低技术密集度产业群。两个维度交叉形成“12 + 1”个域，即前三个企业规模档次与四类技术密集度产业交叉形成 12 个域，分别给出不同的研发经费强度门槛值；同时考虑到特大型企业研发经费支出的特殊性，将 1000 亿元以上规模档次与四类技术密集度产业交叉形成的域视为一个，给予“基准研发经费门槛植 + X”，X 按企业所在行业平均研发经费强度情况给予不同取值。将每个域给定的研发经费强度门槛值作为企业研发经费强度指标的基准标杆。具体测算中，以企业研发经费强度的门槛值作为标杆进行测度，在一定程度上可以消除规模差异对企业指标的影响。

概括而言，通过采用行业平均值或门槛值作为基准标杆，在相当程度上消除行业、规模差异对定量指标的影响，然后通过德尔菲方法赋予各指标相应的权重，进而将定量指标和定性指标综合起来生成技术创新依存度指数。

1. 定量指标赋值方法

（1）定量指标的权重。由于 4 个定量指标在反映企业技术创新依存度上的作用和重要性不同，因而被赋予不同的权重。运用德尔菲方法，借鉴国际经验，并结合中国创新型企业的发展实际和创新实践，4 个定量指标的权重根据如下原则确定。

研发经费强度反映企业为发展而进行的资源配置倾向，同时也是企业形成自主知识产权核心技术的基础与条件，对提升企业自主创新能力的影响最大，因此在 4 个定量指标中给予最高权重。

新产品（工艺、服务）销售收入占主营业务收入的比重是技术创新产出最直接的体现，在一定程度上反映企业专利、核心技术商品化、市场化的程度和产出绩效，其权重也高于其他 2 个指标。

千名研发人员拥有的授权发明专利量和全员劳动生产率两个指标分别从核心技术的掌握、企业总体效益水平方面反映企业对技术创新依存的状况，所以给予相同的权重。

（2）定量指标分值的确定。具体计算公式如下：

$$B = \sum_{i=1}^{4} A \times f_i \times k \times \frac{\overline{x}_i}{\overline{\overline{x}}_i}$$

式中：

B——被考察企业的 4 个定量指标的总赋值；

A——被考察企业的第 i 个定量指标的分数（以100分为满分）；

f_i——被考察企业的第 i 个定量指标的权重；

$\overline{x}_i$——被考察企业的第 i 个定量指标的数值；

$\overline{\overline{x}}_i$——被考察企业的第 i 个定量指标的行业平均数值（或研发经费强度的门槛值）；

k——定量指标分值系数，用于调整或确定某一定量指标行业平均值的水平，即通过调整基准标杆的水平，以反映企业整体的技术创新水平的变化趋势。

$\frac{\overline{x}_i}{\overline{\overline{x}}_i}$的结果反映了企业在行业的第 i 个评价指标上的位置。$\frac{\overline{x}_i}{\overline{\overline{x}}_i}>1$，表明企业高于行业平均水平；$\frac{\overline{x}_i}{\overline{\overline{x}}_i}<1$，表明企业低于行业平均水平；$\frac{\overline{x}_i}{\overline{\overline{x}}_i}=1$，表明企业与行业平均水平持平。

2. 定性评价赋值方法

（1）定性指标权重的确定。运用德尔菲方法，经专家讨论确定，定性指标“创新组织与管理”四个方面内容创新战略谋划、研发组织建设、知识产权管理和创新文化建设，对企业技术创新都具有重要作用，赋予相同权重。

（2）专家评价分值的确定。

步骤1：每位专家根据企业自评估报告、部门推荐意见、定量指标的实际赋分情况及其他附件材料，依据“专家评价表”的内容，进行评分并加总。

步骤2：通过“专家评价汇总表”，对每一组 n 位专家的定性评价赋分进行平均，形成每个企业的专家综合评价分值。

$$\overline{C}=\frac{\sum_{i=1}^{n}C_i}{n}$$

式中：

$\overline{C}$——企业的专家综合评分均值；

C_i——第 i 个专家对企业的综合评价分值；

n——专家数，一般 n 不小于5。

3. 技术创新依存度指数的计算

由于定量指标和定性指标是从两个不同的视角考察企业发展对技术创新的依存程度，因而两者具有一定的同构性、相关性和相互补充的关系。综合考察定量指标与定性指标可以全面评价技术创新活动在企业持续发展和获得竞争优势过程中的作用。

定量指标从统计数据出发考察企业技术创新投入产出过程与成果，具有一定的客观性，同时考虑到定量指标在描述技术创新过程复杂性方面的局限性，赋予其相对于定性指标较低的权重。

定性评价的结果参考了企业自评估报告、管理部门的推荐意见，同时也参照了企业定量指标的数据处理结果及相关附件材料，在相当程度上对 4 个定量指标的相关内容进行补充，信息量较大，是专家综合评价的结果，因而赋予其相对较高的权重。

利用德尔菲方法，经过专家讨论确定了定量指标和定性评价的权重，最终形成创新型企业技术创新依存度指数。具体的计算公式如下：

$$D = w_1 B + w_2 \overline{C}$$

式中：

D——企业技术创新依存度指数；

w_1——定量指标权重，取值为 0.45；

w_2——定性评价权重，取值为 0.55。

通过上述公式计算出来的技术创新依存度指数介于 0～100。分值越大，表明企业发展对技术创新的依存程度越强。根据专家分析并结合中国创新型企业发展状况，通常企业技术创新依存度指数在 85 分以上，可以认为企业发展对技术创新的依存程度强；在 75～85 分，可以认为企业发展对技术创新的依存程度较强；在 65～75 分，可以认为企业发展对技术创新的依存程度一般；在 65 分以下，可以认为企业发展对技术创新的依存程度较弱。

总之，创新型企业技术创新依存度指数通过定量与定性相结合的方式，综合考察企业发展对技术创新的依存程度。可以有效地发挥评价导向作用，引导企业加强技术创新的战略谋划，从战略高度推动持续创新和全面创新。同时，技术创新依存度指数也可以帮助企业发现自身的差距，找到明确改进的方向。

二、创新型企业技术创新依存度指数分析

通过创新型企业信息采集系统，共采集到 195 家创新型企业的 2009 年相关数据。下面运用企业技术创新依存度指数的计算方法，对创新型企业 2009 年相关数据进行测算，并对测算结果进行分析。

（一）创新型企业技术创新依存度指数测算结果

根据创新型企业信息采集系统提供的 2009 年数据，按照创新型企业技术创新

依存度指数计算方法，得到2009年度指数测算结果。在前100名创新型企业中，技术创新依存度指数都高于70。其中，最高的海尔集团公司为93.96；其次中兴通讯股份有限公司为89.47；煤炭科学研究总院、天津药物研究院、天津赛象科技股份有限公司、宜宾丝丽雅集团有限公司、中国钢研科技集团有限公司、海信集团有限公司6家企业的技术创新依存度指数也都高于85（见表8-1）。

表8-1　2009年创新型企业技术创新依存度指数前100名企业

企业名称	指数	企业名称	指数
海尔集团公司	93.96	泰豪科技股份有限公司	74.70
中兴通讯股份有限公司	89.47	重庆长安汽车股份有限公司	74.59
煤炭科学研究总院***	89.13	宝钢集团有限公司	74.54
天津药物研究院***	89.12	中国乐凯胶片集团公司	74.25
天津赛象科技股份有限公司	87.43	上海振华重工（集团）股份有限公司	73.69
宜宾丝丽雅集团有限公司	86.19	内蒙古鄂尔多斯羊绒集团有限责任公司	73.67
中国钢研科技集团有限公司***	86.09	福建星网锐捷通讯股份有限公司	73.64
海信集团有限公司	85.50	中国石油化工集团公司	73.56
北京矿冶研究总院***	84.75	天津力神电池股份有限公司	73.51
太原重型机械集团有限公司	84.15	成都地奥制药集团有限公司	73.34
沈阳化工研究院有限公司	83.78	博威集团有限公司	73.33
北京有色金属研究总院***	83.35	黄山永新股份有限公司	73.13
华为技术有限公司	82.58	浪潮集团有限公司	73.07
中国重型机械研究院有限公司***	82.39	奇瑞汽车股份有限公司	72.77
烟台万华聚氨酯股份有限公司	82.35	广西柳工机械股份有限公司	72.61
中国航天科技集团公司	82.18	新疆金风科技股份有限公司	72.41
中材科技股份有限公司	82.08	长沙中联重工科技发展股份有限公司	72.40
大连重工·起重集团有限公司	81.78	江南机器（集团）有限公司	72.31
中国铝业公司	81.16	金发科技股份有限公司	72.24
扬子江药业集团有限公司	80.57	三一重工股份有限公司	72.14
江苏阳光股份有限公司	80.51	机械科学研究总院***	72.13
广东威创视讯科技股份有限公司	80.40	安徽中鼎密封件股份有限公司	71.90
中国日用化学工业研究院***	80.34	中国化学工程集团公司	71.90
华北制药集团新药研究开发有限责任公司	80.27	山东登海种业股份有限公司	71.87
联想（北京）有限公司	79.51	珠海格力电器股份有限公司	71.78
内蒙古蒙西高新技术集团有限公司	79.49	广州无线电集团有限公司	71.76
西部矿业股份有限公司	78.94	江苏兴荣高新科技股份有限公司	71.44
中国纺织科学研究院***	78.90	中国长江三峡集团公司	71.44
中控科技集团有限公司	78.43	天水星火机床有限责任公司	71.38
鞍山钢铁集团公司	78.39	汉王科技股份有限公司	71.04
西北有色金属研究院***	78.34	中国第一重型机械集团公司	71.00
武汉钢铁（集团）公司	77.45	福建龙净环保股份有限公司	70.99
大连光洋科技工程有限公司	77.42	丛林集团有限公司	70.91

续表

企业名称	指数	企业名称	指数
国家电网公司	77.31	重庆海扶（HIFU）技术有限公司	70.90
中国移动通信集团公司	76.99	东飞马佐里纺机有限公司	70.88
深圳迈瑞生物医疗电子股份有限公司	76.73	中国铁路工程总公司	70.70
电信科学技术研究院***	76.48	沈阳新松机器人自动化股份有限公司	70.69
安徽科大讯飞信息科技股份有限公司	76.20	贵州航天电器股份有限公司	70.67
中电投远达环保工程有限公司	76.18	东北轻合金有限责任公司	70.64
上海贝尔股份有限公司	76.11	宁波大成新材料股份有限公司	70.57
北京和利时系统工程有限公司	75.70	青海金诃藏药药业股份有限公司	70.50
辽宁恒星精细化工（集团）有限公司	75.33	上海新傲科技股份有限公司	70.49
中国化工集团公司	75.29	平高集团有限公司	70.35
江苏法尔胜泓昇集团有限公司	75.22	宁波海天塑机集团有限公司	70.18
北京仁创科技集团有限公司	75.20	攀钢集团有限公司	70.18
中国冶金科工集团有限公司	75.07	中国电器科学研究院***	70.07
太原风华信息装备股份有限公司	74.91	云南锡业集团（控股）有限责任公司	70.06
四川长虹电器股份有限公司	74.90	重庆川仪自动化股份有限公司	70.05
上海电器科学研究所（集团）有限公司***	74.79	鲁南制药集团股份有限公司	70.03
南京联创科技集团股份有限公司	74.78	中国农业机械化科学研究院	70.01

注：*** 转制院所归入相应行业计算。

在前100名创新型企业中，创新型企业技术创新依存度指数高于90.00的企业仅有1家，处于85.00～89.99的企业为7家，这8家企业发展对技术创新的依存程度强；处于80.00～84.99的企业为16家，处于75.00～79.99的企业为22家，合计75.00～84.99的企业共38家，这些企业发展对技术创新的依存程度较强；处于70.00～74.99的企业数最多，为54家，这些企业发展对技术创新的依存程度一般（见图8－2）。

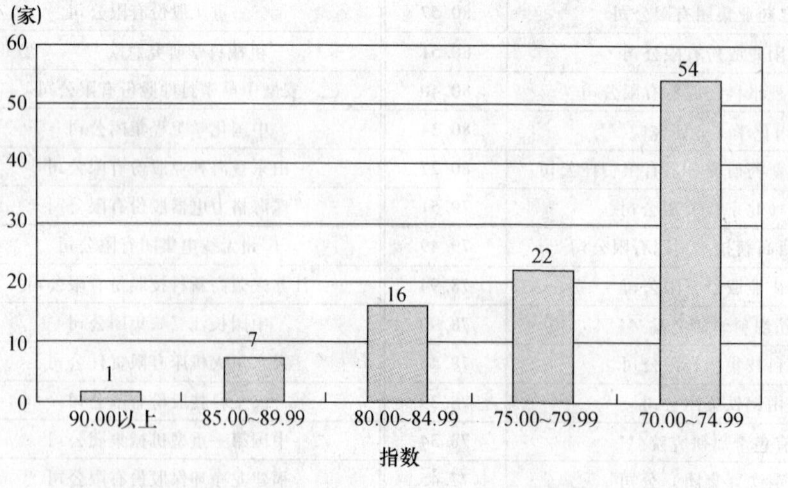

图8－2　100家创新型企业技术创新依存度指数的区间分布

上述结果也表明，前100名创新型企业的指数差异比较明显。从总体看，大多数企业指数在70～85，超过85的企业仅8家，说明大多数创新型企业在依靠技术创新实现持续发展方面有进一步提升的空间。

2009年，前100名创新型企业的主营业务收入达到5.3万亿元，占全国大中型工业企业主营业务收入（33.6万亿元）的比例为15.8%；增加值总数为1.4万亿元，占全国全年全部工业企业增加值（13.5万亿元）的10.4%；企业研发人员数为21.8万人，占全国大中型工业企业R&D人员总数（130.6万人年）的16.7%；企业研发经费支出总额为1065.6亿元，占全国大中型工业企业研发经费支出总额（3211.6亿元）的33.2%；发明专利拥有数为3.7万件，占全国规模以上工业企业有效发明专利拥有量（11.8万件）的31.4%，占全国大中型工业企业有效发明专利拥有量（8.2万件）的45.1%；新产品的销售额近1.5万亿元，约占全国大中型工业企业新产品销售收入总额（5.8万亿元）的25.9%。

此外，在创新组织与管理方面，前100家创新型企业都基本形成比较明确的创新战略，构建起适应各自发展需要的组织管理和研发体系，建立了比较稳定的创新人才队伍，探索建立有效的创新激励制度，普遍重视创新文化氛围的营造。

上述分析说明，这些创新型企业的技术创新活动具有明显的系统性和持续性，也在一定程度上显示出这些创新型企业在国家经济发展和技术进步中的重要地位和贡献。

（二）创新型企业依据指数的分布状况

下面从行业、行政区划、规模等方面，分析前100名创新型企业的分布情况。

1. 行业分布

按照《国民经济行业分类与代码》（GB/T 4754—2002）的两位数分类，前100名创新型企业覆盖了26个国民经济行业大类。其中，专用设备制造业的企业最多，有15家；其次是通讯设备、计算机及其他电子设备制造业，有13家；电气机械及器材制造业有8家，有色金属冶炼压延加工业7家；化学原料及化学制品制造业、医药制造业、黑色金属冶炼及压延加工业各6家（见表8－2）。

表8－2　前100名创新型企业的行业分布情况　　单位：家

行业代码	行业名称	企业数量
36	专用设备制造业	15
40	通讯设备、计算机及其他电子设备制造业	13
39	电气机械及器材制造业	8
33	有色金属冶炼及压延加工业	7

续表

行业代码	行业名称	企业数量
26	化学原料及化学制品制造业	6
27	医药制造业	6
32	黑色金属冶炼及压延加工业	6
17	纺织业	4
35	通用设备制造业	4
41	仪器仪表及文化、办公用机械	4
31	非金属矿物制品业	3
37	交通运输设备制造业	3
62	软件业	3
09	有色金属矿采选业	2
25	石油加工、炼焦及核燃料加工业	2
44	电力、热力的生产和供应业	2
47	房屋和土木工程建筑业	2
60	电信和其他信息传输服务业	2
01	农业	1
06	煤炭开采和洗选业	1
28	化学纤维制造业	1
29	橡胶制品业	1
30	塑料制品业	1
34	金属制品业	1
48	建筑安装业	1
80	环境管理业	1

在前 100 名创新型企业中，超过 10 家企业的行业有 2 个，5～10 家企业的行业有 5 个。上述 7 个行业合计 61 家，显示出较明显的行业集聚特征（见表 8－3）。

表 8－3　前 100 名企业在行业上的数量分布　　单位：家

在行业中的企业数	行业数
10 家企业以上	2
5～10 家企业	5
3～5 家企业	6
1～2 家企业	13

2. 地区分布

从地区分布看，100 家企业覆盖了 27 个省、直辖市、自治区，其中，北京的企业最多，达到21家；其次是广东省，有8家；往下依次是江苏（7家）、山东（7家）、辽宁（6家）和上海（5家），如图8-3所示。

表8-4 前100名企业的地区分布 单位：家

序号	地区	企业数量
1	北京	21
2	广东	8
3	江苏	7
4	山东	7
5	辽宁	6
6	上海	5
7	浙江	4
8	安徽	4
9	重庆	4
10	四川	4
11	天津	3
12	山西	3
13	湖南	3
14	河北	2
15	内蒙古	2
16	黑龙江	2
17	福建	2
18	湖北	2
19	陕西	2
20	青海	2
21	河南	1
22	江西	1
23	广西	1
24	贵州	1
25	云南	1
26	甘肃	1
27	新疆	1

由此可见，前100名创新型企业的地区分布具有三个特点：一是除个别地区外，绝大多数省份都有创新型企业入选，地域分布广泛；二是开展了技术创新工程试点工作省份的创新型企业数量较多；三是前100名企业主要来自经济比较发达、创新比较活跃的沿海省份，前六个省份共有54家企业进入（见图8-3）。

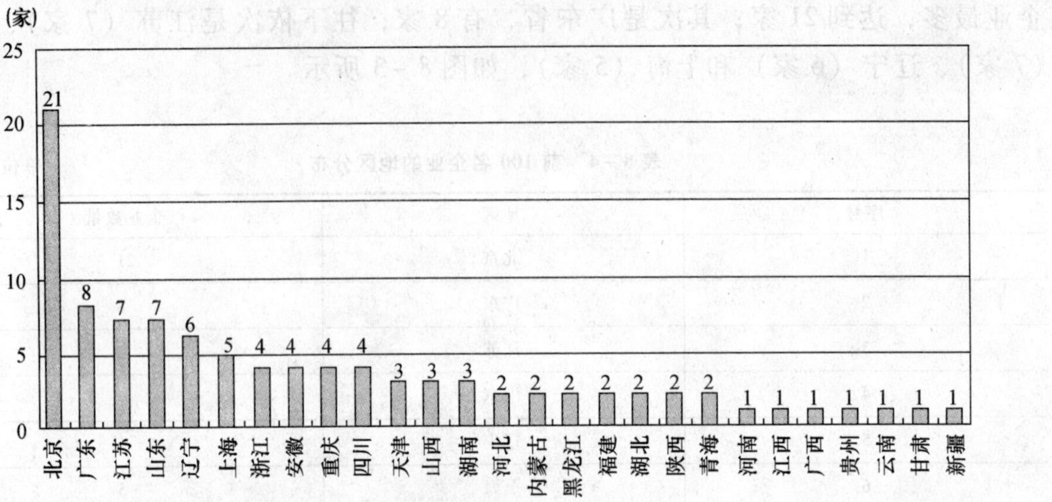

图 8－3　前 100 名创新型企业的地区分布

3. 规模分布

从企业规模看，超过万亿元的企业有 2 家，中国石油化工集团公司主营业务收入最高，达到 13920 亿元，国家电网公司次之，为 12495 亿元；规模最小的是中国日用化学工业研究院，主营业务收入仅为 2256 万元，差异很大。在规模区间分布上，企业主营业务收入超过 1000 亿元的企业有 11 家，在 100 亿～1000 亿元的有 25 家，在 10 亿～100 亿元的有 38 家，在 1 亿～10 亿元的有 22 家，低于 1 亿元的企业仅为 4 家。技术创新依存度指数前 100 名创新型企业中有 60 家企业规模处于 1 亿～100 亿元（见表 8－5）。

表 8－5　前 100 名创新型企业按规模分布　　单位：家

企业主营业务收入规模区间	企业数
1 亿元以下	4
1 亿～10 亿元	22
10 亿～100 亿元	38
100 亿～1000 亿元	25
1000 亿元以上	11

总之，创新型企业技术创新依存度指数仍处在探索之中，尽管采用基于定量和定性相结合基础上的综合评价，并采取相应方法来消除行业、规模的差异性所产生的影响，但指标的赋分和指数的测算方法仍有待完善。此外，通过创新型企业信息采集系统获得的数据的准确性也直接影响指数测算的结果。今后将结合创新型企业建设的进展情况和评价需求，对创新型企业技术创新依存度指数的测算方法适时调整和不断完善，以更好地反映企业发展对技术创新的依存度，为创新型企业建设工作提供研究支持。

重要文献

重要文献

重要论述

（以时间为序）

（1）2009年7月14日，《在技术创新工程实施视频会议上的讲话》（刘延东）

（2）2009年7月14日，《在技术创新工程实施视频会议上的总结讲话》（万钢）

（3）2009年7月14日，《在技术创新工程实施视频会议上的讲话》（李学勇）

（4）2009年9月28日，《科技部党组书记、副部长李学勇就实施国家技术创新工程答记者问》

（5）2009年11月25日，《在国家技术创新工程浙江省试点工作动员大会上的讲话》（李学勇）

（6）2009年12月14日，《在中关村国家自主创新示范区百家创新型企业试点工作大会上的讲话》（刘淇）

（7）2010年1月23日，《深入开展国家技术创新工程试点　奋力推进科学发展　加速安徽崛起》（王金山）

（8）2010年6月23日，《加强自主创新能力建设　进一步提高中央企业核心竞争力——在2010年中央企业科技工作会议上的报告》（黄丹华）

（9）2010年6月24日，《进一步增强紧迫感和责任感　加快提升中央企业自主创新能力——在2010年中央企业科技工作会议上的讲话》（李荣融）

（10）2010年7月27日，《加强部省合作　创新体制机制　努力开创产学研结合工作新局面——在广东省部产学研结合五周年总结大会上的讲话》（万钢）

（11）2010年7月30日，《在国家技术创新工程上海市试点工作推进大会上的讲话》（俞正声）

（12）2010年7月30日，《在国家技术创新工程上海市试点工作推进大会上的讲话》（万钢）

（13）2010年10月23日，《在湖北省产业技术创新战略联盟试点启动会上的讲话》（万钢）

（14）2010年11月2日，《全面实施国家技术创新工程　深入推动产业技术创新战略联盟发展——在产业技术创新战略联盟试点工作座谈会上的讲话》（李学勇）

（15）2010年11月6日，《产业结构升级和发展新兴产业的思路和政策》（陈清泰）

在技术创新工程实施视频会议上的讲话

中共中央政治局委员、国务委员　刘延东

（2009 年 7 月 14 日）

在喜迎新中国成立 60 周年之际，科技部、财政部、教育部、国资委、全国总工会和国家开发银行联合召开视频会议，启动国家技术创新工程实施工作。这是贯彻落实党中央、国务院应对国际金融危机战略部署和国务院“9 号文件”的具体行动，具有重要而紧迫的意义。刚才，学勇同志代表六部门对方案做了介绍，下面我讲三点意见。

一、从战略和全局的高度，充分认识实施技术创新工程的重要意义

科学技术作为第一生产力，是经济社会发展和人类文明进步的根本动力。在技术革命的推动下，人类社会从蒸汽时代逐步进入到电气时代和电子时代，开创了历史上前所未有的辉煌篇章。可以说，近现代以来每一次全球性的重大经济社会变革都与科技革命密切相关。

当今世界，科技与经济以前所未有的深度和广度加速融合，科技成果转化为生产力和财富的周期日益缩短。如电从发明到应用时隔 282 年，电磁波通信则时隔 26 年，而到了 20 世纪，集成电路仅仅用了 7 年，激光器仅仅用了 1 年。信息技术的发展更是呈几何级数增长，互联网进入 50% 的美国家庭只用了 5 年时间。惠普公司从成立到拥有 10 亿美元资产用了 47 年，微软用了 15 年，雅虎用了 2 年，谷歌只用了 9 个月。这些例子都生动地说明，科技进步与创新，已经日益成为各国综合国力和国民财富增长的主要途径，成为国际竞争力强弱的决定性因素。

我们党历来高度重视科技创新的重要作用。新中国成立以来，从向科学进军，到科学技术是第一生产力，到实施科教兴国战略，再到建设创新型国家和把科技置于优先发展的战略地位，我们党对科技的认识不断深化，党领导科技工作的一系列重大战略思想成为中国特色社会主义理论体系的重要组成部分。近年来，以胡锦涛同志为总书记的党中央准确把握世界科技经济发展的最新趋势，明确提出提高自主创新能力、建设创新型国家是国家发展战略的核心和提高综合国力的关键，强调要把增强自主创新能力贯彻到现代化建设各个方面。国务院制定了《国家中长期科学和技术发展规划纲要》，对到 2020 年我国科技发展作出部署。

当前，建设创新型国家是摆在全党全国面前的重要任务。我们讲的创新型国家，应是经济社会发展主要依靠创新驱动的国家，应是创新能力强、创新效益高、创新环境好、创新制度完善、创新人才辈出的国家。建设创新型国家，从某种意义上说，关键在于提高企业的自主创新能力，建立以企业为主体、市场为导向、产学研用相结合的技术创新体系。这是因为，企业是国民经济的基础和支柱，是科技转化为生产力的集成环节。大量的知识创新、技术创新只有通过企业，才能真正转化为规模生产力，增强国家经济实力。各经济强国在推进工业化进程中，

无一例外地培育出了一批世界级的创新型企业，为国家创新能力的提升起到了重要支撑作用。美国的波音、微软、英特尔，日本的丰田、索尼、松下，德国的大众、西门子，韩国的三星、现代、LG等，在一定程度上主导了本国乃至全球的科技创新。目前，我国企业自主创新能力总体上比较薄弱，技术创新缺乏全面有效的支撑服务，产学研用结合的体制机制不完善，这已成为建设创新型国家的瓶颈制约。实施国家技术创新工程，就是着眼企业这一创新主体而作出的一项重大部署。其目的在于通过体制机制创新，优化企业创新环境，组织和引导创新要素向企业集聚，支持企业提高自主创新能力，实现技术创新体系建设的重大突破，全面推进国家创新体系建设。实施这一工程意义重大，影响深远。

第一，实施技术创新工程是推动经济发展方式转变、实现科学发展的重大举措。当前，我国正处于现代化建设的关键阶段，面临着加快推进工业化、信息化、城镇化、市场化、国际化和转变发展方式的双重任务。顺利完成这双重任务必须按照科学发展观的要求，大幅度提高科技对经济社会发展的贡献率，以解决好当前发展中的关键问题，并为未来发展打开新的空间。这就需要我们在提高发展水平和解决瓶颈制约两个方面有新的突破：一方面要依靠科技进步推动产业结构升级，加快发展信息、生物、新能源、新材料等新兴产业，建立与国家发展进程相适应、先进完备的现代产业体系，培育新的比较优势和竞争优势；另一方面要顺应世界潮流，解决好能源资源节约开发、治理环境污染、应对气候变化等问题，大力发展循环经济、低碳经济，走出一条科技进步和创新主导的新型工业化道路。企业是现代产业体系的载体和推进新型工业化的关键。科技创新成果要转化为现实生产力，最终都要通过企业来完成。实施技术创新工程，将大大增强企业自主创新能力和产业核心竞争力，降低关键领域和重点行业的对外技术依存度，真正推动我国经济走上创新驱动、全面协调可持续的科学发展之路。

第二，实施技术创新工程是建设国家创新体系的重要任务。国家创新体系是创新型国家的核心内容。科技规划纲要明确指出，要把建立以企业为主体、产学研结合的技术创新体系作为国家创新体系建设的突破口。知识创新和技术创新是国家创新体系建设不可或缺的两个环节：一方面，只有为科技创新提供源源不断的知识储备和积累，创新体系才有动力源泉；另一方面，科研成果只有运用到实践中去，造福人类社会，才能体现其最终价值。我们实施的知识创新工程，是着眼于知识经济时代的要求，加强基础性、战略性、前瞻性科技创新，在建设国家创新体系中发挥了先导和示范作用。当前我们大力推动实施技术创新工程，将着眼于提高企业的自主创新能力，加快科技成果的广泛应用和产业化，与知识创新工程相辅相成，共同成为建设国家创新体系的重要支柱。我们要通过实施技术创新工程，以分布全国的创新型企业、贯穿产业链的产业技术创新战略联盟、服务行业和区域的技术创新服务平台为三大载体，形成技术创新体系的整体设计和基本框架，带动国家创新体系建设。

第三，实施技术创新工程是促进科技与经济结合的有效措施。科技只有与经济有机结合，才能充分发挥第一生产力的作用。新知识、新技术只有运用到生产实践中去，才能促进社会生产力整体水平的提高。在我国，长期以来科技经济“两张皮”的问题尚未根本解决，科技对经济社会发展还没有形成全面有效的支撑，经济发展对科技创新的需求拉动还不突出，迫切需要在经济和科技之间架起一条更加快捷有效的通道。实施技术创新工程，确立企业的技术创新主体地位，发挥市场配置科技资源的基础性作用，引导创新要素集聚到对经济的支撑上来，将为促进科技与经济结合创造一种新的系统和模式，这本身也是科技体制改革的重要探索。

第四，实施技术创新工程是应对当前国际金融危机的迫切要求。受国际金融危机的影响，我国经济正处于本世纪以来最困难的时期。纵观历史，近代以来的每一次经济危机之后的经济复苏，都离不开科技创新。科技创新能够创造新的经济增长点，创新发展模式，催生新一轮的经济繁荣。最近温家宝总理在山西考察时指出，“谁在科技上占领制高点，谁掌握了关键技术，谁具有自主的知识产权，谁的高端产品多，谁就能在竞争中长期占有优势”。从这次危机中不同企业的生存状况可以看出，一些拥有核心技术和自主知识产权的企业不仅没有受到影响，有的还扩大了市场；而一些企业特别是中小企业遇到经营困难，深层次原因在于核心技术受制于人，相当多的企业处于国际产业分工体系的低端，产品附加值低，缺乏市场竞争力。应对金融危机，必须加快科技创新，并尽快把技术转化为生产力，提高企业的技术水平。实施技术创新工程，将进一步推动企业把创新作为重要发展战略，促进科技资源向企业开放，促进先进适用技术向企业转移，帮助企业特别是中小企业开发新技术、调整产品结构、改善经营管理和开拓新市场，为企业渡过难关、促进经济平稳较快增长提供重要支持。

二、抓住关键环节，全面推动技术创新工程的实施

国家技术创新工程是一项系统工程。实施这一工程核心是聚焦企业。要紧紧围绕支持企业提高自主创新能力，针对技术创新体系建设的重点环节和突出问题，在创新主体、创新要素、创新机制、创新服务四个方面下工夫、见成效。

第一，确立企业是技术创新主体的鲜明导向。把企业作为技术创新的主体，是党中央、国务院提出的战略要求，是科技规划纲要确定的重点任务。企业作为技术创新主体具有天然优势。企业直接面向市场需求，为了在市场竞争中生存和发展，有把技术成果转化为利润的天然动力，有直接洞悉市场变化的灵敏机制，有持续支持创新的资金优势。只有以企业为主体，才能坚持技术创新的市场导向，通过利益机制整合产学研用的力量，加快创新体系建设。我们在这方面还存在较大差距。目前，我国 2 万多家大中型企业研发费用占销售收入的比重仅为 0.81%，只相当于发达国家的1/10。我国有928 万户注册企业，但拥有自主知识产权核心技术的企业仅为万分之三，98.6%的企业从未申请过专利。要牢固树立企业是技术创新主体的理念，把促进企业成为技术创新主体作为实施技术创新工程的首要目标。要推动企业成为技术创新需求的主体，由企业提出技术需求，决定科技攻关的方向和重点；要推动企业成为研发投入的主体，建立研发机构，加大研发投入力度，调动企业创新的动力和活力；要推动企业成为技术创新活动的主体，由企业按照市场需要，主导和组织技术创新活动；要推动企业成为创新成果应用的主体，由企业直接实施科技成果产业化，缩短转化周期。近年来，胡锦涛总书记、温家宝总理多次指出要加快形成一批竞争力强的创新型企业。创新型企业是依靠技术创新获得竞争力和持续发展的企业，代表一种全新的发展模式。我们要通过技术创新工程，培育一批有较强实力和国际竞争力的创新型企业，带动更多企业走依靠创新谋发展的道路。

第二，引导各类创新要素向企业集聚。目前，创新资源不足是制约企业提高自主创新能力的重要因素。必须创造更好的条件，建立机制，广开渠道，把更多的创新要素引向企业。要引导人才向企业集聚，调整人才培养模式，促进人才有序流动。支持高端人才进入企业，帮助企业引进海外人才，打造高水平创新团队。有产业化前景和以产品开发为目标的重大专项和科研项目，要吸收优势企业参与，积极鼓励企业牵头，带动科研人员到企业去。要普遍提高企业员

工的技术水平和素养，支持企业开展技术培训，培养大量创新班组、技术标兵和岗位能手，增强员工承接和运用新技术的能力。教育系统要办好中等职业教育和高等职业教育，为企业发展培养适用合格人才。要引导科研资金向企业集聚，调整财政科研投资结构，加大对企业的科研投入。现在科技型中小企业贷款难的问题依然比较突出，成为影响企业科技创新和发展壮大的瓶颈因素。要推动科技与金融的紧密结合，加强对企业技术创新的信贷支持，大力发展风险投资，鼓励企业进入多层次资本市场直接融资，促进成果转化和初创期企业快速成长。要引导技术向企业集聚，加大对科技成果转化应用的支持力度，建立高效的技术转移机制，加快先进技术向企业转移扩散，支持企业提高产品技术含量，推动产品升级转型。要加强科学管理，为创新要素的集聚提供保证。要创新企业管理制度，推动企业建立现代企业制度，采用先进的研发管理理念和模式，使各类创新要素充分发挥作用。

第三，建立科研院所、高校和企业之间长期稳定的产学研用合作关系。推动产学研用相结合是技术创新体系建设的重要内容，是提高企业自主创新能力的重要途径。从世界产业发展和科技创新的潮流看，由企业独立创新到产学研用互动创新，已成为技术创新的普遍趋势和有效形式。当前，制约我国产学研用相结合的主要问题是，体制机制不健全，企业主体作用发挥不够，企业、高校和科研机构的目标导向不一致，功能趋同，责任不清，缺乏利益保障，合作动力不足。要以产业技术创新战略联盟为载体，推动产业技术创新链的构建，围绕产业重大技术创新加强产学研用长期战略合作，探索建立成果共享和风险分担机制，开展协同攻关，制定技术标准，共享知识产权，联合培养人才。要积极引导产学研用各方按照市场经济规则形成合作关系，建立健全信用机制、责任机制和利益保障机制，优化产学研用结合的环境，形成企业提出技术需求、高校和科研机构提供服务的良性互动局面。要鼓励用户参与合作，强化需求导向，建立完善重大技术创新成果向现实生产力快速转化的畅通渠道。

第四，完善企业技术创新的公共服务体系。为企业技术创新提供公共支撑和服务，是市场经济条件下政府的重要职责。多年来，我们投入大量资源，建立了为数众多的重点实验室、工程中心、企业技术中心、科研仪器设备网等科技基础条件设施，成为自主创新的重要平台。但是必须看到，科技创新资源分散重复，开放共享机制尚未形成，综合利用率不高等问题仍很突出，不适应企业特别是中小企业技术创新的需求。必须采取切实措施，创新管理体制和运行机制，推动大学、大院大所、大型企业等方面的重要公共科技资源开放共享，形成面向企业开放的技术创新服务平台。这项工作一定要突破，利益壁垒一定要打破。现在只有大企业才有条件建立研发机构，但较难惠及广大中小企业。中小企业普遍存在技术落后问题，自身没有条件建立研发机构，缺乏购买技术的实力，对政府提供低成本技术支持的要求非常迫切。而目前科技资源向中小企业开放存在信息不对称、成本过高、通道不畅等问题，单一企业如果直接与科研单位对接，就形不成技术需求的规模，会提高技术应用的成本。要强化这方面的公共服务，以更低的成本、更快的速度、更多的数量地向中小企业转移辐射先进技术。要加强技术创新服务平台的能力建设，根据重点产业振兴和战略性产业发展的需要，合理布局，明确方向，不断提高技术供给、产品设计、分析检测、咨询培训等服务水平。要发挥转制科研院所在行业技术创新中的骨干引领作用，选择一批符合条件的转制院所作为产业振兴的技术创新支撑平台，加强产业共性关键技术攻关，推广应用先进适用技术。要完善科技中介服务体系，提高服务的专业化、社会化、网络化水平。

三、加强组织协调，为实施技术创新工程提供有力保障

实施技术创新工程是建设国家创新体系的战略安排，需要在国家层面加强顶层设计和统筹协调。要解放思想，打破框框，深化科技体制改革，突破部门和行业局限，加强协同和联动。六部门制定的技术创新工程总体实施方案，对国务院“9 号文件”的部署进一步细化，提出了明确具体的任务。各部门、各地区、各有关方面要提供有力支持，确保这些任务落到实处。

第一，提高思想认识，切实加强领导。实施技术创新工程，企业受益，院所受益，群众受益，国家受益。各级党委、政府要高度重视，把这项工程作为贯彻科学发展观和保增长、保民生、保稳定的重要内容，在全局工作中摆上重要位置，切实履行职能，加强组织协调，加大财政投入，强化条件保障。特别是党委、政府主要负责同志要亲自过问工程的实施，亲自帮助解决实际困难。各地要结合实际制定具体方案，明确重点和步骤，抓好组织实施工作，使这一工程扎扎实实地向前推进。

第二，加快政策落实，营造激励企业技术创新的政策环境。要着眼于提高企业的自主创新能力，制定和完善相关政策措施，促进科技政策和经济政策的协调一致。特别需要指出的是，为落实好科技规划纲要，国务院出台了60条配套政策，有关部门制定了70多个实施细则，多数与企业技术创新相关。这些政策的出台经过了充分的调查研究，凝聚了各方面的心血，很有力度，也很不容易。各部门、各地方都要尽最大的努力，共同做好政策的执行和落实工作。尤其对那些企业最关心、最能得到实惠的具体政策，如企业研发费用加计扣除、政府采购自主创新产品、国产首台首套重大装备应用、支持科技型中小企业融资等，更要千方百计采取措施落实好。要加强对政策特别是财政、金融、税收等政策落实的监督检查，及时总结经验，发现问题，不断完善政策，为企业提高创新能力提供政策保障。

第三，加强部门协调，形成共同推动技术创新工程实施的良好局面。组织实施部门要建立和完善协调工作机制，研究重大问题，协调具体行动。要争取更多部门和行业协会的参与和支持，形成工作合力。企业要抓住机遇，主动参与到工程实施中来，切实发挥好主体作用。高校、科研院所、金融机构、中介机构和其他组织要发挥优势，实现资源集成。要加强舆论宣传，营造全社会关注技术创新、支持技术创新、参与技术创新的良好氛围。

同志们，实施技术创新工程，提高企业自主创新能力，既是当前应对国际金融危机的紧迫要求，也是一项长期而艰巨的重大任务。让我们更加紧密地团结在以胡锦涛同志为总书记的党中央周围，迎难而上，扎实工作，充分发挥科技支撑作用，为促进经济平稳较快发展做出新的贡献，以优异成绩迎接新中国成立60周年！

在技术创新工程实施视频会议上的总结讲话

科技部部长　万　钢

（2009 年 7 月 14 日）

为贯彻中央关于应对金融危机、保持经济平稳较快发展的精神，落实国务院“9 号文件”要求，充分发挥科技的重要支撑作用，大力提高企业自主创新能力，推动我国经济尽快走上创新驱动、全面协调可持续发展的轨道，今天，科技部、财政部、教育部、国资委、全国总工会和国家开发银行联合召开视频会议，对国家技术创新工程实施工作进行动员和部署。

中共中央政治局委员、国务委员刘延东同志亲临会议，并就实施技术创新工程发表了重要讲话。刘延东国务委员的重要讲话，站在我国现代化建设战略和全局的高度，深刻分析我们当前面临的机遇和挑战，从四个方面系统阐述了实施技术创新工程的重大意义，指出了全面推动技术创新工程实施必须牢牢抓住的核心和关键环节，同时对加强组织协调、为实施技术创新工程提供有力保障提出了明确的要求。延东同志的讲话高屋建瓴、内涵深刻，充分体现了党中央、国务院对科技工作和国家创新体系建设的战略要求，体现了对企业技术创新规律的深刻把握，体现了对充分发挥科技支撑作用的殷切期望。我们要认真学习，深入领会，坚决贯彻，努力推动技术创新工程深入实施，促进经济社会实现又好又快发展。

下面，我就学习贯彻刘延东国务委员的重要讲话，组织实施好技术创新工程提三点要求：

第一，认真学习贯彻延东同志的重要讲话，充分认识实施技术创新工程的重大意义。刘延东国务委员指出，实施技术创新工程是着眼于企业创新主体作出的一项重大部署，其目的在于通过体制机制创新，优化企业创新环境，组织和引导创新要素向企业集聚，支持企业提高自主创新能力，实现技术创新体系建设的重大突破，全面推进国家创新体系建设。实施这一工程关系到我国现代化建设的战略全局，是转变经济发展方式、实现科学发展的重大举措，是建设国家创新体系的重要任务，是促进科技与经济结合的有效措施，是应对国际金融危机的迫切要求。延东同志明确提出，要通过实施技术创新工程，形成技术创新体系的整体设计和基本框架，带动国家创新体系建设。延东同志强调，实施技术创新工程的核心是聚焦企业，要紧紧围绕支持企业提高自主创新能力，针对技术创新体系建设的重点环节和突出问题，在创新主体、创新要素、创新机制、创新服务四个方面下功夫、见成效。一是要求产学研用紧密结合，把建立健全信用机制、责任机制、利益保障机制和成果分享机制以及突出用户参与作为推进产学研结合的重点。二是加强对企业技术创新的公共服务，强调了技术创新服务平台能力建设、科技资源开放共享、服务于中小企业和科技中介服务的重要意义。三是重视在国家层面加强顶层设计和统筹协调，深化科技体制改革。四是要突破部门和行业局限，加强协同和联动，要通过工程实施，使企业受益，院所受益，群众受益，国家受益。我们要认真学习、全面领会，及时向本单位、本地区、本系统进行传达。要结合实际认真贯彻落实延东同志的讲话要求，切实从战略和全局的高度，充分认识实施技术创新工程的重大意义，把思想和行动统一到中央的重大战略部署上来。

第二，认真落实技术创新工程总体实施方案部署的各项重点任务。会前我们已经把这个方案发给了大家。刚才学勇同志又代表六部门对技术创新工程的六项主要任务做了详细说明和安排，简言之就是企业主体、产学研用、创新支撑、共享资源、人才建设和国际资源利用。大家要结合学勇同志的报告，认真研究、准确把握技术创新工程的指导思想、实施原则、总体目标、主要任务和政策措施，进一步明确工作要求。会后，我们六个部门要针对方案确定的任务分工，结合各自职能提出具体的行动计划和相关的政策细则，尽快把各项工作推向深入。各地方也要结合本地实际制定具体工作方案，抓紧组织实施，提升企业技术创新能力，加快区域创新体系建设，推动区域经济社会全面协调可持续发展。广大企业、高校、科研机构、产业技术创新联盟和科技中介机构，要抓住国家实施技术创新工程的机遇，充分发挥自身的优势，主动参与到技术创新的主战场上来，为提高自主创新能力、建设创新型国家贡献力量。

第三，集成资源，大力协同，切实保障技术创新工程取得实效。实施技术创新工程的总体目标很明确，就是形成和完善以企业为主体、市场为导向、产学研相结合的技术创新体系，大幅度提升企业自主创新能力，推动企业成为技术创新主体，实现科技与经济更加紧密结合。要实现这些目标必须坚持聚焦企业，要围绕产业技术创新战略联盟、技术创新服务平台和创新型企业建设这三大载体，集中配置资源，加大支持力度，组织和引导人才、政策、资金、技术、管理、公共服务等各类创新要素向企业集聚。要在国务院的统一领导下，解放思想，开拓创新，实现部门之间更加紧密的协同配合。中央和地方要上下联动，形成合力，结合实际因地制宜推进技术创新工程的实施。我相信，只要我们大家心往一处想，劲往一处使，以科学发展观为指导创造性地开展工作，就一定能够使技术创新工程取得实效，切实发挥国家战略工程的重大作用。

同志们，实施技术创新工程，积极应对危机挑战，推进国家创新体系建设，使命光荣，责任重大。我们要抓住机遇，迎难而上，以改革创新的精神，推动各项工作任务落到实处，充分发挥科技支撑作用，为建设创新型国家，实现全面建设小康社会宏伟目标而努力奋斗。

在技术创新工程实施视频会议上的讲话

科技部党组书记、副部长　李学勇

（2009 年 7 月 14 日）

为贯彻落实党中央、国务院关于发挥科技支撑作用，促进经济平稳较快发展的战略部署和国务院“9 号文件”精神，今天，科技部、财政部、教育部、国资委、全国总工会、国家开发银行在这里共同召开视频会议，启动实施国家技术创新工程。党中央、国务院领导高度重视技术创新工作，对大力提升企业自主创新能力，加快推进技术创新工程提出了明确要求。中共中央政治局委员、国务委员刘延东同志多次做出重要批示，今天又亲临会议，并将就实施技术创新工程作重要讲话。在此，我受六部门的委托，就实施技术创新工程的主要任务和工作安排做一说明。

一、实施技术创新工程的目的

党的十七大把提高自主创新能力，建设创新型国家作为国家发展战略的核心，提高综合国力的关键，并提出要加快建立以企业为主体、市场为导向、产学研相结合的技术创新体系，引导和支持创新要素向企业集聚。近年来，全社会支持企业技术创新的氛围日益浓厚，广大企业技术创新的内在动力不断增强，金融危机形成的倒逼机制更使企业把技术创新作为发展的生命线。2008 年企业研发投入已占到全社会研发投入的 70% 以上，国内企业申请专利同比增长 23.9%。技术创新引导工程实施三年多来，在各地方、各部门的积极推动和支持下，一批充满活力的创新型试点企业正在迅速成长，一批产业技术创新战略联盟在产业结构调整和振兴中的作用正在显现，多部门共同支持企业技术创新的机制正在形成，为技术创新工程的实施提供了良好基础。

国务院“9 号文件”对大力支持企业提高自主创新能力，加快推进技术创新工程提出了明确要求。为落实“9 号文件”的任务，科技部、财政部、教育部、国资委、全国总工会、国家开发银行等部门共同研究制定了国家技术创新工程实施方案。

实施技术创新工程，要坚持以科学发展观为指导，以提高企业技术创新能力为核心，创新体制机制，营造良好环境，引导创新要素向企业集聚，提升产业竞争力，加快推进技术创新体系建设。这是应对金融危机的当务之急，是实现调结构、上水平的治本之策，是加快国家创新体系建设的战略行动。抓好这项工程，对于促进科学技术更加主动地为经济发展服务，经济发展更加紧密地依靠科技进步，实现创新驱动发展，具有十分重要的意义。

二、实施技术创新工程的主要任务

围绕提升企业技术创新能力这个核心，针对技术创新体系建设的紧迫需求和关键环节，技术创新工程总体实施方案从确立企业在技术创新中的主体地位、推进产学研紧密结合、加强技术创新的支撑服务、开放共享科技资源、加强企业人才队伍建设、利用国际科技资源等方面，提出了六项主要任务。

第一，推动产业技术创新战略联盟的构建和发展，创新产学研结合的体制机制和模式。

产业技术创新战略联盟是以企业发展的内在需求和联盟参与方的共同利益为基础，以具有法律约束力的契约为保障，由企业、科研机构、高等院校等形成的联合开发、优势互补、利益共享、风险共担的新型技术创新组织。在相关部门和地方的积极推动下，在若干重点行业和区域已经建立起一批产业技术创新战略联盟。这一探索和实践对于加快科技成果向现实生产力转化，形成产业技术创新链，提升产业核心竞争力具有重要的意义。按照实施方案的要求，一是在振兴重点产业和培育战略性产业中，建立一批以企业为主体、产学研紧密结合的技术创新战略联盟，引领产业结构调整和优化升级。二是创新科技管理，探索支持联盟发展的各种有效措施和方式，在重大专项、国家和地方重点科技计划的实施中，推进技术创新战略联盟建设。三是依托联盟探索产学研结合的新机制，在创新和研发活动的组织方式上取得突破，在技术成果推广应用和产业化的机制上取得突破。

第二，建设和完善技术创新服务平台，为企业特别是广大中小企业提供技术支撑和服务。

技术创新服务平台，是促进产业结构优化升级的重要支撑，是技术创新体系建设的基础性工程。近年来，在中央和地方财政的大力支持下，形成了一批科技创新与成果转化和产业化基地，为建设和完善技术创新服务平台奠定了坚实基础。按照实施方案的要求，要加强统筹规划，完善总体布局，面向国家重点产业振兴、战略性产业培育中的重大需求，建立和完善技术创新服务平台。一是加强资源整合，重点依托高等院校、科研机构、转制院所、大型企业等，建立技术创新服务平台。二是创新体制机制，完善制度保障，实现开放共享，为企业提升技术创新能力提供有效服务。三是坚持政府引导，运用市场机制，形成多元化投入机制，综合运用多种方式支持技术创新服务平台健康发展。

第三，推进创新型企业建设，引导广大企业走创新发展之路。

增强自主创新能力，提升产业竞争力，呼唤一大批拥有自主知识产权和自主品牌，依靠技术创新获得竞争优势和持续发展的创新型企业。创新型企业试点工作开展以来，确定创新型试点企业 469 家，各地方开展创新试点的企业达到 3000 多家。按照实施方案的要求，一是继续引导企业树立创新发展战略，以市场为导向，把创新作为赢得市场竞争的根本途径，把创新战略作为企业发展的主体战略。二是支持企业加强创新能力建设，增加研发投入，加强研发机构建设，凝聚创新人才队伍。三是促进企业创新管理，在企业中推广应用创新方法，创造自主创新品牌，加强知识产权管理，开展职工技术创新活动，营造企业创新文化。

第四，加强政策引导，促进高等院校和科研院所向企业开放科技资源。

高等院校和科研院所集聚了丰富的科技资源。为提高资源利用效率，教育部积极推动高等院校资源共享服务体系建设，中科院组织所属研究所向企业开放大型科学仪器设备，各地方、各部门也都通过制定政策等多种措施，积极推动这项工作。当前，要加强政策的引导和支持，一是进一步鼓励高校、科研机构的科技资源向企业开放。二是完善监督考评体系，将高等院校、科研院所开放科技资源纳入绩效考核指标。

第五，坚持以人为本，加强企业技术创新人才队伍建设。

人才是企业实现创新发展的根本。近年来，我国企业特别是大型企业在培养和引进人才方面取得了重要进展，但总体来看仍然缺乏创新人才特别是高层次创新人才。加强企业技术创新人才队伍建设，一是注重培养，鼓励高等院校、科研院所创新人才培养模式，与企业联合培养创新人才。二是注重实践锻炼，鼓励高校学生参与企业创新实践，特别是在产学研合作中发挥积极作用。三是注重引进高层次人才，积极参与实施国家"千人计划"，建立高层次创新人才队伍。四是注重提高广大职工素质，通过开展职工群众性技术创新活动和加强职工培训等，提高企业职工科技素质和创新能力。

第六，深化国际合作，引导企业充分利用国际科技资源。

在当前应对国际金融危机的形势下，应统筹做好"引进来"和"走出去"的工作，引导企业抓住机遇，充分利用好国际科技资源。一是加大"走出去"战略的实施力度，大力开展海外科技资源和人才智力合作。二是支持企业提高"引进来"的水平，在更高起点上提升技术创新能力，加强自主品牌建设。三是发挥科技、教育等国际合作计划的作用，支持企业与国外研发机构和企业开展联合研发。

产业技术创新战略联盟、技术创新服务平台、创新型企业是实施技术创新工程的三大载体，也是需要着力推进的重点。抓好这三项重点任务将有效保障工程的顺利实施，有力地推动以企业为主体、市场为导向、产学研相结合的技术创新体系建设。

三、推进技术创新工程的有关安排和要求

实施技术创新工程，要求我们必须进一步把思想和行动统一到党中央、国务院的重大决策部署上来，密切合作，扎实推进，务求实效。

第一，精心组织，协同配合。实施技术创新工程，是一项具有全局性和战略性的重要任务。六部门将在原有工作的基础上继续密切合作，同时与各相关部门加强协作，做好方案的落实工作。加强调查研究，根据实际工作中出现的新情况和新问题，及时采取有效措施。

第二，上下联动，合力推进。各地方在支持企业技术创新和推进区域创新体系建设中，创造了许多好经验和好做法。要高度重视地方在推进技术创新工程中的重要作用，加强沟通协商和分类指导。在工程实施中，各地方要进一步发挥积极性和创造性，结合实际制定具体方案。要注意总结各地经验，选择有基础、有特色的省市作为试点，发挥示范带动作用。

第三，突出重点，务求实效。在今后2到3年内，工程实施要集中力量抓好三个"一批"，即建设一批产业技术创新战略联盟，在国家重点产业和区域支柱产业形成新的技术创新布局；建立一批技术创新服务平台，整合资源，加大支持，形成对企业技术创新的有效支撑和服务系统；建设一批创新型企业，加快形成产业发展新的竞争优势。与此同时，还要着眼长远，把技术创新工程实施纳入"十二五"科技规划和相关产业发展、区域发展规划中。

第四，集成资源，加大支持。发挥财政科技投入的引导作用，加大对企业技术创新的支持力度，引导企业大幅度增加科技投入。创新投入方式，优化科技计划的投入结构，支持产业技术创新联盟承担产业关键和共性技术的攻关任务；支持技术创新服务平台整合资源、优化存量，为企业技术创新提供有效服务；支持创新型企业通过产学研结合，承担国家和地方科技计划项目。发挥财政资金的放大作用，加强科技与金融结合，为科技成果转化和产业化，培育和形成新兴产业与战略性产业提供有效支持。

第五，落实政策，营造环境。深入落实国家中长期科技规划纲要配套政策，落实好国务院“9号文件”提出的各项政策措施，支持企业技术创新，促进产学研紧密结合。要加强对政策落实情况的跟踪评估和检查，及时了解政策落实中存在的问题，把握企业创新发展的迫切需求，及时完善政策措施。

国家技术创新工程的实施，标志着国家创新体系建设已经迈上一个新的起点。我们要认真贯彻党中央、国务院的战略部署，学习好、贯彻好刘延东国务委员在这次会议上的重要讲话精神，大力协同，开拓创新，扎实推进技术创新工程的实施，为提高自主创新能力，建设创新型国家做出新的贡献。

科技部党组书记、副部长李学勇就实施国家技术创新工程答记者问

（2009年9月28日）

记者：工程实施方案发布后，我们看到这项工程已在全国范围内全面启动，受到广泛关注，您能否介绍一下工程实施的背景和目的？

李学勇：国家技术创新工程是在现有工作基础上，进一步创新管理，集成相关科技计划（专项）资源，引导和支持创新要素向企业集聚，加快以企业为主体、市场为导向、产学研相结合的技术创新体系建设的系统工程。实施国家技术创新工程是《国务院关于发挥科技支撑作用　促进经济平稳较快发展的意见》（国发［2009］9号）提出的重要举措，是建设国家创新体系的战略安排。

长期以来，党中央、国务院高度重视企业技术创新工作。各地方、各部门认真落实中央战略部署，采取有力措施积极支持企业技术创新，取得了重要进展，特别是技术创新引导工程实施三年来取得了良好成效，积累了宝贵经验。目前，全国上下支持企业技术创新的氛围日益浓厚，确立企业技术创新主体地位的战略思想深入人心，企业的创新动力和活力显著增强。但是在技术创新体系建设中还存在许多亟待解决的突出问题，一方面企业尚未成为技术创新的主体，产学研结合松散、围绕产业技术创新链持续稳定的合作不够，创新资源分散重复、布局失衡，企业特别是中小企业技术创新缺乏全面有效的支撑服务，科技与经济结合的问题尚未根本解决；另一方面政府各部门虽然已分别采取了许多措施支持企业技术创新，但缺乏协同配套、尚未形成合力，资源配置的政策导向还不够清晰，推进技术创新工作尚未真正聚焦到企业。总之，这些问题需要采取系统措施，集中加以解决。实施技术创新工程就是要系统整合资源，形成合力，聚焦企业创新能力和产业核心竞争力的提升，加快建立以企业为主体、市场为导向、产学研相结合的技术创新体系，全面推动国家创新体系建设，促进科技与经济更加紧密结合。

记者：实施技术创新工程有何重要意义？

李学勇：实施技术创新工程是应对金融危机的当务之急，是实现调结构、上水平的治本之策，是加快国家创新体系建设的战略性行动。在六部门联合召开的视频会议上，刘延东国务委员明确指出，要从战略和全局的高度，充分认识实施技术创新工程的重大意义。概括起来，可以从以下四方面看：

第一，实施技术创新工程是转变经济发展方式、实现科学发展的重大举措。我国正处在现代化建设的关键阶段，面临加快推进工业化、信息化、城镇化和经济结构转型、发展方式转变的双重任务，需要我们在提高发展水平和解决瓶颈制约两个方面有新的突破。一方面要依靠科技进步推动产业结构升级，培育新的比较优势和竞争优势；另一方面要大力发展循环经济、低碳经济，走出一条科技进步和创新主导的新型工业化道路。实施技术创新工程，将大幅度提高

企业自主创新能力，降低关键领域和重点行业的对外技术依存度，推动我国经济走上创新驱动、全面协调可持续的科学发展之路。

第二，实施技术创新工程是建设国家创新体系的重要任务。《国家中长期科学和技术发展规划纲要》明确提出，要把建立以企业为主体、市场为导向、产学研相结合的技术创新体系，作为国家创新体系建设的突破口。技术创新工程着眼于提高企业自主创新能力，加快科技成果的广泛应用和产业化，与知识创新工程相辅相成，共同成为建设国家创新体系的重要支柱。我们要通过实施这一工程，加快建立以企业为主体、市场为导向、产学研相结合的技术创新体系，带动整个国家创新体系建设。

第三，实施技术创新工程是促进科技经济结合的有效措施。在我国，长期以来科技经济“两张皮”的问题没有根本解决，科技对经济发展尚未形成全面有效的支撑，经济发展对科技创新的需求拉动还不突出，迫切需要在经济和科技之间建立一条更加快捷有效的通道。实施技术创新工程，确立企业在技术创新中的主体地位，发挥市场配置科技资源的基础性作用，把创新要素集聚到对经济的支撑上来，将为促进科技与经济结合创造一种新的模式。

第四，实施技术创新工程是应对国际金融危机的迫切要求。受金融危机影响，我国许多企业特别是中小企业经营陷入困难，深层次原因在于核心技术受制于人，产品附加值低，缺乏市场竞争力。实施这一工程，将推动企业把创新作为重要的发展战略和途径，加快科技资源向企业开放，加快先进技术向企业转移，帮助企业开发新技术、调整产品结构、改善经营管理和开拓新市场，为企业渡过难关、促进经济平稳较快增长提供重要支持。

记者：据我理解，实施技术创新工程最终是要形成有效的技术创新体系，大幅度提高企业技术创新能力和产业核心竞争力，那么，六部门将通过哪些主要任务来实现上述目标呢？

李学勇：围绕提升企业技术创新能力这个核心，针对技术创新体系建设的紧迫需求和关键环节，技术创新工程总体实施方案从确立企业在技术创新中的主体地位、推进产学研结合等方面提出了六项主要任务：一是推动产业技术创新战略联盟构建和发展；二是建设和完善技术创新服务平台；三是推进创新型企业建设；四是面向企业开放高等学校和科研院所科技资源；五是促进企业技术创新人才队伍建设；六是引导企业充分利用国际科技资源。其中，产业技术创新战略联盟、技术创新服务平台、创新型企业是实施技术创新工程的三大载体和主要抓手。

记者：您刚才提到，创新型企业、产业技术创新战略联盟、技术创新服务平台是实施技术创新工程的三大载体，能否进一步介绍一下为什么要抓这三大载体？

李学勇：这是基于对技术创新体系建设的整体布局而提出的。目的是通过建设分布全国的创新型企业、贯穿产业链的产业技术创新战略联盟、服务行业和区域的技术创新服务平台，形成技术创新体系的基本框架，带动国家创新体系建设。

关于创新型企业建设。创新型企业是指拥有自主知识产权和自主品牌，依靠技术创新获取市场竞争优势和持续发展的企业。建设创新型企业群体，主要是为引导和支持一批具有持续创新能力的企业成为国家经济实力和核心竞争力的重要支柱，示范带动广大企业走创新发展之路，促进产业结构优化升级，从而为国民经济实现创新驱动发展提供支撑。通过开展这项工作，落实国务院有关要求，形成我国创新型企业500强，支撑国家核心竞争力。

关于产业技术创新战略联盟构建。产业技术创新战略联盟是以企业的发展需求和各方的共同利益为基础，以具有法律约束力的契约为保障，由企业、科研机构、高等院校等形成的联合开发、优势互补、利益共享、风险共担的新型技术创新组织。推动产业技术创新战略联盟构建和发展，就是要把活跃的企业技术创新需求和高等院校、科研机构的科技资源、人才资源有机结合起来，并引导产学研的技术创新方向与国家战略利益相结合，完善产业技术创新链，打造拥有自主知识产权、知名品牌和具有国际竞争优势的并能够引领产业技术创新的联合舰队，对国家重点产业核心竞争力形成全面支撑。

关于技术创新服务平台建设。技术创新服务平台是促进产业结构优化升级的重要支撑，是技术创新体系建设的基础性工程。建设和完善技术创新服务平台，就是要在已有的重点实验室、工程中心、企业技术中心、科研仪器中心等科技资源的基础上，重点依托高等学校、科研院所、产业技术创新战略联盟、大型骨干企业以及科技中介机构，采取部门和地方联动的方式，通过整合资源、盘活存量、提升能力和强化服务功能，为企业特别是广大中小企业的技术创新提供系统服务，为重点产业和区域优势产业集群的结构优化和技术升级提供支撑。

记者：为保障技术创新工程各项重点任务的实施，六部门将采取哪些措施？

李学勇：围绕技术创新工程各方面任务，六部门制定了创新科技计划组织方式，发挥财政科技投入的引导作用，建立健全有利于技术创新的评价、考核与激励机制，落实激励企业技术创新政策，加大对企业技术创新的金融支持五方面保障措施。六部门要求各地结合实际，突出地域特色，在总体方案的指导下，加强组织领导，制定方案，集成相关资源，加大投入，完善保障措施。六部门要求地方各级科技、财政、教育、国资监管、工会、开发银行等部门加强分工协作，与有关部门协调合作，积极探索，大胆创新，落实各项重点任务，扎实推进技术创新工程的实施。

记者：您刚才在介绍技术创新工程的保障措施时提到，要“创新科技计划组织方式”发挥财政科技投入的引导作用，这是否意味着国家科技计划的管理要作出相应调整和改革？具体有何措施？

李学勇：你的理解是对的。实施技术创新工程也是政府深化科技计划管理改革的一种尝试。首先，关于创新科技计划组织方式，工程总体实施方案中提到三项具体措施：一是国家科技计划调整和优化立项机制。在科技计划对技术创新支持上，强调一方面要进行资源配置调整，另一方面要优化立项机制。转变过去以大学、专家为主的选项和立项做法，强调以企业技术创新需求为导向的立项机制；建立和完善企业技术创新需求的征集渠道，应用开发类项目的指南编制、课题遴选、立项论证充分发挥企业作用。同时，还要加强各类计划之间的联动和有效衔接。二是改进科技计划项目的组织实施方式。改变过去就项目而进行组织实施的方式，强调对符合条件的创新基地、人才团队、产业技术创新战略联盟的持续稳定支持。积极发挥科技计划资源配置的引导作用，推动产学研围绕产业技术创新链形成长期、稳定的合作关系，构建产业技术创新联盟，支持联盟开展重大产业技术创新活动，这也意味着今后科技计划资源配置方式将做重大调整。三是建立支持科技计划成果转化应用的资金渠道和机制。针对我国长期以来科技计划成果沉淀、难以转化的问题，将集中一部分资金，运用市场机制促进计划成果转化为现实生产力。通过上述三项具体措施，加强对产业技术创新战略联盟、技术创新服务平台和创新型企业的支持。

关于如何发挥财政科技投入的引导作用，技术创新工程总体实施方案中提出：一是调整科技支撑计划、“863”计划、科技基础条件平台等相关计划（专项）的投入结构，向工程重点任务倾斜，并形成持续稳定的经费支持渠道；二是创新财政科技投入支持方式，综合运用无偿资助（含后补助）、贷款贴息、风险投资、偿还性资助、政府购买服务等方式，引导全社会资源支持企业技术创新。

记者：我注意到，您刚才还提到要“建立健全有利于技术创新的评价、考核与激励机制”，这个问题非常重要，提了多年但始终未能有效解决，在实施技术创新工程中六部门将如何解决？

李学勇：这的确是个长期存在的“老大难”问题。产学研结合中出现的诸多障碍与现行的科技评价和考核导向有关。目前，大学里的评价还是以学术考核为主，不利于调动从事应用技术研究、技术成果转化和企业技术创新服务人员的积极性。技术创新工程总体实施方案中提出要解决这一问题，一是完善高等院校和科研院所内部分类考核。对从事教学、基础研究、应用技术研究和成果转化的不同工作进行分类评价，使上述各类人员具有同等地位。科技人员承担企业委托的研究项目与承担政府科技计划项目，在业绩考核中同等对待。二是支持高等学校和科研院所结合自身情况建立技术转移的激励机制。鼓励有条件的高等学校和科研院所建立专门技术转移机构；对技术转移获得的收益，明确对科技成果完成人和为成果转化做出贡献人员的奖励措施。三是完善国有企业考核体系和分配激励机制。对企业负责人经营业绩的考核，要增加技术创新能力指标；要推动企业集团将技术创新能力指标纳入集团内部各层级的考核体系；鼓励企业对技术人员建立有效的分配激励机制。

记者：您刚才提到要“落实激励企业技术创新政策”，是否意味着有关部门又要制定出台新的支持企业技术创新政策，包括金融支持方面的政策？

李学勇：我们强调的是落实政策。在激励企业技术创新政策方面，国务院出台了60条配套政策，有关部门制定了70多条实施细则。目前，最为关键的是要使这些政策落到实处，让企业充分享受政策到实惠，如企业研发费用加计扣除、政府采购自主创新产品、国产首台（套）重大装备应用等，要加大政策落实力度，同时做好政策落实情况跟踪调研与评估，确保政策落实到位。同时，在促进产学研结合政策方面要进一步完善相关措施。

在加大对企业技术创新的金融支持方面，我们提出要建立科技金融合作机制，是考虑到当前我国金融体制转轨过程中，商业银行承担技术创新风险的能力和经验还不足，金融支持工具还不够丰富。所以，六部门提出要加强科技金融合作，发挥财政科技投入的杠杠和增信作用，更有效地把政府资金和商业银行资金结合起来，采取多种措施加大对企业技术创新的资金支持。

记者：通过您的介绍，我们进一步了解了技术创新工程实施的重大意义和实质内容，最后您能否用一句话来概括描述谁是这项工程的最大受益者？

李学勇：好。正如刘延东国务委员在视频会上所说的，“实施技术创新工程，企业受益、院所受益、群众受益、国家受益。”

在国家技术创新工程浙江省试点工作动员大会上的讲话

科技部党组书记、副部长　李学勇

（2009年11月25日）

今天，浙江省委、省政府隆重举行国家技术创新工程浙江省试点工作动员大会。这是浙江深入贯彻落实科学发展观，从战略和全局的高度，推动自主创新、促进科学发展的一次重要会议。在今天的会议上，赵洪祝书记将作重要讲话，这将对浙江省技术创新工程的实施、推动浙江经济社会又好又快发展起到重要的指导作用。在此，我代表科技部和技术创新工程共同推进部门对本次会议的召开表示热烈的祝贺！向长期以来高度重视和大力推动科技进步和自主创新的浙江省各级党政领导和各方面的同志们致以崇高的敬意！

当前，我们正站在一个新的历史起点上，国家正处在进一步发展的重要战略机遇期，这也是推进现代化建设、全面建设小康社会的关键时期。胡锦涛总书记在党的十七大报告中明确指出，提高自主创新能力、建设创新型国家是国家发展战略的核心、提高综合国力的关键，要坚持走中国特色自主创新道路，把增强自主创新能力贯彻到现代化建设各个方面。中央确定了“自主创新、重点跨越、支撑发展、引领未来”的科技发展战略方针，要求大力增强企业技术创新能力，提高重点产业的核心竞争力，加快建立以企业为主体、市场为导向、产学研相结合的技术创新体系，促进经济结构调整和发展方式转变，推动我国经济社会走上创新驱动、内生增长的科学发展道路。

去年下半年以来，为应对国际金融危机的不利影响，党中央国务院作出了一系列重大决策部署，在一揽子计划中强调要发挥知识和科技的力量。今年3月，国务院发布了关于发挥科技支撑作用促进经济平稳较快发展的“9号文件”，按照科技与经济相结合、近期和长远相结合、治标和治本相结合的原则，提出了六项科技支撑措施和四项政策保障，其中特别强调大力支持企业提高自主创新能力，动员科研院所和高校的科技力量主动服务基层、服务企业，加快发展高新技术产业集群，推动实施国家技术创新工程。

建立以企业为主体、市场为导向、产学研相结合的技术创新体系，是国家创新体系建设的重要突破口，也是创新型国家建设的一项重大战略任务。国际金融危机形成的倒逼机制，使更多地方认识到，只有加快产业的调整和转型升级、依靠创新驱动发展才是正确的选择；使广大企业进一步认识到创新的重要性，把科技创新作为企业发展的生命线。为落实“9号文件”的任务，今年7月，国家技术创新工程正式启动实施，这是贯彻落实党中央国务院关于发挥科技支撑作用、促进经济平稳较快发展决策部署的重要举措，也是加快构建国家创新体系的战略行动，对提高自主创新能力，建设创新型国家具有重要意义。

实施技术创新工程，要坚持以科学发展观为指导，以提高企业技术创新能力为核心，创新体制机制，营造良好环境，引导和支持创新要素向企业集聚，提升产业竞争力，加快推进技术创新体系建设。技术创新工程围绕提高企业技术创新能力和产业竞争力这个核心，针对国家和区域发展的重大需求和关键问题，从确立企业在技术创新中的主体地位、推进产学研紧密结合、加强技术创新的支撑服务、开放共享科技资源、加强企业人才队伍建设、利用国际科技资源等方面，提出了六项主要任务。其中要重点抓好三项载体建设：一是构建产业技术创新战略联盟；二是推进创新型企业建设；三是搭建服务行业和区域特色优势产业的技术创新服务平台。同时，要营造良好的政策环境，通过体制机制创新带动技术创新，实现产业优化升级和技术创新体系建设的突破。

技术创新工程实施以来，有关部门迅速行动，落实分工任务；各地高度重视，以技术创新工程实施为契机，大力推动地方创新能力的提升，加快推进区域创新体系建设。一批具有示范性的产业技术创新战略联盟加紧组建，一批充满活力的创新型试点企业正在健康成长，一批具有发展潜力的新兴产业正在兴起，省部联动、共同推进的工作机制正在形成，地方和省市的试点工作也开始酝酿和起步。

浙江省委省政府高度重视发挥科技在促进浙江经济社会又好又快发展中的重要作用，提出了“创业富民、创新强省”的战略思路，制定并实施了自主创新能力提升计划，采取了一系列有效措施，推进创新型浙江建设。面对新阶段、新形势和新任务，特别是面对国际金融危机带来的严峻挑战，省委省政府充分认识到产业升级、结构转型的紧迫性，提出了“标本兼治、保稳促调”的工作方针，结合浙江实际，作出了在全省开展技术创新工程试点工作的重要决策，这是发挥科技支撑作用、应对国际金融危机不利影响的重要行动，是增强浙江自主创新能力、加快建设创新型浙江的重要举措，对于深入实施“创业富民、创新强省”战略、促进浙江经济社会又好又快发展具有十分重要的意义。

在国家技术创新工程的实施中，选择浙江开展试点工作，这是全国的第一家。主要考虑到浙江省正处于经济结构调整和转型升级的关键时期，科技创新的需求极为迫切，特别是中小企业亟待通过技术创新提升市场竞争力。同时，浙江省科技工作基础好，处于全国前列。省委省政府把全面加强自主创新作为实现又好又快发展的核心战略，在全国率先建立了党政领导科技进步目标责任制；科技投入迅速增加，科技发展环境不断改善；科技体制改革取得明显成效，企业的创新活力和动力空前高涨，产学研结合日趋紧密；地区和县市科技工作十分活跃，浙江区域创新体系建设顺利推进，对经济社会发展的支撑作用日益增强。

总的看来，浙江的试点方案总体思路明确，地方特色鲜明，重点任务突出，措施保障有力，体现了五个方面的鲜明特点。一是体现了省委、省政府的高度重视，对推动技术创新工程重要性的认识十分深刻；二是体现了工作的集成，统筹全省创新资源，紧扣浙江产业技术创新发展的需要，采取系统措施，着力提升企业技术创新能力和产业竞争力；三是体现了省市县上下联动、多部门协同配合，发挥各自优势，共同推进试点工作；四是体现了地方特色，使试点工作有效服务于块状经济和广大中小企业发展；五是体现了产学研紧密结合，使科技创新成果能够尽快转化为现实生产力，转化为地方的经济实力。

浙江省开展试点工作，既是深入实施国家技术创新工程的重要内容，也是浙江调结构、促转型、实现科技强省的内在要求。经科技部与财政部、教育部、国资委、全国总工会、国家开发银行等部门共同协商，同意浙江省的技术创新工程试点方案，支持浙江省在全国率先开展试点工作。科技部将会同有关部门，集成各方面资源，支持浙江省推进试点工作各项任务的落实。今天上午，科技部和浙江省人民政府进行了第二次省部工作会商，会商的主题就是共同推动《国家技术创新工程浙江省试点方案》的实施。根据协商的意见，一是加快建设一批产业技术创新战略联盟。支持浙江省产业技术创新战略联盟的构建和发展，选择基础好，有较强行业带动作用的联盟开展试点工作。二是加快培育一批具有自主知识产权和持续创新能力的创新型企业。积极支持在浙江省龙头骨干企业开展国家创新型企业建设，依托有条件的企业建设国家重点实验室、国家工程技术研究中心等创新基地，支持创新型企业积极承担或参与国家科技计划项目。三是支持浙江科技城建设，作为科技体制改革的试点，鼓励大院大所深化改革，集成资源，为国家和地方经济社会发展作出贡献。四是加快建设产业技术创新服务平台。积极支持浙江在支柱产业和优势特色产业领域建设产业技术创新服务平台。五是加强对试点工作的统筹协调。充分利用省部会商机制，统筹推进试点工作，会同有关部门协调落实技术创新工程的重要政策措施、重大事项等。

我们相信，按照党中央、国务院的部署和要求，在浙江省委省政府的直接领导下，在浙江各级党委政府的积极推动和参与下，认真贯彻落实这次会议和赵洪祝书记的讲话精神，浙江省的试点工作一定能够取得良好成效，并为各地技术创新工程的实施起到示范和引导作用。一是在体制机制创新上探索路子、作出示范，以深化改革为动力，激活创新要素，优化创新资源配置，促进产学研用更加有效结合，促进企业成为技术创新的主体；二是在积极探索创新驱动、内生增长的发展模式上探索路子、作出示范，既要推动块状经济和民营经济的发展，又要培育和发展一批引领地方特色和优势的新兴产业；三是在集成资源、协同推进上作出示范，发挥各级党委政府的作用，整合各方面资源，形成上下齐动员、各部门协力合作的良好局面；四是在制定政策、优化环境上作出示范，认真落实自主创新的各项政策，大力发展创新文化，激发全社会的创新活力，形成各方面重视创新、参与创新、支持创新的良好氛围。

同志们，国家技术创新工程的实施，标志着具有中国特色的国家创新体系建设已经迈上一个新的起点。我们热切地希望浙江以这次试点工作为契机，推动创新型浙江建设再上一个新的台阶。让我们在以胡锦涛同志为总书记的党中央坚强领导下，高举中国特色社会主义伟大旗帜，深入贯彻落实科学发展观，求真务实，开拓创新，抓住机遇，加快发展，为提高自主创新能力、建设创新型国家，实现全面建设小康社会的宏伟目标做出切实的贡献。

在中关村国家自主创新示范区百家创新型企业试点工作大会上的讲话

中共中央政治局委员、北京市委书记 刘淇

（2009 年 12 月 14 日）

中关村百家创新型企业试点工作开展两年多来，取得了突出成绩。这既有企业不懈的努力，也得益于社会各方面的帮助，更离不开科技部、中科院的大力支持和全力推动。在此，我代表北京市，对科技部、中科院和社会各方面的支持帮助表示感谢，对试点企业在自主创新方面做出的成绩表示祝贺。刚才，同志们讲了很好的意见，我都赞同，特别是万钢副主席的重要讲话，我们要认真贯彻落实。下面，借这个机会，我再讲几点意见：

一、要从建设创新型国家和首都创新型城市的战略高度，进一步推进中关村百家创新型企业试点工作

提升自主创新能力、建设创新型国家，是党中央、国务院把握全局、放眼世界、面向未来作出的重大战略决策。贯彻国家创新战略、建设创新型城市，是首都北京全面落实科学发展观、建设社会主义和谐社会首善之区的重要举措，是加快首都发展的必然选择，也是时代赋予首都北京的重大历史使命。首都北京拥有雄厚的科技资源，拥有丰富的创新要素，拥有比较完善的创新环境，完全有能力也有责任率先建设成创新型城市。今年 3 月，国务院做出了建设中关村国家自主创新示范区的重要批复，明确要求中关村要做强做大一批具有全球影响力的创新型企业，这是建设国家自主创新示范区的重要目标之一，也是中关村成为全球科技创新中心的重要基础和标志。

中关村百家创新型企业试点工作，是建设创新型国家、首都创新型城市和国家自主创新示范区的具体举措和抓手，是构建以企业为主体、市场为导向、产学研相结合的技术创新体系的重要途径和方式，有助于企业提升自主创新能力，有助于企业培养和强化核心竞争力，有助于引导和推动广大企业走上创新发展之路。要进一步提高认识，明确试点工作的步骤和重点，加强协调配合，统筹服务，充分发挥各方面的积极性，加大政策的支持力度，加大试点工作的推进力度。

要在创业投资、贷款融资、知识产权促进、科技型中小企业创新基金、政府采购、税收扶持等方面，进一步完善对创业企业的孵化政策，优化发展环境，大力推动科技成果的快速转化和科技人员的创新创业活动。要在政府股权投资、上市融资、国家重大科技和产业化项目方面，加强对高成长企业的培育政策，努力推动企业的快速发展。要在兼并重组、建设产业基地、发展产业集群等方面，实施支持领军企业做强做大的政策，支持在战略性新兴产业领域形

成一批具有国际影响力的高技术大公司。通过科技部、中科院和北京市的共同组织和政策扶持，使企业真正成为研究开发投入的主体、技术创新活动的主体和创新成果应用的主体，提升自主创新能力，成长为具有全球影响力的创新型企业，成为建设创新型国家和首都创新型城市的主力军。

二、要抢抓机遇，加快发展，努力把企业做优、做强、做大

科技创新是实现首都北京可持续发展的基本途径，是走生产发展、生活富裕、生态良好的新型工业化和城镇化道路的必然选择。去年9月以来的国际金融危机，促使我们更加坚定了转变发展方式、调整经济结构的决心，更加凸显了科技创新和体制创新的动力和活力。我们在把握好举办奥运会和庆祝国庆60周年的重大发展机遇之后，还要进一步解放思想，不断发现机遇，抢抓机遇，创造机遇，利用机遇，切实树立等不起的紧迫感、慢不起的危机感、坐不住的责任感和“心忧滑坡”的使命感，以奋发有为、开拓进取的精神，抓好自主创新和产业化、抓好产业升级、抓好战略性新兴产业的发展，实现首都的跨越式发展。在这些方面，中关村示范区要发挥重要的引领和带动作用。

中关村经过20余年的发展，在技术创新、制度创新、组织创新、商业模式创新和文化创新等方面取得了突出的成绩，已经成为我国的创新中心，然而，面对建设全球科技创新中心的艰巨任务，还需要不断地开拓创新和奋发进取。特别是，在企业发展方面，与国际大企业和其他省市的大企业相比，还存在着自主创新能力不强、产业化规模不大、经济带动效益不显著等问题。为此，我们要扫除一切制约企业做强做大的思想障碍，废除一切有碍企业发展的不合理政策，大力实施促进企业做优、做强、做大的机制和政策措施，推动企业不断加强技术研发、高端人才聚集和成果转化，提升自主创新能力和核心竞争力；推动企业通过兼并重组、对外投资和战略性资源整合，扩大产业化规模；推动创新型企业抓住战略性新兴产业和先导产业的发展机遇，快速成长为世界级的高技术大公司，形成推动区域经济持续发展的产业集群。

三、要在更高起点上推进自主创新

自主创新是企业发展壮大的不竭动力。随着科技发展越来越快，产品的生命周期越来越短，消费者的需求越来越高，市场竞争越来越激烈，企业必须不断地自主创新，获得和保持强大的竞争力。

技术引进消化吸收再创新是自主创新的重要方面，相对于原始创新和集成创新，这种方式的主要特点是能够站在巨人的肩膀上发展，有利于在较短时间内缩小同世界先进水平的差距。整合全球资源，借助外力，为我所用，是一条捷径，用好了有事半功倍的效果。中关村在创新型企业试点工作中，一方面要加大原始创新的力度，并使之快速转化和产业化；另一方面，也要善于站在巨人的肩膀上，将招商和创新有机结合，建立起引进消化吸收再创新的机制，不要什么都从零干起。当前，要抓住跨国公司加速技术转移的机遇，积极鼓励技术引进，促进原始创新、集成创新和引进消化吸收再创新平衡发展，不断提高首都经济社会发展和城市发展的科技支撑能力。

在加强自主创新的同时，要努力推动科技成果的转化和产业化。创新的目的是促进技术转变为财富，是通过技术提高财富的创造效率。我们现在有很多科技成果处于睡眠状态，躺在高

等院校、科研院所里“睡大觉”，很长时间无人问津，造成很大的浪费。为了促进科技成果的转化和产业化，我们已经开展了一些工作，如经国务院批准，北京市与科技部、国家知识产权局联合在中关村成立了中国技术交易所，成为首家国家级交易机构；由科技部、财政部领导，在中关村的高校院所和企业开展了股权激励的试点；北京市研究制订了通过政府股权投资方式支持重大科技成果转化和落地的政策措施。近期，学习长三角和珠三角发达省市的成功经验和做法，我们正在研究统筹发展规划、统筹产业发展空间、统筹建设和管理、统筹资金和政策，大力推动中关村示范区建设的政策措施。从目前来看，科技成果转化和产业化仍然是我们工作的重点和难点。要采取切实有力的措施，整合政府和社会各方面创新资源，推动技术和资本的快速对接，为重大项目产业化提供落地的空间环境、支持企业发展的政策措施和相应的配套资源，有效提升促进科技成果转化和落户的创新环境优势和政府服务能力。要围绕国家战略和首都发展，在战略性新兴产业，挖掘和引进一批具有重大技术突破、产业引领作用和规模化前景的科技成果，推动在中关村转化和产业化，培育一批领军企业，形成若干支撑未来持续发展、具有国内外影响的标志性产业集群。

同志们，当前首都发展已经处在建设“人文北京、科技北京、绿色北京”的新阶段。我们要加快实施“科技北京”行动计划，开展有利于自主创新的体制机制改革，做优、做强、做大高新技术企业，努力把中关村建设成为具有全球影响力的科技创新中心，推动科技进步和自主创新，实现首都的跨越式发展。

深入开展国家技术创新工程试点 奋力推进科学发展 加速安徽崛起

——在国家技术创新工程安徽省试点工作动员大会上的讲话

中共安徽省委书记 王金山

(2010年1月23日)

今天，我们在这里隆重召开国家技术创新工程安徽省试点工作动员大会。这是一项关系我省经济社会发展的大事，关系推进科学发展、加速安徽崛起全局的大事，意义十分重大。会议的主要任务是，深入贯彻落实科学发展观，按照党中央、国务院关于加快自主创新最新精神和《国家技术创新工程总体实施方案》的要求，动员和部署国家技术创新工程安徽省试点工作，加快推进创新型安徽建设。

会议表彰了荣获2009年度科学技术奖的项目和个人，授予了8家企业安徽省创新型企业奖，3个单位就推进技术创新工作做了交流发言。这里，我代表省委、省政府向获奖单位和个人，向介绍经验的典型单位表示热烈的祝贺！希望再接再厉，不断取得新成绩，作出新贡献。

党和国家高度重视技术创新工作，刘延东同志亲自过问国家技术创新工程的实施，并提出明确要求。国家科技部等六部委对国家技术创新工程安徽省试点工作非常关心和鼎力支持，科技部副部长曹健林同志和全国总工会党组成员、经审会主任张世平同志专程莅临大会指导。刚才，会上宣读了国家技术创新工程安徽省试点和拓展合肥科技创新试点工作的批复，健林同志又作了重要讲话，提出了重要指导意见，我们一定要认真领会，并抓好落实。下面，我就实施国家技术创新工程安徽省试点工作讲三点意见。

一、充分认识实施国家技术创新工程安徽省试点工作的重大意义

国家技术创新工程安徽省试点工作，是科技部等六部委贯彻落实党的十七大精神、深入实施国家自主创新战略的重要举措，是国家充分发挥地方优势特色、支持安徽发展的具体行动，对于我省深入实施创新推动战略，建立和完善区域创新体系，具有重大而深远的意义。我们一定要从战略和全局的高度，充分认识实施国家技术创新工程安徽省试点工作的重要性，进一步增强做好试点工作的紧迫感、责任感和使命感。

第一，实施国家技术创新工程试点工作是贯彻党中央、国务院关于建设创新型国家战略决策的重大部署。以胡锦涛同志为总书记的党中央准确把握世界科技经济发展的最新趋势，明确提出提高自主创新能力、建设创新型国家是国家发展战略的核心和提高综合国力的关键，强调要把增强自主创新能力贯彻到现代化建设各个方面。建设创新型国家，关键和突破口在于建立

以企业为主体、市场为导向、产学研相结合的技术创新体系。科技部等六部委联合发布《国家技术创新工程总体实施方案》对此进行部署，并选择安徽、江苏和浙江三省首批开展国家技术创新工程试点工作。

从合肥国家科技创新型试点市到合芜蚌自主创新综合试验区，再到国家技术创新工程试点省，这不仅仅是范围的简单扩大，外延的简单扩张，更重要的是创新理念的升华，创新内涵的提升，创新行动的加速。这既是科技部等国家部委对安徽的关心和厚爱，也是对我省自主创新工作的充分肯定和高度信任，更对安徽今后自主创新工作提出了新的更高要求。我们一定要抓住机遇，不辱使命，全力以赴做好试点工作，为建设创新型国家做出应有的贡献。

第二，实施国家技术创新工程试点工作是转变发展方式、加速安徽崛起的重大机遇。目前，我省正处在厚积薄发、加快崛起的关键阶段，全省经济持续快速发展，已经跻身GDP“万亿元俱乐部”，站在了新的发展历史起点上。但也要清醒地看到，后危机时代的发展，区域经济竞争更加激烈，能源、资源和环境的制约更加突出。我们要实现更好更快发展，走在中部崛起前列，必须把转变经济发展方式摆在首要位置，紧紧依靠科技进步和创新，为推进经济结构调整、提升综合竞争能力提供重要战略支撑。我们在深入开展学习实践活动中形成了三点共识，其中重要的一条就是“唯有创新、才能跨越，亦步亦趋、永远落后”。实施技术创新工程，就是要在经济和科技之间架起一条更加快捷有效的通道，引导创新要素集聚到对经济的支撑上来，加快实现经济发展方式由粗放型向集约型转变、要素驱动型向创新驱动型转变，真正走上全面协调可持续的科学发展道路。

第三，实施国家技术创新工程试点工作是提升企业自主创新能力、构建现代产业体系的重大举措。企业是现代产业体系的载体和推进新型工业化的关键。近年来，我省采取一系列措施，大力推进企业技术创新，企业自主创新能力跃居全国第9位，涌现出一批在全国叫得响的自主创新典型，形成了企业自主创新的“安徽现象”。但从总体上看，有点无面的问题仍很突出，掌握核心技术和具有自主品牌的创新型企业不多，对产业发展的引领和支撑不够，产业发展总体规模不大、层次不高。国家技术创新工程试点，既着眼于企业创新主体建设，又强调产业技术创新战略联盟的构建和发展，必将对我省企业自主创新能力、产业核心竞争力的提升，对培育战略性新兴产业、加快产业结构优化升级起到重要的促进作用。我们要以此为契机，加快发展高新技术产业和现代服务业，大力改造提升传统产业，积极发展战略性新兴产业，加快构建现代产业体系。

二、准确把握实施国家技术创新工程安徽省试点工作的关键环节和努力方向

按照国家技术创新工程总体部署，推进安徽省试点工作的总体要求是：坚持以科学发展观为指导，认真贯彻落实党的十七大、十七届三中、四中全会精神和中央一系列决策部署，深入实施创新推动战略，围绕提升企业自主创新能力和产业核心竞争力，以加快合芜蚌自主创新综合试验区建设为主抓手，突出企业主体、创新载体、产学研一体和技术创新服务平台建设，加快构建区域技术创新体系，为推进经济结构调整，加快发展方式转变，建设创新型安徽提供有力支撑。

第一，突出企业主体建设，大力培育创新型企业。促进企业成为技术创新的主体，是实施技术创新工程的首要目标。多年来，我们坚持把提高企业自主创新能力作为实施创新推动战略

的主要任务并扎实推进，涌现出奇瑞汽车、铜陵有色、黄山永新、中鼎股份、安徽叉车、科大讯飞、丰原集团等一批国家级创新型企业。我们要认真总结和推广这些企业自主创新的典型经验，大力弘扬“奇瑞精神”，积极引导人才、技术、科研资金等创新要素向企业集聚，带动和促进全省企业技术进步。

要着力打造一大批创新型龙头企业，加快培育具有国际竞争力的大型企业集团。到2015年，省级以上创新型（试点）企业超过300家。要着力推进中小企业科技创新，支持中小企业做大做强，形成一批主导产品技术、规模和效益居全国同行业前列的企业。到2015年，市县级创新型（试点）企业超过1500家。要着力完善以企业为主体的技术创新体系，鼓励企业加大研发投入，努力培育一批科技投入占销售收入10%左右的企业，支持有条件的企业建立研发机构，对有实力的企业研发机构可以确定为省级研发中心。要着力实施自主品牌战略，培育一批拥有自主知识产权的知名品牌，支持企业充分利用对外开放的有利条件，把对外开放与自主创新紧密结合起来，加快集成创新和引进消化吸收再创新，形成一大批拥有自主技术、自主品牌的产品和企业。

第二，突出产学研一体建设，促进科技成果转化和产业化。以企业为主体推动产学研结合，是构建技术创新体系的突破口，是提高企业自主创新能力的重要途径。近年来，我省产学研合作呈现出良好的发展态势，有效促进了科技与经济的结合。合肥工大、安徽理工大、合肥物质研究院、蚌埠玻璃设计院等一批高校和科研院所主动与企业对接、主动进入企业、主动与企业联合攻关，探索了多种产学研合作模式，取得了丰硕的产学研合作成果，成为企业技术创新的重要依托力量。要在推进国家技术创新工程试点工作中，进一步完善产学研合作机制，提升合作层次，扩大合作范围。特别要围绕我省高新技术产业发展和传统产业升级，在新能源汽车、节能环保、新型显示、生物技术、公共安全等新兴产业领域和装备制造、高性能材料、洁净煤、信息家电等优势产业领域，引导建立一批产业技术创新战略联盟，并争取进入“国家队”。把实施国家和省科技专项、重大科技项目及产业技术研发平台建设等，与推进产学研合作、构建产业技术创新战略联盟有机结合起来，鼓励支持企业与高校、科研院所以股份制、理事会、会员制等多种形式，建立利益共享、风险共担的产学研合作长效机制，尽快将我省的科教优势转化为企业优势、产业优势乃至经济优势。

第三，突出创新载体建设，打造战略性新兴产业和高新技术产业发展高地。创新载体是集聚创新人才、创新成果等创新要素的重要平台，是企业聚集、产业辐射的重要功能区。在推进合肥国家科技创新试点工作、建设合芜蚌自主创新综合试验区的过程中，我们十分注重创新载体建设，注重优化创新载体的环境，一大批科技人才进入高新园区转化成果创新创业，一大批科技型企业在科技园区发展壮大，京东方、彩虹液晶、三安光电等一批高科技含量的大企业、大项目落户我省。在推进试点工作中，我们要更加注重创新载体建设，围绕打造中西部高新技术产业发展高地的要求，强力推进合肥试点市示范核心区建设；支持合肥高新区申报创建国家创新型科技园区，芜湖、蚌埠高新区晋升为国家级；支持铜陵、马鞍山、淮南等有条件的市建立省级高新区；支持各类开发区建立科技产业园区。力争到2015年，全省高新技术产业实现总产值1万亿元，高新区营业总收入超过6000亿元；高新区、经济开发区等各类园区新培育和引进科技型企业3000家。

第四，突出创新服务平台建设，强化创新资源整合共享。在市场经济条件下，政府的一项重要职责，就是要为企业尤其是中小企业发展提供公共技术支撑和服务。要坚持以集聚创新要素、整合创新资源、服务技术创新为目标，进一步加大投入和支持力度，建立完善立体化、网络化创新公共服务体系。要加快技术要素交易平台建设，重点建设合肥科技创新公共服务中心、芜湖高新技术产权交易中心、蚌埠国家专利技术展示交易中心等，完善网上技术产权交易市场，办好合肥自主创新要素对接会、芜湖科普产品博览交易会，力争全省技术市场成交额年均递增20%以上。要加快技术中介服务平台建设，完善技术转移网络，重点推进中国科大、合肥物质研究院等技术转移中心建设，引导建立和完善一批咨询评估、知识产权代理、技术经纪、投融资等中介机构。要加快科技资源共享平台建设，完善“科技路路通”，形成公共创新服务网络，推动高校、科研院所的科研基础设施和大型仪器设备、科技文献等公共科技资源面向企业开放，实现区域联通共享。

第五，突出创新人才队伍建设，为提高全省技术创新能力提供智力支撑。人才是实现创新发展的根本，开展技术创新工程试点工作，提升企业技术创新能力，必须大力推进人才强省战略的实施。要高度重视创新领军人才的培养和引进，强化“杰出人才工程”的实施和“115”产业创新团队建设，培养造就一大批高层次科技人才和技术带头人；把握国际人才流动趋势，组织实施国家“千人计划”、省“百人计划”，加强海外高层次人才创新创业基地建设，大力吸引海外优秀人才来我省创新创业；建立完善职业经理人机制，培育一批创新型企业家。要大力加强技术创新人才的培养，引导高校和有条件的科研院所根据企业对技术创新人才的需求，改革人才培养模式；大力发展职业技术教育，培养各类技能人才；支持企业开展技术培训，普遍提高企业员工的技术水平和素养，增强员工承接和运用新技术的能力。要积极引导人才向企业集聚，完善科技特派员、科技特聘员、科技联络员制度，鼓励科研人员带技术、带成果、带项目进入企业，参与企业技术创新。要不断完善人才激励机制，制定有利于科技人才脱颖而出的政策措施，建立有利于培养技术创新人才、引进高层次人才、用好创新人才的激励机制，推动形成自主创新源泉充分涌流、科技人才创造活力竞相迸发的生动局面。

推进国家技术创新工程试点工作，必须充分发挥合芜蚌自主创新综合试验区建设的先导作用。合芜蚌试验区要紧紧抓住实施技术创新工程的重大机遇，找准工作着力点，率先创新体制机制，加大工作推进力度，积极探索创新经验，力争到2015年，高新技术产业总产值、专利授权量、省级以上创新型企业数、全社会研发投入均较2009年翻两番。近年来，全省各地结合各自的特点，发挥自身优势，在推进自主创新方面都取得了较好成效。淮南煤矿瓦斯治理技术处于国内外领先水平，并在全国推广应用；铜陵成为国家循环经济示范市；亳州中药特色产业基地列入国家火炬计划，其他市的自主创新也都有各自的亮点，这为我们全面实施技术创新工程奠定了良好的基础。省里这次安排专项资金推进试点工作的开展，对好的企业、好的项目将一视同仁，予以支持。希望各地都要积极主动，努力进取，有所作为，形成全面推进技术创新工程的大格局。

三、切实抓好国家技术创新工程安徽省试点工作各项任务的落实

国家技术创新工程试点工作是建设国家创新体系的战略安排，是一项具有全局性和战略性的重要任务。各地各部门要自觉把思想和行动统一到国家和省委、省政府的决策部署上来，切实加强领导，精心组织实施，密切协调配合，扎实推动试点工作各项任务落到实处。

第一，强化组织领导，确保任务落实。省里决定，合芜蚌自主创新综合试验区领导小组扩展为国家技术创新工程安徽省试点工作领导小组。领导小组要切实担负起领导责任，加强对试点工作的组织领导和综合协调，同时要继续做好推进合芜蚌自主创新综合试验区建设工作。要进一步强化部际协调小组会议和省部会商制度，将有关试点工作纳入会商内容，争取国家和有关部委对试点工作的指导和支持。各地各有关部门要将试点工作摆上重要位置，加强调查研究，及时协调解决试点工作中的实际问题，创造性开展工作。特别是要结合自身实际和职能，制定实施方案，完善保障措施，抓好贯彻落实。要加强试点工作的考核评估，建立科学的考核评价制度，强化对政策落实的跟踪问效，严格对任务完成的考核奖惩，确保试点工作不断深入。

第二，加大创新投入，完善政策措施。为保障试点工作的实施，省里已决定每年安排2亿元，设立国家技术创新工程安徽省试点工作专项资金，各地也要相应设立专项，千方百计加大支持力度。要加强对企业和社会投入的引导，积极推进科技与金融结合，探索建立多种形式的风险投资基金和担保机构，拓宽科技投融资渠道。要坚持科技政策在公共政策中的优先地位，着眼于提高企业的自主创新能力，制订和完善相关政策措施。各地各部门要尽最大的努力，共同做好政策的执行和落实工作。尤其对那些企业最关心、最能得到实惠的具体政策，比如企业研发费用加计扣除、高新技术企业所得税优惠、政府采购自主创新产品、国产首台首套重大装备应用等，更要千方百计采取措施落实好。

第三，注重宣传引导，形成浓厚氛围。试点工作既是我省承担的一项重要使命，也是我省面临的一次难得机遇。要切实加强舆论引导，大力宣传试点工作对加速安徽崛起、建设创新型安徽的重大意义和深远影响。要加强对自主创新典型企业和杰出人才的宣传，进一步在全社会弘扬创新精神，增强创新意识，推进创新实践，形成人人关心创新、鼓励创新、尊重创新、保护创新的良好氛围。要进一步加强政治生态建设，切实转变政府职能，改进机关作风，为支持技术创新工程营造良好政务环境。要注重调动和发挥全社会各方面的积极性，尤其是广大企业要抓住机遇，主动参与到技术创新工程中来，切实发挥好主体作用，努力形成共同推动试点工作的强大合力。

同志们，实施国家技术创新工程安徽省试点工作，意义重大，使命光荣。让我们紧密团结在以胡锦涛同志为总书记的党中央周围，深入贯彻落实科学发展观，进一步解放思想，开拓进取，以更加积极主动的作为，更加创新务实的作风，全面落实好试点工作的各项任务，加速创新型安徽建设，为推进我省科学发展、加速崛起而努力奋斗！

加强自主创新能力建设　进一步提高中央企业核心竞争力

——在2010年中央企业科技工作会议上的报告

国资委副主任　黄丹华

（2010年6月23日）

这次会议是我委继2006年三峡会议以来召开的第二次中央企业科技工作会议。会议的主要任务是：深入学习实践科学发展观，回顾总结四年来中央企业科技工作主要成绩和问题，分析当前面临的形势，交流企业创新工作经验，部署下一步科技工作任务和要求。明天下午，荣融同志还要做重要讲话。荣融同志讲话对当前和今后一个时期做好中央企业科技工作具有重要的指导意义，大家要认真学习，深刻领会，结合企业实际贯彻落实。根据会议安排，我做本次会议工作报告。

一、中央企业四年来科技工作总结与回顾

三峡会议以来，国资委认真履行推动企业自主创新的重要职责，努力加强与国家有关部门的沟通与协调，积极推动“国家技术创新工程”，研究出台促进企业创新的业绩考核、激励分配和国有资本经营预算支持政策，为企业创新营造了良好的外部环境和氛围。中央企业认真贯彻落实全国科技大会提出的“加快建设以企业为主体，市场为导向，产学研相结合的技术创新体系”的要求，不断加大研发投入，有效整合科技资源，加强改进科技管理，科技产出成效显著，自主创新能力进一步增强。

（一）技术创新体系不断完善

四年来，中央企业积极推动科技体制创新，取得了重大突破，长期困扰企业的产研脱节、科研成果转化不畅和科研开发短期化倾向等问题得到了较好的解决，企业技术创新体系得到不断完善。

一是按照优化资源配置、培育企业核心竞争力的要求，中央企业加大了内部科技资源整合力度。国家电网、中国石油、中国石化、中国移动、东方电气集团、中国一重、中国普天等一批企业开始按照“中央研究院”、直属专业科研机构和分、子公司技术中心等不同层次构筑技术创新体系，分别负责企业战略基础性研究、产品应用研究及生产一线的工艺改进研究。中国石油推进40个企业重点实验室、试验基地建设，不断强化总部层面研究院所和技术中心，构建“一个整体、两个层次”的技术创新体系。西电集团整合集团所属3个行业研究所，成立了西安高压电器研究院，构建了公司重大关键技术研发和企业产品技术开发相结合的两层研发体系。

二是积极利用社会科技资源探索建立开放式的研发体系和技术创新战略联盟。中铝公司投资1亿元与中南大学联合组建“中国铝业联合实验室”，并进一步拓展与国际知名高校和研究机构在铝加工领域的研发合作。兵器装备集团在意大利、日本、英国和我国的重庆、上海建立“四国五地”全球协同研发机构，实现全球24小时不间断开发。国资委、科技部、财政部等六部门推动的以中央企业为主体的产业技术创新战略联盟试点工作全面展开。中国钢研、神华集团、中国农机院、化学工程集团公司4家企业率先牵头组建了钢铁、煤炭、农用机械和化工4个产业技术创新战略联盟，不同程度地取得了阶段性成果。其中，化学工程集团公司牵头组建的“新一代煤化工产业技术创新战略联盟”成功开发了具有国际领先水平的甲醇制丙烯（FMTP）工业技术，对我国煤炭资源清洁高效利用，延伸煤化工产业链具有重要意义。目前一批新的产业技术创新战略联盟也正在筹划建设中。

三是按照国有经济布局和结构调整的总体部署，加快推进了产业集团与转制科研、设计企业的重组，在强化产业集团技术创新体系的同时，也使科研、设计企业的任务更加饱满、与产业发展的主流技术结合更加紧密。目前，已经有中国建材院、沈阳化工院、长沙矿冶院等8户科研院所和中国电子工程院、天津水泥院、中国有色院等8户设计院先后进入了产业集团。这些院所进入产业集团后，有的发展成为企业的中央研究院，有的成为企业技术中心，还有的成为工程（设计）公司，呈现出良好的发展势头，在企业技术创新体系建设和国际市场开拓方面发挥了核心作用。同时，转制科研院所承担行业共性技术研究和为行业服务等方面的功能也得到了加强。

（二）科技研发能力逐步增强

四年来，中央企业努力从研发资金保障、科研基础条件平台建设和科技人才队伍建设等方面加大投入力度，研发能力逐步增强。

一是科技投入水平逐年提高。四年来，中央企业通过采取建立科技专项基金，明确各级企业科技投入比例并纳入业绩考核体系等措施，初步建立起科技投入稳定增长的长效机制，科技投入水平逐年提高。2009年，中央企业科技活动经费总额达到2633亿元，2006～2009年年均增长28.5%，远高于同期销售收入和利润增幅，科技投入占销售收入比重达到2.1%，比2006年增加了0.6个百分点；研究开发经费达到1468亿元，2006～2009年年均增长27.9%，占中央企业科技活动经费总额的55.7%，相当于全国研发（R&D）经费投入的31.8%。中航工业、航天科技等7家企业科技投入总量均超过上百亿元。兵器工业集团、中船重工、中国电科、兵器装备集团等18家企业科技投入总量也超过50亿元。中国海油、中煤集团、中国南车、中国铁建等企业科技投入保持了30%以上的年均增长速度。中国一重、上海贝尔、电信科研院、武汉邮科院、西电集团等30多家企业科技投入占销售收入比重达到5%以上。

二是企业科研基础条件平台建设明显加强。一大批企业着力开展企业科研基地建设，组建集团直属研究院，通过更新改造大型科研仪器设备，充实实验检测手段，提高了企业整体科研条件水平。神华集团投资25亿元建设低碳清洁能源研究所、神华研究院，投资10亿元建设煤炭直接液化国家工程实验室，投资130亿元建设首条百万吨级煤直接液化示范生产线。中国建筑科学研究院通州实验基地投资2亿元进行科研试验设备的更新与改造，模拟地震震动台、建筑风洞、幕墙门窗检测试验设备等大型仪器均为国内独有或达到国际领先水平。科研基础条件的加强支撑中央企业新增一大批国家工程技术研究中心、国家企业技术中心等国家级研发机构。其中，新增建设企业国家重点实验室43家，占获批总数的46.7%。

三是人才强企战略得到有效落实。首先，注重畅通人才发展渠道，创新人才管理模式，营造科研人才脱颖而出的成长环境。一大批企业通过建立首席专家、科技带头人制度打通职业技术人员的岗位晋升双通道。兵器工业集团首席专家、南方电网特级技术专家享受不低于分、子公司领导班子正职待遇。其次，注重吸引高端人才。配合国家“千人计划”项目，中组部、国资委联合各部门力量在北京、天津等地积极开展海外人才创新创业基地建设，筑巢引凤，吸引海外高科技人才。目前在北京昌平启动的“未来科技城”建设计划中，14家中央企业在电力、通信、能源、装备制造等多个领域引进了大批海外创新人才，其中29人进入了国家“千人计划”项目。天津滨海新区“中国滨海科技城”项目作为“千人计划”的一部分，已有8户中央企业入驻。再次，强化创新激励机制。一批中央企业结合企业实际，探索建立多种层次、不同形式的激励分配机制。如科研人员贡献累积金、科技人员内部柔性流动机制及项目提成、岗位分红与成果奖励相结合的薪酬制度等。武钢设立1亿元奖励基金，重奖做出突出贡献的科技人员，2009年虽然受到金融危机的冲击，企业科技奖励金额仍然高达3000万元。中国三峡总公司、南方电网、乐凯集团等企业还设立了总经理特别奖励。最后，加强职工队伍建设。努力营造良好的企业创新文化，激发全员创新热情，推动职工队伍素质稳步提高。中铝公司积极开展全员技术创新活动，四年来公司每百名员工年均提出的合理化建议达21.3件，累计用于合理化建议奖励金额超过3000万元。宝钢建立2007个职工创新小组，涌现了一大批“工人发明家”、“最佳实践者”。自2006年国家科技奖励开启工人获奖先河以来，宝钢已有三名一线工人获此殊荣。

中央企业科技人才队伍年轻化的问题经过几年的努力也已得到比较好的解决。很多中央企业成功实现了科技队伍的新老交替，军工、重大装备制造、电子、通信等企业的总师级业务骨干平均年龄只有40岁左右。这批中青年科研骨干充满激情、活力和创新精神，在国家重大科研项目中勇挑大梁，成为中央企业进一步提升创新能力的中坚力量。

（三）科技管理水平稳步提升

四年来，中央企业在制定科技发展规划、加强规章制度和交流平台建设等方面进行了积极的探索和实践，科技管理水平稳步提升。

一是大多数中央企业能够紧密结合企业战略定位制定科技发展规划。国家电网、中国石油、中国石化、宝钢等企业坚持主营业务驱动理念，通过加强目标导向的顶层设计，制定企业科技发展规划；根据产业链、业务面和发展的时间进度要求，优化配置企业科技资源；在着力解决企业结构调整、产业升级过程中的重大技术瓶颈的同时，依据企业长远发展的需要，进行科研开发的超前部署和战略布局。中国三峡总公司、航天科工等大批创新型企业、创新试点企业均能紧密结合企业战略定位，制定明确的科技发展目标、发展重点和实施方案。

二是在科技规划、经费投入、项目管理、平台建设、知识产权管理、人才培养、考核激励等方面探索建立了一系列规章制度和办法，促进了企业科技管理水平的普遍提升。武钢近3年建立和完善相关科技管理制度29项。中海油设计了10大类、24项内容、100多项注释的科技统计报表体系，夯实了企业科技管理基础。中国华能建立了“常规科研经费随公司装机容量不断扩大而稳定增长的联动”机制。中船重工、兵器装备集团、中国国电、彩虹集团等从科技创新投入、创新产出绩效等方面探索建立了适合企业自身特点的技术创新能力评价标准和体系，其中不少企业还将其纳入企业负责人经营业绩考核体系，有效推动了企业创新工作的展开。

三是科技交流平台建设初见成效。四年来，国资委举办了“中央企业自主创新能力建设研讨班”等系列讲座和培训，并在委信息中心的大力支持下开通试运行中央企业技术创新信息平台，促进了企业科技信息资源的共享与交流，不同程度地提升了企业科技管理水平。航天科工、中钢集团、中国建材、中国三峡总公司、中国建筑、建筑设计研究院等一批企业在中央企业科技信息平台建设的组织保障、内容保障和运行维护等方面做了大量工作，中粮集团、中铝公司、中国铁建、中国国电等企业平台内部用户数量达到300多个，取得良好实效。

（四）科技产出成果丰硕

四年来，中央企业坚持以市场为导向，以国家重大科研项目为依托，紧紧围绕企业发展技术瓶颈和行业共性、关键技术研究，开展技术创新活动，取得了丰硕成果。

一是在承担国家重大科研（技）项目方面发挥了重要作用。在《国家中长期科学和技术发展规划纲要》部署的16个重大专项中，中央企业承担和参与了14项。在国家高技术发展研究计划（863）中，中央企业承担和参与了近30%的任务。在国家重点基础研究发展计划（973）中，中央企业参与了76个项目的研究，其中能源、材料领域承担的任务占项目总数的一半以上。国家“十一五”规划纲要安排的14项重大科技专项和科技基础设施项目中，中央企业承担和参与了12项。

二是专利数量快速增长，质量明显提高。2006年以来，国资委对中央企业专利情况进行了排序，企业高度重视和加强了知识产权管理，专利发展取得了长足的进步。2009年，中央企业申请专利39203项，其中发明专利19993项；授权专利20431项，其中发明专利4891项，均接近2006年的3倍。截至2009年底，累计拥有有效专利76138项，为2006年的2倍，其中，有效发明专利21266项，占总量的27.9%。从单个企业来看，国家电网、中冶集团、电信科研院、航天科工等12家企业专利申请过千项，中国建筑、中国移动、中化集团、国机集团、武钢等企业每年专利申请的增长速度均超过50%。在中央企业专利申请快速增长的同时，专利申请质量也大幅提高。宝钢近三年发明专利申请量超过前二十年的总和。上海贝尔只对具有商业价值的发明申请专利，其中1/3以上为欧美日三方专利。中国石化发明专利累计授权量占授权总量的比重达到72%，自主专利技术产品远销美国、欧洲、亚洲等40余个国家和地区。

三是取得了一批具有世界先进水平的重大科技成果。航天科技“神舟”系列载人航天飞船和“嫦娥一号”绕月探测工程，中航工业新型涡扇支线客机ARJ21－700，国家电网1000千瓦交流特高压试验示范工程，神华集团百万吨级煤直接液化示范工程，电信科研院主导提出的4G候选技术标准，中船集团14.7万立方米LNG船，中国南车、中国北车时速300公里以上的高速动车组，宝钢研制成功的最高牌号取向硅钢等科研创新成果，不仅具有国际先进水平，而且对引领行业技术进步方向、支撑企业发展都具有重要意义。在智能电网、三网融合、电动车、新能源等战略性新兴产业方面，中央企业提早布局，具备产业链比较完整和较强的技术储备等优势。此外，在奥运、世博、60周年大庆过程中，中央企业在场馆建设、安保系统、通信、电力工程保障等方面均做出了突出贡献，这些工作的背后实际都有一大批重大技术创新和研发成果作为支撑。

2006～2009年国家科学技术奖励中，中央企业取得显著成绩。2007年、2008年国家技术发明一等奖及历年国家科技进步特等奖均有中央企业获得。同时，中央企业获得国家科技进步一等奖29项，二等奖222项，分别占该类奖项总数的58.0%和28.1%。中国石化的闵恩泽同志和航天科技的孙家栋同志分获2007年、2009年度国家最高科学技术奖。自国家科技奖励办公室2008年将"企业技术创新工程项目"纳入评奖范围以来，7家中央企业或其所属企业获此殊荣，占获奖总数的58%。

四是依托技术进步，企业节能减排指标进一步落实。2009年中央企业万元产值综合能耗与"十一五"初期相比下降15.1%，二氧化硫排放量减少36.8%，化学需氧量减少33.0%，提前完成了"十一五"主要污染物减排目标。中国华能2009年供电煤耗达到327.7克/千瓦时，比全国平均水平低14.3克/千瓦时，相当于年节约标煤587万吨。中煤集团建立"煤炭开采—洗选—矸石发电—建材"循环经济产业链，年利用煤矸石、煤泥440万吨，粉煤灰、炉渣13万吨，矿井水利用率超过70%。中远集团面对危机所带来的市场萎缩，大力依托先进技术手段推行"最经济航速"策略，有效减少空船空驶，每年可节约标煤近60万吨。

同志们，三峡会议以来的四年，是中央企业科技工作取得长足进步的四年，也是中央企业广大科技工作者开拓进取、扎实工作、不断取得创新成果的四年。在这里我代表国资委向与会的全体代表并通过你们向中央企业的广大科技工作者表示衷心的感谢！

在充分肯定成绩的同时，我们必须要清醒地看到，中央企业的科技工作同党中央、国务院的要求，与中央企业所肩负的使命相比，还有不小的距离。突出表现在：一是创新的意识和紧迫感还不强，技术创新还没有真正成为企业发展的原动力；二是创新的体制机制涉及到的一些深层次问题，如研发投入的长效机制、科技成果的考核评价等，还有待进一步的探索和完善；三是创新人才的队伍建设，特别是高层次人才的培养和使用，还有待进一步加强；四是科技管理水平还有待进一步提升。

二、中央企业科技工作面临的形势与任务

全球金融危机爆发以来，世界各国在采取各种措施应对危机的同时，都把推动科技进步和自主创新作为国家战略，掀起新一轮创新热潮。面对日益复杂的经济形势和日益激烈的国际竞争，加快经济增长方式的转变成为当前我国经济工作的重中之重。中央企业要进一步加深对形势严峻性的认识，明确所应肩负的责任和义务，紧紧围绕自主创新能力建设，加快提升企业核心竞争力。

（一）国际金融危机加快了科技进步和创新步伐，全球进入空前的创新密集和产业变革时代

由美国次贷危机引发的全球金融危机，对实体经济造成了严重的冲击和损害。但历史经验表明，每次危机都会催生世界重大科技创新、导致新的产业变革，"经济的冬天往往是创新的春天"。目前，主要发达国家都已开始研究并进行后危机时代的战略部署。抢占科技制高点、培育新的竞争优势已经成为世界经济发展的大势，科技竞争在综合国力竞争中的地位更加突出，创新已经成为经济社会发展的主要驱动力，全球进入空前的创新密集和产业变革时代。

一是各国政府普遍加大了对经济的干预程度。一方面，政府主导的贸易保护主义正在加剧。据商务部统计，今年一季度全球19起反倾销调查中针对中国的有9项，占总数的47%。另一方面，为了保持后危机时代的竞争力，欧美主要国家都提出了由政府支持的产业发展重点，特别是战略性新兴产业，如智能电网、电动车、低碳环保节能技术等。这些政策支持的对象主要是企业，一些大公司大企业集团是支持的重点。

二是国际上的一些大企业，特别是跨国公司，在应对危机的同时，都在抓紧进行结构调整。概括起来，有这样一些特点：有的企业利用自身的技术积累和创新优势，努力开拓新的业务；有的企业在聚焦核心业务的同时，出售关联度不大的非核心业务，集中优势科技资源培育新的增长点，尽管有些非核心业务的盈利能力还很强，仍然被企业出售；还有的企业通过兼并重组加大资源整合力度，利用重组企业的科技优势，抢占产业发展制高点。

三是在后危机时代，中国、印度等一些新兴市场国家成为跨国公司争夺的重点。金融危机爆发后，全球性产能过剩的问题进一步凸显，一些大的跨国公司在大量压缩产能、关停不具备竞争优势的生产能力的同时，又在中国、印度、越南等国进行大量新的投资、建设新的生产线，使国内企业面临的市场竞争更加激烈。

（二）提高自主创新能力是我国加快转变发展方式的根本出路

我国经济在保持多年持续快速发展的同时也积累了很多结构性矛盾。全球金融危机的爆发，导致我国出口受阻，进而引发了对实体经济的全面冲击，使上述矛盾充分暴露。只有通过结构调整和加快发展方式的转变，才能有效解决这些长期积累的矛盾，而其中最关键的还是要依靠技术进步和自主创新。

一是转变发展方式已成为当前我国经济发展中必须要解决的一个刻不容缓的问题。金融危机对我国经济的冲击表面上是对经济发展速度的冲击，实质上是对经济发展方式的冲击。胡锦涛总书记在省部级主要领导干部专题研讨班上的讲话中特别强调指出，要毫不动摇地加快经济发展方式的转变，“关键是要在‘加快’上下工夫、见实效”。转变发展方式的实质就是要从过去依靠过度的资源消耗、廉价的劳动力和以牺牲环境为代价的粗放型增长方式向依靠科技进步、劳动者素质提高、管理创新的集约型增长方式转变，核心还是技术创新。

二是目前部分行业出现了产能过剩的现象，但同时多数产业的高端环节，包括高端产品、高端服务所涉及的核心技术，大都被国外大公司所掌控，特别是被一些跨国公司所掌控。我国企业要实现结构调整和产业升级，以往单纯依靠技术设备引进的路径越来越走不通，要求企业必须更加自觉地依靠自主创新来谋求企业发展。同时我们也要看到，中央企业经过近年的快速发展，与跨国公司的差距正在逐步缩小，在这个背景下，具备较强研发基础和创新能力的企业，在与跨国公司的竞争与合作中，可以获得更多提升自身管理水平与自主创新能力的机会。

三是从自主创新能力看，中央企业与跨国公司相比突出表现在创新理念和创新意识上的较大差距。国际上的一些大公司，特别是一些历史悠久的跨国公司，基本上都是依托原创技术或专有技术，逐步发展和成长起来的。在发展过程中，又不断通过并购重组获取新的科技资源，巩固其科技优势，特别是在产业链高端的核心技术与基于产业链高端技术的集成整合能力上尤其如此。很多企业都形成了“技术是企业之本”的理念。相比之下，我们很多企业在计划经济向市场经济转轨过程中，虽然也在努力使自己成为市场主体，通过感知市场压力来开展企业创新。但由于企业内、外部存在的各种体制机制性障碍并没有得到很好的解决，市场压力的传导作用还未能得到充分的发挥，自主创新远没有成为企业发展最主要的动力。

（三）中央企业科技工作的主要任务

中央企业是国民经济的重要支柱和骨干力量。在国家创新体系的建设中发挥带头和表率作用，是党中央、国务院赋予中央企业的历史责任和重托。为加快培育 30 ~ 50 家具有国际竞争力的大公司大企业集团，要求国资委要加大推动企业自主创新的力度。

2003 年，国务院机构改革成立国务院国资委，作为特设机构代表国务院对中央企业履行出资人职责。按照中央的要求，国资委主要承担三项任务：一是深化国有企业改革；二是推动中央企业布局与结构的战略性调整；三是改进和完善国有资产监督管理。这三项工作的目的和重点是：

第一，深化国有企业改革，主要目的是增强国有企业活力，通过坚持市场化改革方向，使企业真正成为市场的主体，及时准确地对市场变化作出反应，形成促进企业持续健康发展的内生增长动力。

第二，推动中央企业布局与结构的战略性调整，主要目的是增强国有经济对关系国家安全和国民经济命脉的重要行业和关键领域的控制力，这也是坚持公有制主体地位的要求。通过对中央企业的调整重组，包括与地方企业的重组，解决单个企业无法解决的产业集中度、资源优化配置等问题，以发挥中央企业的整体优势，更好地实现中央企业的控制力、影响力和带动力。具体讲，就是要对军工、电力、石油石化、电信、煤炭、航空、航运等关系国家安全和国民经济命脉的行业中的中央企业保持独资或绝对控股，少数可有条件的相对控股，实现国有经济的控制力。对基础性、支柱性及高新技术产业和领域中的骨干企业保持绝对控股或有条件相对控股，发挥国有经济的带动力。对其他行业中的排头兵及拥有知名品牌的中央企业实行控股，发挥国有经济的影响力。

第三，深化国有资产管理体制改革，主要目的是实现国有资本保值增值，增强国有经济的实力。通过完善考核、激励、分配、预算等国有资产监管法规体系，提高国有资本运营效率。

国资委的三项工作是相互联系的一个整体，虽然工作侧重点不同，但目的是一致的，都是为了发展和壮大国有经济，这三项工作的结合点是加快培育一批具有国际竞争力的大公司大企业集团。首先，调整国有经济布局，保持国有经济的控制力，主要依靠分布在关键行业和重要领域的大公司大企业集团来承担。其次，这批大公司大企业集团必须具备持续发展能力，应该努力成为基业长青的百年老店，这也是深化国有企业改革，增强企业活力的目的所在。最后，加强和改进国有资产监督管理，实现国有资本保值增值，增强国有经济实力的落脚点也应放在加快培育大公司大企业集团上面。对此，党中央国务院对中央企业寄予了高度的期望，明确提出要加快培育 30 ~ 50 户具有国际竞争力的大公司大企业集团。我们理解这批大公司大企业集团的主要竞争对手不是一般意义上的国内企业，而是那些国际知名的跨国公司，这些企业应该具备以下基本条件：一是经营规模与持续盈利能力；二是国际化经营程度与能力；三是自主知识产权与创新能力；四是社会责任和使命。由此可见，中央企业增强自主创新能力有着特殊的重要意义。

为实现党中央、国务院赋予中央企业的历史责任与重托，我们必须进一步提高认识，更加自觉地把加强自主创新能力建设放在更加突出的位置。当前和今后一段时间的主要任务是：

一是要着力解决制约企业自主创新能力提升的体制机制问题，特别是一些深层次问题。如研发的长效投入机制、科技成果的考核评价机制、科研人员的激励约束机制等。

二是要根据企业发展战略和市场需要，制定科技创新发展规划，加快建设有利于企业自主创新能力提升的开放式创新体系，着力解决企业内外部科技资源的整合问题。

三是要按照《国家中长期人才发展规划纲要（2010~2020年）》的总体部署和要求，结合企业实际，着力解决引进、培养、使用高端科技人才的各类政策、条件落实问题。

四是要加快企业创新文化建设，营造有利于人才脱颖而出的创新环境，鼓励科研人员潜心钻研、耐住寂寞，培育勇于创新、宽容失败的良好氛围。

三、中央企业下一步科技工作部署和要求

中央企业科技工作要紧紧围绕加强自主创新能力建设来展开，各企业主要负责同志要以高度的政治责任感，重视和加强自主创新工作的组织和领导，重点做好以下工作：

（一）加强科技规划与企业发展战略的融合，聚焦主业谋划企业创新发展道路

在经济社会飞速发展的今天，技术创新与企业发展的联系比以往任何时候都更加紧密。面对未来更高水平、更高层次、更加激烈的竞争，中央企业一定要加强科技规划与企业发展战略的融合，围绕主业加强战略布局，支撑、引领企业发展。

一是结合企业“十二五”和三年滚动规划，抓紧制订与之相适应的科技发展规划，从战略上把握、整体上谋划科技发展道路。去年底，我委下发了《关于开展中央企业“十二五”科技发展（创新）规划编制工作的通知》，各中央企业要认真按照要求做好科技规划编制工作。

二是坚持“有所为、有所不为”的方针，将有限的科技资源集中到主业上来，聚焦主业、服务主业、做强主业。紧密围绕主业和自身技术优势选择正确的突破口，提高企业核心竞争力。

三是加强技术创新的顶层设计，紧紧抓住带动主业发展上台阶的重点领域和重点项目，实现一批关键核心技术的重大突破，推动企业由“生产驱动型”向“创新驱动型”的转变。

（二）探索建立科技投入长效机制，提高企业科技投入水平

科技投入是企业创新的根本保障，是支撑企业技术创新能力不断提升的重要手段，中央企业要努力探索多种途径和方式，确保企业科技投入水平的不断提高。

一是探索建立科技投入稳定增长的长效机制，尽量避免科技投入随企业经营状况的变化而大幅波动的情况，确保企业前瞻性技术研发和战略性技术储备的投入能够随着企业的发展而不断加大。

二是逐步将企业科技投入纳入全面预算管理体系，梳理、规范科技投入统计指标体系，完善研发费用财务管理制度，加强对科技投入事前、事中、事后的全过程管理。

三是强化科技投入的绩效评价和激励机制，充分发挥业绩考核的导向作用。去年国资委新

出台了研发费用视同利润和鼓励企业进行风险投入的考核政策，中央企业要认真研究如何用足、用好这一政策，将这一指标层层分解、落实到所属企业中去，以更好地发挥其对中央企业自主创新能力建设的促进作用。

四是借助国家、企业、银行、社会资本等各方面力量，建立科技投入资金来源的多渠道筹措机制。探索建立企业科技投入发展基金制度，带动集团整体科技投入水平的提高。

（三）加大科技资源整合力度，完善企业技术创新体系

加强体制机制创新，完善技术创新体系，推动企业内外部科技资源的有效整合与优化，对加快提升中央企业的自主创新能力具有重要意义。中央企业科技管理部门要加强与规划、财务、人事、法律等部门的协调与配合，努力做好相关工作。

一是根据企业所处的行业特点、产业链的不同环节和所属各科研机构的不同层次，构建简捷、高效、分工明确、多层次一体化的技术创新体系。进一步完善科技创新链条，明确集团本部在技术创新体系中扮演的角色及各级研发机构的职能定位和分工，实现企业科研力量的有效协同。鼓励有条件的企业结合自身专业技术特长，加快建设集团所属中央研究院，为企业的长远发展提供技术支撑和服务。

二是着力构建开放式的技术创新体系。积极发挥高校、科研院所、企业之间的协同攻关效应，建立企业之间开放式的技术创新战略联盟。鼓励企业紧紧抓住金融危机的资源“挤出”效应，兼并收购、吸收利用海外创新资源；鼓励大企业集团积极利用自身科技优势开展科技服务中小企业工作；鼓励转制科研院所根据自身功能定位发挥行业共性技术服务职能，并按照上下游、产业链的要求进一步加大与大企业集团的融合，发展成为大企业集团的技术中心。

三是探索多种途径和方式利用外部创新资源。除采用引进、产学研合作等传统模式外，还可探索合资、入股、风险投资、创业投资等资本运作模式，缩短研发周期，寻求创新突破口。加强中央企业技术创新信息平台的共建共享，努力做好内容保障，充分利用相关资源，推动企业创新能力的提高。

四是加强技术创新体系构建过程中知识产权的创造、应用与保护。全面启动知识产权战略，充分运用知识产权法律制度，加强创新成果的确权与保护工作，推动知识由隐性向显性的转变，由个人拥有向企业共有的转变。加强专利、商标、技术秘密等多种知识产权的集中管理，同时进一步提高专利申请的有效性，在注重专利数量的同时，更要注重专利质量的提高。

（四）创新人才管理模式，营造企业创新文化氛围

人是技术创新活动中最活跃、可塑性最强的因素，培养高水平的科技人才是实现企业长远发展的关键所在。中央企业要把促进人才健康成长和充分发挥人才作用放在事关创新工作全局最重要的环节来抓，努力创新人才管理模式，营造企业创新的良好氛围。

一是高度重视科技人才队伍建设，努力搭建有利于引才、育才、用才、成才的环境条件和事业平台。创新人才选拔机制，大胆启用一批肯吃苦、能奋斗、年轻有为的科技人才，培养一批高技术领军人才、高技能人才和复合型的科技管理人才，确保形成一支满足企业发展需要的层次分明、结构合理、思维活跃、稳定团结的创新人才梯队。

二是深化企业收入分配制度改革，逐步建立岗位设置科学、绩效考核完善、薪酬结构合理、激励手段灵活的企业内部收入分配体系。进一步创新人才激励方式。优先在科技型上市公司探索股权激励机制，在中关村国家自主创新示范区选择部分具备条件的高新技术企业和院所转制企业开展分红权试点，构建有利于企业自主创新能力建设的长效激励机制。研究加大对有突出贡献的科技人员的奖励力度，扩大科技奖励范围，特别是对那些长期从事基础研究，不能参与绩效分红，没有机会立功受奖的科技人员的奖励力度，稳定基础研究队伍。

三是大力弘扬创新精神，尊重知识、尊重劳动、尊重人才、尊重创造，努力营造“敢为人先、争创一流、崇尚创新、宽容失败”的企业文化，积极开展群众性创新活动，全面提高职工队伍素质和水平。

四、国资委下一步科技工作与近期安排

在近几年形成的工作基础上，国资委将继续准确把握出资人定位，努力为企业加强自主创新能力建设争取政策、营造环境、搭建平台、搞好服务。

（一）进一步为企业创新争取良好的外部政策环境

企业是技术创新的主体。近年来，国家支持创新的各项政策、资金在逐步向企业倾斜，但相关政策的落实还不够到位，企业创新还需国家进一步增强支持力度。下一步，国资委将继续加强与国家有关部门的沟通，为企业创新争取良好的外部政策环境。

一是及时掌握情况，深入分析、研究企业创新过程中存在的共性问题和障碍，加强与有关部门的沟通和协调，推动科技、财税、金融、知识产权等各项优惠政策的完善与落实。

二是联合相关部门采取多种措施深入推进“国家技术创新工程”，重点推动创新型企业（试点）建设工作，充分发挥试点企业的示范带动作用；继续开展产业技术创新战略联盟试点和科技帮扶中小企业工作，提高中央企业整体科研水平。

三是在国家中长期科技发展规划、重大科技专项、重点科技计划、重点研发机构建设方面继续保持与有关部门的沟通和协调，做好中央企业自主创新活动与国家科技发展计划的衔接，力争在国家技术创新体系中更多地体现企业的主体地位。

（二）进一步完善国资委推动企业创新的政策和措施

牢牢把握出资人定位，完善国资委推动企业创新的相关政策与措施，着力解决制约中央企业自主创新能力提升的各种深层次问题。我委将进一步加强委内各厅局的联动机制，形成合力，提高出资人政策的有效性和适用性。

一是积极研究中央企业技术创新能力评价体系。梳理选择比较标准、可靠的科技统计数据，探索建立具有较强操作性的创新能力评价指标体系和办法。国资委将选择部分企业先行开展试点，取得经验后适时推广。

二是进一步发挥业绩考核推动企业创新的导向作用和薪酬分配体系的激励作用，探索评价、考核与激励政策三者之间更加有效的结合方式。

三是进一步研究支持企业重大技术创新的力度和方式，并在国有资本经营预算中给予适当

倾斜。

四是继续支持科研院所、设计企业与产业集团的联合重组，在推动企业重组中有效配置中央企业科技资源，增强大企业集团的核心竞争力。

（三）进一步加强对中央企业技术创新活动的协调与指导

搭建平台、加强交流，指导和推动中央企业技术创新活动的深入开展是国资委科技工作的一个重要方向。国资委将加强协调和指导，推动企业创新能力持续提升。

一是指导和推动中央企业开展“十二五”科技发展规划编制工作，并组织专家对部分企业科技规划进行评议。

二是尽快研究出台《关于进一步加强中央企业科技工作的指导意见》，推动中央企业科技管理水平的提高。

三是紧密跟踪国家促进企业创新的各项方针、政策，认真研究企业在创新能力建设方面的典型案例，不断总结好的做法和经验，通过形式多样的培训和讲座大力宣传、推广，提高企业运用创新政策和加强科技管理的能力。

四是继续完善并正式开通“中央企业技术创新信息平台”，更好地为企业科技信息资源的共享、交流提供服务。

同志们，中央企业是国民经济的支柱，是我国参与国际竞争的主导力量，我们一定要牢记使命，不负重托，进一步增强责任感和紧迫感，同心协力、开拓进取，全面提升自主创新能力，努力开创中央企业科技工作新局面，为建设创新型国家作出新的更大贡献。

进一步增强紧迫感和责任感　加快提升中央企业自主创新能力

——在2010年中央企业科技工作会议上的讲话

国资委主任　李荣融

（2010年6月24日）

这次中央企业科技工作会议是继2006年三峡会议后的第二次科技工作会议。这四年间，全球经历了国际金融危机的严重冲击，经济格局发生深刻变化，新的科技革命正在酝酿和孕育之中。我国也正处于加快经济发展方式转变、推进经济结构调整的关键时期。中央企业经历连续多年的高速增长，调整优化上水平、做强主业增实力的任务更加迫切。所以我们这次会议是在关键时期的一次重要会议，大家集聚一堂，总结经验，分析形势，明确任务，相信将对推动中央企业科技工作，提升中央企业自主创新能力起到积极的促进作用。会议选择在上海召开，还将组织大家参观世博会，也是希望同志们通过世博会了解世界各国技术的发展趋势和最新成果，亲身感受技术创新的巨大力量。下面，我谈三点意见。

一、充分认识新形势下增强自主创新能力的紧迫性

国际金融危机以来，经济格局深刻变化，科技革命日新月异，新兴产业蓬勃发展，培育新的增长点、抢占国际经济科技制高点已经成为世界发展的大趋势，科技竞争在综合国力竞争中的地位更加突出，我国发展面临新的机遇和挑战。中央企业必须深刻认识增强自主创新能力的重要性和紧迫性，不断提升核心竞争力，抢占未来发展的制高点。

第一，从国际看，发达国家在应对金融危机中形成的科技革命和产业变革，凸显出我国增强自主创新能力的紧迫性。历史经验表明，经济危机往往孕育着新的科技革命。正是科技上的重大突破和创新，推动经济结构的重大调整，提供新的增长引擎，使经济重新恢复平衡并提升到更高的水平。当今世界正进入后金融危机时期，为掌握未来发展的主动权，世界各国纷纷把推动科技进步和自主创新作为走出危机、促进发展的关键举措，围绕新能源、新材料、生物医药、节能环保、低碳技术等新一轮产业发展的重点，展开了抢占未来发展制高点的科技竞赛。美国奥巴马政府提出要将研发投入提高到GDP的3%以上，恢复美国基础研究的国际领先地位，力争在国土安全、能源与气候变化、计算机网络技术、纳米、生物系统以及自然科学等科技计划的优先领域实现突破。欧盟发布2020年欧洲战略计划书，宣布投资1050亿欧元发展绿色经济，提出要强化智能化的经济增长，在知识和创新基础上发展经济，促进资源效率更高、更为环保和动力更强的经济。日本出台未来开拓战略，提出要建成世界第一的环保节能国家，并在太阳能发电、蓄电池、燃料电池、绿色家电等低碳技术相关产业市场上确保所占份额第一。俄罗斯宣布2010年高技术和创新预算占联邦预算的10%，提出开发纳米和核能技术。由

此可见，后金融危机时期，世界经济面临大变革、大调整，各国都在为经济发展做战略筹划，展开新一轮的科技竞争，全球将进入空前的创新密集和产业振兴时代。我国经济总量已居世界前列，但在经济发展的技术含量、企业技术创新能力、产业结构和生产方式等方面还存在较大差距，与我国在世界经济中的地位很不相称，必须加快经济发展方式转变，努力改变经济大而不强的局面，在新时期国际竞争中抢占制高点、争创新优势。而且在新一轮科技进步和技术创新中，我国在一些方面与发达国家差距并不大，有可能实现赶超和跨越式发展。我们必须抓住这一难得历史机遇，加快提升自主创新能力。

第二，从国内看，加快推进经济发展方式转变，根本扭转产业生产方式粗放、经济发展质量不高的状况，进一步凸显增强自主创新能力的紧迫性。改革开放以来，我国经济实现了快速增长，国际地位和影响力迅速提升，2009 年 GDP 总量达到 33.5 万亿元，居世界第三位，出口总额达 1.2 万亿美元，首次跃居世界第一。但是也必须看到，我国经济发展的质量和效益还不高，经济结构和发展方式长期存在问题，能源资源供应、生态环境、生产要素支撑难以为继，可持续发展受到严峻挑战。国际金融危机使我国经济发展方式不合理的问题更加凸显出来。我国单位 GDP 能耗相当于德国的 5 倍、日本的 4 倍、美国的 2 倍；中国以占世界 8% 的经济总量，消耗了世界能源的 18%、钢铁的 44%、水泥的 53%，化学需氧量、二氧化碳排放量、二氧化硫排放量和酸雨面积都居世界首位；我国的劳动生产率仅相当于美国的 1/12、日本的 1/11。造成以上问题的主要原因是发展方式粗放，根本问题是我国企业自主创新能力不足，缺乏核心技术和知名品牌，企业特别是大型企业以技术进步求发展的机制尚未形成，科技与经济的结合不够紧密。由此导致我国产业、企业和产品在国际分工中长期处于中低端，只能依靠廉价劳动力的比较优势和资源能源的大量投入赚取加工生产环节的微薄利润。尽管我国已有近 200 种产品的产量位居世界第一，但具有国际竞争力的品牌却很少；尽管我国是贸易大国，但出口产品中拥有自主知识产权和自主品牌的只占约 10%；我国总的对外技术依存度达 60%，而美国、日本仅为 5% 左右，工业新产品开发的技术约有 70% 属于外源性技术。如果这种状况不能得到有效改变，我国在激烈的国际经济技术竞争中就会处于战略被动地位，只有大力提高自主创新能力，才能在国际产业发展和国际经济技术竞争中赢得主动。

第三，从中央企业自身看，增强核心竞争力，实现科学发展，必须加快提升自主创新能力。近年来，中央企业的快速发展很大程度上依赖于我国经济的持续高速增长，还没有完全摆脱高投入的粗放型增长模式，普遍面临高能耗、竞争激烈、产能过剩等共性问题。与世界先进企业相比，我们的核心竞争力总体上还不强，自主创新能力还存在较大差距。以中央企业较为集中的制造业为例，随着全球制造业向中国转移，2009 年，中国制造业在全球制造业总值中所占比例已达 15.6%，成为仅次于美国的全球第二大工业制造国。但是，我们的企业只是在一些低端或中低端的产品和产业上赢得了国际竞争力，由于缺乏核心制造技术和高端产品开发能力，难以进入产业高端，一些领域的关键生产设备目前仍需依赖进口，企业亟须在核心技术发展上取得根本性突破，优化升级产业结构，实现降本增效和节能减排，拓宽进一步发展的空间。我们还应看到，金融危机后，跨国公司进一步加快结构调整和产业升级步伐，把技术创新作为企业转型战略的核心内涵和主要手段，推进商业模式的深刻创新。德国博世公司重视基础和前瞻性技术研究，总部对 50 年以后的技术开展研究，如对 ESP 系统（汽车车身电子稳定系统）的开发研制就用了 12 年的时间。美国思科公司 2008 年研发投入已占销售收入的 12%，在全球有1100个实验室，2.2万名工程师，实现24小时不间断的协同研发。IBM在2008年底提出并开始实施智慧地球战略，基于在物联网、云计算等方面掌握的核心技术及在各行业丰富的技术集成解决方案，推动企业持续转型。由此可见，未来5~10年是新产业迅速发展、新业务模式探索成型的关键时期，企业之间的竞争正在从营销方式、管理模式等方面扩展到技术的竞争，中央企业将会面临更高层次、更高水平、更加激烈的竞争，这对加快提升中央企业自主创新能力提出了更高的要求，任务艰巨，时不我待。

我们必须充分认识加快提升自主创新能力的极端重要性，把思想统一到中央对形势的科学判断上，把行动统一到中央的正确决策和部署上，树立强烈的紧迫意识，紧紧抓住难得的发展机遇，坚定不移地推进自主创新能力建设，走创新驱动、内生增长的道路，实现跨越式发展。

二、充分认识中央企业在提升自主创新能力中的重大责任

中央企业是国民经济的重要支柱，是我国参与国际竞争的主导力量，在转变经济发展方式、增强自主创新能力方面担负着重大的历史使命。

第一，中央企业在国民经济中的地位作用，决定了中央企业必须在提升自主创新能力方面发挥表率示范作用。石油石化、航空航天、交通运输、电力电信、国防工业、重要资源开发、重大装备制造等，是关系国家安全和国民经济命脉的重要行业和关键领域，其发展水平尤其是技术创新能力，体现的是国家综合实力和竞争能力。中央企业在这些行业和领域都居于排头兵地位，承担着我国近全部的原油、天然气和乙烯生产，提供了全部的基础电信服务和大部分增值服务，发电量占全国的61.8%，发电设备产量占全国的47.9%，汽车产量占全国的41.3%。中央企业是这些行业健康发展的重要依托力量，也是我国参与国际竞争的重要依托力量，必须在加快提升自主创新能力方面成为领军企业，发挥表率示范作用。

第二，中央企业在国家自主创新体系中的重要位置，决定了中央企业必须在加快提升自主创新能力中发挥引领带动作用。目前，中央企业建设了一大批国家重点实验室、国家工程实验室、国家工程技术研究中心和国家级企业技术中心等国家级科研机构，很多企业还建立了企业中央研究院、博士后科研工作站等。在中央企业工作的两院院士超过200人。中央企业一大批科技成果获得了国家技术发明奖、国家科技进步奖等国家奖励。2009年中央企业共获得国家科技奖励104项，其中国家科技进步特等奖共3项，全部由中央企业获得。《国家中长期科学和技术发展规划纲要（2006~2020年）》确定的我国需要突破的11个重点领域，中央企业都有涉及。16个国家重大科技专项中央企业参与了14个，在新一代宽带无线移动通信、大型油气田及煤层气开发、大型先进压水堆及高温气冷堆核电站、大型飞机、载人航天与探月工程等重大专项中，中央企业都担当重任。2009年，中央企业专利申请39203项，其中发明专利申请19993项，占申请总量的51%，远高于26.1%的国内平均水平。授权发明专利4891项，占授权总量的23.9%，高于13%的国内平均水平。目前已有40家中央企业被命名为创新型企业，还有一批企业正在开展创新型企业试点工作。多家中央企业还牵头开展了产业技术创新战略联盟试点工作。在未来紧跟世界科技革命和新兴产业发展潮流的进程中，中央企业担负着重大责任，必须充分发挥引领和带动作用。

第三，中央企业在未来产业发展中占有的重要位置，决定了中央企业必须在加快提升自主创新能力中发挥骨干中坚作用。中央提出要大力发展战略性新兴产业，这既代表着技术创新的

方向，也代表着未来产业发展的方向，已成为当今国际社会应对金融危机、实现经济社会可持续发展的共同选择。中央企业是发展战略性新兴产业的主导力量。在发展新能源方面，最大的风电项目、光伏发电项目都是中央企业建设的，核电项目更是全部由中央企业承建。在智能电网开发建设方面，两大电网集团自主研发、设计和建设特高压示范工程，在特高压核心输电技术和设备国产化方面取得重大突破。在信息网络建设方面，中央电信企业在研发具有自主知识产权的3G技术和4G标准、打造物联网、推进“三网融合”等方面做了大量扎实有效的工作。在高端制造业方面，大型客机研发制造、先进航天器研发与制造、高速铁路关键技术和设备制造、高速磁悬浮列车整车集成和制造等重大项目，中央企业都是主要承担者。在节能环保方面，中央企业带头淘汰落后产能，已提前完成“十一五”节能减排规划目标，成为如期完成全国节能减排目标的重要力量。中央企业在发展战略性新兴产业中地位与作用重要，必须加快提升自主创新能力，为我国未来产业发展做出积极贡献。

三、明确目标，扎实工作，尽快提升自主创新能力

中央企业加快提升自主创新能力，任务紧迫，责任重大。虽然我们已经做了不少工作，取得了很好成效，但与党中央、国务院的期望，与国内外经济形势发展的要求，还存在不小差距。特别是与国际知名企业相比，中央企业在自主创新的体制机制、文化理念、规划实施等方面差距更为明显，存在着创新意识不强、研发投入不足、资源配置较为分散、领军人才相对匮乏等问题。我们必须认清形势，牢记使命，正视问题，明确目标，采取扎实有效的措施，力争在增强自主创新能力方面取得新进展，迈上新台阶。关于中央企业科技工作，丹华同志已经做了全面部署，这里我再强调几个问题。

一是准确把握创新方向。深入研究全球科技发展趋势，瞄准世界科技发展前沿，深刻把握未来产业发展方向，切实做好企业发展战略和科技规划。坚持突出主业不动摇，坚持依靠技术创新促进主业发展不动摇。加强与世界先进企业的对标，找准存在差距的关键环节。加快推进企业资源整合，将资源向具有竞争优势的主业集聚，向优势职能部门和子企业集聚，清理不符合企业发展战略、缺乏竞争力的业务。深入研究市场，倾听用户意见，坚持市场导向，做好战略调整，把资源向代表未来方向、具有发展潜力的行业和绿色环保低碳产业集聚，促进企业实现可持续发展。

二是着力完善创新体制机制。深化改革，着力构建充满活力、富有效率、更加开放、有利于科学发展的体制机制，形成有利于激发创新活力，鼓励创新实践的制度安排。尤其是要加大管理创新力度，构建更加合理的管理架构和组织体系，健全完善科学的人才使用和评价机制，形成允许失败、鼓励创新的良好氛围和环境。要引导企业结合实际，制订思路清晰、重点突出的发展战略和规划。完善企业经营业绩考核体系，把年度、任期考核与企业发展战略目标紧密结合起来。通过深化分配制度改革，完善企业鼓励创新的激励约束机制。

三是努力抓好创新能力建设。进一步加大研发投入，优化科技资源配置，激发研发人员的创造活力，努力突破一批关键核心技术，积极储备一批高新技术和产品，使企业走上创新驱动、全面协调可持续发展道路。要依托国家重大科技专项，加强基础研究和战略性高技术产业研究，对具有紧迫性和示范意义的重大科研项目进行重点支持，加强技术攻关，获得更多自主知识产权。鼓励中央企业建设国家级科研机构，建立产业技术创新战略联盟，联合建立海外人

才创新创业基地，设立产业发展基金。要加强知识产权管理，善于利用现有科技成果，推进产品升级换代，打造代表国家竞争力、具有全球影响力的知名品牌，树立企业形象。要善于抓住金融危机带来的机遇，购入高新技术、高端设备和稀缺资源，形成技术专业优势，跻身产业链高端。

四是不断提高创新队伍素质。加强创新人才的培养、激励和继续教育工作，努力培养创新型科技人才，贯彻落实中央“千人计划”，大力引进海外高层次科技人才，着力培养一批敢于并善于创新的人才队伍，着力造就一批世界级的科技带头人和高水平研发团队。要继续组织好岗位练兵活动、技术比武活动和各种形式的劳动竞赛活动，鼓励职工结合岗位特点和要求，提高职业素养和岗位技能，努力建设具有一流职业素养、一流业务技能、一流工作作风、一流岗位业绩的高素质职工队伍。

同志们，加快提升中央企业自主创新能力是新形势、新任务的迫切要求，是加快转变经济发展方式的关键举措，更是进一步增强中央企业核心竞争力的必然选择。希望中央企业各级领导干部深入领会和贯彻落实中央关于推进自主创新的各项部署，开拓进取，扎实工作，为增强企业实力，实现企业平稳较快发展作出新的更大贡献。

加强部省合作 创新体制机制 努力开创产学研结合工作新局面

——在广东省部产学研结合五周年总结大会上的讲话

全国政协副主席、科技部部长 万钢

（2010年7月27日）

这次省部产学研结合五周年总结大会，是全面总结五年来省部产学研结合工作成绩，面向“十二五”谋划部署未来省部产学研结合工作的重要会议，充分体现了广东省委、省政府坚决贯彻落实党中央国务院关于提高自主创新能力、建设创新型国家的战略决策，着力推进科技与经济结合，发挥科技支撑引领作用，加快经济发展方式转变和经济结构调整的决心和信心。会议的召开，必将推动广东省产学研结合工作迈上新的台阶，开创建设创新型广东、实现广东经济社会又好又快发展的新局面。我代表科技部对大会的召开表示热烈的祝贺，向关心、支持和积极参与省部产学研结合工作的有关部门、高校、科研机构、企业和专家学者表示诚挚的问候！

昨天，省部产学研结合协调领导小组召开会议，讨论研究了“十二五”省部产学研结合工作发展规划。刚才，黄华华省长代表协调领导小组作了工作报告，总结了五年来的进展和成绩，提出了今后的目标和工作重点，娄勤俭同志、陈希同志和周济院长都发表了热情洋溢的讲话，提出了具有远见的意见，等一会汪洋书记还要做重要讲话，我们要认真学习贯彻各位领导同志的讲话精神。下面我就省部产学研结合工作的进展和成效、经验与启示以及今后的创新和突破点讲三点意见，供大家参考。

一、五年来省部产学研结合工作取得了重大进展和成效

2005年9月，广东省、教育部、科技部启动省部产学研结合工作，探索围绕产业转型升级需求，以企业为主体加强产学研结合，依靠科技进步和创新促进经济社会又好又快发展的新途径。五年来，省部产学研结合工作从最初的项目试点，到省部全面合作，再到纳入国家《珠江三角洲地区改革发展规划纲要》，并作为《国家技术创新工程广东试点方案》的重要内容，成为广东针对经济社会发展中瓶颈问题所采取的主要措施之一，通过不断努力，取得了新的进展和成效。

省部产学研合作在推进机制、保障体系、创新模式等方面大胆开拓，形成了一套很好的做法和经验。一是逐步形成了“三大推进机制”，即省部高层会商机制，省市联动机制和校地、校企全面合作机制；二是建立了“四大支撑体系”，即组织保障体系、政策支撑体系、多元化

投入体系和信息服务体系；三是形成了“五大创新模式”，即组建省部产学研创新联盟、共建科技创新平台、服务集群经济、建设示范基地、派驻科技特派员。这“三四五”的产学研合作模式，成功探索出一条高校、科研院所创新人才服务经济社会发展、促进科技与经济紧密结合的有效途径，促进了广东产业的转型升级，完善了广东区域创新体系，提升了产业的核心竞争力和应对全球金融危机的能力，对全国产学研结合工作的全面推进产生了积极、现实而又长远的影响。

省部产学研合作有效提升了广东企业自主创新能力和产业核心竞争力。产学研结合以体制机制创新为核心动力，实现了在更大范围内调动科技创新资源，聚焦支持区域优势产业集群转型升级，产生了科技与经济结合的“聚变”效应。一是大幅度提升了企业技术创新能力。通过省部产学研结合，广东企业提高了新产品和新技术开发能力，有效克服了国际金融危机的不利影响，2009年比2007年的利税增长超过50%。二是促进了广东产业结构调整和优化升级。通过产学研结合，突破了清洁生产、数控装备、电子信息等一批制约广东优势支柱产业发展的重大共性技术难题，推出了一批重大产品、重大装备和战略性新兴产品，加快了广东现代产业体系的形成。三是提升了广东区域自主创新能力。在省部产学研结合的推动下，广东“大科技、大开放、大合作”的区域创新体系加快构建，区域创新能力进一步跃升，创新型广东建设进入全面加速时期。

二、省部产学研结合工作创造的经验和启示

省部产学研结合五年来的创新实践，为深入贯彻落实科学发展观，大力推动自主创新进行了许多有益的探索，创造了许多成功的经验。

首先，探索了整合科技资源，集成各方力量，汇集于企业技术创新的模式。两部一省明确提出集全国高校和科研院所优势，支撑和引领广东企业特别是中小企业结构调整、产品创新和转型发展的要求。由政府引导，通过产学研技术创新联盟和示范基地等组织形式，促进了全国300多所大学、院所与2400多个企业的对接。企业根据市场变化形势提出产品创新的技术需求，高校、科研院所根据企业的需求，发挥自身的技术优势，开放科研平台和设计资源，广大科技人员从中找到用武之地。来自于院校和企业的科技人员，不分你我，各展优势，在短短的时间内创造了大量的新产品、新工艺，实现了知识与创造的经济价值和社会价值。

其次，探索和实践了政府推动、市场导向、企业主体、产学研紧密结合的技术创新模式。五年来，在两部一省的精心组织和大力推动下，产学研各方主体依照市场需求，由企业提出创新的要求，投入研发资金，高校、科研院所提供最好的人才团队和科研资源，集各方优势，联合创新，取得了显著的效益。据统计，五年来，广东省级政府投入10亿元，地市政府投入70亿元，企业投入800多亿元，创造了7000多亿元产值。企业在这一过程中成为了研究开发投入的主体、创新活动组织的主体和创新成果受益的主体，加快了技术进步和提高了自主创新能力。高校、科研院所通过参与产学研结合，为科技成果的转化创造了条件，开辟了渠道，也从经济发展对科技的需求中找到了学科建设和科学研究的方向，打开了未来成果的科学空间。

再次，创造了技术创新的新的组织模式。五年前，广东省的产业结构以外包加工和中小企业为主，中小企业技术创新能力比较薄弱，也无力建立自己的研发机构。通过省部产学研结合工作，各地创建了产学研技术创新联盟和示范基地等创新载体和平台。特别是联盟有效地组织

了产业链上的大中小企业，通过产学研合作，在创新产品的同时，沿产业链部署推进配套部件的创新，同时建立了产业技术标准，随着技术的不断发展，技术规范和标准也不断健全，形成了一个大中小企业之间、产学研之间技术合作不断深化的机制。

最后，较好利用了国际金融危机对转变经济发展方式和调整经济结构形成的倒逼机制。去年以来的国际金融危机对广东省经济发展产生了严重的冲击。在这种情况下，广东省委、省政府主动应对挑战，迅速贯彻落实党中央、国务院关于应对国际金融危机、保持经济平稳较快发展的一系列重大措施，以促进企业转型升级、实现内生增长为目标，大力推进产学研结合，组织调动了3万多名来自高校院所的科技人员，以科技特派员的形式，带着技术和产品深入企业技术创新第一线，为中小企业摆脱困难、振兴发展做出了显著的贡献。这一点在广东省的各个地市，特别是在粤西、粤北地区，表现得特别明显。

2009年，为贯彻落实党中央、国务院关于发挥科技支撑作用、促进经济平稳较快发展的一系列决策部署，在总结广东省和各地方工作经验的基础上，科技部、财政部、教育部等有关部门启动实施了国家技术创新工程。在相关部门和各地方的共同努力下，国家技术创新工程已在全国范围内展开，取得了重要的进展和成效。

前一阶段工作特别是广东等地方的实践表明，技术创新工程是一项系统性很强的工作，要着力在创新主体、创新要素、创新机制和创新服务上下功夫，切实提高产业核心竞争力。积极探索产业技术创新联盟建设与发展的体制机制，促进产学研用和大中小企业的紧密结合。支持公共科技平台的服务能力建设，突出平台的资源整合与开放服务功能，在生物医药、电子信息、新能源、新材料等领域确定一批技术创新服务平台示范试点。依托创新型企业，新建一批国家重点实验室、国家工程中心和国际科技合作示范基地，支持创新型企业的研发能力建设。

广东是我国改革开放的前沿，在推动社会主义现代化建设中具有重要地位。广东省委省政府高度重视发挥科技在促进经济社会发展中的重要作用，提出要把提升自主创新能力作为推动经济发展方式转变的核心推动力。今年5月，广东省委省政府作出了在全省开展技术创新工程试点的重要决策，大力培育创新型企业，积极构建产业技术创新战略联盟，促进产学研合作，建立和完善产业技术创新平台。对于广东率先转变经济发展方式、率先调整产业结构，率先走上创新驱动、内生增长的科学发展道路具有十分重要的战略意义。

三、创新体制机制，努力实现省部产学研合作的新突破

当前，我们正站在一个新的起点上，深入推进产学研结合工作使命光荣，意义重大，需要我们有勇气和魄力去不断创新体制机制，加强紧密合作，发挥各方面优势，努力实现省部产学研合作的新突破。

要拓展合作的单位，形成更大的合力，进一步深化合作。在这里，我要对工业和信息化部和中国工程院的加入表示热烈的欢迎和衷心的感谢。这有助于把更多的资源集聚到广东转变发展方式、调整产业结构上来。要丰富合作内涵，创新合作模式，开拓合作载体，加大投入力度，进一步把省部产学研结合做实做大做深。要更好地把省部产学研合作融入全国产学研结合的大局，以重点突破带动全局发展，加快推进我国以企业为主体、市场为导向、产学研相结合的技术创新体系建设，努力开创合作共赢的局面。

刚才华华省长在报告中提出了今后工作的重点方向：一是聚焦产业结构调整优化升级；二

是优化产学研资源布局；三是创新产学研合作模式；四是推进国际化进程；五是加强服务保障体系。这些意见对做好下一步工作具有非常重要的指导意义。在这里我也提四点建议供大家参考。

第一，要进一步加强创新组织工作。我们要组织推动产学研结合从双向对接向多边拓展，从企业合作向全产业链拓展，从产品创新向领域集成拓展。要着力做好产业技术创新联盟的组织工作，细化产学研之间、大中小企业之间合作的规章制度，使联盟成为一种在市场经济条件下能够自我运行、自我完善、不断进步的创新组织模式。昨天，我去参观了省部产学研结合五周年成果展，看到一些产学研联盟按照非营利机构运行，有相对成熟的法律形式，成为了一个服务于技术研究、产品开发、市场开拓的综合平台。

第二，要进一步完善服务保障体系。进一步完善知识产权的创造、共享和保护机制，让知识产权作为产学研结合、产业链贯通的联合创新、共享成果的纽带。要进一步做好技术交易工作。去年，全国技术市场的交易规模达到3200亿元，比前年增长了15%，广东省在这方面走在全国的前列，成绩显著。我们要进一步理顺产学研结合的利益机制，保障知识和技术的有序转移和扩散，催生经济效益，形成产学研合作的长效机制。要大力发展科技中介机构，促进科技与金融结合，在创业投资、金融、技术交易与服务等创新的各个环节上，有效地形成更广泛、更深入、更稳固的技术创新保障体系和机制。

第三，要用好支持自主创新的各项政策。去年以来，为应对国际金融危机，国务院出台了一系列推动自主创新的政策措施，如对高新技术企业实行所得税优惠税率，允许企业研发费用在税前加计扣除，对技术转让收入减免所得税以及对科研人员给予股权激励等，取得了明显的效果，这些政策都可以为我们所用。特别是在推广创新产品方面，科技部等四部委实施了一批重大推广示范工程，如推广电动汽车的“十城车辆”行动，推广半导体照明的“十城万盏”行动，推广太阳能光伏发电的“金太阳”工程以及推进三网融合的工作等。今后在循环农业、数字化医疗等方面，我们还将积极探索推动创新产品应用的长效机制。科技部还将创新国家科技计划的投入模式，在支持企业自主创新的项目中，要优化管理方式，简化工作流程，创新支持方式，使创新活动更加有效，更加能够推动经济又好又快发展。

第四，要加强创新型科技人才工作。促进人的全面发展，是科学发展的核心。我们要在产学研合作中努力培养高层次创新创业人才。当前和今后一个时期，要贯彻落实全国人才工作会议精神和中长期人才发展规划纲要，确立人才优先发展的战略地位，加强产学研合作培养人才，把培养造就创新创业人才摆在突出位置。通过以企业为主体、产学研共建创新平台凝聚人才，共同开展培训锻炼人才，共同实施重大项目培养人才，要把引进高层次人才和培养创新团队紧密结合起来。要发挥产业技术创新战略联盟凝聚人才的平台作用，完善科技特派员深入农村和企业服务的政策措施，改革考核和分配激励制度调动国有企业人才创新创业的积极性和创造性，加大支持提高中小企业对人才的吸引和承载能力。重视发挥企业在集聚和培养高层次创新人才上的作用，促进企业和科研单位人才“双向交流”。深化科技体制改革，健全有利于人才创新创业的评价、使用、激励措施。加大政策对人才创新创业的倾斜，鼓励人才向企业和重点产业集聚。近期，我们将按照中央的统一部署和要求，抓紧制定加强高层次创新型科技人才队伍建设意见，抓紧启动实施创新人才推进计划，开创科技人才工作的全新局面。

广东的省部产学研结合工作是全国产学研结合工作的重要探索，也是国家技术创新工程广东试点工作的重要内容。做好省部产学研结合工作，对深入推进国家创新体系建设具有重要的先导和带动作用。科技部将会同有关部门深化管理改革，统筹科技资源，进一步加大对省部产学研结合的支持力度。一是支持广东企业建设创新型企业，依托企业建设国家重点实验室、国家工程中心等创新基地，支持企业积极承担或参与国家重大科技项目；二是进一步密切部省会商合作，促进产学研更加紧密结合，支持广东产业技术创新战略联盟的构建和发展；三是支持广东加快推进区域创新体系建设，发挥国家、省级高新区集聚、辐射、带动作用，建设产业技术创新服务平台，在发展战略性新兴产业、优势特色产业方面取得新成效；四是支持广东在体制机制创新方面先行先试，在政策环境建设上取得新的突破。

各位领导，同志们，省部产学研合作为我们发挥部门和地方两个积极性，调动部门和地方两种资源，集成全国高校、科研院所和广东企业的创新资源，全面推进国家创新体系建设提供了有效和长远的事业平台。让我们更加紧密地团结在以胡锦涛同志为总书记的党中央周围，齐心协力，扎实工作，充分发挥科技促进经济发展方式转变和经济结构调整的重要作用，为提高自主创新能力、建设创新型国家，实现全面建设小康社会的宏伟目标作出新的、更大的贡献！

在国家技术创新工程上海市试点工作推进大会上的讲话

中共中央政治局委员、上海市委书记　俞正声

（2010年7月30日）

今天，我们在这里召开国家技术创新工程上海市试点工作推进大会。首先，我代表上海市委、市政府，对国家科技部和财政部、教育部、国务院国资委、全国总工会、中国科学院、中国工程院、国家开发银行等部委长期以来对上海科技和经济社会发展的关心指导和大力支持表示衷心的感谢。刚才，学勇书记宣读了对国家技术创新工程上海试点方案的批复，万钢副主席做了重要讲话，我们要认真领会，抓好落实。下面，我谈三点意见。

一、认清使命，充分认识实施国家技术创新工程试点的重要性

实施国家技术创新工程，是贯彻落实党中央国务院关于发挥科技支撑作用、促进经济平稳较快发展战略部署的重要举措，是推动经济发展方式转变、实现产业结构调整优化的重要抓手，是构建国家创新体系、建设创新型国家的重要行动。党中央、国务院对这项工作高度重视，这次国家科技部等八部委把上海纳入国家技术创新工程试点，将部市自主创新合作提升到国家层面来实施，是国家科技部等部委对上海的充分信任和大力支持，也是上海发挥科技创新排头兵作用、率先提高自主创新能力的战略使命。我们一定要深刻认识实施国家技术创新工程的重要性，抓住这一工程在上海试点的难得契机，推动上海尽快走上科学发展、创新驱动、内生增长、率先转型的发展轨道，为全国深入贯彻落实科学发展观、转变经济发展方式探索先行、积累经验。

近年来，上海按照建设创新型国家的总体要求，聚焦国家战略、聚焦重大产业化项目、聚焦创新基地。加快推进科技创新，自主创新能力不断提高。2009年，上海全社会研发投入达到401亿元，相当于国民生产总值的2.7%；科技成果产出保持稳定增长，发明专利申请量达到22012件，发明专利授权量为5997件；新能源等九大领域高新技术产业化加快推进，全市高技术产业完成工业总产值5561亿元，同比增长8.4%，占全市规模以上工业总产值的比重为23.3%。这些都为我们开展国家技术创新工程试点奠定了坚实的基础。

但是，我们也要清醒地看到，上海自主创新能力建设方面还存在不少问题和薄弱环节。如本地企业的创新能力和核心竞争力仍然较弱，创新活力不足；创新创业环境有待改善，金融体系对科技创业的支持力度还不够；产学研用结合不够紧密，科技政策与产业政策、财税政策、金融政策的协同性有待加强；等等。这些问题的存在直接导致科技创新效率不高，研发优势没有真正转化为产业优势。特别是当前，上海正处在发展转型的关键时期，要在转变经济发展方式上率先取得突破性进展，就必须依靠科技进步，推动经济发展从资源依赖型、投资驱动型向

创新驱动型为主转变。我们一定要切实增强紧迫感和责任感，抓住国家技术创新工程试点工作的战略机遇，加快推进技术创新体系建设，加快高新技术产业化和战略性新兴产业培育，不断提升企业自主创新能力和产业核心竞争力，不断提高科技创新效率，充分发挥科技在支撑经济社会发展、促进转型升级中的重要作用，推进创新型国际大都市建设取得突破性进展。

二、突出重点，扎实推进技术创新工程试点工作

实施技术创新工程是一个复杂的系统工程，它不只是技术攻关，更重要的是要在体制机制上实现创新突破。我们要紧紧依靠中央各部委的支持，进一步加强部市合作、院市合作，紧密结合技术创新工程试点工作，加强改革创新，着力破解制约技术创新的主要瓶颈，充分发挥市场在创新资源配置中的基础性作用，聚焦战略性新兴产业和高新技术产业化重点领域，聚焦企业自主创新能力建设，积极引导和支持创新要素向企业集聚，着力构建具有区域特色的技术创新体系，不断提高技术创新的效率和效益，努力使创新成为上海经济社会发展的主要驱动力。

在具体工作中，要重点抓好以下六个方面：一是努力培育一批创新型企业。聚焦国家战略任务需求和上海高新技术产业化重点领域，支持企业开发拥有自主知识产权和市场竞争力的新产品、新技术和新工艺，推动一批企业努力掌握核心技术、拥有自主品牌、提高国际竞争力。二是着力构建一批产业技术创新战略联盟。以企业为主体，充分运用市场机制集聚创新资源，促进企业、大学和科研机构等在战略层面上有效结合，共同突破产业发展的技术瓶颈，形成联合开发、优势互补、利益共享、风险共担的产学研结合新机制。三是建设和完善一批产业技术创新服务平台。围绕高新技术产业化和战略性新兴产业发展，建设一批重点实验室、工程技术研究中心和技术创新服务平台，不断优化研发基地和服务平台的布局，进一步深化转制院所的改革，依托研发公共服务平台的建设和完善，大幅度提高技术创新的效率。四是推动企业建设好技术创新人才队伍。鼓励企业与高等院校、科研院所联合培养人才，加强企业技术创新人才的培养、引进和使用，大力吸引和扶持海外高层次人才来沪创新创业，引导高校、科研院所的科研人员投身服务于企业技术创新活动，加大对人才的政策激励，保障科技人员的权益，激发科技人员的积极性。五是积极推进科技金融体系建设。抓住上海国际金融中心建设的战略机遇，充分发挥金融资源对科技创新创业的支持支撑作用，积极推进金融创新服务，多渠道、多方式解决科技型中小企业融资难问题；加快构建科技金融信息服务平台和科技企业信用体系两大基础平台，大力发展创业风险投资、商业银行信贷、科技担保、科技保险等科技金融服务产品和功能，积极推进多层次资本市场建设。六是加快推进高新技术产业化基地和创新型城区建设。大力推进张江自主创新示范区建设，创新张江高新区管理体制，大力培育和发展创新集群，充分发挥张江高新区在培育战略性新兴产业上的载体作用；加快推进创新型城区建设，以杨浦创新型城区试点为重点和示范，强化市区联动，充分发挥区县在服务科技企业、推进高新技术产业化、高新区发展等方面的积极性，不断提高科技支撑区县经济社会发展的能力。

三、狠抓落实，确保试点工作取得实效

国家技术创新工程试点工作是一项具有全局性和战略性的重要任务，全市各部门各区县要高度重视，狠抓落实，进一步加强协调联动，切实把试点工作抓紧、抓实、抓好。

一要加强组织领导。健全领导机制和组织实施机制，落实工作目标，分解工作任务，明确

工作责任。加强跟踪评估和绩效评价，把技术创新工程试点工作的成效，纳入各部门和各区县年度重点工作绩效考核体系。

二要推动改革创新。针对创新体系建设的薄弱环节，针对企业创新主体的动力机制问题，加快推进体制机制创新和政府管理创新，建立健全以企业为主体、以市场为导向、产学研用相结合的技术创新体系，着力发挥科技创新创业的财富效应，引导和激发各方面创新创业的动力和活力。

三要加大创新投入。统筹协调各类创新资源，加强信息共享，加大对重大项目和重点任务的聚焦投入。探索改进财政投入方式和方法，研究制定对重点领域和优秀团队持续投入、稳定支持的资助模式，研究制定对社会资本和金融资本的财政引导投入机制，动员全社会资源支持企业技术创新。

四要凝聚社会合力。进一步完善本市有关科技法律法规，加快修订《上海市科学技术进步条例》，切实提高全社会的科技法制意识。加强新闻舆论宣传工作，及时宣传报道和总结推广技术创新工程试点工作的进展和经验。充分发挥行业协会和中介机构在试点工作中的作用，带动和促进更多的社会力量关注、支持和参与技术创新。

同志们，国家技术创新工程试点工作要求高、任务重，事关全局、责任重大。我们一定要立足国家战略高度，紧密结合上海发展转型需要，精心谋划、认真部署，克难奋进、扎实工作，全面落实国家技术创新工程试点任务，充分发挥科技创新对经济社会发展的支撑作用，为加快建设“四个中心”、加快实现“四个率先”作出新的更大贡献！

在国家技术创新工程上海市试点工作推进大会上的讲话

全国政协副主席、科技部部长　万钢

（2010 年 7 月 30 日）

今天，上海市委、市政府在此隆重召开国家技术创新工程上海市试点工作推进大会。这是上海市深入贯彻落实科学发展观，抓住上海世博会以及“后世博”发展机遇，进一步推进自主创新，加快经济发展方式转变，促进经济社会又好又快发展的一次重要会议。中共中央政治局委员、上海市委书记俞正声同志对这次会议高度重视，亲自出席并将做重要讲话。我们要认真学习，贯彻落实。在此，我代表科技部和国家技术创新工程共同推进的各有关部门，对会议的召开表示热烈祝贺！向获得授牌的各有关单位表示衷心祝贺！向长期以来高度重视、大力推动科技进步和自主创新的上海市各级领导、广大科技工作者和各方面的同志们致以崇高的敬意！

党的十七大强调，提高自主创新能力、建设创新型国家是国家发展战略的核心、是提高综合国力的关键，要坚持走中国特色自主创新道路，把增强自主创新能力贯彻到现代化建设各个方面。胡锦涛总书记在去年 12 月中央经济工作会议和今年 2 月省部级主要领导干部专题研讨班上的重要讲话中都明确提出，加快经济发展方式转变，根本出路在于自主创新。要全面实施国家中长期科学和技术发展规划纲要，抓紧落实国家重大科技专项，深入实施知识创新和技术创新工程，力求突破更多重要关键技术、获得更多自主知识产权，造就一批拥有核心技术和自主品牌、具有国际竞争力的企业，确保我国到 2020 年进入创新型国家行列。温家宝总理在国务院常务会议上多次强调，要加快实施技术创新工程，培育新的经济增长点。刘延东同志在国家技术创新工程启动大会上指出，要全面推动技术创新工程的实施，带动国家创新体系建设。中央领导同志的重要讲话为进一步推进技术创新工程提出了要求，指明了方向。

技术创新是一项系统性很强的工作。实施技术创新工程就是要着力在创新主体、创新要素、创新机制和创新服务上下功夫，切实提高产业核心竞争力，推动产业技术创新联盟的构建和发展，探索产学研结合的体制与机制，促进产学研用和大中小企业的紧密结合；支持公共科技平台的服务能力建设，突出平台的资源整合与开放服务功能，在重点产业领域确定一批技术创新服务平台示范试点；着眼于推动企业成为技术创新主体，加强创新型企业建设，在企业中建设一批国家重点实验室、国家工程中心和国际科技合作示范基地，支持创新型企业的研发能力建设；加快创新创业人才培养，加强创新型人才队伍建设。国家技术创新工程启动以来，在相关部门和地方的积极努力下，工程已经在全国范围内展开，在重点省市启动了试点，取得了重要的进展和成效。

上海是我国改革开放的前沿，创新资源集聚优势相对明显。上海市委、市政府始终高度重视科技创新，相继颁布《关于进一步推进科技创新加快高新技术产业化的若干意见》和《关于加快推进高新技术产业化的实施意见》，坚持以高新技术产业化为确保经济平稳较快发展的主攻方向，全面部署和推动上海科技工作。在培育创新源泉、增强科技能力，培育新兴产业、提升传统产业，深化体制机制改革、建设区域创新体系，加强基层科技工作、开展科学普及，优化创新创业环境、发挥社会各方力量，以及扩大对外开放、开展国际合作等方面，亮点纷呈，涌现出一批重大科技成果，科技创新工作走在了全国前列，科技创新能力持续增强，推动经济社会实现稳定快速协调发展，为国家战略目标的实现作出了积极贡献。

特别需要指出的是，在2010年上海世博会上，科技发挥了重要的作用，半导体照明、太阳能光伏、电子标签票务系统等科技成果在世博会上得以应用并取得良好效果。尤其是大规模集中示范运营了新能源汽车，这将极大地促进我国新能源汽车的发展，将成为新能源汽车大规模商业运营的示范、先进汽车技术新的里程碑。

同时，上海在服务国家战略，承接、实施国家重大专项和国家级科研计划任务中取得重要进展，大飞机、极大规模集成电路制造装备及成套工艺、核高基、重大新药创制等国家重大专项任务陆续落户上海，进展顺利。

到2020年，上海要基本建成现代化国际大都市和国际经济、金融、贸易、航运中心之一。要实现这个目标必须提高自主创新能力，加快科技进步的步伐，加快培养和集聚各类优秀人才，建立起政府推动、市场导向、企业为主体的科技创新体系，着力增强城市创新能力，切实做到依靠科技进步和提高劳动者素质推动经济快速发展。在这一重大背景下，上海市委市政府作出在全市开展技术创新工程试点的重要决策，对于加快转变经济发展方式，走创新驱动、内生增长的科学发展道路，实现上海的战略目标具有十分重要的意义。

上海市的试点工作，既是深入实施国家技术创新工程的重要部署，又是建设上海创新型城市的内在要求。上海市的试点方案，体现了市委、市政府的高度重视；体现了统筹全市创新资源，着力提升企业技术创新能力和产业竞争力；体现了产学研紧密结合，加快科技成果转化和产业化；体现了全市上下联动、多部门协同配合。总体思路明确，地方特色鲜明，重点任务突出，保障措施有力。

面对新阶段、新形势和新任务，希望上海要以技术创新工程试点为契机，在以下几个方面加大力度。一是要聚焦优势。抓住战略性新兴产业发展的机遇，瞄准行业高端，聚焦重点领域优势力量，支持企业开发拥有自主知识产权和市场竞争力的新产品、新技术和新工艺，加快培育一批掌握核心技术、拥有自主品牌、具有较强国际竞争力的创新型企业，构筑产业高地，破解发展瓶颈，推进全市科技创新能力的提升。二是要集成资源。坚持发挥市场机制在配置科技资源中的基础性作用，充分激发各类要素的创新活力，集成各类科技资源和创新要素向企业集聚，探索建立产学研用紧密结合的创新机制。进一步在资源整合、开放共享、打破围墙、发挥优势上下功夫，充分释放科技资源丰富的优势与潜力。尤其是要集成好“后世博”科技成果资源的开发和利用。三是要创新机制。上海发展的优势在于创新，通过改革开放，上海创建了浦东新区，创造了新区发展的模式和经验；上海发展的转型也在于创新，上海世博会成为创新的集中地，成为展现世界各国创新成果的大舞台；上海未来发展的希望更在于创新，而机制的创新是所有创新的前提和基础，上海世博会后成果的转移与扩散需要更多灵活的机制。做好试点工作事关全局，在技术创新工程试点的组织机制上要加大探索力度。不断地创新科技管理体制和机制，积极探索有利于创新资源组织的新模式，积极营造鼓励创新、崇尚创新、敢于创新、善于创新的环境和氛围。四是要强化示范。上海市技术创新工程试点工作，既要为全市转变发展方式、调整经济结构提供强有力的科技支撑，也要为全国各地技术创新工程的实施探索路子，要在培育和发展战略性新兴产业、在促进企业成为技术创新的主体，推动产学研用更加有效结合，在落实政策、加大投入、优化环境，调动各方面创新活力方面做出示范。

科技部将会同有关部门，集成各方面优势，围绕"世博后"科技产业及战略性新兴产业的发展，支持上海市做好试点工作。一是支持上海加快培育一批创新型企业，加强企业的研发机构建设，支持创新型企业积极承担、参与国家重大科技项目。二是支持上海构建一批产业技术创新战略联盟，推动产业技术创新战略联盟开展联合攻关，建设公共技术平台和产业技术信息、标准信息交流平台，建立创新人才的联合培养机制，制定产业发展规划。三是支持上海建设和完善一批产业技术创新服务平台，优化研发基地布局，深化应用型科研院所改革和发展，加强各类创新创业服务资源的整合，探索建立研发公共服务平台共享奖励机制。四是支持上海加快建设企业技术创新人才队伍，引导科研人员服务投身于企业技术创新活动。强化人才的引进与激励。提高职工科技素质和创新能力。五是支持上海加快促进科技与金融紧密融合，大力发展"天使投资"，鼓励股权投资发展，加强和改善商业银行的金融服务，建设柜台交易市场，推进金融创新服务，发展担保机构。六是支持上海建设高新技术产业化基地和创新型城区。支持上海张江高新区的自主创新示范区建设，提升上海张江高新区创新能级，加快杨浦创新型城区建设试点，探索三区联动的有效机制。在这里，我还想强调的是技术创新需要市场的拉动，创新产品的推广应用需要市场的牵引。在推广重大创新产品方面，上海已经成为推动电动汽车、半导体照明、三网融合等的试点城市，最近又成为了推广电动汽车个人消费补贴试点的五个城市之一。今后，我们还将大力支持上海在推广清洁燃气、数字化医疗等方面的创新产品发挥更大的作用。

同志们，国家技术创新工程的实施，标志着具有中国特色的国家创新体系建设已经迈上一个新的起点。我们热切地希望上海市以本次试点工作为契机，在转变经济发展方式上取得新进展，在区域创新体系建设上取得新突破，在创新型城市建设上取得新成效。同时，我们也希望上海能准确把握形势，聚焦国家发展战略，聚焦重大产业化项目，勇于承担更多的责任。我们坚信，在党中央国务院的坚强领导下，在上海市委、市政府的直接领导和带领下，全市齐心合力、共同推动，上海市试点工作一定能够取得良好成效，为提高自主创新能力、建设创新型国家，实现全面建设小康社会的宏伟目标作出新的更大的贡献。

在湖北省产业技术创新战略联盟试点启动会上的讲话

全国政协副主席、科技部部长　万钢

（2010年10月23日）

今天很高兴来参加湖北省产业技术创新战略联盟的启动大会，这次大会的召开充分体现了湖北省委、省政府贯彻落实中共中央、国务院关于增强自主创新能力，建设创新型国家的精神，以及实施技术创新工程，发挥科技支撑的作用，促进经济社会又好又快地发展所作出的巨大努力。也充分显示了湖北省发挥科教资源优势、深化体制机制的创新和机制，加速科技成果的转化和产业化积极构建产业区域创新体系，建设创新型湖北的坚定决心和积极行动。我代表科学技术部对启动会的召开表示祝贺，向新成立的10家湖北省产业技术创新战略联盟的试点表示祝贺，也向湖北省致力于推动产业技术创新战略联盟建设的各位同志们表示诚挚的问候！

长期以来，党中央、国务院高度重视企业技术创新工作，2006年在全国科技大会上作出了走中国特色自主创新道路、建设创新型国家的战略决策。党的十七大报告明确提出要加快建立以企业为主体、市场为导向、产学研紧密结合的技术创新体系，引导和支持创新要素向企业聚集，促进科技成果向现实生产力的转化。近年来，胡锦涛总书记、温家宝总理也多次强调指出，确立企业技术创新主体地位是提高国家自主创新能力的根本途径。要把建设以企业为主体、市场为导向、产学研相结合的技术创新体系作为突破口，不断推进国家创新体系的建设。

但是，从我国的现实来看，科技力量大部分是集中在大学和科研机构，而企业的创新能力比较薄弱，产学研战略层次的合作比较少，主要反映在项目层次上，组织形式也比较松散，缺乏产业技术成果转化的持续保障机制，包括利益保障机制。产业的技术创新迫切需要各种创新要素持续有效的集成与整合。推动和引导产业技术创新战略联盟的构建来建设以企业的发展需求和各方的共同利益为基础，以提升产业技术创新能力为目标，以具有法律约束力的契约为保障，进行优势互补、利益共享、风险共担的新型技术创新组织形式，是加快技术创新组织建设的重要举措，也是促进企业提高自主创新能力的有效途径。能够从产业的层面来增强国家自主创新能力的战略要求，提升产学研结合的组织化和制度化的程度，有效解决我国产业集中度分散、原始创新匮乏、共性技术共性不足和核心竞争能力不强的突出问题，引领产业技术的进步，加快创新成果规模化的产业应用，打造具有较强的国际竞争力的产业集群。

产业技术的创新和一家企业、一门技术的创新并不一样，产业技术的创新需要一系列技术的配套和集成，需要企业之间的合作，需要企业与大学、科研机构的合作，需要形成技术创新链。这并不妨碍企业互相之间在当前市场上的竞争态势。所以，产学研的紧密结合围绕着产业技术创新链来构建产业技术创新联盟，整合相应的应用性的研究，形成跨学科的力量，按照企业和产业链之间的互相要求进行创新。这既降低了成本、提高了效率，又使产业链上下游之间的结合更加紧密，促进产业技术更加完整、更加丰满，实现科技与经济的紧密结合。

推动产业技术创新的战略联盟是国家科技部、财政部、教育部、国资委、中华全国总工会、国家开发银行六个部门贯彻落实《国务院关于发挥科技支撑作用，促进经济平稳较快发展的意见》，实施国家技术创新工程，加快产学研的结合，促进技术创新体系建设的重要战略举措之一。2007 年以来，在相关部门和地方的积极推动下，从若干重点行业和区域已经建立起一批产业技术创新的战略联盟。三年来，科技部会同有关部门运用政府投入、金融和服务等多种政策支持产学研合作，加快推进技术创新工程。通过产学研的合作来充分发挥企业、大学、科研院所各自的优势。引导、支持技术和人才等创新要素向企业聚集，加快提升企业创新能力和产业技术水平；加快科技成果向现实生产力的转化，形成产业创新技术链，提升竞争力，这些具体的行动起到了有效的促进作用。

产业技术创新战略联盟就是要聚焦产业链的建设，形成大小结合的产业配套体系，构建服务与产业各个环节创新的公共服务平台，扶持和拓展服务于产业技术创新的服务型企业。湖北省是我国重要的科教大省、人才大省，人才、教育培养规模居全国前列，同时也是我国重要的科技创新基地。作为科教大省，推动知识创新与技术创新的融合，加强产学研结合，促进产业共性技术的研发和成果的产业化，对湖北省产业转型升级具有特别重要的意义。如何将现有的科技优势、人才优势转化为产业发展的优势，是使湖北省建设成为经济强省，发挥中部崛起依托和杠杆作用的关键。

刚才，参与今天产业技术创新战略联盟的代表单位、院校做了发言，我听了也很受启发。我们深深地感到，一个企业的发展需要一条产业链的支撑，需要上下游企业的支持和合作；一个学校的发展需要和企业发展紧密结合，为产业链的建设和产业链的创新提供服务。联盟作为一种创新的组织形式为此提供了一个平台，关键是要使这种组织形式长期稳定健康发展。因此，推动联盟的构建要做到有序、有章可循、有规则可依，要建立有利于产、学、研各方的激励机制，合理的利益保障机制和相互的信用机制。本次先期试点启动的磷资源综合开发与利用、激光装备制造、地球空间信息等 10 家产业技术创新联盟都是湖北省面向全省优势支柱产业的技术创新要求，经过精心选择而确定的，这 10 家产业技术创新战略联盟的成立是湖北创新科技体制的机制，推动产学研有效结合的一次有益尝试，必将促进在湖北科教资源优势向经济社会发展优势转变中发挥重要作用。科技部要给予高度重视、密切关注、给予必要支持。

目前，产业技术创新战略联盟作为一种新的产学研结合的模式，在全国都还处于探索和试验的阶段，国家层面和各地方都在不断地丰富和完善更加科学合理、适合我国国情和现实需要建设和运行的模式。今天的启动大会之后，我希望湖北省能够抓住机遇，坚持不懈，在六部委共同发动的关于推动产业技术创新战略联盟构建的指导意见下，进一步营造促进联盟发展的政策环境，在联盟建设体制和运行机制上取得创新和突破，不断地加强联盟之间的学习以及国际国内的交流，为联盟的持续运转和联盟的技术创新高效开展提供内部和外部的保障。同时，也希望这 10 家试点联盟能够以产业技术创新为纽带，加强合作，大胆探索，积极发挥试点联盟的示范带头作用，促进湖北支柱产业的技术进步和竞争力的提升，为湖北省以至于全国的产业技术创新联盟建设创造成功的经验。

最后，再次对湖北省产业技术创新战略联盟试点的启动表示热烈的祝贺，祝产业技术创新战略联盟试点成功，并预祝大会圆满成功！

全面实施国家技术创新工程
深入推动产业技术创新战略联盟发展

——在产业技术创新战略联盟试点工作座谈会上的讲话

科技部党组书记、副部长　李学勇

(2010年11月2日)

党的十七届五中全会刚刚胜利闭幕，当前全党、全国上下正在深入学习贯彻五中全会精神。今天，我们召开这次座谈会，就是以五中全会精神为指导，总结交流技术创新工程和产业技术创新联盟的实践经验，认真研究在新形势、新任务下，如何进一步实施国家技术创新工程，推动产业技术创新联盟构建，加快技术创新体系建设，为科技支撑经济发展方式转变、提升产业核心竞争力作出重要贡献。刚才，八个联盟代表做了很好的发言，立足产业发展和重大技术创新的要求，介绍了构建产业技术创新链的做法和体会，对下一步工作提出了很好的思路和建议，听了以后很受启发，很受鼓舞，值得大家学习借鉴。明天与会代表还要进行分组讨论。下面，我就认真贯彻党的十七届五中全会精神，全面实施技术创新工程，深入推动产业技术创新战略联盟发展，讲几点意见。

一、认真学习贯彻党的十七届五中全会精神，发挥科技支撑经济发展方式转变的重要作用

党的十七届五中全会是在我国即将完成“十一五”规划，进入全面建设小康社会的关键时期，召开的一次重要会议，对于继续抓住和用好我国发展的重要战略机遇期，明确“十二五”时期的发展方向和奋斗目标，对于提高自主创新能力，建设创新型国家，具有十分重要的意义。会议审议通过的“十二五”规划建议有一个鲜明特点，就是明确提出了“十二五”时期要以科学发展为主题，以加快转变经济发展方式为主线。把科学发展作为主题，是第一次在五年规划中明确提出来，使其成为全党的意志，具有鲜明的时代特征。把加快转变经济发展方式作为主线，这是适应全球需求结构重大变化、顺应我国经济社会发展阶段性特征的必然要求。

全会把科技进步和创新摆在了“十二五”发展的突出位置。胡锦涛总书记强调，加快经济发展方式转变，最根本的是要靠科技的力量，最关键的是要大幅度提高自主创新能力。全会要求坚持把科技进步和创新作为加快转变经济发展方式的重要支撑，要深入实施科教兴国战略和人才强国战略，坚持“自主创新、重点跨越、支撑发展、引领未来”的方针，加快建设创新型国家，推动我国经济发展更多依靠科技创新驱动。

在当前和今后一个时期，科技工作贯彻落实五中全会精神，要高举中国特色社会主义伟大

旗帜，以邓小平理论和"三个代表"重要思想为指导，深入贯彻落实科学发展观，以服务科学发展为主题，以支撑经济发展方式转变为主线，以提高自主创新能力为核心，以改革创新为动力，在攻占科技制高点，培育经济增长点，围绕民生关注点，突破改革关键点上下工夫。

五中全会在部署科技任务时明确提出，要增强核心、共性技术的突破能力，促进科技成果向现实生产力转化。要加快推进国家重大科技专项，深入实施知识创新和技术创新工程，把科技进步与产业结构优化、改善民生紧密结合起来，增强原始创新、集成创新和引进消化吸收再创新能力。要深化科技体制改革，以技术创新体系建设为突破口，全面推进国家创新体系建设。

实施技术创新工程作为推进自主创新、提升产业核心竞争力、加快转变经济发展方式的重要举措，被明确写入《中共中央关于制定国民经济和社会发展第十二个五年规划的建议》（以下简称《建议》），充分体现了中央对实施这一工程的高度重视。我们要认真贯彻落实五中全会精神，以科技支撑经济发展方式转变为主线，把实施技术创新工程摆上重要的战略位置，紧密结合重点产业特别是战略性新兴产业发展，加大力度，全面推进。

二、国家技术创新工程的实施和产业技术创新战略联盟的构建为经济结构战略性调整提供了有效支撑

"十一五"之初，为贯彻党中央、国务院关于以技术创新体系建设为突破口、全面推进国家创新体系建设和确立企业在技术创新中的主体地位的战略要求，根据《国家中长期科学和技术发展规划纲要（2006～2020年）》的部署，实施了技术创新引导工程。在应对国际金融危机冲击的关键时刻，党中央、国务院强调，要充分发挥科技的支撑作用。国务院2009年"9号文件"明确提出加快推进技术创新工程，把它作为加强科技支撑、促进经济平稳较快发展的重要措施之一。党中央、国务院高度重视实施好这一工程。胡锦涛总书记在关于加快转变经济发展方式的多次重要讲话中强调，要深入实施技术创新工程。温家宝总理在国务院常务会议上指出，要加快实施技术创新工程，培育新的经济增长点。刘延东国务委员亲自出席技术创新工程启动实施大会并作动员部署。

在中央的高度重视和领导下，各有关部门和各地方共同推动，国家技术创新工程实施进展顺利，已见成效。一批充满活力的创新型企业正在健康成长，一批具有示范性的产业技术创新战略联盟正在加紧构建，一批具有发展潜力的战略性新兴产业正在孕育和发展，一大批创新型人才活跃在技术创新的第一线。浙江、安徽、江苏、山东、广东、四川、辽宁、上海和青岛九省市相继开展国家技术创新工程试点工作，取得了积极的成效。实践证明，国家技术创新工程的实施，不仅在应对国际金融危机、扩内需、保增长中发挥了重要作用，而且成为了调结构、转方式的重要支撑；不仅促进了企业创新能力和产业竞争力的提升，而且加快了技术创新体系建设。

产业技术创新战略联盟作为实施国家技术创新工程的一项重要载体，从试点起步，在探索中不断成长，在创新中不断发展，其重要作用日益显现：

一是增强了企业在技术创新中的主体地位。以往我国的技术创新活动多以高校和科研机构为主，企业的主体作用不突出，市场需求导向不强，创新活动分散，难以形成产业技术创新链。以企业为主体、产学研相结合的产业技术创新联盟，强化了技术创新的市场导向，围绕企

业发展和产业竞争力的提升加强产学研合作，使企业在技术创新中的主导作用得以发挥，创新动力显著增强，研发投入大幅增加。

二是促进了产业核心竞争力的提升。联盟围绕产业技术创新链开展集成创新，突破产业发展的核心关键环节，推动了产业技术进步，促进了战略性新兴产业的培育和发展。如钢铁可循环流程创新联盟突破6大核心关键技术，按产业链集成创新220项技术，形成了采用“新一代钢铁可循环流程工艺”的示范工程；新一代煤化工创新联盟打破国外垄断，开发出“流化床甲醇制丙烯工业技术”，实现了煤化工产业技术关键环节的重大突破；半导体照明创新联盟坚持集成创新，让我国国产LED照明产品装上了“中国芯”；第三代移动通信（TD）创新联盟不仅推动了TD-SCDMA技术标准实现了商业化应用，而且在第四代移动通信技术开发上做出了处于世界领先水平的成果；无线局域网基础架构创新联盟突破WAPI关键核心技术，制定出我国在基础性信息安全领域的第一个国际标准；抗生素创新联盟在新药研制中取得了重大突破等。

三是推动了产学研在战略层面的紧密合作。联盟的试点探索，创新了产学研合作的组织模式和运行机制。联盟围绕产业链解决产业共性技术难题，探索了在重点产业和关键领域通过产学研用结合实现重大技术创新的有效途径。联盟通过签订具有法律约束力的契约，建立技术创新合作中的信用机制和利益保障机制，使产学研各方形成了共同投入、成果共享、风险共担的长期稳定合作关系。

四是促进了创新要素的合理流动和优化配置。联盟成员单位围绕产业技术创新链进行分工合作，有效衔接，实现了优势互补和强强联合。联盟内部建立信用机制和合作创新机制，强化了市场在资源配置中的基础性作用，保障了创新要素在联盟单位之间的合理流动，显著提高了资源的使用效率。依托联盟整合资源建立的行业共性技术平台，对提升产业竞争力发挥了重要作用，如半导体照明创新联盟建立联合实验室，钢铁可循环流程创新联盟建立了信息共享平台，农业装备创新联盟建立了为行业服务的研发平台等。同时，联盟作为产业技术创新活动的组织载体，也对政府优化资源配置，改进管理方式，产生了积极影响。

三、加大工作力度，为加快转变经济发展方式做出切实的贡献

“十二五”时期是全面建设小康社会的关键时期，是深化改革开放、加快转变经济发展方式的攻坚时期，也是提高自主创新能力、建设创新型国家的攻坚阶段。我们要切实把思想和行动统一到中央对形势的分析判断上来，统一到中央对“十二五”发展的重大决策部署上来，统一到服务科学发展、支撑经济发展方式转变的要求上来。

一是全面实施国家技术创新工程，为加快转变经济发展方式提供更加有力的支撑。

中央规划《建议》，把深入实施技术创新工程作为“十二五”科技支撑调结构、转方式的一项重大举措。要紧紧围绕加快转变经济发展方式这条主线，实施好技术创新工程。要着力推进产业技术创新战略联盟、技术创新服务平台和创新型企业三大载体建设，积极构建产业技术创新基地，充分发挥创新人才的重要作用，营造良好政策环境，把技术创新工程做强、做大、做深。

要统筹改革和发展两大任务，促进科技创新与体制机制创新紧密结合，促进重点产业特别是战略性新兴产业发展与创新体系建设紧密结合，促进“十二五”技术创新体系建设的整体

布局与区域创新能力的提升紧密结合。

通过工程的全面实施，使企业在技术创新中的主体地位进一步增强，使重点产业核心竞争力大幅度提升，使以企业为主体、产学研相结合的技术创新体系建设取得突破性进展，加快培育和发展战略性新兴产业，为经济结构战略性调整和加快经济发展方式转变作出重要贡献。

已开展试点工作的省市要进一步落实试点方案，扎实推进，力争早出成效。没有作为试点的省市，要在实施技术创新引导工程和已有技术创新举措的基础上，加大实施技术创新工程的力度。有关重点行业要借鉴今天发言的试点联盟经验，把产业技术创新战略联盟、创新型企业、技术创新服务平台作为本行业推进技术创新工作的重要载体，结合实际，加以推动。

二是深入推动产业技术创新战略联盟发展，大幅度提升产业核心竞争力。

国务院近期发布的《关于加快培育和发展战略性新兴产业的决定》明确提出要“结合技术创新工程的实施，发展一批由企业主导，科研机构、高校积极参与的产业技术创新联盟”。在推动联盟发展中，要围绕支撑经济结构战略性调整、提升产业核心竞争力的目标，抓好以下重点工作：

把提升产业核心竞争力、发展战略性新兴产业作为联盟构建的主要方向。要围绕战略性新兴产业的发展方向和产业优化升级的重大需求，结合技术创新工程“十二五”规划的制订，进一步完善构建联盟的工作布局，突出重点，明确目标。既要注重发挥部门和行业协会在构建联盟中的引导作用，又要充分运用市场机制调动产学研各方的积极性，加强联盟构建，促其健康发展。

把构建产业技术创新链作为联盟发展的重点任务。从一般意义上讲，产业技术创新链中最薄弱的环节是产业共性关键技术的供给和科技成果的转化。针对这两方面问题，联盟的发展：一是要按照产业技术创新链来开展集成创新，突破共性关键技术，实现联盟成员的优势互补和创新要素的系统集成；二是要加强共性技术研发平台建设，通过体制机制创新实现资源的共享和开放；三是要依托联盟贯通科技成果转化的渠道，加速科技成果转化为现实生产力；四是通过构建产业技术创新链，支撑企业占领价值链的高端，赢得产业发展的主动权。

把体制机制创新作为联盟发展的主要突破口。产业技术创新联盟有利于把活跃的企业技术创新需求和高校、科研机构丰富的科技资源、人才资源有机结合起来。在联盟的发展中，要进一步探索产学研用紧密结合的体制机制，既立足当前，又着眼中长期发展，发挥大企业的龙头带动作用，发挥转制院所在行业技术创新中的骨干和引领作用，发挥高校和科研机构作为技术创新的源头作用，把联盟打造成产业技术转化应用的重要载体和平台，使中小企业不断受益。

联盟是在技术创新实践中涌现出的新型组织形式，要注意加强自身的组织建设和运行机制建设。会议交流材料中反映了这方面很多好的经验，值得认真借鉴。

在联盟构建中要处理好加强政府引导和发挥市场机制作用之间的关系。一方面，政府要发挥协调引导和支持作用，营造有利于联盟发展的政策环境、法制环境和人文环境。要尊重产学研合作单位的自主选择，不搞行政干预和“拉郎配”，防止以谋取政府支持为主要目的的表面联合和简单拼凑。另一方面，要更加注重遵循市场规律，立足于企业创新发展的内在要求和合作各方的共同利益，通过平等协商，建立有法律效力的联盟契约，对联盟成员形成有效的行为约束和利益保障。

三是加强组织协调，扎实推进技术创新工程的实施。

——着眼长远，做好规划。要从“十二五”经济社会发展的战略和全局高度，立足支撑经济结构战略性调整和加快转变经济发展方式的根本要求，深化认识实施技术创新工程的重大意义，全面推进这项工作。要切实加强领导，按照中央“十二五”规划《建议》的要求，立足当前，着眼长远，把需求拉动和技术推动结合起来，做好技术创新工程“十二五”规划。

——尊重规律，积极探索。要深刻认识和准确把握技术创新的内在规律，严格按照科学规律办事。要深入研究企业创新的动力机制、产学研用结合的利益保障机制，积极探索推进三大载体的有效模式和途径，加强试点工作，大胆探索，先行先试，积累经验，逐步推广，有序展开。

——分类指导，加大支持。要根据不同行业、区域的特点和需求，有针对性地加强指导，鼓励探索推进技术创新的多种有效模式。要解放思想，创新管理和资源配置方式，营造有利于产业技术创新联盟、创新型企业、技术创新服务平台发展的政策环境，加大支持力度。对试点联盟在承担国家重大任务方面给予重点支持。

——加强协同，合力推进。推进技术创新工程实施是一项复杂的系统工程。要加强部门、行业和地方的联系，进一步强化协同推进机制，统筹协调，集成资源，形成工作合力，切实推动技术创新工程的全面实施。

产业结构升级和发展新兴产业的思路和政策

陈清泰

（2010 年 11 月 6 日）

全球金融危机以强大的力量催生了科技革命和产业革命。对于面临增长方式转型和产业结构升级的中国，是又一次重大历史机遇。党中央和国务院在对传统产业改造升级做出全面部署的同时，提出了发展战略性新兴产业的重大战略。这是建设创新型国家的重大步骤、是我国工业化进程的一次飞跃。

一、现阶段中国产业发展的比较优势

在这次金融危机中，中国产业遇到的困难，外因是国际市场骤然收缩的冲击，而内因则是经济增长方式落后，产业升级缓慢，以及由此而造成的诸多矛盾的爆发。如一般加工业产能过剩；产业布局分散造成的结构性低效率；自主创新能力不强，在国际分工中大多处于技术含量和附加值的低端；高消耗、低效率、重污染产能淘汰迟缓等。现在，中国需要进口什么，国际价格大都上涨；中国能出口什么，国际价格大都下跌。进口价与出口价的“剪刀差”表明，我国创造的财富在外流。

种种情况表明传统增长方式已经走到尽头，昨天那些经济增长的保障性因素已经成为今天发展的制约性因素。经历全球金融危机我们更清楚地看到，中国经济结构不可能再重复过去。现在，我们已经站到了一个新的起点，新的比较优势正在显现，并展现出良好前景。其中最主要的：一是生产要素结构升级，创新要素日益充裕，特别是基础教育和职业培训逐渐普及，产业工人队伍整体素质提升；本科生和研究生规模扩大，知识型人力资源优势开始显现；二是在市场竞争中企业组织能力有了很大提高，企业和企业家队伍逐渐成熟；三是技术和产业配套能力大大增强，创新的成功率提高；四是市场需求旺盛、需求层次多样化市场格局逐渐形成。相应地，我国产业的比较优势已经由低成本一般制造，转化为低成本研发和低成本复杂制造的“双低优势”。其中，“智力密集程度”一般发展中国家做不到、“技能劳动密集程度”发达国家做不起的领域，是我国产业放手施展的广阔空间，是中国产业和企业挤入全球领先地位的亮点。这是分析国内外因素可以做出的一个重要判断，它在今后较长一段时间将对所有产业和企业产生较大的影响。

如华为、中兴、腾讯、迈瑞、和利时等企业正是利用中国廉价、聪明、勤奋的工程师创造的研发优势奠定了自己的国际竞争地位。华为技术专利年申请量已跃居世界第一，振华港机、比亚迪、三一重工等则在智力与劳动“双密集”的行业取得了巨大成功。跨国公司纷纷在中国设立研发机构，正是看中了中国廉价知识型人力资源优势。目前，“大学毕业生就业难”，意味着我们有庞大的知识型人力资源后备。

比较优势的变化既对现有增长方式形成了压力，也为经济转型、实现产业升级创造了条件。

二、产业升级的三种形式

一是产品技术的换代升级。如由软盘存储器升级为 U 盘和光盘，由彩色显像管升级为平板显示器，由一般加工升级为关键零部件、关键装备制造等。二是在产业链上向技术含量高、附加值高的领域延伸。如由一般加工制造向上游的研发、产品设计、技术专利、技术集成、融资、投资延伸，向下游的品牌构建、商业模式创新、流通体系、系统服务、物流、产业链管理等延伸。这些上下游的经济活动就是现代服务业的内容，其增加值率更高、对产业的掌控能力强。三是创建新兴产业。新兴产业，是指基于重大发现和发明而产生的将改变人类社会生产方式和生活方式的新产品和由此产生的新的产业群。如当前的新能源、环保产业、电动汽车、生命科学、生物工程、新型材料等。

在产业升级的三种形式中，前两种是企业时时进行的常规的发展方式，是保持和提高竞争力的基础。而新兴产业则可以成为推动经济增长、社会进步的新兴力量。新兴产业往往处于技术尚不成熟、产业垄断尚未形成、商业模式还存在不确定性的阶段，为后来者在某些领域的"弯道超车"创造了条件。

产业升级的三种方式都是非常重要的，关键是升级的路径。产业升级的本质意义是在产业链上的升级，有更强的能力参与高技术含量、高附加值的产业环节。由老产品的低端制造变为新产品的低端制造，即使产品升级了，那也是他人的产业升级。若没有自己的技术发明和专有技术，20 多年前组装磁带"随身听"与 10 年前组装 DVD"随身听"，对我们来说，它本身并没有什么"升级"的意义，也不能分享产业和产品升级后的经济利益。

三、发展新兴产业关键是发展模式升级

在技术模仿阶段，大都是国外发展出新技术、新的产品，我们引进技术或接受产业转移，以加工制造为切入点，快速进行产业化跟踪。在这种情况下很少有属于自己的创新产品和属于自己的新兴产业，经济效益也十分微薄。如为耐克代工，外国厂商赚 1 美元，中国只能分到 4 分钱。这是生产力水平较低情况下的发展模式。

发展新兴产业，是生产力提升的一次爬坡。意味着我们要从长期熟悉的，以引进外资、技术模仿、接受产业转移，专注低端制造的经济活动，升级为主要依靠自主技术来源、主要靠本国资本和主要以自己的力量将创新的技术发展为先进的产品，进而实现产业化，成为一个新兴产业。

实现这一变革的关键因素是创新能力。新兴产业不是靠单一技术突破就能发展起来的，新兴产业的优势地位也不是靠一次偶然的技术领先决定的。政府和企业关注新兴产业发展的重点首先要聚焦于培育自主创新能力、着眼于掌握核心技术。没有核心技术，就无从谈论"新兴产业"；技术受制于人，就无所谓发展方式转型。

后发展国家的一个优势是可以从公开市场获得先进技术。即便只是二流技术，但仍至关重要。把握得好，可以从消化引进技术的过程中完成一次次学习的过程，并获得自主开发的能

力。日本、韩国和我国台湾地区都经历了这个过程。他们从技术引进到自主创新、到技术输出，大约经历了25~30年。我国大规模技术引进已经20多年，到了转型升级的时候了。

现在，中国产业升级迟缓的主要原因，不是产业规模、不是缺乏资金，而是发展模式落后。在扩张产能的投资严重过度的情况下，技术投入却严重不足。即便对引进的技术，往往也以“可以使用”为限，没有足够的耐心消化吸收。在引进、再引进的过程中，大多未能获得“举一反三”的技术能力。

进入发展方式转型升级的阶段后，过去30年我们长期依赖、最为熟悉的发展模式已经不能适应。必须由热衷于投资转向关注创新能力建设，由热衷于规模扩张转向关注产业竞争力的提高，由热衷于低端制造转向关注技术含量和附加值。也就是说，不能套用过去的发展模式来抓今天的新兴产业。我们必须理解，如果我们的经济活动方式不能转变、不能由低端制造向高生产率的设计、研发、品牌、营销、产业链管理等环节延伸，就永远没有属于自己的新兴产业。当前，要防止接过“发展新兴产业”的口号，却推行“升级版”外延扩张和新一轮的“两头在外”、“三来一补”的低端制造。否则，制造了一场虚热，而在产业链中的地位依然如故，发展方式又回到原点。

四、要特别重视产业化前的谋篇布局

迄今为止，我们还缺乏在掌握领先技术的领域催生战略性新兴产业的成熟经验。包括对技术价值的判断、产业化前景的评估、经济可行性的研究；也包括专利、标准和知识产权战略，商业模式、切入市场方式；还包括如何走出产业化初期“先有鸡、先有蛋”的困境。

现代的产业竞争有“快者得先机”、“掌握技术者获效益”特点。新兴产业进入孕育期，以知识产权为代表的“跑马圈地”的运动已经开始。专利、标准、规制等都有先入为主和“路径依赖”的特征。一旦被他人抢先，大多数情况下后来者只能亦步亦趋地后边跟随。如果另辟蹊径，则要付出巨大的代价。这就是人们所说的低层次是生产制造的竞争，高层次是专利标准的竞争。因此，新兴产业的竞争从孕育期就开始了，早期的谋篇布局深刻地影响着后期的竞争地位。

首先，战略性新兴产业的选择属重大经济决策，它是基于全球视野、战略眼光，持续跟踪科技革命进程、进行深度产业研究，并根据本国比较优势做出的战略抉择。正如温家宝总理所说，“选择关键核心技术，确定新兴战略产业直接关系中国经济社会发展全局和国家安全。选对了就能跨越发展，选错了就贻误时机”。奥巴马上任后很快提出新能源、电动汽车、智能电网、物联网、云计算等作为重振美国经济的突破口。美国作为全球金融危机的始作俑者，转瞬间却占上了新兴产业的领导地位。这充分显示它强大的技术储备和产业战略研究储备的巨大威力。在我国，设立或委托高层次专业机构进行产业战略研究，有利于把握方向、科学决策。

其次，在我们认定了新兴产业后，应当及早制定知识产权战略，一是针对关键技术部署研发力量，对“关键的薄弱环节”给予足够的研发投入；二是在重大技术结点抢先技术突破并注册专利；三是技术可行性一旦确立，及早遴选行业或国家标准、抢占国际标准。

最后，两种选择、两种结果。一些基于重大技术突破的产业化是一个漫长的过程，不可能一蹴而就，很难成为近期盈利的亮点。但是，产业化孕育期是争夺未来产业领导地位最重要的时期。这时有两种选择：一种选择是等国外产业化、市场化基本成熟，越过风险期，我们立即跟进模仿。这样做，投入较少、风险较小，但永远也不能进入产业领先地位。另一种选择是在选定的方向以更大的政策和资金投入，加快后续研发、完善知识产权体系、制定技术标准、探索符合国情的商业模式，以我为主实现产业化。后一种做法需要较多投入、冒较大风险，还会遇到来自国际竞争对手的巨大压力。但一旦成功，则可以占据领先地位，获得先发效应。

如现在的电动车，技术路线还有多种选择，知识产权、技术专利的壁垒尚未形成，国际标准尚待制定，商业模式有待开发，规模化生产在酝酿起步，竞争格局还不明朗。这一切为后发国家和企业提供了技术追赶的机会，是后起者进入的最佳时点。历史上有不少成功的先例。20世纪70年代，在集成电路迅速发展为一个大产业的时候，中国台湾地区半导体产业由技术引进转向技术自立、聚集资源大力度投入，培育出台积电等著名厂商，形成了从设计、制程、封装、测试、材料及设备的上、中、下游完整的产业链，一举成为世界集成电路最重要的产业基地之一，至今地位没有动摇。进入20世纪90年代，在彩色显像管还在盛行的时候，液晶显示已经表现出良好的前景，韩国和中国台湾地区立即持续大力度跟进，15年后他们与日本一起成为世界三大液晶显示器供应基地。我国在20世纪80年代末90年代初通信设备由模拟系统升级为数控交换机时，全靠引进的技术和装备，中国市场被“七国八制”所瓜分。“巨大中华”首先在程控交换系统的技术上有了突破，改变了竞争结构，华为、中兴则在全球无线通信兴起之时，加大研发投入、紧追不舍，很快成为全球通信装备行业的黑马。

很多行业产业孕育期要10~15年，最终能成为行业领导者的大都是一路拼杀过来并取得成功的企业。如果没有足够的耐心，在起点上就放弃了，那么将前功尽弃，若干年后将再度重复“技术模仿、低端制造、受制于人”的历史。这是我们绝对不愿意看到的。

今天，在发展新兴行业时，能不能重复中国电讯行业技术追赶的进程？在其他行业能不能出现中国的“华为”？对今天的形势如何判断，以怎样的理念来决策和行动，将决定未来。

五、中小企业有不可替代的作用

技术变革存在不确定性，有效的创新往往需要强烈的产权激励，敏锐的价值发现能力，灵活的决策机制，尊重个人的制度安排和既勇于冒险又有利于分散风险组织和机制。民营科技型中小企业由于更加符合这些特质，使他们成为技术创新的一支生力军。

在革命性新技术出现时，大企业往往因对传统技术的依恋和大量沉淀资产的拖累而踌躇和犹豫。而科技型中小企业却可以从中找到施展的机会，愿意以更高的热情义无反顾地推进新的技术变革。我们在调研中发现，国外对我们高度封锁的超高速无线局域网核心技术、具有自主知识产权的CPU、大容量锂电池和液流电池等都出自于民营科技企业，特别是科技型中小企业。

从产业发展的历史看，无论是计算机、互联网、无线通信还是光伏发电、新能源汽车，任何一个产业都是在一项或一组重大技术突破的基础上，附之一个庞大的技术群而发展起来的。其后续发展，还需持续的技术来源不断完善产品、建立完整的产业链，同时还需要大量细微的创新开拓增值业务、扩展边缘业务和强化产业渗透力，围绕新兴产业形成多层次市场。在这过程中，科技型中小企业处于不可或缺的地位：第一，它是新兴产业发展持续的技术来源；第二，它是建立完整产业链的主要力量；第三，它是围绕新兴产业开拓增值业务的主力；第四，它是推动形成多元化、多层次市场的主角。

按照传统的做法，当一些产业被国家重视时，政府就会制定产业政策，设定发展目标、设立进入门槛作为提供资金、税收等支持的条件。而中小企业往往被排斥在外。这一政策的出发点是忽略了中小企业在技术创新中的生力军作用。大量的富有生机和活力的科技型中小企业是国家创新体系的基础。即便大型公司最发达的美国，80%的技术创新也出自于中小企业。在发展新兴产业中，应改变传统做法，进一步确认科技型中小企业的不可替代的地位，并认真解决政策歧视、市场准入难和融资难等发展瓶颈。

六、实行“市场准入从宽，技术标准从严”的政策

原有产品的技术升级，行业内大企业有优势。但在重大技术变革的时候，产业结构和企业竞争格局却面临重新洗牌。面对革命性替代技术，行业内企业，特别是大型骨干企业，由于技术的路径依赖和转换成本高，往往本能地犹豫和观望，甚至压制新产品的面世，以期延长成熟产品、成熟市场的寿命周期。如DVD技术早已成熟，但磁带录像机并未立即退出，只是当中国的VCD出来后，DVD才推向市场。因此，把发展新型产业的希望局限于业内大企业可能会因缺乏竞争而贻误时机。重大技术突破为新的进入者提供了机会，他们轻装上阵、没有后顾之忧，更愿意挑战难度更大、风险较高的新技术和新产品，成为推动新兴产业发展不可忽视的力量。无论是动力电池关键材料，还是首批电动汽车，都是新的进入者率先取得突破的。新进入者另一个作用，就是可以发挥“鲶鱼效应”，改变业内企业的惰性。

新兴产业技术还不成熟，技术路线还有多种选择，形成主流产品和商业模式还需市场的筛选。因此，产业化初期要经历一个试错的过程，这期间应采取“市场准入从宽”的政策，尽快形成多样化的市场结构和多元主体、不同技术路线竞相发展的局面，接受市场的筛选。此时，由政府认定哪种技术可行或不可行，只有哪个或哪些企业可以进入，是不明智的。新进入者是缩短试错过程最活跃的力量，从中有可能出现一些“黑马”。

在某个新的产业兴起时，有众多进入者“一哄而上”是带有普遍性的现象，是新兴产业发展的希望所在。以政府《规划》的名义认定那些企业是“主要依托”的企业、那个地区是某一产品的产业聚集地，是不妥当的。既是对各个市场主体和地区的不公平，可能引起非议，也不利于新兴产业的发展。在计划体制时我们也曾这样做过，但都以失败而告终了。如20世纪80年代初，在发展电视机的初期政府就认定“东、南、西、北”四家依托企业，但到20世纪90年代，基本已经荡然无存。

实际上，一个产业由兴起到成熟，需要经历一个大浪淘沙、市场筛选的过程，谁能脱颖而出成为“黑马”，存在很大的不确定性，不是政府可以事前认定的。政府应当站在管理者，而不是参与者的角度理性地看待和引导。过早地设定门槛、制定严格准入政策，搞不好会成为排斥新的进入者，保护业内企业“势力范围”的做法，不利于新兴产业的发展。应当承认大多数投资的进入都是理性的选择。在坚持谁投资、谁决策、谁承担风险的原则下，政府防止乱象发生的措施是在条件基本成熟的时候，及早就环保、安全、资源消耗、产品可靠性等方面制定相关技术标准，并严格执行，避免新兴产业的发展产生“负外部性”效应。

重要文献

政策文件

部门

（1）关于印发《国家技术创新工程总体实施方案》的通知（国科发政［2009］269号）

（2）关于动员广大科技人员服务企业的意见（国科发政［2009］131号）

（3）关于加强国家重点实验室工作 进一步发挥科技支撑作用 应对国际金融危机的通知（国科发基［2009］166号）

（4）关于印发《关于推动产业技术创新战略联盟构建与发展的实施办法（试行）》的通知（国科发政［2009］648号）

（5）《国家科技计划支持产业技术创新战略联盟暂行规定》（国科发计［2008］338号）

（6）《关于加强中央企业知识产权工作的指导意见》（国资发法规［2009］100号）

（7）国家税务总局关于印发《研发机构采购国产设备退税管理办法》的通知（国税发［2010］9号）

（8）关于印发《中关村国家自主创新示范区企业股权和分红激励实施办法》的通知（财企［2010］8号）

地方

北京市人民政府办公厅、科学技术部办公厅、中国科学院办公厅关于印发支持中关村百家创新型试点企业做强做大若干措施的通知（京政办函［2009］103号）

中共湖北省委组织部、省科学技术厅、省财政厅、省人力资源和社会保障厅、省教育厅、省国家税务局、省地方税务局、省知识产权局关于支持湖北省创新型企业建设试点的若干意见（鄂科技发高［2010］1号）

上海市科学技术委员会 上海市国有资产监督管理委员会 上海市总工会关于推进上海市创新型企业建设的工作方案（沪科合［2010］16号）

关于印发推进皖江城市带承接产业转移示范区自主创新若干政策措施的通知（科策［2010］97号）

浙江省人民政府办公厅转发省科技厅等部门关于进一步加强创新型企业建设若干意见的通知（浙政办发［2010］108号）

关于印发《国家技术创新工程总体实施方案》的通知

国科发政［2009］269号

各省、自治区、直辖市及计划单列市、新疆生产建设兵团科技厅（科委、局）、财政厅（局）、教育厅（教委、局）、国资委、总工会，国家开发银行各分行、代表处，各有关行业协会，各有关单位：

为全面贯彻党的十七大和全国科技大会精神，根据国务院《关于发挥科技支撑作用促进经济平稳较快发展的意见》（国发［2009］9号）的要求，科技部、财政部、教育部、国务院国资委、全国总工会、国家开发银行决定共同组织实施技术创新工程，加快以企业为主体、市场为导向、产学研相结合的技术创新体系建设，大力支持企业提高自主创新能力，增强产业核心竞争力。

现将《国家技术创新工程总体实施方案》印发给你们，请结合实际制定具体方案认真组织实施，扎实推动这项工作深入开展，工作中遇到的重要情况和问题请及时报告。

附件：国家技术创新工程总体实施方案

科学技术部　财政部　教育部

国务院国资委　中华全国总工会　国家开发银行

二○○九年六月二日

附件：

国家技术创新工程总体实施方案

为全面贯彻党的十七大和全国科技大会精神，落实国务院《关于发挥科技支撑作用促进经济平稳较快发展的意见》（国发［2009］9号），大力支持企业提高自主创新能力，组织实施技术创新工程，特制定本方案。

一、指导思想、原则和目标

国家技术创新工程是在现有工作基础上，进一步创新管理，集成相关科技计划（专项）

资源，引导和支持创新要素向企业集聚，加快以企业为主体、市场为导向、产学研相结合的技术创新体系建设的系统工程。实施技术创新工程是促进经济平稳较快发展的迫切要求，是加快建设国家创新体系的重大举措，是建设创新型国家的重要任务。

长期以来，党中央、国务院高度重视企业技术创新工作。特别是全国科技大会以来，支持企业技术创新的氛围日益浓厚，确立企业技术创新主体地位的战略思想深入人心，企业的创新动力和活力显著增强。各地方、各部门认真落实《国家中长期科学和技术发展规划纲要(2006~2020年)》(以下简称《规划纲要》)，采取有力措施积极支持企业技术创新，取得了重要进展，积累了宝贵经验。但是在技术创新体系建设中还存在许多亟待解决的突出问题，企业尚未成为技术创新的主体，产学研结合松散、围绕产业技术创新链持续稳定的合作不够，创新资源分散重复、布局失衡，企业特别是中小企业技术创新缺乏全面有效的支撑服务等，导致科技与经济结合不够紧密，迫切需要采取系统措施集中加以解决。

实施技术创新工程的指导思想是：深入贯彻落实党的十七大精神，以科学发展观为指导，围绕提高自主创新能力、建设创新型国家的战略目标，促进科学技术更加主动地为经济社会发展服务，经济社会发展紧紧依靠科学技术和自主创新，以确立企业技术创新主体地位为主线，充分运用市场机制，引导和支持创新要素向企业集聚，增强企业自主创新能力和产业核心竞争力，为推进经济结构战略性调整，加快发展方式转变，建设创新型国家提供有力支撑。

实施技术创新工程要坚持“企业主体、政府引导；深化改革、创新机制；立足当前、着眼长远；部门联合、上下联动”的原则。

实施技术创新工程的总体目标是：形成和完善以企业为主体、市场为导向、产学研相结合的技术创新体系，大幅度提升企业自主创新能力，大幅度降低关键领域和重点行业的技术对外依存度，推动企业成为技术创新主体，实现科技与经济更加紧密结合。

二、主要任务

针对技术创新体系建设中存在的薄弱环节和突出问题，从以下方面入手，着力推进产学研紧密结合，为企业技术创新提供有效的支撑服务，促进企业成为技术创新主体：

(一)推动产业技术创新战略联盟构建和发展。

统筹推进产业技术创新战略联盟的构建和发展。以增强产业核心竞争力为目标，重点围绕十大产业振兴和战略性产业发展，形成工作布局。

引导产业技术创新战略联盟的构建。促进产学研各方围绕产业技术创新链在战略层面建立持续稳定的合作关系，立足产业技术创新需求，开展联合攻关，制定技术标准，共享知识产权，整合资源建立技术平台，联合培养人才，实现创新成果产业化；指导和鼓励地方结合当地实际，构建支撑本地经济发展的技术创新战略联盟；鼓励行业协会发挥组织协调、沟通联络、咨询服务等作用，推动本行业联盟的构建。

引导产业技术创新战略联盟健康发展。通过科技计划委托联盟组织实施国家和地方的重大技术创新项目；积极探索支持联盟发展的各种有效措施和方式；推动联盟建立和完善技术成果扩散机制，向中小企业辐射和转移先进技术，带动中小企业产品和技术创新；依托联盟探索国家支持企业技术创新的相关政策。

(二)建设和完善技术创新服务平台。

明确技术创新服务平台的建设要求，突出资源整合和服务功能；按照“面向产业、需求导向；创新机制、盘活存量；政府引导、多方参与；明确权益、协同发展”的原则，构建面向重点产业振兴和战略性产业发展的技术创新服务平台。

依托高等学校、科研院所、产业技术创新战略联盟、大型骨干企业以及科技中介机构等，采取部门和地方联动的方式，通过整合资源提升能力，形成一批技术创新服务平台。

充分发挥转制院所在技术创新服务平台建设中的作用。加快先进适用技术和产品的推广应用，加速技术成果的工程化，加强产业共性关键技术研发攻关，加强研发能力建设和行业基础性工作。

提高平台服务队伍的专业化水平。建立健全人员保障与激励政策措施，明确岗位职责，完善绩效评价，加强专业技能培训，不断提高服务能力和水平。

（三）推进创新型企业建设。

根据国民经济发展和《规划纲要》实施的要求，推进创新型企业建设工作；加强分工协作，针对不同类型的企业进行分类指导，突出对中小企业创新发展的引导。

引导企业加强创新能力建设。引导企业加强创新发展的系统谋划；引导和鼓励创新型企业承担国家和地方科技计划项目；引导和鼓励有条件的创新型企业建设国家和地方的重点实验室、企业技术中心、工程中心等；支持创新型企业引进海内外高层次技术创新人才；支持企业开发拥有自主知识产权和市场竞争力的新产品、新技术和新工艺。

引导企业建立健全技术创新内在机制。完善创新型企业评价指标体系，开展创新型企业评价命名，发挥评价对全社会企业创新的导向作用；加强创新型企业动态管理，形成激励企业持续创新的长效机制；通过科技奖励引导企业技术创新；发挥创新型企业的示范作用。

引导企业加强技术创新管理。通过培训、示范等多种方式在企业中推广应用创新方法；推动企业实施自主品牌战略、知识产权战略，塑造国际知名品牌；通过建立创新型企业信息网，促进企业之间的交流与合作。

发挥广大职工在技术创新中的重要作用。强化企业技术创新群众基础，组织职工开展合理化建议、技术革新、技术攻关、发明创造等群众性技术创新活动，加强职工技术交流与协作，促进职工技术成果转化。

（四）面向企业开放高等学校和科研院所科技资源。

引导高等学校和科研院所的科研基础设施和大型科学仪器设备、自然科技资源、科学数据、科技文献等公共科技资源进一步面向企业开放。

推动高等学校、应用开发类科研院所向企业转移技术成果，促进人才向企业流动。鼓励社会公益类科研院所为企业提供检测、测试、标准等服务。

加大国家重点实验室、国家工程技术研究中心、大型科学仪器中心、分析检测中心等向企业开放的力度。将开放工作纳入单位年度工作计划，开放情况作为其运行绩效考核的重要指标。

（五）促进企业技术创新人才队伍建设。

加强企业技术创新人才培养。推动高等学校和有条件的科研院所根据企业对技术创新人才的需求调整教学计划和人才培养模式。加强职业技术教育，培养适应企业发展的各类高级技能人才。鼓励企业与高等学校、科研院所联合培养人才。鼓励企业选派技术人才到高等学校、科研院所接受继续教育、参加研究工作，或兼职教学。

引导高等学校学生参与企业创新实践。发挥企业博士后工作站的作用，吸引博士毕业生到企业从事技术创新工作。鼓励高等学校和企业联合建立研究生工作站，吸引研究生到企业进行技术创新实践。引导博士后和研究生工作站在产学研合作中发挥积极作用。鼓励企业和高等学校联合建立大学生实训基地。

协助企业引进海外高层次人才。以实施“千人计划”为重点，采取特殊措施，引导和支持企业吸引海外高层次技术创新人才回国（来华）创新创业。

提高职工科技素质和创新能力。广泛开展岗位练兵、技能比赛、师徒帮教、技术培训等活动。把增强职工创新意识和创新能力与提高职工技能水平结合起来，建设一支知识型、技术型、创新型高素质职工队伍。

（六）引导企业充分利用国际科技资源。

发挥国际科技合作计划的作用，引导和支持大企业与国外企业开展联合研发，引进关键技术、知识产权和关键零部件，开展消化吸收再创新和集成创新。鼓励企业与国外科研机构、企业联合建立研发机构，形成一批国际科技合作示范基地。

发挥驻外科技、教育等机构的作用，引导企业“走出去”，开展合作研发，建立海外研发基地和产业化基地，及时掌握前沿技术发展的态势，把握国际市场动向，通过科技援外等方式向发展中国家输出技术，扩大高新技术及产品的出口。

鼓励和引导企业通过多种方式，充分利用国外企业和研发机构的技术、人才、品牌等资源，加强自主品牌建设。

三、保障措施

（一）创新科技计划组织方式。

国家科技计划调整和优化立项机制。建立和完善以企业技术创新需求为导向的立项机制；建立和完善企业技术创新需求的征集渠道，应用开发类项目的指南编制、课题遴选、立项论证充分发挥企业作用。加强各类计划之间的联动和有效衔接。

改进科技计划项目的组织实施方式。应用开发类项目应有企业参加、产学研联合实施，围绕产业技术创新链加强项目的系统集成；对符合条件的创新基地、人才团队、产业技术创新战略联盟等持续安排项目支持。

建立支持科技计划成果转化应用的资金渠道和机制，发挥已有科技计划成果支撑企业技术创新的作用。

支持产业技术创新战略联盟组织实施科技计划项目，开展重大产业技术创新活动。支持技术创新服务平台强化面向企业特别是中小企业的服务功能。发挥科技计划对创新型企业加强创新能力建设和掌握自主知识产权核心技术的引导作用。

（二）发挥财政科技投入的引导作用。

调整科技支撑计划、863计划、科技基础条件平台等相关计划（专项）的投入结构，形成持续稳定的经费支持渠道，保障技术创新工程重点任务的实施。

创新财政科技投入支持方式。综合运用无偿资助（含后补助）、贷款贴息、风险投资、偿还性资助、政府购买服务等方式，引导全社会资源支持企业技术创新。

（三）建立健全有利于技术创新的评价、考核与激励机制。

完善高等学校和科研院所内部分类考核。对从事教学、基础研究、应用技术研究和成果转化的不同工作进行分类评价，使上述各类人员具有同等地位。科技人员承担企业委托的研究项目与承担政府科技计划项目，在业绩考核中同等对待。

支持高等学校和科研院所建立技术转移的激励机制。应用开发类研究以成果的转化应用作为评价标准。有条件的高等学校、科研院所建立专门技术转移机构；对技术转移获得的收益，明确对科技成果完成人和为成果转化做出贡献人员的奖励措施。

完善国有企业考核体系和分配激励机制。发挥业绩考核引导作用，在对企业负责人经营业绩考核中，进一步完善对技术创新能力的考核指标体系，引导企业加大科技投入。推动企业集团将技术创新能力指标纳入内部各层级企业的考核评价体系。进一步研究企业骨干技术人员中长期分配激励机制与政策，调动发挥骨干技术人员积极性。

（四）落实激励企业技术创新政策。

抓好政策落实。加快开展国家自主创新产品认定工作，加强有关部门的协调配合，加大宣传培训力度，落实企业研究开发费用所得税前加计扣除、高新技术企业认定、政府采购自主创新产品、创业投资企业和科技企业孵化器税收优惠等重点政策。

不断完善政策。开展政策落实情况评估，及时掌握新的政策需求，促进政策研究制定，完善促进产学研结合、技术转移等政策措施。

（五）加大对企业技术创新的金融支持。

建立科技金融合作机制。加强技术创新与金融创新的结合，发挥财政科技投入的杠杆和增信作用，引导和鼓励金融产品创新，支持企业技术创新。

加大对企业技术创新的信贷支持。通过贷款贴息等手段鼓励和引导政策性银行、商业银行支持企业特别是中小企业技术创新。

支持企业进入多层次资本市场融资。鼓励和支持企业改制上市，扩大未上市高新技术企业进入代办股份转让系统试点范围，鼓励科技型中小企业在创业板上市。

开展知识产权质押贷款和科技保险试点，推动担保机构开展科技担保业务，拓宽企业技术创新融资渠道。

大力发展科技创业投资。加大科技型中小企业创业投资引导力度，引导和鼓励金融机构、地方政府以及其他民间资金参与科技创业投资。

四、组织实施

（一）加强组织领导，统筹推进工程实施。

科技部、财政部、教育部、国务院国资委、全国总工会、国家开发银行等部门组成的推进产学研结合工作协调指导小组，负责组织实施技术创新工程，定期召开会议，研究决定技术创新工程实施的重大事项，统筹协调相关部门和地方创新资源，督促检查技术创新工程的实施情况。

协调指导小组办公室负责落实协调指导小组的议定事项，做好推动技术创新工程实施的具体工作，加强联络协调，组织调查研究，促进信息沟通，指导地方工作。

（二）加强部门协同，完善分工负责机制。

各相关部门根据总体方案，结合部门职能，分解工作任务，发挥各自优势，制定具体方案，落实相应责任；部门间加强协调配合，针对实施中出现的新情况、新问题，及时研究采取有效措施。充分发挥行业协会在推进企业技术创新中的重要作用。

（三）发挥地方作用，结合实际开拓创新。

各地方要结合当地实际，突出地域特色，在总体方案的指导下，加强组织领导，制定方案，集成相关资源，加大投入，完善保障措施；各级科技、财政、教育、国资监管、工会、开发银行等部门要加强分工协作，与有关部门协调合作，积极探索，大胆创新，落实各项重点任务，扎实推进技术创新工程的实施。

关于动员广大科技人员服务企业的意见

国科发政［2009］131号

各省、自治区、直辖市、计划单列市科技、教育、国资厅（委、局）、科协，中科院各分院、研究所，新疆生产建设兵团科技、教育、国资局、科协，国务院有关部门科技主管司（局）：

根据党中央、国务院关于“扩内需、保增长、调结构、上水平、惠民生”的总体部署，为贯彻落实国务院《关于发挥科技支撑作用　促进经济平稳较快发展的意见》，科技部、教育部、国资委、中科院、工程院、自然科学基金会、中国科协决定，组织动员广大科技人员深入一线服务企业。现提出以下意见。

一、充分认识科技人员服务企业的重大意义

随着国际金融危机的不断蔓延，我国实体经济面临着严峻的挑战，企业发展遇到很大困难和压力。知识和科技是克服经济困难的根本力量，也是增强产业和企业竞争力的不竭动力。广大科技人员要响应党和国家号召，急国家之所急、想国家之所想，以高度的使命感、责任感、紧迫感，迅速行动起来，到企业去、到车间去、到生产一线去，汇聚成共渡危机、共谋发展的科技大军。要主动把科技与经济结合起来，帮助企业特别是中小企业破解发展难题，提高自主创新能力，增强核心竞争力，为实现经济平稳较快发展做出更大贡献。

二、组织实施“科技人员服务企业行动”

结合十大产业振兴和企业特别是中小企业的实际需求，遵循“政府引导、双向选择，立足当前、着眼长远”的原则，采取多种方式为企业提供服务，重点开展以下工作：

1. 加快科技成果转化。广大科技人员要带技术和成果到企业去，加快现有先进适用技术、成果在企业的推广应用和产业化步伐。

2. 帮助企业技术研发。广大科技人员要积极参与企业关键技术攻关，提供产品开发咨询服务，促进企业技术改造和产品升级。

3. 改善企业技术创新管理水平。广大科技人员要帮助企业完善研发体系，构建技术创新平台，加强研发队伍建设，提升企业持续创新能力。

4. 帮助企业解决经营管理问题。广大科技人员要引导企业提高管理水平，提供经济、法律等方面的咨询，帮助企业开拓投融资和市场渠道，为企业健康发展提供有效支持。

5. 构建产学研合作的有效模式和长效机制。广大科技人员要充分发挥产学研合作的桥梁和纽带作用，探索多种服务方式，推动人才、技术等各类创新要素向企业集聚，形成产、学、研之间有效互动的创新模式。

6. 为企业培养技术和管理人才。针对企业发展急需的人才，发挥各类机构、组织的优势，采取请进来、走出去，集中培训、实际操作等方式，为企业培养科技、管理等方面的人才。

三、科研院所和高等院校要积极创造条件支持科技人员服务企业

要打破常规，抓紧调整教学、科研部署，根据企业需求动员和调配急需的科技人员，并形成后续的团队支撑。要整合资源，筛选先进适用的科技成果，提供必要的科研条件，促进科技资源向企业集聚。要主动对接，根据自身优势和企业需求，与企业建立有效的合作模式和服务方式。要创新机制，围绕满足经济社会发展的需求，加快改革科研管理方式和评价机制，形成激励科技人员服务企业的长效机制。

四、广大科技人员要把服务企业作为报效祖国、服务社会的自觉行动

科技人员要把自身发展与服务企业结合起来，在实践中凝练技术需求，在服务中解决实际问题，在贡献中实现自我价值。要把为企业服务作为实现科学研究价值、检验科学研究水平的重要标准，集中精力、克服困难、全力以赴地做好企业服务工作。

五、组织各类专家深入企业提供咨询指导

广泛动员各类学会、协会和院士专家深入企业一线，开展科技咨询、技术诊断、人员培训等服务活动。充分发挥各级科协的作用，面向企业推广先进适用技术，大力开展科技工作者“讲理想、比贡献”活动，营造科技人员服务企业的良好氛围。

六、企业要为科技人员开展工作创造条件

要把技术创新作为应对危机、促进发展的根本途径，把握科技人员服务企业的机遇，积极联系、主动对接。要坚持双向选择、互利共赢的原则，充分利用科研院所、高等院校等方面的优势资源，充分尊重知识产权和科技人员的创造性劳动。要营造有利于科技人员开展工作的氛围和环境，明确科技人员的岗位、职责和任务，提供必要的工作、生活条件和相应报酬，发挥科技人员的重要作用。

七、发挥地方组织实施科技人员服务企业的主体作用

各地要在地方党委、政府的统一领导下，建立相应的组织协调机制，形成合力、共同推进。要根据本地实际，制定具体的实施方案，明确目标、落实任务。要积极制定符合地方实际的政策措施，为组织动员科技人员服务企业创造良好环境，为科技人员提供有效的服务。要充分了解当地企业技术需求，动员和吸引广大科技人员进入企业服务，做好供需对接工作。要调整本级科技计划的投入结构，统筹科技资源，加大对科技人员服务企业行动的支持力度。要及时掌握和了解工作进展，不断总结经验，确保科技人员服务企业行动的顺利实施。

八、保障科技人员在派出单位的相关待遇

科技人员派出期间，其原职级、工资福利和岗位保留不变，工资、职务、职称晋升和岗位

变动与派出单位在职人员同等对待，并把科技人员服务企业的工作业绩，作为评聘和晋升专业技术职务（职称）的重要依据。对于作出突出贡献的，优先晋升职务、职称。

九、落实激励科技人员转化科技成果的各项政策

科技人员向企业转化职务技术成果的，科研院所和高等院校应按照有关法律法规，给予科技人员相应的奖励。科技人员服务企业过程中产生的技术成果归属及其利益分配，应按照协议和有关规定，鼓励企业对作出贡献的科技人员实施多种形式的激励措施。

十、强化科技计划对科技人员服务企业的支持

国家调整科技投入结构，统筹科技资源，加大对科技人员服务企业行动的支持力度；各级政府应用类科技计划，要优先支持进入企业的科技人员服务企业的研发项目。

十一、营造科技人员服务企业的良好社会氛围

各地各有关部门要及时总结、推广科技人员服务企业的典型经验，宣传先进事迹。要对在开展科技人员服务企业工作中做出突出贡献的单位、个人给予表彰和奖励，引导更多的科技力量投身于服务企业的创新实践中。

十二、建立部门协调联动的工作机制

各有关部门要加强统筹协调，集成资源、营造环境，形成共同推进科技人员服务企业的合力。要发挥各自优势，针对企业需求，做好本系统科技人员服务企业的组织发动和具体实施工作。要加强监督检查，建立绩效评价机制，确保行动取得实效。

科学技术部　　教育部
国务院国有资产监督管理委员会　　中国科学院
中国工程院　　国家自然科学基金委员会
中国科学技术协会

二〇〇九年三月二十四日

关于加强国家重点实验室工作　进一步发挥科技支撑作用　应对国际金融危机的通知

国科发基［2009］166号

各有关单位：

当前，国际金融危机的影响进一步蔓延。积极应对国际金融危机，为我国经济平稳较快发展提供有力科技支撑，是当前科技工作的首要任务。国务院日前印发了《关于发挥科技支撑作用　促进经济平稳较快发展的意见》。科技部等七部委召开了“动员广大科技人员深入基层服务企业”会议，中央领导同志作了重要讲话。为贯彻落实有关精神，充分发挥国家重点实验室和省部共建国家重点实验室培育基地（以下简称实验室）在应对金融危机方面的科技支撑作用，现将当前需要加强的几项工作通知如下：

一、鼓励国家重点实验室增加聘用博士后研究人员，加强科研队伍建设。博士后是一支年轻、富有活力、创新思维活跃的重要科研力量，增加聘用博士后研究人员对于实验室加强科研队伍建设和人才培养、促进开放流动具有重要意义。同时，增加聘用博士后研究人员也有利于促进就业增长。

因此建议国家重点实验室根据各自情况积极创造条件，加强博士后研究队伍建设，每个国家重点实验室增加聘用博士后人员30至50名。所需经费可结合科研项目经费和国家重点实验室专项经费统筹解决。有条件的省部共建国家重点实验室培育基地也应增加聘用博士后研究人员。同时，鼓励实验室为高校毕业生提供工作和见习岗位。

二、鼓励实验室围绕产业振兴开展关键技术和前沿技术研究。实验室要坚持基础研究和国家目标的结合，解决制约我国经济社会发展和国家安全的关键科学问题。实验室应结合中央扩大内需十条措施的落实和十大产业振兴规划的实施，加大对产业共性技术、关键技术和前沿技术问题的攻关力度。当前国家重点实验室专项经费要重点支持开展相关研究工作。

三、实验室要进一步加大面向企业开放的力度。我国企业正在遭受国际金融危机的冲击。提高企业自主创新能力，推动结构调整和产业升级，是抗击危机的根本途径。实验室要进一步强化公共服务意识，加强与企业的联系与合作，加快先进技术向企业的技术辐射和转移，以多种形式帮助企业提升创新能力。

实验室要加强与企业研发中心的合作，积极参与产学研战略联盟建设；要根据企业的需求开展技术人员培训，并与企业联合培养研究生、共建博士后工作站；要为企业使用科研仪器设备提供不以赢利为目的的开放服务。国家重点实验室开放课题要向企业开放；鼓励实验室人员到企业提供技术服务和指导。

四、依托转制院所和企业建设的国家重点实验室，要为促进企业成为技术创新主体发挥重要作用。企业国家重点实验室是开展共性关键技术、增强技术辐射能力、推动产学研相结合的重要载体。企业国家重点实验室要加大建设力度，落实相关政策和资源；要积极开展技术创新，不断提升科研水平；要积极与高等院校、科研院所合作，大力加强人才队伍建设，建设高层次科学研究和工程技术研究团队；要探索符合企业特点、行之有效的运行机制和管理体制，加强行业科技合作与交流，充分发挥辐射带动作用，提升企业自主创新能力和产业国际竞争力。

请各实验室和依托单位按照通知要求，采取切实措施，抓紧开展有关工作，并于今年5月底前和年底前分别将制定的相关工作措施方案和落实情况通过主管部门报送我部。

科学技术部

二〇〇九年四月二十日

关于印发《关于推动产业技术创新战略联盟构建与发展的实施办法（试行）》的通知

国科发政［2009］648号

各省、自治区、直辖市、计划单列市及新疆生产建设兵团科技厅（委、局），各有关单位：

为深入实施国家技术创新工程，推动产业技术创新战略联盟的构建与发展，加快建立以企业为主体、市场为导向、产学研相结合的技术创新体系，提升企业自主创新能力和产业核心竞争力，促进经济结构调整和产业优化升级，科技部研究制定了《关于推动产业技术创新战略联盟构建与发展的实施办法（试行）》。现印发给你们，请结合实际遵照执行。

附件：关于推动产业技术创新战略联盟构建与发展的实施办法（试行）

科学技术部

二〇〇九年十二月一日

附件：

关于推动产业技术创新战略联盟构建与发展的实施办法（试行）

为贯彻落实《国家中长期科学和技术发展规划纲要（2006～2020年）》以及国务院《关于充分发挥科技支撑作用，促进经济平稳较快发展的意见》（国发［2009］9号），加快建立以企业为主体、市场为导向、产学研相结合的技术创新体系，促进经济结构调整和产业优化升级，提升产业核心竞争力，实现创新驱动发展，根据科技部等六部门《关于推动产业技术创新战略联盟构建的指导意见》（国科发政［2008］770号）、《国家技术创新工程总体实施方案》（国科发政［2009］269号）以及《国家科技计划支持产业技术创新战略联盟暂行规定》（国科发计［2008］338号）等文件的规定，现就推动产业技术创新战略联盟的构建与发展制定如下实施办法。

一、总则

第一条 产业技术创新战略联盟（以下简称联盟）是指由企业、大学、科研机构或其他组织机构，以企业的发展需求和各方的共同利益为基础，以提升产业技术创新能力为目标，以具有法律约束力的契约为保障，形成的联合开发、优势互补、利益共享、风险共担的技术创新合作组织。

第二条 产业技术创新战略联盟是实施国家技术创新工程的重要载体。推动产业技术创新战略联盟构建和发展，是整合产业技术创新资源，引导创新要素向企业集聚的迫切要求，是促进产业技术集成创新，提高产业技术创新能力，提升产业核心竞争力的有效途径。

第三条 联盟的主要任务是组织企业、大学和科研机构等围绕产业技术创新的关键问题，开展技术合作，突破产业发展的核心技术，形成产业技术标准；建立公共技术平台，实现创新资源的有效分工与合理衔接，实行知识产权共享；实施技术转移，加速科技成果的商业化运用，提升产业整体竞争力；联合培养人才，加强人员的交流互动，支撑国家核心竞争力的有效提升。

第四条 鼓励企业、大学和科研机构及其他组织机构根据六部门推动产业技术创新战略联盟构建意见的精神，从产业发展实际需求出发，遵循市场经济规则，积极构建联盟，探索多种长效稳定的产学研合作机制。

第五条 推动联盟构建要有序开展。防止脱离产业发展及产业技术创新内在需求的"拉郎配"；防止不切实际的一哄而上；防止地区分割、封闭发展；防止缺乏联盟成员单位自主投入的形式主义；防止造成各种形式的垄断和对市场竞争的压制。

二、联盟的构建

第六条 联盟的构建，要以国家重点产业和区域支柱产业的技术创新需求为导向，以形成产业核心竞争力为目标，以企业为主体，围绕产业技术创新链，运用市场机制集聚创新资源，实现企业、大学和科研机构等在战略层面有效结合，共同突破产业发展的技术瓶颈。

第七条 推动联盟构建要坚持以下基本原则。

（一）遵循市场经济规则。要立足于企业创新发展的内在要求和合作各方的共同利益，通过平等协商，在一定时期内，建立有法律效力的联盟契约，对联盟成员形成有效的行为约束和利益保护。

（二）体现国家战略目标。要符合《规划纲要》确定的重点领域，符合国家产业政策和节能减排等政策导向，符合提升国家核心竞争力的迫切要求。

（三）满足产业发展需求。要有利于掌握核心技术和自主知识产权，有利于引导创新要素向企业集聚，有利于形成产业技术创新链，有利于促进区域支柱产业的发展。

（四）发挥政府引导作用。要创新政府管理方式，发挥协调引导作用，营造有利的政策和法制环境，围绕经济社会发展的迫切要求推动重点领域联盟的构建。

第八条 联盟成立应当符合以下基本条件。

（一）要由企业、大学和科研机构等多个独立法人组成。企业处于行业骨干地位；大学、科研机构在合作的技术领域具有前沿水平；相关中介机构等可根据联盟技术创新的需要作为成员发挥积极的作用。

（二）要有具有法律约束力的联盟协议，协议中有明确的技术创新目标，落实成员单位之间的任务分工。联盟协议必须由成员单位法定代表人共同签署生效。

（三）要设立决策、咨询和执行等组织机构，建立有效的决策与执行机制，明确联盟对外承担责任的主体。联盟执行机构应配备专职人员，负责有关日常事务。

（四）要健全经费管理制度。对联盟经费要制定相应的内部管理办法，并建立经费使用的内部监督机制。联盟可委托常设机构的依托单位管理联盟经费，政府资助经费的使用要按照相关规定执行，并接受有关部门的监督。

（五）要建立利益保障机制。联盟研发项目产生的成果和知识产权应事先通过协议明确权利归属、许可使用和转化收益分配的办法，要强化违约责任追究，保护联盟成员的合法权益。

（六）要建立开放发展机制。要根据发展需要及时吸收新成员，并积极开展与外部组织的交流与合作。联盟要建立成果扩散机制，对承担政府资助项目形成的成果有向联盟外扩散的义务。

三、联盟试点工作

第九条 根据《关于推进产业技术创新战略联盟构建工作的指导意见》，选择一批产业技术创新战略联盟开展试点工作，积极探索联盟运行及产学研合作的新机制和新模式。

第十条 通过试点工作，支持试点联盟探索建立产学研合作的信用机制、责任机制和利益机制；探索承担国家重大技术创新任务的组织模式和运行机制；探索发挥行业技术创新的引领和带动作用；探索整合资源构建产业技术创新平台，服务广大中小企业；探索率先落实国家自主创新政策等。充分调动和发挥联盟各成员的优势和积极性，使试点联盟为更多联盟的建立和发展积累经验。

第十一条 联盟成立后可自愿申请参加试点。申请试点的联盟，可按其所属领域分工，向科技部相关司局提出审核申请。提出审核申请的联盟须提交材料的有关要求见材料一至材料四。

第十二条 在科技部技术创新工程协调领导小组的指导下，综合司局与专业司局分工合作，专业司局负责对联盟组建的必要性和技术性进行审核；综合司局负责对联盟的组织形式进行审核，并形成审核意见（见材料五）。联盟审核采取成熟一个审核一个的方式进行。

第十三条 专业司局进行必要性与技术审核的内容主要包括：

（一）联盟技术创新目标和任务应体现国家战略目标，符合《国家中长期科学和技术发展规划纲要（2006～2020年）》确定的重点领域，以及国家产业、环保和能源政策等。

（二）联盟开展的技术创新活动应体现所在产业领域的重大技术创新需求，有利于推动相关产业实现重大技术突破，形成产业核心技术标准，支撑和引领产业技术创新。

（三）联盟开展的技术创新活动应具有较强的产业带动作用，有利于集聚创新资源，形成产业技术创新链。

（四）联盟的技术创新任务应有利于解决产业发展的关键和共性技术问题，提升产业核心竞争力，促进产业结构优化升级。

第十四条 在专业司局进行必要性与技术审核后，综合司局组织专家组，对通过必要性与技术审核的联盟进行组织形式审核。主要内容包括：

（一）符合第八条六项条件的规定。

（二）联盟协议应由成员单位法定代表人共同签署，建立的合作关系可受法律保护。联盟协议中应明确技术创新目标和成员单位的任务分工。

第十五条 科技部技术创新工程协调领导小组办公室组织会商，确认符合条件的联盟。确认的联盟名单向六部门推进产学研结合工作协调指导小组办公室通报。

第十六条 加强对试点工作的指导，建立试点联盟的跟踪调研和评价考核机制。研究建立试点联盟的评价考核体系，及时了解试点工作中出现的情况和问题，开展对试点联盟的定期评估考核工作，建立试点联盟的动态调整机制。总结试点形成的好的机制和做法，充分发挥试点联盟的示范带动作用。

四、对联盟的支持

第十七条 营造有利于联盟发展的政策环境，探索支持联盟构建和发展的有效措施。研究制定支持和规范联盟发展的政策措施，探索总结联盟运行的体制机制和模式。把体制机制创新和资源配置结合起来，加大对联盟的支持力度，引导形成产学研紧密结合的长效机制。

第十八条 在联盟先行投入的基础上，国家科技计划积极探索无偿资助、贷款贴息、后补助等方式支持联盟的发展。经科技部审核并开展试点的联盟，可作为项目组织单位参与国家科技计划项目的组织实施。鼓励联盟向国家科技计划专家咨询库推荐评审专家。国家科技计划根据各自的管理程序反映和征集联盟的科技需求。

第十九条 依托联盟制定产业发展技术路线图，为国家制定科技计划指南提供依据。充分发挥联盟在产业技术创新政策研究和制定中的重要作用。

第二十条 支持有条件的联盟整合相关成员单位优势，围绕产业发展的战略需求，集成产学研各方力量组建国家重点实验室，针对学科发展前沿和国民经济、社会发展及国家安全的重大科技问题，开展科技创新研究。

第二十一条 支持联盟开展国际科技合作，组织联盟成员单位承担国际科技合作计划项目，带动相关企业及高校、科研院所充分利用国际科技资源，在更高起点上提升技术创新能力。

第二十二条 鼓励银行、创业投资机构参与联盟，向联盟企业提供多样化的融资支持和金融服务。创业投资机构对联盟企业的投资符合条件的可在科技型中小企业创业投资引导基金中优先支持。

第二十三条 联盟协议约定的对外承担责任主体单位是联盟承担国家科技计划项目组织管理的责任主体，对项目实施负总责，承担项目组织实施的法律责任。联盟内部应建立相应的责任分担机制，联盟对外承担责任主体单位据此向课题承担单位追究相应责任。

第二十四条 联盟理事会审议联盟的重大事项，联盟根据联盟协议确定的技术创新方向，以及各有关科技计划的定位和支持重点，由理事长单位代表联盟向科技部提出项目建议，获得批准后，依据各有关科技计划和经费的管理办法组织科技项目（课题）。

第二十五条 对联盟组织实施国家科技计划项目建立决策、执行、监督评估三位一体的监管机制。科技部组织或委托第三方科技监督评估机构加强对联盟执行项目的监督检查，联盟内部也要成立相应的监督管理机构，建立自我监督与评估机制。

第二十六条 根据国家科技计划和相关经费管理办法的规定，联盟组织实施的项目或课题在无法按计划正常实施时应及时调整或撤销。如果作为联盟成员的课题承担单位中途退出联盟，应由联盟理事会提出调整或撤销课题的书面意见，报科技部核准后执行。如果作为项目组织单位的联盟解散，科技部可根据实施情况、评估意见等直接进行调整。

第二十七条 联盟承担国家科技计划项目形成的知识产权管理，按照《科学技术进步法》、《关于国家科研计划项目成果知识产权管理的若干规定》（国办发［2002］30号）以及各计划管理办法的有关规定执行，并需遵守以下规定。

（一）联盟承担国家科技计划项目形成的知识产权，由项目（课题）承担单位依法取得。

（二）联盟组织申报国家科技计划项目，应依据联盟协议在项目申请书和任务书中约定成果和知识产权的权利归属、许可实施以及利益分配，以及联盟解散或成员退出的知识产权处理方案。对于知识产权约定不明确的项目不予立项。违反成果和知识产权权益分配约定的项目参与单位，5年内不得参与国家科技计划组织实施。

（三）联盟对承担国家科技计划项目形成的知识产权，有向国内其他单位有偿或无偿许可实施的义务。

（四）联盟承担国家科技计划项目形成的知识产权，向境外转让或许可独占实施的，须报科技部批准。

第二十八条 联盟根据本规定及国家科技计划和相关经费管理办法制定联盟承担国家科技计划项目配套管理办法，报科技部备案。办法应包括项目的组织管理体系、经费的匹配及使用、监督及责任追究、知识产权共享及分割等内容。

五、充分发挥地方和协会在联盟构建中的重要作用

第二十九条 地方可参照本实施办法的规定，研究制定本地区的实施办法，紧紧围绕本地经济发展规划确定的支柱产业，突出区域经济发展和产业特色，运用市场机制推动本地区重点领域联盟的构建。

第三十条 各地方应将联盟的构建和发展作为实施技术创新工程的重要载体，在产业和区域上做出总体布局，加强工作指导，在政策、计划项目、创新平台建设等方面予以重点支持。推动联盟构建和发展可作为省部会商的重要内容。

第三十一条 地方开展试点的联盟，对国家相关产业发展具有重大影响的，可根据自愿的原则，报科技部政策法规司备案，并抄报相关专业司局。

第三十二条 各有关行业协会围绕本行业的重大技术创新需求，充分发挥组织协调、沟通联络、咨询服务等作用，推动本行业重点领域联盟的构建。

第三十三条 本办法由科技部负责解释，自发布之日起实施。

国家科技计划支持产业技术创新战略联盟暂行规定

国科发计［2008］338 号

第一条 产业技术创新战略联盟（以下简称联盟）是市场经济条件下建设以企业为主体、市场为导向、产学研相结合的技术创新体系的有效组织模式。为推动联盟发展，引导产业技术创新与进步，根据国家有关科技计划管理办法，制定本规定。

第二条 本规定所称的联盟是指：企业、高校、科研机构或其他组织机构，以共同的发展需求为基础，以重大产业技术创新为目标，以具有法律约束力的契约为保障，形成的联合研发、优势互补、利益共享、风险共担的利益共同体和合作组织形式。

第三条 国际科技计划（重大专项、国家科技支撑计划、“863”计划等）积极支持联盟的建立和发展。经科技部审核的联盟可作为项目组织单位参与国家科技计划项目的组织实施，审核的程序和办法另行规定。

第四条 在联盟承担国家科技计划项目的组织管理中，理事长单位是联盟的责任主体，承担项目组织实施的法律责任，重大事项须由联盟理事会审议，有关职责和管理程序遵照各有关科技计划管理办法执行。

第五条 国家科技计划支持联盟的原则和条件：

（一）符合国家战略目标。联盟的技术创新方向应符合《国家中长期科学和技术发展规划纲要（2006～2020 年）》确定的任务，以及国家产业、环保和能源等政策，符合国家科技计划支持的方向，符合区域支柱产业发展的重点。

（二）符合产业发展需求。联盟的组建应体现所在产业领域的共同需求，代表了产业技术创新的方向，符合产业发展的趋势。

（三）联盟的技术创新应具有较强的产业带动作用。联盟的研发项目具有产业代表性，技术突破能够解决产业发展的瓶颈制约，对产业发展和竞争力的提升具有较大的推动作用。

（四）联盟应以企业为主体。充分体现产学研结合。联盟必须有行业骨干企业和创新企业（试点），必须有研究型高校和高水平科研机构参加，高校和科研机构在合作的技术领域内应具有前沿水平。

（五）国家科技计划支持通过审核的联盟承担科技计划项目，同时，根据国家目标和关键产业技术创新需要，鼓励企业、高校和科研机构组建联盟承担项目。

（六）在联盟建立共同投入机制的基础上，国家科技计划创新支持联盟的方式，积极探索无偿拨款、贷款贴息、后补助等支持方式。

（七）联盟内各成员应签订有法律约束力的协议，建立规范的内部运行管理制度。

第六条 国家有关科技计划根据各自的管理程序反映和征集联盟的科技需求，并依据各自的管理程序进行评审、立项、检查、验收等各个环节的管理。联盟理事会根据联盟协议确定的技术创新方向，以及各有关科技计划的定位和支持重点，由理事长单位代表联盟向科技部提出项目建议，获得批准后，依据各有关科技计划的管理办法组织实施科技项目（课题）。

第七条 联盟理事长单位对项目实施负总责，并对科技计划管理部门负责。联盟内部建立责任分担机制，理事长单位据此向课题承担单位追究相应责任。

第八条 建立决策、执行、监督评估三位一体的监管机制。科技部组织或委托第三方科技监督评估机构加强对联盟执行项目的监督检查，联盟内部也要成立相应的监督管理机构，建立自我监督与评估机制。

第九条 根据国家科技计划管理办法的相关规定，当项目或课题在无法按计划正常实施时应及时调整或撤销。如遇作为联盟成员的课题承担单位中途退出联盟，应由联盟理事会提出调整或撤销课题的书面意见，报科技部核准后执行。如果作为项目组织单位的联盟发生解体，科技部可根据实施情况、评估意见等直接进行调整。

第十条 联盟承担国家科技计划项目形成的知识产权的管理，按照《科学技术进步法》、《关于国家科研计划项目成果知识产权管理的若干规定》（国办发［2002］30号）以及各计划管理办法的有关规定执行，并需遵守以下规定：

（一）联盟承担国家科技计划项目形成的知识产权，由项目（课题）承担单位所有。

（二）联盟组织申报国家科技计划项目，应依据联盟协议在项目申请书和任务书中约定成果和知识产权的权利归属、许可实施及利益分配，以及联盟解散或成员退出的知识产权处理方案。对于知识产权约定不明确的项目不予立项。如联盟及课题承担单位违反成果和知识产权的权益分配约定，5年内不得参与国家科技计划组织实施。

（三）联盟对承担国家科技计划项目形成的知识产权，有向国内其他单位有偿或无偿许可实施的义务。

（四）联盟承担国家科技计划项目形成的知识产权，向境外转让或许可独占实施的，须报科技部批准。

第十一条 联盟根据本规定及国家科技计划管理办法制定联盟承担国家科技计划项目配套管理办法，报科技部备案。办法应包括项目的组织管理体系、经费的匹配及使用、监督及责任追究体系、知识产权共享及分割等内容。配套办法应与联盟既定的管理办法相衔接。

第十二条 各有关部门（行业）、地方也要采取有效措施积极支持联盟的建立和发展。

第十三条 本规定由科技部负责解释，自发布之日起实行。

关于加强中央企业知识产权工作的指导意见

国资发法规［2009］100号

各中央企业：

为深入贯彻落实科学发展观，加强中央企业知识产权工作，按照国务院公布的《国家知识产权战略纲要》的总体部署，现就中央企业知识产权工作提出以下意见：

一、充分认识加强中央企业知识产权工作的重要意义

当前国际金融危机继续蔓延，对我国实体经济的影响不断加深，特别是一些劳动密集型、纯加工型、缺乏核心技术和自主知识产权的企业面临严重冲击和困难，中央企业也面临着市场疲软、出口下降、增长放缓等严峻挑战。为贯彻落实党中央、国务院有关"保增长、扩内需、调结构"的总体要求，积极应对国际金融危机，中央企业要把知识产权工作作为"转危为机"的重要手段，主动进行技术、产品转型升级，努力打造知名品牌，掌握具有自主知识产权的核心竞争能力，增强中央企业抵御各类风险能力，实现可持续发展。

二、中央企业加强知识产权工作的指导思想与总体要求

中央企业加强知识产权工作的指导思想是：按照贯彻《国家知识产权战略纲要》的有关要求，以科学发展观为指导，积极应对国际金融危机，全面实施企业知识产权战略，提高企业自主创新能力，坚持企业知识产权工作与企业改革、机制创新相结合，与结构调整、产业升级相结合，与企业开拓市场、经营发展相结合，与技术创新、提升自主开发能力相结合，努力打造一批拥有自主知识产权和知名品牌、熟练运用知识产权制度、国际竞争力较强的大公司大集团。

中央企业加强知识产权工作的总体要求是：紧紧围绕"一个核心，三条主线"，即以研究制定企业知识产权战略为核心，以拥有核心技术的自主知识产权、打造中央企业知名品牌、争取国际标准的话语权为知识产权工作开展的主线，充分运用"企业知识产权战略和管理指南"研究成果，大力提升中央企业知识产权创造、应用、管理和保护的能力与水平，增强企业国际竞争力。

三、全面启动中央企业知识产权战略研究制定工作

中央企业要将企业知识产权战略的研究制定放在企业知识产权工作的首位。要按照《国家知识产权战略纲要》的要求，结合本企业改革发展的实际，针对有关重点领域、重要产业的知识产权特点和发展趋势，抓紧制定和完善本企业的知识产权战略。所有中央企业要结合主业明

确本企业知识产权工作的目标和任务，53 家大型中央企业和其他具备条件的中央企业要在2009 年底前制定并开始实施本企业知识产权战略。中央企业制定实施企业知识产权战略的有关情况要及时向国资委反馈。

四、加大企业知识产权创造和应用力度，推进中央企业在关键领域、核心技术上拥有自主知识产权

中央企业要突出知识产权创造的重点，充分发挥中央企业科研机构具有的学科比较配套、设施比较齐备、科技人员比较集中的优势，着力于在重点领域的重大关键技术项目实现重点突破。要用好国家近期出台的一系列有关钢铁、汽车、轻工、石化等产业调整和振兴规划的各项优惠政策，加大对科研开发的投入，促进相关产业的优化升级。要充分运用知识产权法律制度，加强创新成果的知识产权确权工作，进一步将发明专利申请作为企业专利申请的重点，安排一定的经费用于专利申请、维持和实施。要努力提高企业核心技术领域的专利实施率，鼓励知识产权成果的资本化运作，重视开展专利、商标以及非专利技术等的转让和许可，推进知识产权成果的广泛应用。将知识产权的拥有量和实施效益作为衡量企业科技进步和经营管理水平的重要依据，并将其作为科技人员、经营管理人员绩效考核、职称评定、职级晋升的重要指标。

五、适应国内外市场竞争需要，加快打造中央企业知名品牌

中央企业近年来快速健康发展的良好态势，为打造中央企业知名品牌创造了条件。中央企业一定要结合知识产权工作，树立强烈的品牌意识。要加强企业知识产权战略与品牌战略的有机结合和相互促进。通过自主知识产权的创造与应用打造企业的知名品牌，通过自主知识产权的保护与管理维护并提升知名品牌的价值。要立足国际竞争，通过持续创新和长期维护，努力将知名品牌推向国际，逐步改变一些企业单纯贴牌生产的局面。要围绕企业品牌法律地位的确立，及时、规范地进行商标、商号的注册和企业商誉的保护，充分运用法律武器保护品牌成果。

六、推进知识产权成果运用与标准制订相结合，努力争取国际标准的话语权

知识产权与标准相结合已经成为各国大公司大集团占领市场的重要手段。争取国际标准的话语权，是中央企业打造具有国际竞争力的大公司大集团的重要途径。中央企业在加速知识产权成果产业化的同时，要高度重视将重大专利成果纳入技术标准的工作，积极与有关行业部门沟通，争取将企业标准上升为行业标准和国家标准。同时，中央企业作为我国行业排头兵，要进一步加强国际交流与合作，主动参与国际行业标准的制订，努力将我国优势领域拥有自主知识产权的核心技术上升为国际标准，谋求企业更大发展空间。

七、建立健全中央企业知识产权管理与保护的工作机制和制度

要立足于知识产权管理与保护，抓紧建立和完善企业知识产权综合管理制度，逐步推动知识产权由下属企业分散管理向集团集中管理转变。要在中央企业集团层面尽快明确知识产权工作综合协调机构，进一步增强集团知识产权工作的管控能力。建立健全对自主创新的激励机

制，探索知识产权的收益分配制度，在知识产权转让、转化获得收益时，对职务发明人与团队及其他做出重要贡献人员依法予以适当奖励和报酬。要进一步加强知识产权人才队伍建设，加快培养一批懂技术、懂法律、懂外语，能进行知识产权分析且能熟悉运用有关国际规则的复合型人才。要针对企业知识产权的不同类型，分别建立符合企业实际情况的专利、商标、著作权和商业秘密等专项管理办法。要抓紧完善企业知识产权管理的各项制度，提高知识产权管理的信息化水平，探索建立知识产权信息检索制度、运营管理制度、侵权预警制度等。要进一步加大企业知识产权保护力度，积极防范在企业对外并购、改制重组过程中的知识产权流失。要认真贯彻落实《中华人民共和国劳动合同法》，防止因员工“跳槽”引发知识产权纠纷。

进一步加强企业知识产权工作，是当前中央企业调整优化结构、增强核心竞争力的一项重要举措。按照《中央企业负责人经营业绩考核暂行办法》的有关规定，国资委将继续落实对在自主创新（包括自主知识产权）等方面取得突出成绩的企业负责人设立单项特别奖，积极指导和推动中央企业把自主创新和知识产权工作纳入企业内部的业绩考核。同时结合中央企业知识产权战略制定工作，大力推动“企业知识产权战略和管理指南”专题研究成果的贯彻实施，促进中央企业之间的经验交流与合作。加强对中央企业知识产权工作的监督检查，继续做好对企业专利成果申报和授权情况的统计通报，及时选择一批自主创新能力强、知识产权工作基础好的中央企业进行宣传和推广。依法协调好中央企业知识产权法律纠纷，为中央企业深化知识产权工作营造良好的政策法律环境。

国务院国有资产监督管理委员会

二〇〇九年四月二十二日

国家税务总局关于印发《研发机构采购国产设备退税管理办法》的通知

国税发［2010］9号

各省、自治区、直辖市和计划单列市国家税务局：

根据《财政部　海关总署　国家税务总局关于研发机构采购设备税收政策的通知》（财税［2009］115号）有关规定，经商财政部，现将《研发机构采购国产设备退税管理办法》下发给你们，请遵照执行。执行中有何问题，请及时报告总局（货物劳务税司）。

附件：研发机构采购国产设备退税申报审核审批表（略）

国家税务总局

二〇一〇年一月十七日

研发机构采购国产设备退税管理办法

第一条　根据《财政部　海关总署　国家税务总局关于研发机构采购设备税收政策的通知》（财税［2009］115号）的规定，特制定本办法。

第二条　主管研发机构退税的国家税务局负责研发机构采购国产设备退税的认定、审核审批及监管工作。

第三条　采购国产设备适用退还增值税政策的研发机构范围和设备清单范围，按财税［2009］115号文件相关规定执行。

第四条　享受采购国产设备退税的研发机构，应在申请办理退税前持以下资料向主管退税税务机关申请办理采购国产设备的退税认定手续。

（一）企业法人营业执照副本或组织机构代码证（原件及复印件）；

（二）税务登记证副本（原件及复印件）；

（三）退税账户证明；

（四）税务机关要求提供的其他资料。

本办法下发前已办理出口退税认定手续的，不再办理采购国产设备的退税认定手续。

第五条　研发机构发生解散、破产、撤销以及其他依法应终止采购国产设备退税事项的，应持相关证件、资料向其主管退税税务机关办理注销认定手续。已办理采购国产设备退税认定的研发机构，其认定内容发生变化的，须自有关管理机关批准变更之日起30日内，持相关证件、资料向其主管退税税务机关办理变更认定手续。

第六条 属于增值税一般纳税人的研发机构购进国产设备取得的增值税专用发票，应在规定的认证期限内办理认证手续。2009年12月31日前开具的增值税专用发票，其认证期限为90日；2010年1月1日后开具的增值税专用发票，其认证期限为180日。未认证或认证未通过的一律不得申报退税。

第七条 研发机构应自购买国产设备取得的增值税专用发票开票之日起180日内，向其主管退税税务机关报送《研发机构采购国产设备退税申报审核审批表》（见附件）及电子数据申请退税，同时附送以下资料：

（一）采购国产设备合同；

（二）增值税专用发票（抵扣联）；

（三）付款凭证；

（四）税务机关要求提供的其他资料。

不属于独立法人的公司内设部门或分公司的外资研发中心采购国产设备，由总公司向其主管退税税务机关申请退税。

第八条 对属于增值税一般纳税人的研发机构的退税申请，主管退税税务机关须在增值税专用发票稽核信息核对无误的情况下，办理退税。对非增值税一般纳税人研发机构的退税申请，主管退税税务机关须进行发函调查，在确认发票真实、发票所列设备已按照规定申报纳税后，方可办理退税。

第九条 采购国产设备的应退税额，按照增值税专用发票上注明的税额确定。凡企业未全额支付所购设备货款的，按照已付款比例和增值税专用发票上注明的税额确定应退税款；未付款部分的相应税款，待企业实际支付货款后再予退税。

第十条 主管退税税务机关对已办理退税的增值税专用发票应加盖“已申报退税”章，留存或退还企业并按规定保存，企业不得再作为进项税额抵扣凭证。

第十一条 主管退税税务机关应对研发机构采购国产设备退税情况建立台账（纸质或电子）进行管理。

第十二条 研发机构已退税的国产设备，由主管退税税务机关进行监管，监管期为5年。监管期内发生设备所有权转移行为或移作他用等行为的，研发机构须按以下计算公式，向主管退税税务机关补缴已退税款。

应补税款＝增值税专用发票上注明的金额×（设备折余价值÷设备原值）×适用增值税税率

设备折余价值＝设备原值－累计已提折旧

设备原值和已提折旧按企业会计核算数据计算。

第十三条 研发机构以假冒采购国产设备退税资格、既申报抵扣又申报退税、虚构采购国产设备业务、提供虚假退税申报资料等手段骗取国产设备退税款的，按照现行有关法律、法规处理。

第十四条 本办法由国家税务总局会同财政部负责解释。

第十五条 本办法执行期限为2009年7月1日至2010年12月31日，具体以增值税专用发票上的开票时间为准。

关于印发《中关村国家自主创新示范区企业股权和分红激励实施办法》的通知

财企［2010］8号

党中央有关部门，国务院有关部委、直属机构，各省、自治区、直辖市、计划单列市财政厅（局）、科技厅（委、局），新疆生产建设兵团财务局、科技局，各中央管理企业：

在中关村国家自主创新示范区实施企业股权和分红激励政策，对于探索企业分配制度改革，建立有利于自主创新和科技成果转化的中长期激励分配机制，充分发挥技术、管理等要素的作用，推动高新技术产业化，具有重要意义。根据《国务院关于同意支持中关村科技园区建设国家自主创新示范区的批复》（国函［2009］28号），我们制定了《中关村国家自主创新示范区企业股权和分红激励实施办法》，现印发给你们，请遵照执行。执行中有何问题，请及时向财政部、科技部反映。

在中关村国家自主创新示范区实施企业股权和分红激励政策，有关部门应当根据“统筹兼顾、因企制宜、稳步推进、规范实施”的原则，按照国家统一办法执行，既要营造科技创新的政策环境，激发技术人员和经营管理人员开展自主创新和实施科技成果转化的积极性，又要依法维护国有资产权益，保障企业职工的合法权益，促进企业可持续健康发展。在实施步骤、方式、范围上，不搞“一刀切”，不能急于求成，不能形成新的“大锅饭”分配体制。各级财政、科技部门要加强对企业股权和分红激励政策实施的监督，注意总结经验。

各省、自治区、直辖市及计划单列市建设的国家级自主创新示范区，报经国务院批准实行企业股权和分红激励政策的，按照《中关村国家自主创新示范区企业股权和分红激励实施办法》执行。

财政部　科技部

二〇一〇年二月一日

附件：

中关村国家自主创新示范区企业股权和分红激励实施办法

第一章 总则

第一条 为建立有利于企业自主创新和科技成果转化的激励分配机制，调动技术和管理人员的积极性和创造性，推动高新技术产业化和科技成果转化，依据《促进科技成果转化法》、《公司法》、《企业国有资产法》及国务院有关规定，制定本办法。

第二条 本办法适用于中关村国家自主创新示范区内的以下企业：

（一）国有及国有控股的院所转制企业、高新技术企业。

（二）示范区内的高等院校和科研院所以科技成果作价入股的企业。

（三）其他科技创新企业。

第三条 股权激励，是指企业以本企业股权为标的，采取以下方式对激励对象实施激励的行为：

（一）股权奖励，即企业无偿授予激励对象一定份额的股权或一定数量的股份。

（二）股权出售，即企业按不低于股权评估价值的价格，以协议方式将企业股权（包括股份，下同）有偿出售给激励对象。

（三）股票期权，即企业授予激励对象在未来一定期限内以预先确定的行权价格购买本企业一定数量股份的权利。

分红激励，是指企业以科技成果实施产业化、对外转让、合作转化、作价入股形成的净收益为标的，采取项目收益分成方式对激励对象实施激励的行为。

第四条 激励对象应当是重要的技术人员和企业经营管理人员，包括以下人员：

（一）对企业科技成果研发和产业化做出突出贡献的技术人员，包括企业内关键职务科技成果的主要完成人、重大开发项目的负责人、对主导产品或者核心技术、工艺流程做出重大创新或者改进的主要技术人员，高等院校和科研院所研究开发和向企业转移转化科技成果的主要技术人员。

（二）对企业发展做出突出贡献的经营管理人员，包括主持企业全面生产经营工作的高级管理人员，负责企业主要产品（服务）生产经营合计占主营业务收入（或者主营业务利润）50%以上的中、高级经营管理人员。

企业不得面向全体员工实施股权或者分红激励。

企业监事、独立董事、企业控股股东单位的经营管理人员不得参与企业股权或者分红激励。

第五条 实施股权和分红激励的企业，应当符合以下要求：

（一）企业发展战略明确，专业特色明显，市场定位清晰。

（二）产权明晰，内部治理结构健全并有效运转。

（三）具有企业发展所需的关键技术、自主知识产权和持续创新能力。

（四）近3年研发费用占企业销售收入2%以上，且研发人员占职工总数10%以上。

（五）建立了规范的内部财务管理制度和员工绩效考核评价制度。

（六）企业财务会计报告经过中介机构依法审计，且近3年没有因财务、税收违法违规行为受到行政、刑事处罚。

第六条 企业实施股权和分红激励，应当符合法律、行政法规和本办法的规定，有利于企业的持续发展，不得损害国家和企业股东的利益，并接受本级财政、科技部门的监督。

激励对象应当诚实守信，勤勉尽责，维护企业和全体股东的利益。

激励对象违反有关法律法规及本办法规定，损害企业合法权益的，应当对企业损失予以一定的赔偿，并追究相应法律责任。

第七条 企业实施股权或者分红激励，应当按照《企业财务通则》和国家统一会计制度的规定，规范财务管理和会计核算。

第二章 股权奖励和股权出售

第八条 企业以股权奖励和股权出售方式实施激励的，除满足本办法第五条规定外，企业近3年税后利润形成的净资产增值额应当占企业近3年年初净资产总额的20%以上，且实施激励当年年初未分配利润没有赤字。

近3年税后利润形成的净资产增值额，是指激励方案获批日上年末账面净资产相对于近3年年初账面净资产的增加值，不包括财政补助直接形成的净资产和已经向股东分配的利润。

第九条 股权奖励和股权出售的激励对象，除满足本办法第四条规定条件外，应当在本企业连续工作3年以上。

股权奖励的激励对象，仅限于技术人员。

企业引进的"千人计划"、"中科院百人计划"、"北京海外高层次人才聚集工程"、"中关村高端领军人才聚集工程"人才，教育部授聘的长江学者，以及高等院校和科研院所研究开发和向企业转移转化科技成果的主要技术人员，其参与企业股权激励不受本条第一款规定的工作年限限制。

第十条 企业用于股权奖励和股权出售的激励总额，不得超过近3年税后利润形成的净资产增值额的35%。其中，激励总额用于股权奖励的部分不得超过50%。

企业用于股权奖励和股权出售的激励总额，应当依据资产评估结果折合股权，并确定向每个激励对象奖励或者出售的股权。其中涉及国有资产的，评估结果应当经代表本级人民政府履行出资人职责的机构、部门（以下统称"履行出资人职责的机构"）核准或者备案。

第十一条 企业用于股权奖励和股权出售的激励总额一般在3到5年内统筹安排使用，并应当在激励方案中与激励对象约定分期实施的业绩考核目标等条件。

第三章 股票期权

第十二条 企业以股票期权方式实施激励的，应当在激励方案中明确规定激励对象的行权价格。

确定行权价格时，应当综合考虑科技成果成熟程度及其转化情况、企业未来至少5年的盈利能力、企业拟授予全部股权数量等因素，且不得低于经履行出资人职责的机构核准或者备案的每股评估价。

第十三条 企业应当与激励对象约定股票期权授予和行权的业绩考核目标等条件。

业绩考核指标可以选取净资产收益率、主营业务收入增长率、现金营运指数等财务指标，但应当不低于企业近3年平均业绩水平及同行业平均业绩水平。

第十四条 企业应当在激励方案中明确股票期权的授权日、可行权日和行权的有效期。

股票期权授权日与获授股票期权首次可行权日之间的间隔不得少于1年。

股票期权行权的有效期不得超过5年。

第十五条 企业应当规定激励对象在股票期权行权的有效期内分期行权。

股票期权行权的有效期过后，激励对象已获授但尚未行权的股票期权自动失效。

第四章　股权管理

第十六条 企业可以通过以下方式解决标的股权来源：

（一）向激励对象增发股份。

（二）向现有股东回购股份。

（三）现有股东依法向激励对象转让其持有的股权。

第十七条 企业不得为激励对象购买股权提供贷款以及其他形式的财务资助，包括为激励对象向其他单位或者个人贷款提供担保。

第十八条 激励对象自取得股权之日起5年内不得转让、捐赠其股权。

激励对象获得股权激励后5年内本人提出离职，或者因个人原因被解聘、解除劳动合同，取得的股权全部退回企业，其个人出资部分由企业按审计后净资产计算退还本人；以股票期权方式实施股权激励的，未行权部分自动失效。

第十九条 企业实施股权激励的标的股权，一般应当由激励对象直接持股。

激励对象通过其他方式间接持股的，直接持股单位不得与企业存在同业竞争关系或者发生关联交易。

第二十条 企业以股权出售或者股票期权方式授予的股权，激励对象在按期足额缴纳相应出资额（股款）前，不得参与企业利润分配。

第二十一条 大型企业用于股权激励的股权总额，不得超过企业实收资本（股本）的10%。

大型企业的划分标准，按照国家统计局印发的《统计上大中小型企业划分办法（暂行）》（国统字［2003］17号）等有关规定执行。

第五章　分红激励

第二十二条 企业可以根据以下不同情形，选择不同方式实施分红激励：

（一）由本企业自行投资实施科技成果产业化的，自产业化项目开始盈利的年度起，在3至5年内，每年从当年投资项目净收益中，提取不低于5%但不高于30%用于激励。

投资项目净收益为该项目营业收入扣除相应的营业成本和项目应合理分摊的管理费用、销售费用、财务费用及税费后的金额。

（二）向本企业以外的单位或者个人转让科技成果所有权、使用权（含许可使用）的，从转让净收益中，提取不低于20%但不高于50%用于一次性激励。

转让净收益为企业取得的科技成果转让收入扣除相关税费和企业为该项科技成果投入的全部研发费用及维护、维权费用后的金额。企业将同一项科技成果使用权向多个单位或者个人转让的，转让收入应当合并计算。

（三）以科技成果作为合作条件与其他单位或者个人共同实施转化的，自合作项目开始盈利的年度起，在3至5年内，每年从当年合作净收益中，提取不低于5%但不高于30%用于激励。

合作净收益为企业取得的合作收入扣除相关税费和无形资产摊销费用后的金额。

（四）以科技成果作价入股其他企业的，自入股企业开始分配利润的年度起，在3至5年内，每年从当年投资收益中，提取不低于5%但不高于30%用于激励。

投资收益为企业以科技成果作价入股后，从被投资企业分配的利润扣除相关税费后的金额。

第二十三条　企业实施分红激励，应当按照科技成果投资、对外转让、合作、作价入股的具体项目实施财务管理，进行专户核算。

第二十四条　大中型企业实施重大科技成果产业化，可以探索实施岗位分红激励制度，按照岗位在科技成果产业化中的重要性和贡献，分别确定不同岗位的分红标准。

企业实施岗位分红激励的，除满足本办法第五条规定外，企业近3年税后利润形成的净资产增值额应当占企业近3年年初净资产总额的10%以上，实施当年年初未分配利润没有赤字，且激励对象应当在该岗位上连续工作1年以上。

企业年度岗位分红激励总额不得高于当年税后利润的15%，激励对象个人岗位分红所得不得高于其薪酬总水平（含岗位分红）的40%。

第二十五条　企业实施分红激励所需支出计入工资总额，但不纳入工资总额基数，不作为企业职工教育经费、工会经费、社会保险费、补充养老及补充医疗保险费、住房公积金等的计提依据。

第二十六条　企业对分红激励设定实施条件的，应当在激励方案中与激励对象约定相应条件以及业绩考核办法，并约定分红收益的扣减或者暂缓、停止分红激励的情形及具体办法。

实施岗位分红激励制度的大中型企业，对离开激励岗位的激励对象，即予停止分红激励。

第六章　激励方案的拟订和审批

第二十七条　企业实施股权和分红激励，应当拟订激励方案。激励方案由企业总经理办公会或者董事会（以下统称企业内部管理机构）负责拟订。

第二十八条　激励方案包括但不限于以下内容：

（一）企业发展战略、近3年业务发展和财务状况、股权结构等基本情况。

（二）激励方案拟订和实施的管理机构及其成员。

（三）企业符合本办法规定实施激励条件的情况说明。

（四）激励对象的确定依据、具体名单及其职位和主要贡献。

（五）激励方式的选择及考虑因素。

（六）实施股权激励的，说明所需股权来源、数量及其占企业实收资本（股本）总额的比例，与激励对象约定的业绩条件，拟分次实施的，说明每次拟授予股权的来源、数量及其占比。

（七）实施股权激励的，说明股权出售价格或者股票期权行权价格的确定依据。

（八）实施分红激励的，说明具体激励水平及考虑因素。

（九）每个激励对象预计可获得的股权数量、激励金额。

（十）企业与激励对象各自的权利、义务。

（十一）企业未来三年技术创新规划，包括企业技术创新目标，以及为实现技术创新目标在体制机制、创新人才、创新投入、创新能力、创新管理等方面将采取的措施。

（十二）激励对象通过其他方式间接持股的，说明必要性、直接持股单位的基本情况，必要时应当出具直接持股单位与企业不存在同业竞争关系或者不发生关联交易的书面承诺。

（十三）发生企业控制权变更、合并、分立，激励对象职务变更、离职、被解聘、被解除劳动合同、死亡等特殊情形时的调整性规定。

（十四）激励方案的审批、变更、终止程序。

（十五）其他重要事项。

第二十九条 激励方案涉及的财务数据和资产评估价值，应当分别经国有产权主要持有单位同意的具有资质的会计师事务所审计和资产评估机构评估，并按有关规定办理备案手续。

第三十条 企业内部管理机构拟订激励方案时，应当以职工代表大会或者其他形式充分听取职工的意见和建议。

第三十一条 企业内部管理机构应当将激励方案及听取职工意见情况先行报经履行出资人职责的机构批准。

由国有资产监督管理委员会代表本级人民政府履行出资人职责的企业，相关材料报本级国有资产监督管理委员会批准。

由其他部门、机构代表本级人民政府履行出资人职责的企业，相关材料暂报其主管的部门、机构批准。

第三十二条 履行出资人职责的机构应当严格审核企业申报的激励方案。对于损害国有股东权益或者不利于企业可持续发展的激励方案，应当要求企业进行修改。

第三十三条 履行出资人职责的机构可以要求企业法律事务机构或者外聘律师对激励方案出具法律意见书，对以下事项发表专业意见。

（一）激励方案是否符合有关法律、行政法规和本办法的规定。

（二）激励方案是否存在明显损害企业及现有股东利益。

（三）激励方案对影响激励结果的重大信息，是否充分披露。

（四）激励可能引发的法律纠纷等风险，以及应对风险的法律建议。

（五）其他重要事项。

第三十四条 履行出资人职责的机构批准企业实施股权激励后，企业内部管理机构应当将批准的激励方案提请股东（大）会审议。

在股东（大）会审议激励方案时，国有股东代表应当按照批准文件发表意见。

第三十五条 企业可以在本办法规定范围内选择一种或者多种激励方式，但是对同一激励对象不得就同一职务科技成果或者产业化项目进行重复激励。

对已按照本办法实施股权激励的激励对象，企业在5年内不得再对其实施股权激励。

第七章 激励方案管理

第三十六条 除国家另有规定外，企业应当在激励方案股东（大）会审议通过后5个工作日内，将以下材料报送本级财政、科技部门：

（一）经股东（大）会审议通过的激励方案。

（二）相关批准文件、股东（大）会决议。

（三）审计报告、资产评估报告、法律意见书。

第三十七条 企业股东应当依法行使股东权利，督促企业内部管理机构严格按照激励方案实施激励。

第三十八条 企业应当在经审计的年度财务会计报告中披露以下情况：

（一）实施激励涉及的业绩条件、净收益等财务信息。

（二）激励对象在报告期内各自获得的激励情况。

（三）报告期内的股权激励数量及金额，引起的股本变动情况，以及截至报告期末的累计额。

（四）报告期内的分红激励金额，以及截至报告期末的累计额。

（五）激励支出的列支渠道和会计核算方法。

（六）股东要求披露的其他情况。

第三十九条 企业实施激励导致注册资本规模、股权结构或者组织形式变动的，应当按照有关规定，根据相关批准文件、股东（大）会决议等，及时办理国有资产产权登记和工商变更登记手续。

第四十条 因出现特殊情形需要调整激励方案的，企业内部管理机构应当重新履行内部审议和外部审批的程序。

因出现特殊情形需要终止实施激励的，企业内部管理机构应当向股东（大）会说明情况。

第八章 附则

第四十一条 对职工个人合法拥有、企业发展需要的知识产权，企业可以按照财政部、国家发展改革委、科技部、原劳动保障部《关于企业实行自主创新激励分配制度的若干意见》（财企［2006］383号）第三条的规定实施技术折股。

第四十二条 高等院校和科研院所经批准以科技成果向企业作价入股，可以按科技成果评估作价金额的20%以上但不高于30%的比例折算为股权奖励给有关技术人员，企业应当从高等院校和科研院所作价入股的股权中划出相应份额予以兑现。

第四十三条 企业以科技成果作价入股，没有按照本办法第二十二条规定实施分红激励的，作价入股经过3个会计年度以后，被投资企业符合本办法规定条件的，可以按照本办法的规定，以被投资企业股权为标的，对重要的技术人员实施股权激励。但是企业应当与被投资企业保持人、财、物方面的独立性，不得以关联交易等手段向被投资企业转移利益。

第四十四条 企业不符合本办法规定激励条件而向管理者转让国有产权的，应当通过产权交易市场公开进行，并按照《企业国有产权转让管理暂行办法》（国资委、财政部令第 3 号）和国资委、财政部印发的《企业国有产权向管理层转让暂行规定》（国资发产权［2005］78 号）执行。

第四十五条 财政、科技部门对企业股权或者分红激励方案及其实施情况进行监督，发现违反法律、行政法规和本办法规定的，应当责令改正。

第四十六条 本办法中“以上”均含本数。

第四十七条 上市公司股权激励另有规定的，从其规定。

第四十八条 本办法自印发之日起施行。

北京市人民政府办公厅、科学技术部办公厅、中国科学院办公厅关于印发支持中关村百家创新型试点企业做强做大若干措施的通知

京政办函［2009］103号

北京市各有关部门，科学技术部、中国科学院各有关司局（中心、分院），各试点企业：

经北京市人民政府、科学技术部和中国科学院同意，现将《关于支持中关村百家创新型试点企业做强做大的若干措施》印发给你们，请认真贯彻落实。

附件：关于支持中关村百家创新型试点企业做强做大的若干措施

北京市人民政府

科学技术部

中国科学院

二〇〇九年十二月十六日

附件：

关于支持中关村百家创新型试点企业做强做大的若干措施

为了深入贯彻落实《国务院关于同意支持中关村科技园区建设国家自主创新示范区的批复》（国函［2009］28号）和《北京市人民政府科学技术部中国科学院关于在中关村科技园区开展百家创新型企业试点工作的通知》（京政函［2007］22号）的要求，充分发挥中关村国家自主创新示范区在创新型国家建设中的引领作用，做强做大创新型试点企业，培育一批百亿元以上的创新型企业和若干规模超千亿的产业集群，突破一批具有重大影响力的关键技术，培育一批国际知名品牌，特制定本措施。

一、支持中关村百家创新型试点企业提升创新能力进入国家创新型试点企业行列。

二、支持试点企业申请建立国家工程（技术）研究中心、国家工程实验室、国家重点实验室、国家级企业技术中心等，北京市政府给予配套支持。鼓励试点企业建立企业技术中心，在同等条件下优先认定为北京市企业技术中心，并给予资金补助。

三、支持试点企业加大研发力度，积极承担国家科技研发和产业化重大项目，北京市政府

优先给予配套资金支持。试点企业牵头开展关键共性技术的合作研发和推广应用，符合条件的优先纳入北京市科技计划支持范围。

四、支持试点企业牵头组建产业技术联盟等新型产业组织，并鼓励其参与国家产业技术创新战略联盟试点工作，支持联盟承担国家科技计划项目，符合条件的北京市政府优先给予配套支持。

五、支持试点企业实施知识产权战略和标准战略。鼓励试点企业或其牵头的产业技术联盟构建“专利池”，北京市政府给予最高200万元的支持。对试点企业牵头制定的国际标准和国家标准，北京市政府给予最高200万元的支持。

六、鼓励试点企业引进国内外高端创新人才，对经认定为中关村高端领军人才和北京市海外高层次人才的，享受北京市吸引人才的相关政策并给予其100万元的一次性奖励。推荐试点企业专家参与国家和北京市科技项目决策咨询和项目评审。

七、通过首都科技条件平台、中关村开放实验室等政策，鼓励高等院校、科研院所为试点企业服务，中关村科技园区管委会对试点企业委托中关村开放实验室进行分析检测、研发等实际发生的费用给予全额补贴，单笔补贴金额不超过10万元。鼓励试点企业与高等院校、科研院所共建实验室。

八、支持试点企业与大学院所联合开展重大科技成果转化和产业化。北京市政府有关部门可以股权投资方式委托投资机构对试点企业与大学院所联合开展重大科技成果转化和产业化项目进行投资，投资形成的股权优先转让给被投资企业的科技人员、经营管理团队及原始股东。转让价格为产业化投资资金的出资本金及本金以中国人民银行公布的同期活期存款利率计算的收益之和。

九、支持试点企业借助资本市场做强做大。有针对性地组织券商为试点企业做好改制上市的辅导，试点企业改制、进入代办试点和境内外上市，由中关村科技园区管委会分别给予20万元、50万元和200万元的资助。

十、对试点企业提供综合融资支持政策，设置专项的信用贷款、信用保险及贸易融资绿色通道，引导金融机构加大对企业的支持力度，中关村科技园区管委会给予试点企业40%的贷款贴息支持和50%的保费补贴。

十一、实施中关村企业并购重组计划，支持试点企业通过并购，获取技术、市场渠道，进行产业整合，中关村科技园区管委会给予试点企业并购中介费用补贴和贷款贴息，对金融机构给予一定的风险补贴。

十二、支持试点企业在北京建立产业化基地，北京市政府有关部门和区县政府将其纳入绿色审批通道，对其在京新建生产基地进行的固定资产投资及相应流动资金贷款，由市经济信息化委给予最高1000万元的贷款贴息。支持具备条件的试点企业开展科技房地产信托投资基金试点。

十三、通过首购、订购、首台（套）重大技术装备试验示范项目、推广应用等方式加大对试点企业自主创新产品和服务的政府采购力度。试点企业的自主创新产品优先纳入《北京市自主创新产品目录》，对试点企业承担的首台（套）重大技术装备试验示范项目，由中关村科技园区管委会优先给予设备价格10%的风险补贴。

十四、支持试点企业承担国家或地方政府立项的重大建设工程，中关村科技担保公司根据试点企业签订的重大建设工程项目合同给予担保，中关村科技园区管委会对试点企业给予20%的保函综合成本补贴，50%的资信调查费用补贴，50%的保费补贴，以及按照基准利率给予贷款企业40%的利息补贴。

十五、支持试点企业国际化发展。对试点企业在境外设立研发中心、分公司等分支机构并开展实质性业务的，中关村科技园区管委会给予100万元的支持；试点企业开展国际科技合作研发、承接境外工程、申请国际认证、参加国际会展等，由相关部门给予优先支持。

十六、通过宣传、展览展示等手段帮助试点企业提升品牌知名度。优先推荐试点企业和企业家参评各类政府组织的荣誉称号和奖励。

十七、完成试点任务后被授予“创新型企业”称号的企业，继续享受上述政策。

十八、北京市政府、科学技术部、中国科学院有关部门组成试点联合工作组，负责有关措施的组织实施和督促落实。

中共湖北省委组织部、省科学技术厅、省财政厅、省人力资源和社会保障厅、省教育厅、省国家税务局、省地方税务局、省知识产权局关于支持湖北省创新型企业建设试点的若干意见

鄂科技发高［2010］1号

各市、州、直管市党委组织部、科技局、财政局、人力资源和社会保障局（人事局）、教育局、国家税务局、地方税务局、知识产权局，各试点企业：

《中共湖北省委、湖北省人民政府关于发挥科技支撑作用，促进经济平稳较快发展的实施意见》（鄂发［2009］20号）明确提出了在全省实施创新型企业建设专项行动，为了使创新型企业建设试点工作落实到实处，切实引导全省企业提高自主创新能力、走创新型发展的道路，真正成为研究开发投入的主体、技术创新活动的主体和创新成果应用的主体，现提出如下支持意见：

一、落实国家鼓励企业自主创新财税优惠政策

（一）落实试点企业研究开发费用所得税前加计扣除政策，引导试点企业建立规范的研发投入财务管理制度。省国税局、省地税局、省科技厅应加强指导，帮助试点企业正确归集研发费用。对研究开发费用实行专账管理，并能正确归集研究开发费用的试点企业，税务部门按照有关规定执行研发投入加计扣除税收优惠政策。

（二）推动试点企业的高新技术企业认定工作，激励试点企业创新发展。省科技厅、省财政厅、省国税局、省地税局要加强试点企业的高新技术企业认定指导工作，积极指导试点企业认定高新技术企业并按照有关规定享受高新技术企业所得税收优惠政策。

（三）加大政府采购对试点企业自主创新产品的扶持力度，积极推动试点企业的自主创新技术、产品、工艺等在政府采购项目中的示范应用。积极组织试点企业申报国家自主创新产品认定。对于试点企业的国家自主创新产品，在政府采购、国家重大工程等财政性资金采购中，同等条件下应优先购买。

二、支持试点企业自主创新能力建设

（四）支持试点企业加大研发投入力度，激励试点企业成为技术创新活动的主体。省科技厅、省财政厅根据试点企业实际研发投入经费总额，从现有省级财政科技专项资金中给予适当支持。

（五）支持试点企业创新平台建设，促使试点企业技术创新组织化、制度化。对于已建有

校企共建研发机构等创新平台的试点企业，根据试点企业每年投入高校和科研院所的创新平台建设经费，给予适当支持。对于有建设省级工程技术研究中心或者校企共建研发机构需求和条件的试点企业，经省科技厅认定合格后，会同省财政厅，根据试点企业创新平台建设实际投入经费总额，从现有省级财政科技专项资金中给予适当支持。对有条件的试点企业，积极推荐争取国家级工程技术研究中心。

（六）设置试点企业创新岗位、组建创新团队，培育试点企业创新人才。试点企业根据自身创新活动的要求，提出创新人才和创新团队培养计划。省委组织部、省人社厅、省科技厅和省教育厅统筹协调，分工合作，通过省自主创新岗位计划、省创新团队计划，支持试点企业的创新人才和创新团队培养。

（七）积极推荐试点企业承担国家和省科技计划项目，提高试点企业技术创新水平。省科技厅、省财政厅对试点企业申报各类国家科技计划项目，优先推荐，积极争取。

（八）完善试点企业知识产权制度，提高试点企业创新技术的应用与转化。省科技厅、省知识产权局支持试点企业制定和实施知识产权战略，指导试点企业完善内部知识产权管理制度，推动试点企业合理合法利用知识产权信息。省知识产权局通过加大奖励经费力度，鼓励试点企业逐年提高发明专利申请量和授权量。

三、多渠道解决试点企业融资需求

（九）推动试点企业与商业银行的合作，提高试点企业借贷能力。省科技厅、知识产权局会同有关商业银行，研究知识产权成果作价模型，并在试点企业中开展知识产权质押的试点工作。优先推荐试点企业开展银企合作，发行企业债券。充分利用各市州县已建有的担保平台，帮助试点企业积极争取便捷贷款。

（十）推动试点企业上市融资，提高试点企业资本运作能力。省科技厅对试点企业优先推荐列入省上市后备资源培育计划，优先支持试点企业在中小企业板、创业板上市和进入非上市企业股权交易系统进行股权交易，多渠道解决试点企业直接融资，实现试点企业快速做大做强。

（十一）积极引入创业投资机构投资试点企业，提高试点企业的管理水平。省科技厅、省财政厅利用创业投资引导基金，采取跟进投资等方式，加大对试点企业的创业投资力度。充分利省创业投资同业公会的平台服务功能，加大创业投资服务力度，推动创业投资机构与试点企业的沟通与合作。

四、推动试点企业产学研长效合作

（十二）按照公平互惠原则，实现试点企业与高校科技资源共享，降低试点企业技术创新的投入成本。试点企业在研究开发活动中，依据自身条件，提出研究开发设施、技术人才、职业技能培训的共享需求。省教育厅根据共享需求，按照公平自愿原则，指导与帮助试点企业与高校实现科技资源共享。

（十三）鼓励试点企业组建或参与产业技术创新战略联盟，提高试点企业技术创新的深度与广度。省科技厅积极组织有条件的试点企业，组建或加入产业技术创新战略联盟，从内部创新向联合创新转变，促使试点企业引领产业链上下游企业联动发展。

（十四）组织企业家和科学家互动，实现试点企业与高校、科研单位真诚合作。每年不定期组织企业家和科学家的互动与交流，形成促进相互之间交流与合作的平台。

五、加大宣传，营造试点企业创新文化

（十五）加强试点企业管理层培训，提高试点企业创新管理能力。试点企业应通过多种形式、多种层次、多种内容的培训活动，提高试点企业管理者在科学技术、人力资源、资金运作、质量管理、营销管理、发展战略等方面的知识水平和业务素质，开拓试点企业管理者的眼光，构建创新型管理队伍。

（十六）开展形式多样的文化活动，营造试点企业创新文化。积极推动试点企业广泛开展合理化建议、技术攻关、技术发明等创新活动，大力推广先进实用技术和先进操作方法，积极营造试点企业创新文化。

（十七）加大宣传推广力度，强化试点企业示范带动效应。各有关部门深入总结试点工作中涌现的新模式、新经验，通过媒体予以宣传，不断扩大试点工作的示范效应和带动作用。

六、建立试点企业考核评价制度

（十八）建立试点企业评价体系，指引试点企业的创新建设方向。省科技厅会同有关部门研究制定创新型企业评价指标体系及认定办法，把研究开发费用占销售收入比例、发明专利授权量、全员劳动生产率、自主创新产品占销售收入比例等纳入评价体系。

（十九）开展年度考核工作，激励试点企业的创新动力。省科技厅通过开展年度考核工作，帮助试点企业发现问题，指导试点企业解决问题。通过年度考核工作，实行优胜劣汰的动态管理机制，及时总结建设试点工作经验，调整建设试点工作措施，促进试点企业健康发展。

七、加强组织领导，实现共同推进

（二十）建立由省委组织部、省科技厅、省财政厅、省人社厅、省教育厅、省国税局、省地税局、省知识产权局等相关部门参加的“湖北省创新型试点企业推进工作联席会议制度”。每半年召开一次联席会议。按照“立足需求、重在建设、整合资源、共同推进”的试点原则，研究试点企业建设发展过程中的重大问题，积极制定相关政策措施，千方百计推动人才、技术、资金、信息与服务、管理等创新要素向试点企业集聚，实现共同推进的支持格局。各市州根据自身实际情况，成立相应的领导小组。

二〇一〇年一月七日

上海市科学技术委员会 上海市国有资产监督管理委员会 上海市总工会关于推进上海市创新型企业建设的工作方案

沪科合［2010］16号

2007年7月，市科委、市国资委、市总工会（以下简称三部门）根据国家科技部、国务院国资委和全国总工会联合下发的《关于印发"技术创新引导工程"实施方案的通知》（国科发政字［2006］31号）和《关于开展创新型企业试点工作的通知》（国科发政字［2006］110号）的要求，联合启动实施了创新示范企业试点工作。三年来，试点工作扎实推进，取得了重要进展和显著成效。为全面落实《国家技术创新工程上海市试点方案》，聚焦国家战略任务需求和上海高新技术产业化九大重点领域，加快培育一批具有较强竞争优势的创新型企业，三部门决定在试点工作基础上，进一步推进创新型企业的建设，加大对企业自主创新的引导和支持，增强企业的自主创新能力，为推荐国家创新型企业做好储备，为完善区域创新体系提供支撑，为转变经济发展方式注入动力。根据科技部、国务院国资委、中华全国总工会制定的《创新型企业试点工作实施方案》，三部门制定本工作方案。

一、工作目标

通过开展上海市创新型企业的评选以及对创新型企业在创新能力建设和创新体系建设方面予以重点支持，充分发挥标杆企业的引领、导向和示范效应，引导广大企业走自主创新发展之路，促进企业增加研发投入、培养创新人才、促进成果转化、营造创新文化、优化创新体系，带动各类企业提高创新能力、创新效率和创新效益。力争到2012年底，本市拥有的国家级创新型企业和上海市创新型企业总量达到500家左右，并涌现出一批具有较强国际竞争力的创新型企业。

二、实施原则

（一）协同推进。围绕工作目标，充分发挥三部门职能，加强协调与合作，集成、整合扶持企业技术创新的各类政策和资源，合力推进创新型企业建设，进一步完善企业技术创新环境。

（二）分类指导。根据不同类型企业技术创新的特点和规律，有针对性地予以指导和支持，帮助企业加强技术创新，提升核心竞争力。

（三）示范引导。选择具有代表性的企业，进行重点引导和支持，发挥其对各类企业的辐射和示范作用。

三、主要举措

（一）开展“上海市创新型企业”评选。参照国家创新型企业评价体系，结合地方实际，三部门联合制定上海市创新型企业评价指标体系，开展“上海市创新型企业”评选。

评选工作每两年举行一次，重点对企业在评价周期内的创新投入、创新产出、经济效益以及创新体系建设等方面指标和绩效进行综合考量，对申请参加评选并符合条件的企业，授予该年度的“上海市创新型企业”称号。三部门依据每一次的评价结果，对“上海市创新型企业”实行动态管理。

申报“上海市创新型企业”称号的企业，必须是注册在本市的国家高新技术企业。企业自愿申请，诚实填报。对弄虚作假的企业，将取消当届申报资格；对情节严重的，将取消下一届的申报资格，并在科研诚信档案中予以记录。

（二）加大对创新型企业的支持。对已获得“国家创新型企业”称号和当届获得“上海市创新型企业”称号的企业（以下简称“创新型企业”），将在下届创新型企业名单公布前，在以下方面予以支持。

1. 优先支持企业承担科技计划项目。创新型企业申请承担市科委科技计划中有产业化前景的项目，市科委将在同等条件下给予优先支持；积极支持创新型企业申报国家各类科技计划项目。

2. 优先支持企业建设创新基地。市科委优先支持符合条件的创新型企业，独立或联合科研院所、高等院校等建立重点实验室（工程类）、工程技术研究中心以及国际科技合作示范基地等各类研发基地。

3. 优先支持企业牵头或参与产业技术创新战略联盟建设。市科委对由创新型企业领衔或参与的产业技术创新战略联盟建设优先予以支持，鼓励创新型企业联合高校、科研院所和相关社会中介机构，开展产学研合作。

4. 给予“加速企业创新计划”支持。市科委支持创新型企业实施“加速企业创新计划”，帮助企业针对自身创新管理中的薄弱环节采取措施，逐步建立系统、科学的技术创新管理体系。三部门将通过案例汇编、研讨会、报告会等形式，将企业的创新案例、创新经验和创新战略进行宣传和推广，充分发挥创新型企业的示范效用。

5. 支持企业加强标准和知识产权工作。市科委支持创新型企业牵头制订技术标准，支持企业开展企业标准试点，支持企业建立健全知识产权管理体系，制定和实施知识产权战略和自主品牌战略。

6. 支持企业加大创新人才队伍建设。三部门通过各自渠道，依托社会机构，组织对创新型企业管理人员的技术创新管理、知识产权管理等培训，组织对企业的标准化培训，组织开展企业与科研院所、高等学校的人员交流与合作，支持企业培养国际化人才。

7. 支持企业加强高技能人才队伍建设。市总工会支持创新型企业加快高技能人才队伍建设，建立健全首席技师制度，鼓励企业为首席技师承担技术革新、技术攻关任务和推广新技术、新工艺、先进操作法等工作提供资金、场地、设备、设施、人员等方面的支持。

8. 支持企业开展群众性发明创造活动。市总工会支持创新型企业工会深化职工素质工程建设，推动以“岗位学习、岗位创新、岗位成才、岗位奉献”为主题的群众性科技创新活动，广泛开展以职工合理化建议、小改小革、发明创造等活动为重点的群众性创新实践活动，激发职工的首创精神和创造热情。

9. 加大对创新型企业的表彰和奖励。市总工会对成绩特别突出且符合条件的创新型企业，优先推荐上海市五一劳动奖状评选。

（三）强化业绩考核对技术创新的导向功能。市国资委将重大科研项目实施情况和研发投入等指标作为国有企业负责人业绩考核和评价的重要内容，鼓励和引导国有企业完善创新管理、增加研发投入，并结合考核工作对系统内创新先进单位和个人实施奖励。

（四）加强对于创新型企业的跟踪与服务。三部门联合建立创新型企业信息库，掌握创新型企业发展状况，为政府分类指导、完善服务提供参考；建立政府与创新型企业的互动机制，向创新型企业征集技术需求，并将其作为政府拟订科技计划项目指南的重要参考。在市科委科技计划项目评审专家库中，进一步提高来自创新型企业的专家比例，使来自企业的专家有更多机会参加科研立项的咨询和论证过程。

（五）推荐申报国家级创新型企业。企业在获得“上海市创新型企业”称号后，如符合国家创新型企业试点要求，可经三部门联合推荐，申报国家级创新型（试点）企业。

二〇一〇年六月二十二日

关于印发推进皖江城市带承接产业转移示范区自主创新若干政策措施的通知

科策［2010］97 号

皖江城市带承接产业转移示范区各市科技局、发改委、经信委、财政局、国资委（办）：

根据省委、省政府《关于推进皖江城市带承接产业转移示范区建设的决定》（皖发［2010］2 号）、《关于皖江城市带承接产业转移示范区规划的实施方案》（皖发［2010］3 号）、《关于加快推进皖江城市带承接产业转移示范区建设的若干政策意见》（皖发［2010］10 号）和省政府《国家技术创新工程安徽省试点工作实施方案》（皖政［2010］8 号）精神，省科技厅、发改委、经信委、财政厅、国资委共同制定了《关于推进皖江城市带承接产业转移示范区自主创新的若干政策措施》，现印发给你们，请认真贯彻执行。

安徽省科技厅　安徽省发改委

安徽省经信委　安徽省财政厅　安徽省国资委

二〇一〇年七月五日

关于推进皖江城市带承接产业转移示范区自主创新的若干政策措施

为推进皖江城市带承接产业转移示范区自主创新，促进产业承接与自主创新相融合，实现在承接中创新，在创新中发展，切实发挥自主创新在承接产业转移中的引领作用，根据省委、省政府《关于推进皖江城市带承接产业转移示范区建设的决定》（皖发［2010］2 号）、《关于皖江城市带承接产业转移示范区规划的实施方案》（皖发［2010］3 号）、《关于加快推进皖江城市带承接产业转移示范区建设的若干政策意见》（皖发［2010］10 号）和省政府《国家技术创新工程安徽省试点工作实施方案》（皖政［2010］8 号）精神，提出以下政策措施。

一、加快产业技术升级

1. 以合芜蚌自主创新综合试验区为主抓手、皖江城市带承接产业转移示范区（以下简称示范区）为重点，开展国家技术创新工程试点省工作，培育创新型企业，建设技术创新服务平台和产业技术创新战略联盟，建立以企业为主体、市场为导向、产学研相结合的技术创新体系。

2. 研究编制新兴产业技术发展指南，实施新兴产业“十百千”企业培育工程，形成一批具有增长潜力的新兴产业集群。对产业核心技术或重大技术装备的引进消化吸收再创新项目、新兴产业链缺失环节或薄弱环节的重大投资项目，科技计划及时跟进，重点支持开展技术研发。

3. 运用高新技术改造提升传统产业，重点围绕汽车、家电、装备制造、冶金、化工、非金属材料、农产品加工等产业，实施一批重大科技项目，突破产业关键技术，形成自主知识产权。

4. 支持现有经济开发区等园区提档升级，符合条件的批准设立省级高新区，暂不具备条件的，批准先行筹建省级高新区。鼓励省市级经济开发区、工业园区建设高新技术产业园区。

开展创新型园区建设工作，每年按照高新技术企业数、产值数、专利数和引进技术项目数等指标，分国家、省级园区进行评比奖励，引导园区扎实推进国家技术创新工程试点工作。

5. 支持建设语音、电子材料、公共安全等一批特色高新技术产业基地，积极争创国家级高新技术产业基地。支持合肥高新区申报创建国家创新型科技园区，争取芜湖高新区升格为国家级高新区。

二、支持产业和技术同步转移

6. 对省外高新技术企业以及省级以上创新型（试点）企业、工程（技术）研究中心、企业技术中心、重点（工程）实验室等来示范区落户的，有关部门主动服务，优先确认，享受转出地同等优惠政策待遇。

7. 依托高新技术企业、创新型（试点）企业等骨干企业新建一批工程（技术）研究中心、企业技术中心和重点（工程）实验室，提升企业自主创新能力。

支持企业在语音、非金属材料、余热发电、新能源汽车等领域申报建设一批国家工程技术研究中心和国家重点实验室，并积极推荐其承担国家科技重大专项、科技基础设施建设以及有关科技计划项目。

8. 支持以企业为主体、市场为导向，与大学、科研机构等紧密结合，围绕电子信息、新能源汽车、新材料、生物医药、节能环保、公共安全等新兴产业和优势产业，建设一批产业技术创新战略联盟。

9. 支持大学和科研机构以技术、专利等高新技术成果在示范区转化、产业化，创办科技企业。

三、打造创新创业服务平台

10. 推进建设以合肥为中心、辐射示范区的科技成果研发转化交易服务平台，建立“科技路路通”服务体系，强化创新公共服务，解决企业技术难题，吸引国内外更多科技成果落户。支持办好中国（合肥）自主创新要素对接会、中国（芜湖）科普产品博览交易会。

11. 支持建设一批省市级科技企业孵化器和加速器。完善科技创业服务中心、软件产业园、大学科技园等孵化器的功能，积极扶持发展势头好、市场前景广阔的科技型中小企业成长，促其做大做强。

12. 培育建立一批专业性国家技术转移机构，围绕特定技术领域开展技术转移服务，促进知识和技术成果向示范区加速转移。认定一批从事信息技术外包服务的技术先进型服务企业。支持技术开发、推广、交易、评估、咨询、知识产权等中介服务机构发展。

13. 鼓励企业依法应用知识产权，提升应用知识产权的能力，推动重大专利技术产业化。帮助优势产业建立知识产权预警机制，建立知识产权部门联动管理机制和对外知识产权保护协作机制，加大知识产权保护执法力度。发挥现有国家专利技术（合肥）展示交易中心作用，积极申报成立国家专利技术（芜湖）展示交易中心。

四、加大自主创新政策激励

14. 落实国家自主创新政策，重点落实企业研究开发费用加计扣除、高新技术企业税收优惠、政府采购自主创新产品、国产首台套重大装备政策等，建立跟踪绩效评估机制。

15. 比照合芜蚌自主创新综合试验区相关政策，高新技术企业、省级以上创新型企业各项行政性收费的省、市留成部分，实行免征。创新型企业所缴纳企业所得税新增部分的省、市留成部分，3 年内全额奖励企业。

16. 对高新技术企业、省级以上创新型企业因上市补交的企业所得税、土地出让相关税费的省、市留成部分，全额奖励企业。

17. 国有及国有控股的创新型企业，比照执行国有高新技术企业股权激励试点政策，对企业作出突出贡献的科技人员和经营管理人员进行股权激励。对符合开展股权激励试点条件的企业，有关部门做好引导、规范等服务工作。加强对企业股权和分红激励政策的调查研究，探索建立有利于企业自主创新和科技成果转化的激励分配机制。

18. 省每年公布自主创新产品目录。对自主创新产品参与政府采购的给予优惠，以价格为主的招标项目，自主创新产品价格高于一般产品的，给予 5% 至 10% 的价格扣除；以综合评标为主的招标项目，给予自主创新产品总分值 4% 至 10% 的加分。对符合先进技术发展要求的试制品和首次投放市场的自主创新产品，实行政府首购制度；对重大自主创新产品和服务，实行政府订购制度。

五、加强财政投入和金融支持

19. 省、市财政设立的示范区专项资金支持自主创新，重点用于技术创新、高新技术产业化、引进研发机构和关键技术及高端人才、与国家重大科技项目配套等。

20. 加大政府财政科技投入，引导企业和全社会增加研发投入，拉动一批产业投资，发挥财政资金的杠杆作用。创新科技经费支持方式，发挥财政资金效益。

21. 支持开展科技金融创新试点。加强省、市创业（风险）投资引导基金运作和管理，引导创业投资机构开展创投业务。设立面向科技型中小企业的小额贷款公司。深化专利权、商标专用权等知识产权和股权质押贷款试点。鼓励和支持保险机构开发、销售有助于高新技术企业和创新型企业分散化解创新业务风险的保险产品。引导担保机构支持科技企业创新创业。支持合肥高新区进入全国代办股份转让系统扩大试点。支持高新技术企业和创新型企业上市融资，发行企业（公司）债券。

浙江省人民政府办公厅转发省科技厅等部门关于进一步加强创新型企业建设若干意见的通知

浙政办发［2010］108 号

各市、县（市、区）人民政府，省政府直属各单位：

省科技厅、省发改委、省经信委、省财政厅、省人力社保厅、省国资委、省金融办、省质监局、省总工会、人行杭州中心支行《关于进一步加强创新型企业建设的若干意见》已经省政府同意，现转发给你们，请认真贯彻执行。

浙江省人民政府办公厅

二〇一〇年八月十六日

关于进一步加强创新型企业建设的若干意见

省科技厅　省发改委　省经信委　省财政厅　省人力社保厅

省国资委　省金融办　省质监局　省总工会　人行杭州中心支行

为扎实推进国家技术创新工程试点省建设，进一步加强创新型企业建设工作，强化企业技术创新的主体地位，现提出如下意见：

一、指导思想

以科学发展观为指导，紧紧围绕我省经济转型升级，以增强企业自主创新能力为核心，以引导创新要素向企业集聚为主线，以试点一批、示范一批、带动一批为抓手，进一步集聚创新资源，激活创新要素，转化创新成果，营造良好的创业创新环境，加快建立健全以企业为主体、市场为导向、产学研用紧密结合的技术创新体系，充分发挥创新型企业在自主创新和转型升级中的主体作用，引领提升产业自主创新能力和核心竞争力。

二、工作目标

到 2015 年，建设县级以上创新型企业 5000 家以上，其中省级创新型企业 500 家以上，国家级创新型企业 50 家以上，省级以上创新型企业覆盖全省工业行业龙头骨干企业，省级以上创新型试点企业覆盖传统支柱行业和战略性新兴产业，市县级创新型企业覆盖块状经济向现代产业集群转型升级示范区，努力把创新型企业发展成为培育战略性新兴产业的排头兵、改造提升传统支柱产业的领头羊、整合利用产学研用创新资源的主力军、带动产业技术创新与进步的引领者，形成以国家级创新型企业和创新型试点企业为龙头，省级创新型试点、示范企业为骨干，市县级创新型企业为基础的创新型企业群体。

三、指导原则

（一）企业主体，政府引导。充分发挥市场机制在配置科技资源中的基础性作用，进一步强化企业技术创新的主体地位，促进企业成为研究开发投入的主体、技术创新活动的主体和创新成果转化应用的主体，提高企业持续创新能力。充分发挥政府公共科技资源的激励导向作用，努力营造创业创新的制度环境，着力引导社会资源向企业开放、流动、集聚，进一步激发企业技术创新活力，释放企业技术创新潜力，增强企业自主创新动力。

（二）点面结合，分类指导。选择不同类型的企业开展试点工作，根据各自特点探索具有针对性的支持措施和相应的评价办法。突出重点行业转型升级和战略性新兴产业培育发展的导向，从条件相对成熟的行业和企业入手，分期分批分区域推进，充分发挥创新型企业的示范辐射作用。

（三）上下联动，协同推进。进一步加大工作力度，扩大试点规模，深化试点内容，创新试点模式，在省级创新型企业试点示范工作的基础上，全面开展市县级创新型企业建设工作，上下联动，共同推进，分级培育，逐级提升，努力形成国家、省、市县级创新型企业梯队。

四、主要任务

（一）探索建立有利于自主创新的企业制度。建立和完善现代企业制度，完善法人治理结构；建立有利于技术、人力资本投资的体制；建立和完善有利于理念、产品、工艺、组织、品牌、管理、商业模式等创新的内部机制。

（二）探索建立健全企业技术创新体系。建立健全企业研发中心、技术中心、设计中心、创意中心等研发机构；依托工业行业龙头骨干企业，建设企业研究院、重点实验室、工程实验室、工程技术（研究）中心、中试基地、院士工作站，扩大博士后科研工作站载体规模；鼓励支持有条件的企业到中心城市乃至国外设立研发机构，或通过并购等形式掌握核心技术和自主知识产权；支持企业与国内外高校、科研机构建立长期稳定的合作关系或联合共建产学研联合体，提高企业创新资源配置能力，提升企业对关键共性技术的研发能力，增强企业对引进技术的消化、吸收和再创新能力。推动企业建立以市场需求为导向，以产品开发为核心，集研发设计、生产营销、售后服务一条龙的技术创新体系。

（三）探索建立企业创新人才引进、培育和激励机制。完善企业创新激励机制，以深化技术要素参与股权和收益分配为核心，积极探索股权、期权激励、科技人才贡献积累金、研发人员能级工资制、科技人员内部柔性流动机制等措施，完善企业自主创新的人事、分配和奖励等激励政策；引进和培养创新领军人才、研发骨干，推进重点企业技术创新团队建设，探索与高校、科研院所联合培养创新人才和具有创新意识的企业经营管理队伍，探索建立首席专家和技术带头人制度，制订不同层次、不同形式的科技人才培养计划，形成与企业自主创新相适应的研发和管理团队；探索建立首席技师等制度，着力建设一支高素质、高技能职工队伍。

（四）探索建立自主创新投入的稳定增长机制。促进企业成为创新决策的主体、投入的主体、执行的主体、受益和风险承担的主体。建立健全有利于自主创新的企业财务制度和统计核算体系。把鼓励企业增加科技投入的政策用足用好，切实增加研发经费投入。国家级、省级以上创新型企业研发经费占主营业务收入须达到以下比例：主营业务收入小于5000万元的企业，比例不低于6%；主营业务收入在5000万元至2亿元的企业，比例不低于4%；主营业务收入在2亿元以上的企业，比例不低于3%。支持企业通过吸引创业风险投资、取得股权质押贷款、发行集合债以及在境内外资本市场募集资金等多种途径筹措创新资金。

（五）探索构建产业技术创新战略联盟。围绕我省战略性新兴产业培育发展和重点支柱产业转型升级，探索以工业行业龙头骨干企业为主体，以市场为导向，联合高校、科研院所，建立利益共享、风险共担的产业技术创新战略联盟，推进创新链、产业链上下游的对接和整合。推动产业技术创新战略联盟建立和完善联合攻关与成果共享、扩散机制。

（六）探索建立重大科技成果转化机制。围绕组织实施节能技术、减排技术、光伏技术、制造业信息化、新材料、重大工程配套技术等重大科技成果转化推广工程，推进高校、科研院所科技成果的转化和推广。发挥大型骨干企业的示范作用，加快科技成果向中小企业扩散，着力培育新的经济增长点。

（七）探索建立激励保护创新的知识产权制度。深入实施知识产权战略，鼓励和支持发明创造活动，加强企业知识产权管理机构和管理制度建设，培养知识产权管理人员，提高知识产权的创造、运用、保护和管理能力；深入实施标准化战略，鼓励和支持企业主导或参与国际、国家及行业技术标准的制（修）订工作，建立健全技术标准体系；深入实施品牌战略，加强企业和产品自有品牌建设，提升企业和产品国际竞争力，建立健全品牌建设体系。

（八）探索建设有利于自主创新的企业文化。进一步弘扬企业家敢为人先、敢冒风险、自强不息的创新精神；进一步弘扬科学精神、倡导科学方法、普及科学知识，提高企业职工的科技素养和创新意识，组织开展合理化建议、技术革新、技术攻关和发明创造活动，开展技术培训、技术比赛、技术交流、岗位练兵等活动，组织和引导职工参加“创建学习型组织，争当知识型职工”活动，组织开展全员创新，推广应用创新方法；进一步提倡求真务实的精神，鼓励创新，宽容失败，保护自主创新的积极性，建设有利于自主创新的企业文化。

五、保障措施

（一）加大对创新型企业的财政资金统筹支持力度。逐步加大对国家、省级创新型企业财政科技经费投入力度，延续安排提高企业自主创新能力专项资金。同时，建立健全创新型企业的评价体系和动态监测制度，省级财政科技资金每年安排1000万元，按照国家、省级创新型企业的创新绩效给予支持。加强省科技计划、人才培养、节能减排、品牌培育、标准建设等工业类、科技类和人才类计划、项目以及专项资金的统筹安排，由相关部门按照各自资金使用方向和相应管理办法，对创新型企业实行重点支持。

（二）加大对创新型企业落实自主创新政策的支持力度。重点支持创新型企业落实增值税转型改革、企业研究开发费用加计扣除、高新技术企业减按15%的税率征收企业所得税等优惠政策。对经认定的新开办软件生产企业自获利年度起，实行“两免三减半”的企业所得税优惠政策，集成电路设计企业可视同软件企业，享受上述软件企业所得税政策。支持经认定的技术性服务企业按规定享受有关税收优惠政策。创新型企业发生的职工教育经费支出，不超过工资薪金总额2.5%的部分，准予扣除；超过部分，准予在以后纳税年度结转扣除。符合企业所得税法规定的固定资产可以缩短折旧年限或采取加速折旧的方法。对符合国家减免税条件的科技型企业、国家技术中心等单位，进口设备免征进口关税和进口环节增值税、消费税。

（三）加大对创新型企业政府采购支持力度。加大政府采购对自主创新企业和自主创新产品的支持力度，研究制定自主创新产品政府首购和订购具体执行办法，落实自主创新产品政府首购、订购或强制采购制度。在政府投资的重点工程中国产设备的采购比例不低于60%，国产核心部件的采购比例不低于50%。对经评审界定，省内创新型企业生产的具有自主知识产权的首台重大技术装备，按省政府有关规定给予奖励。创新型企业消化吸收再创新形成的先进装备和产品，优先推荐列入国家《政府采购自主创新产品目录》。

（四）加大对创新型企业研发机构支持力度。优先推荐国家、省级创新型企业独立或联合高等院校、科研院所申报建立国家企业工程（技术）研究中心、国家工程实验室、国家重点实验室、国家级企业技术中心等，视情对新认定的上述机构给予100万元的配套支持；省级高新技术研发中心经考核优秀的，给予30~50万元的支持。

支持国家、省级创新型企业与国内外高校、科研院所、大企业、大集团共建各类创新载体，符合条件的给予20~50万元的资助。支持国家、省级创新型企业建立属于独立企业法人的研发机构，符合条件的给予50~100万元的资助。支持省级创新型企业联合高校、科研院所建立省级行业创新平台，符合条件的按不超过投资资金20%、新增设备总价50%给予补助。鼓励创新型企业创办省级科技企业孵化器，对其公共服务能力建设予以50~200万元的支持。

支持创新型企业向产业链两端延伸，收购或控股国内外研发设计、知名品牌、营销渠道等价值链高端环节，迅速掌握核心技术和自主知识产权。对国家、省级创新型企业到北京、上海等国内大城市和在海外设立研发机构并实质性开展业务的，视情给予一定的补助。对创新型企业开展国际科技合作研发、承接境外工程、申请国际认证、参加国际会展等，给予优先支持。

（五）加大对创新型企业科技项目支持力度。优先支持以国家、省级创新型企业为主体，联合高校、科研院所实施重大科技专项，承担国家重大专项、科技支撑计划、“863”、“973”、国家创新基金、国际科技合作等科技计划项目，符合条件的，优先给予配套支持。支持国家、省级创新型企业实施节能技术、减排技术等重大科技成果转化推广工程，采用产学研结合方式，建设一批重大科技成果转化示范工程中试转化基地，符合条件的，以贷款贴息等多种方式给予支持。对创新型企业申报的各类科技项目，在同等条件下，予以优先立项。对国家、省级创新型企业，在符合条件的前提下，五年内确保其科技项目列入国家或省级科技计划重大、重点项目。

（六）加大对创新型企业人才队伍建设的支持力度。结合国家“千人计划”和我省“海外高层次人才引进计划”的实施，重点引进一批直接面向创新型企业，掌握核心关键技术的海外高层次人才，符合条件的给予每人100万元的一次性资助。探索在大院名校建立海外高层次人才驿站，对有意向到创新型企业工作的优秀人才，人事关系可暂由人才驿站管理。

在省特级专家、“151”人才工程、百千万科技创新人才工程等工作中，对创新型企业实行重点倾斜，提高创新型企业人才入选比例。以创新型企业为重点，组织实施企业经营管理人员素质提升计划、企业精细化管理“5111”人才培养工程、企业家人才创新创业能力素质提升行动计划、高技能人才培训工程。优先推荐创新型企业参与国家和省科技项目决策咨询、评审。

支持从事技术研发、成果转让工作的事业单位高层次人才到国家、省级创新型企业工作，经本单位同意，报人事部门备案，其人事关系5年内可保留在原单位，由原单位继续为其缴纳单位部分的养老、失业、医疗等社会保险；允许其回原单位评审专业技术资格，其在企业从事本专业工作期间的业绩，可作为评审相应专业技术资格的依据。对距法定退休年龄不足5年（含5年）且工作年限满20年或工作年限满30年的事业单位人员，自愿到创新型企业工作的，允许所在单位提前办理退休手续。

（七）加大对创新型企业开展产学研合作的支持力度。支持国家、省级创新型企业围绕战略性新兴产业培育与重点支柱产业改造升级，联合高校、科研院所构建持续、稳定并有法律约束的产业技术创新战略联盟，符合条件的，给予300万元以上的资助。鼓励产业技术创新战略联盟参与国家产业技术创新战略联盟试点工作，支持其承担国家科技计划项目，符合条件的，优先给予配套支持。

引导高校、科研院所、检验检测机构大型仪器设备、科学数据、科技文献等向创新型企业开放，为其提供检测、测试、标准等服务。支持企业与高校、科研院所联合培养人才，支持企业科技人员以访问学者的身份参与高校、科研院所的科研工作。

对向创新型企业转移技术成果的省重点科技中介机构，按照其实绩给予一定的经费支持。全面落实从事技术转让、技术开发业务和与之相关的技术咨询、技术服务等业务取得的收入免征营业税政策。符合条件的技术转让所得，在一个纳税年度内不超过500万元的部分，免征企业所得税；超过500万元的部分，减半征收企业所得税。

支持创新型企业参与我省与中国科学院合作开展的“432”工程，推动高端科技成果落户创新型企业转化，支持高层次人才到创新型企业挂职。支持创新型企业加强与国防科工等系统的合作，推进军转民与军民两用技术的联合开发、成果转化和产业化，符合条件的，优先给予支持。支持以创新型企业为主体、项目为抓手，大力引进先进技术和高端人才，建设一批国际科技合作基地、联合研究中心，符合条件的，优先给予支持。

支持创新型企业与高校、科研院所联合开展重大科技成果转化和产业化。鼓励创业投资企业对省级创新型企业与高校、科研院所联合开展重大科技成果转化和产业化项目进行股权投资，并将投资形成的股权优先转让给被投资企业的科技人员、经营管理团队及原始股东。

（八）加大对创新型企业知识产权工作的支持力度。指导帮助创新型企业完善内部知识产权制度，做好核心技术知识产权管理、保护和应用。省财政对创新型企业经授权的国内外发明专利、胜诉的涉外知识产权案件和经认定为省专利示范企业、引进国外发明专利项目给予一定经费补助。对创新型企业或其牵头的产业技术创新战略联盟构建“专利池”的，给予配套支持。加强知识产权执法，依法保护创新型企业知识产权，充分发挥创新型企业所在行业协会在知识产权保护中的自律作用，不断完善创新型企业知识产权保护体系。

（九）加大对创新型企业开展标准创新的支持力度。鼓励支持国家、省级创新型企业主导或参与国际、国家、行业标准制（修）订工作，实质性采用国际、国外先进标准，符合科技项目立项条件的，优先予以支持，享受政府标准研究专项经费补助。鼓励创新型企业将自主创新成果转化为区域联盟标准，符合条件的，优先予以支持。鼓励国家、省级创新型企业加强生产性服务业标准的研制，对符合条件的标准研制项目，列入地方标准制定计划，优先推荐制定国际标准或国家标准。鼓励支持国家、省级创新型企业成为国家、省专业标准化委员会秘书处单位，不断完善企业技术标准创新体系建设。

（十）加大对创新型企业自主创新的金融支持力度。鼓励支持金融机构加大对创新型企业的信贷支持力度，进一步扩大股权、专利权、商标权等无形资产质押融资业务。通过贷款贴息、担保、风险补偿、风险投资等手段，鼓励企业利用银行贷款、股权投资等加大自主创新投入。鼓励保险机构开发高新技术企业产品责任保险、产品质量保险、环境污染责任保险、出口信用保险、高级管理人员和关键研发人员团队健康保险、意外保险等科技保险险种。

创新型企业完成股份制改制的，优先列入我省上市后备企业进行培育，优先推荐其进入我省未上市公司股份转让平台和实现境内外资本市场上市融资。有针对性地组织证券中介机构为创新型企业做好改制上市辅导工作。优先支持创新型企业发行企业债券。优先支持符合条件的创新型企业发行短期融资券和中期票据，积极探索推动创新型中小企业发行中小企业集合票据。优先支持以创新型企业为主体设立创业投资企业，创业投资企业从事国家需要重点扶持和鼓励的创业投资，可以按投资额的一定比例抵扣应纳税所得额。

六、工作要求

（一）加强组织领导。建立省科技厅牵头，省发改委、省经信委、省财政厅、省人力社保厅、省国资委、省质监局、省金融办、省总工会、人行杭州中心支行等部门组成的推进工作机制，统筹协调创新型企业建设工作，建立责任分工体系，健全协调沟通机制，研究制定相关扶持政策，协调创新型企业建设工作中遇到的矛盾和问题，着力引导政策、人才、技术、资金、管理和公共服务等创新资源向创新型企业集聚。各市、县（市、区）也要建立相应的工作机制，切实加强对创新型企业建设工作的组织领导。

（二）健全工作机制。建立省、市、县（市、区）联动推进机制，明确工作分工，落实工作责任，形成部门各司其职、上下密切配合的工作格局。省级层面重点抓好国家和省级创新型试点、示范企业建设工作，加强对市县级创新型企业建设的指导与服务，从今年起到2015年，每年择优确定50家以上省级创新型试点企业先行先试。各市、县（市、区）是建设创新型企业工作的实施主体和责任主体，要紧密结合当地实际，组织开展市县级创新型企业建设工作。

（三）完善评价制度。建立统计监测制度，完善评价考核体系，组织开展创新型企业评价工作，帮助和指导企业对其创新能力和创新活动进行评判，发现自身存在的不足和问题，采取针对性措施。建立创新型企业的动态管理制度，形成优胜劣汰的竞争机制。省级创新型试点企业试点期三年，期满后对企业在创新资源、创新投入、创新产出和创新管理等方面进行评估。通过评估的，授予“浙江省创新型示范企业”称号。对获得“浙江省创新型示范企业”称号的企业每两年评估一次，评估不合格的，取消其称号。在省级创新型试点示范企业中，择优向科技部推荐国家级创新型试点企业。对被列入国家创新型企业、国家创新型试点企业的省级创新型试点企业，均授予“浙江省创新型示范企业”称号，纳入省级创新型示范企业管理。

（四）强化工作指导。引导企业根据创新型企业建设要求，发挥各自特色优势，选择确定综合试点、组合试点或单项试点。组织科技、经济、金融、管理、营销、财务等方面的专家，探索建立专家指导组，深入企业，现场指导，开展专业化、个性化的发展规划、技术诊断、管理咨询、人才培训、专利维权等服务，帮助指导企业开展关键技术攻关、科技成果转化、创新方法应用。组织开展不同行业、不同类型试点企业的交流研讨活动，为企业搭建信息交流平台。开展政策宣讲解读、项目申报培训、政策跟踪评估等活动，帮助指导企业用足用好自主创新政策，激励更多企业走上创新发展之路。

（五）大力表彰先进。选择一批在构建创新体制、探索创新机制、培养创新人才、营造创新环境、弘扬创新文化、提高创新能力等方面业绩显著的企业，编写创新案例，组织专题宣传，进行推广示范。运用报刊、广播、电视、网络等媒体，大力宣传推广各地推进创新型企业建设的成功做法和典型经验。对在创新型企业建设中取得显著成绩的企业或个人，给予表彰。

各市、县（市）要结合本地实际，明确创新型企业建设工作的总体要求和目标任务，根据不同类型企业的特点研究制订具体实施办法和政策措施。

附件：市县级创新型企业年度培育建设计划（略）

附　　录

附 录

附录一

创新型企业建设工作大事记

（2009 年）

1 月 9 日

中共中央、国务院在京召开国家科学技术奖励大会。奇瑞汽车股份有限公司、中国航天科技集团公司、华为技术有限公司、上海振华港口机械（集团）股份有限公司、中国重型机械研究院五家创新型企业获“企业技术创新工程”奖。该奖项为 2008 年度国家科技进步奖新增奖项，专门褒奖通过卓有成效地系统谋划、依靠技术创新获得持续发展的企业。

1 月 12 日

为进一步推进创新型企业建设，发挥示范带动作用，科技部、国资委、中华全国总工会联合发出《关于开展第二批创新型企业评价工作的通知》（国科办政［2009］1 号），组织开展第二批创新型企业评价工作。

1 月 14 日

科技部、国资委、中华全国总工会联合发出《关于组织开展第三批创新型企业试点工作的通知》（国科发政［2009］36 号），组织开展第三批创新型企业试点工作。

2 月 1 日

科技部召开创新型企业应对国际金融危机座谈会，贯彻落实中央战略部署，研究依靠科技创新应对金融危机，保持经济平稳较快增长的措施建议。

2 月 6 日

科技部、财政部、教育部、国资委、全国总工会、国家开发银行召开推进产学研结合工作协调指导小组第三次会议。会议由科技部党组书记、副部长李学勇主持，财政部副部长张少春，教育部副部长赵沁平，全国总工会书记处书记、党组纪检组组长王瑞生，国务院国资委、国家开发银行的代表，科技部副部长刘燕华、杜占元、副秘书长王志学出席会议并讲话。

会议研究议定 2009 年工作要点：一是组织实施技术创新工程；二是积极营造政策环境，鼓励探索多种形式的产学研结合；三是动员和组织科技人员通过产学研结合，深入企业开展技术创新服务；四是积极探索建立以企业为主体、促进产学研结合的多元化资金投入机制；五是积极营造有利于产学研结合的良好社会氛围；六是继续组织开展六部门联合调研。

3月13日

国务院发布《关于发挥科技支撑作用促进经济平稳较快发展的意见》（国发［2009］9号），把加强科技支撑作为中央应对国际金融危机冲击，保持经济平稳较快发展一揽子计划的重要组成部分。文件明确要求加快推进技术创新工程，支持企业提高自主创新能力，并提出培育创新型企业500强的奋斗目标。

3月13日

国务院做出《关于统一支持中关村科技园区建设国家自主创新示范区的批复》（国函［2009］28号）。批复中要求做强做大一批具有全球影响力的创新型企业，培育一批国际知名品牌。

4月17日

2009年中关村科技园区百家创新型企业试点工作大会召开。会议总结了试点工作进展，部署了下一阶段试点工作的安排和对试点企业的支持政策。会议由北京市委常委赵凤桐主持，副市长苟仲文出席大会并讲话。科技部、中科院及北京市有关单位、园区创新型试点企业代表等共300人参加本次大会。

5月25～27日

科技部有关部门和中国—欧盟知识产权保护项目办公室在京联合举办创新型企业建设知识产权管理研修班。此次研修班旨在推动和帮助企业提高知识产权意识，制定和实施知识产权战略，运用知识产权制度提升科技创新水平，增强竞争力。全国近百家申请开展创新型企业试点的企业参加了此次研修活动。中国和欧盟的知识产权专家从知识产权理论、企业知识产权管理实务、诉讼策略等方面进行了讲解。科技部副部长刘燕华、欧盟代表团公使 Michael Pulch 先生出席开班式并讲话。

6月2日

科技部、财政部、教育部、国资委、全国总工会和国家开发银行联合印发了《国家技术创新工程总体实施方案》（国科发政［2009］269号），决定共同组织实施国家技术创新工程，并提出了实施国家技术创新工程的指导思想、基本原则、总体目标、六项主要任务和五项保障措施。国家技术创新工程的实施关系到我国现代化建设的战略全局，工程各项任务的贯彻落实对增强企业自主创新能力、提升产业核心竞争力、加快建立技术创新体系、实现国家创新体系建设的突破具有重要意义。

6月15日

科技部政策法规司与中国工业报社共同组织召开了工程机械行业技术创新战略联盟专题研讨会。国内工程机械行业主要主机企业参加了会议，深入研讨我国工程机械行业自主创新面临的形势和任务，研究加强产学研结合构建产业技术创新战略联盟的思路举措。

6月18～21日

国资委、科技部有关部门在京联合举办了中央企业自主创新能力建设研讨班。研讨班的主要目的是加强中央企业科技信息的沟通与交流，研讨金融危机下中央企业开展科技创新工作的热点、难点问题，推动中央企业自主创新能力提高。研讨期间，先后邀请了国家发改委、财政部、科技部、国税总局、国资委等政府部门领导及高校、中介机构、企业的多位知名专家，围绕国家促进自主创新政策解读、企业知识产权战略、大企业创新体系建设、如何进一步增强中央企业自主创新能力等进行培训与研讨。70家中央企业分管科技和自主创新工作的负责同志、科技管理部门负责人等约130人参加了本次研讨班。

7月2日

科技部党组书记、副部长李学勇、国资委副主任邵宁一行到中国建筑材料科学研究总院调研，听取院领导班子汇报，实地考察了光纤面板研发基地、中空玻璃实验室和建材检验认证中心。

李学勇在调研座谈中肯定了建材总院为我国建材行业和无机非金属新材料领域发展做出的重要贡献。特别是近年来坚持企业化发展方向，不断推进科技创新和体制机制创新，综合实力快速提升，技术创新和服务行业能力显著增强，初步形成科技创新与产业化发展的良性循环。要求建材总院要充分发挥对建材行业发展的支撑和引领作用，进一步加强前沿技术和基础性研究，加强体制机制创新，不断增强持续创新能力。邵宁对建材总院实施转制重组、推进科技项目的产业化和规模化取得的成绩给予充分肯定。

7月10日

科技部、国资委和全国总工会联合下发《关于发布第二批创新型企业名单的通知》（国科发政［2009］402号），命名111家企业为第二批创新型企业。至此已有202家企业被命名为创新型企业。

7月10日

科技部、国资委和全国总工会联合下发《关于确定第三批创新型试点企业的通知》（国科发政［2009］403号），确定182家企业为第三批创新型试点企业。至此开展创新型企业试点工作的企业已达469家。

7月14日

科技部、财政部、教育部、国资委、全国总工会、国家开发银行联合召开视频会议，动员和部署实施国家技术创新工程。中共中央政治局委员、国务委员刘延东出席会议并发表重要讲话，六部门负责同志出席会议。全国政协副主席、科技部部长万钢主持会议并作总结，科技部党组书记、副部长李学勇代表六部门对技术创新工程的主要任务和工作部署作了说明。

刘延东在讲话中指出，建设创新型国家，关键在于提高企业的自主创新能力，建立以企业为主体、市场为导向、产学研相结合的技术创新体系。实施国家技术创新工程，就是着眼企业这一创新主体而做出的一项重大部署。其目的在于通过体制机制创新，优化企业创新环境，组织和引导创新要素向企业集聚，支持企业提高自主创新能力，实现技术创新体系建设的重大突破，全面推进国家创新体系建设。要通过实施技术创新工程，以分布全国的创新型企业、贯穿产业链的产业技术创新战略联盟、服务行业和区域的技术创新服务平台为三大载体，形成技术创新体系的整体设计和基本框架。

中央和国家机关28个部门、主要行业协会、重点科研机构和高校、创新型企业和产业技术创新战略联盟等方面代表在主会场参加会议。各地方科技厅设立分会场，地方政府相关负责同志、共同组织实施技术创新工程有关部门负责同志以及各方面代表通过视频参加了会议。

7月17日

黑龙江省科技厅会同有关部门召开黑龙江省技术创新工程推进工作会议，在东北老工业基地率先启动技术创新工程。黑龙江省副省长孙尧、科技部副秘书长王志学出席会议。

8月2~4日

科技部在内蒙古自治区组织召开创新型企业试点工作重点联系省区座谈会，内蒙古、黑龙江、江苏、浙江、安徽、广东、四川、云南、甘肃九省区科技厅负责人出席会议。会议总结交流地方推进创新型企业建设情况，共同商议在地方加快推进国家技术创新工程。

会议认为，要切实从战略和全局的高度充分认识实施技术创新工程的重要意义，以聚焦企业为核心，围绕提高企业自主创新能力，着力在创新主体、创新要素、创新机制和创新服务四个方面下工夫、见成效。要紧紧抓住产业技术创新战略联盟、技术创新服务平台和创新型企业三大载体，全面推动技术创新工程的实施。要积极推动地方党委、政府把实施技术创新工程作为贯彻科学发展观和保增长、保民生、保稳定的重要内容，在全局工作中摆上重要地位，加强组织领导和条件保障，抓紧抓好组织实施工作，切实使技术创新工程成为企业、院所、群众和国家都受益的战略工程。

8月11日

为及时了解创新型（试点）企业的发展动态，有针对性地加强对创新型（试点）企业的支持，为创新型企业动态评价提供信息支撑，科技部有关部门发出《关于建立创新型（试点）企业信息采集工作制度暨开展2009年创新型（试点）企业信息采集工作的通知》（国科政函［2009］29号），决定建立创新型（试点）企业信息采集制度，并从2009年开始开展创新型（试点）企业信息采集工作。

8月27日

重庆市召开技术创新工程启动大会，科技部副部长杜占元、重庆市副市长童小平出席会议并讲话。杜占元在讲话中指出，从根本上化解金融危机的办法是科技创新，培育经济的战略增长点，其重要的抓手和突破口是实施技术创新工程。重庆市是西南地区率先启动技术创新工程的省市。

8月30日

科技部党组书记、副部长李学勇带队考察了“煤炭开发利用技术创新战略联盟”牵头单位、创新型企业神华集团的神东矿区。内蒙古自治区科技厅、神华集团相关领导陪同考察。

李学勇在考察中指出，神华牵头构建的产业技术创新战略联盟在实践中为促进产学研结合、解决科技与经济结合的问题提供了重要经验，值得很好总结。实践表明，通过联盟这种有效形式可以把活跃的企业技术创新需求和高等院校、科研机构的科技资源、人才资源有机结合起来，打通技术创新成果大规模产业化应用的渠道，实现科技与经济紧密结合。构建产业技术创新战略联盟要坚持以企业发展的内在需求和联盟参与方的共同利益为基础，以具有法律约束力的契约为保障。李学勇强调，依托龙头企业建立产学研结合的创新服务平台，有利于带动行业技术进步。企业自主创新要充分利用国际资源、应成为国际科技合作基地，引进技术的消化吸收再创新工作的基点应放在生产第一线。

11月6～7日

科技部党组书记、副部长李学勇带队赴天津，调研天津赛象科技股份公司、天津手表厂、天津天地伟业数码科技有限公司等的技术创新工作。天津市委书记、市人大常委会主任张高丽会见了李学勇一行，天津市政府副市长王治平、天津市科委主任李家俊等陪同调研。

李学勇在调研过程中，对企业在技术创新中取得的进展和成就，对企业的创新文化、流程制度、科技创新理念及精细化管理体系给予肯定，并勉励企业进一步加强自主创新，提高企业核心竞争力，引领行业高端技术发展。调研期间，李学勇还出席了第三届中国产学研合作（滨海）高峰论坛暨2009中国产学研合作促进会年会。

11月10日

科技部党组书记、副部长李学勇会见新一代煤（能源）化工产业技术创新战略联盟（以下简称煤化工联盟）理事长、中国化学工程集团公司总经理金克宁一行，听取煤化工联盟在流化床甲醇制丙烯（FMTP）关键技术开发上取得的重大突破，以及联盟组织对于推动和保障重大产业技术创新的关键性作用的汇报。

李学勇强调指出，煤化工联盟取得的成绩是体制机制创新推动技术创新的生动体现。煤化工等联盟的成功实践证明，推动产业技术创新战略联盟的构建和发展，是推动产业技术创新，促进产业转型升级，提升产业核心竞争力的有效举措。科技部将会同有关部门进一步加大对联盟支持，对于煤化工联盟等首批4个试点联盟的成功模式，加大宣传推广力度。

11月11～13日

科技部经商技术创新工程共同推进部门，函复浙江、安徽、江苏三省人民政府，支持开展国家技术创新工程试点省工作。

11月19日

甘肃省科技厅、工信委、财政厅、教育厅、国资委、总工会、开发银行甘肃省分行共同召开甘肃省技术创新工程启动大会，副省长郝远出席会议并作动员讲话。甘肃省是西北地区率先启动技术创新工程的省份。

11月25日

浙江省委、省政府召开了国家技术创新工程浙江省试点工作动员大会，省委书记赵洪祝、省长吕祖善，省四大班子有关负责同志、各地市的主要领导、县市区委书记、有关高校、科研机构和企业的负责同志在主会场参加了会议。各市、县（市、区）党委、政府有关负责同志及有关部门负责人，不在杭的行业龙头骨干企业、高校、科研院所、创新型企业在当地视频分会场参加了会议。科技部党组书记、副部长李学勇，副部长刘燕华出席会议，教育部、国资委、全国总工会、国家开发银行等部门的有关负责同志参加会议。

赵洪祝在讲话中指出，在浙江省开展技术创新工程试点工作，既是对浙江工作的充分肯定，也是对创新型国家建设作出新贡献的殷切期盼，更是时代赋予的历史使命。通过技术创新工程的实施，力争经过“十一五”后两年和“十二五”计划期间的努力，进一步确立企业的技术创新主体地位，引导创新要素向企业集聚，着力改善创新服务，大幅度提高企业自主创新能力，建立比较完善的，以企业为主体、市场为导向、产学研紧密结合的区域创新体系，为浙江经济转型升级，提高国际竞争力提供有力支撑。

李学勇在讲话中指出，浙江省率先开展技术创新工程试点工作，是浙江调结构、促转型、实现经济社会又好又快发展的内在要求，也是浙江增强自主创新能力、建设创新型省份的战略举措。希望试点工作在体制机制、发展模式、资源集成、优化环境、加快创新型浙江建设方面作出积极探索和示范，同时也为国家技术创新工程在地方的全面实施探索路子、积累经验。科技部将会同有关部门，积极支持浙江省大力推进技术创新工程的试点工作。

浙江省委副书记、省长吕祖善主持了大会，科技部副部长刘燕华宣读了《关于对国家技术创新工程浙江省试点工作方案的复函》，大会还为国家创新型企业和省级创新型企业、浙江21个块状经济转型升级专家服务组授牌。

12月1日

为深入实施国家技术创新工程，推动产业技术创新战略联盟的构建与发展，加快建立以企业为主体、市场为导向、产学研相结合的技术创新体系，提升企业自主创新能力和产业核心竞争力，促进经济结构调整和产业优化升级，科技部印发了《关于推动产业技术创新战略联盟构建与发展的实施办法（试行）》（国科发政［2009］648号）。

12月13日

由新一代煤（能源）化工产业技术创新战略联盟组织开发的流化床甲醇制丙烯（FMTP）工业技术重大突破新闻发布会召开。全国人大常委会原副委员长顾秀莲，科技部党组书记、副部长李学勇，中国石油和化学工业协会会长李勇武，财政部、教育部、国资委、全国总工会、国家开发银行相关负责同志出席发布会。

流化床甲醇制丙烯工业技术的开发成功，对于我国煤化工产业克服结构性矛盾，加快转型升级提升核心竞争力具有战略意义，同时也是在联盟平台上开展产业技术创新活动，通过体制机制创新推动技术创新的成功实践。

12月17日

中关村国家自主创新示范区百家创新型企业试点工作大会召开。中共中央政治局委员、北京市委书记刘淇，科技部党组书记、副部长李学勇，中科院党组副书记、常务副院长白春礼等出席并讲话。北京市委副书记、市长郭金龙主持会议。

刘淇在讲话中指出，要进一步加大对中关村百家创新企业试点工作的推进力度，培育一批世界一流的创新型企业，形成更多具有自主知识产权的世界一流的创新成果，重点吸引一批一流的战略科学家、科技领军人才、科技企业家和高科技创业团队，建立健全鼓励创新创业的分配制度和激励机制，最大限度地激发科技人才的创新活力。

李学勇在讲话中指出，开展好中关村百家创新型企业试点工作，是落实国家技术创新工程的重要任务，对全国技术创新工程的实施将起到示范和带动作用。科技部将一如既往，大力支持百家创新型企业试点工作，大力支持中关村国家自主创新示范区建设。

会议发布了《关于支持中关村百家创新型试点企业做强做大的若干措施》，公布了126家第三批创新型试点企业名单，并在前两批试点基础上命名56家企业为首批中关村国家自主创新示范区创新型企业。

12月30日

江苏长电科技股份有限公司等25家产学研单位发起的集成电路封测产业链技术创新联盟在北京正式成立。科技部党组书记、副部长李学勇，副部长曹健林出席会议并讲话。这是依托国家科技重大专项成立的第一个产业技术创新战略联盟，着力突破“极大规模集成电路制造装备及成套工艺”相关核心关键技术，构建集成电路封测产业链。

附 录

附录二

创新型试点企业名录

附表 1　第一批创新型试点企业（103 家）

序号	企业名称	地域
1	中国航天科技集团公司	北京
2	中国石油化工集团公司	北京
3	国家电网公司	北京
4	中国长江三峡集团公司（原中国长江三峡工程开发总公司）	湖北
5	神华集团有限责任公司	北京
6	中国网络通信集团公司①	北京
7	中国电子信息产业集团有限公司（原中国电子信息产业集团公司）	北京
8	中国第一汽车集团公司	吉林
9	中国东方电气集团有限公司（原中国东方电气集团公司）	四川
10	鞍山钢铁集团公司	辽宁
11	宝钢集团有限公司（原上海宝钢集团公司）	上海
12	中国铝业公司	北京
13	中国化学工程集团公司	北京
14	中国铁路工程总公司	北京
15	中国生物技术集团公司②	北京
16	电信科学技术研究院（大唐电信集团）	北京
17	中国钢研科技集团有限公司（原钢铁研究总院）	北京
18	北京有色金属研究总院	北京
19	煤炭科学研究总院	北京
20	机械科学研究总院	北京
21	中国纺织科学研究院	北京

① 中国网络通信集团公司已与中国联合通信有限公司重组合并为中国联合网络通信集团有限公司。

② 中国生物技术集团公司已与中国医药集团总公司实行联合重组，组建新的中国医药集团总公司。

续表

序号	企 业 名 称	地域
22	中国农业机械化科学研究院	北京
23	中材科技股份有限公司	北京
24	中国重型机械研究院有限公司（原西安重型机械研究所）	陕西
25	北京矿冶研究总院	北京
26	武汉邮电科学研究院	湖北
27	联想（北京）有限公司	北京
28	北京汉王科技股份有限公司	北京
29	北京信威通信技术股份有限公司	北京
30	北京仁创科技集团有限公司	北京
31	天津钢管集团有限公司	天津
32	天津天士力集团有限公司	天津
33	唐山轨道客车有限责任公司（原中国北车集团唐山机车车辆厂）	河北
34	太原重型机械集团有限公司	山西
35	太原风华信息装备股份有限公司	山西
36	内蒙古蒙西高新技术集团有限公司	内蒙古
37	沈阳新松机器人自动化股份有限公司	辽宁
38	辽宁奥克化学股份有限公司（原辽宁奥克化学集团有限公司）	辽宁
39	吉林华微电子股份有限公司	吉林
40	长春轨道客车股份有限公司	吉林
41	亿阳信通股份有限公司	黑龙江
42	哈药集团三精制药股份有限公司	黑龙江
43	上海振华重工（集团）股份有限公司（原上海振华港口机械股份有限公司）	上海
44	上海宝信软件股份有限公司	上海
45	上海电器科学研究所（集团）有限公司	上海
46	上海药明康德新药开发有限公司	上海
47	南京联创科技集团股份有限公司（原南京联创科技股份有限公司）	江苏
48	扬子江药业集团有限公司	江苏
49	江苏法尔胜泓昇集团有限公司（原法尔胜集团公司）	江苏
50	中控科技集团有限公司	浙江
51	浙江吉利控股集团有限公司	浙江
52	浙江海正药业股份有限公司	浙江
53	奇瑞汽车有限公司	安徽
54	安徽丰原集团控股有限公司（原安徽丰原集团有限公司）	安徽
55	福建星网锐捷通讯股份有限公司	福建
56	福建南靖万利达科技有限公司	福建
57	江西昌九农科化工有限公司	江西
58	江西省德兴市百勤异 VC 钠有限公司	江西

续表

序号	企 业 名 称	地域
59	浪潮集团有限公司	山东
60	烟台万华聚氨酯股份有限公司	山东
61	山东登海种业股份有限公司	山东
62	许继集团有限公司	河南
63	郑州宇通客车股份有限公司	河南
64	武汉华中数控股份有限公司	湖北
65	湖北新火炬科技股份有限公司（原襄樊星火汽车零部件制造有限公司）	湖北
66	长沙中联重工科技发展股份有限公司	湖南
67	湘潭平安电气集团有限公司	湖南
68	广州金发科技股份有限公司	广东
69	广东风华高新科技股份有限公司	广东
70	广东威创视讯科技股份有限公司（原广东威创日新电子有限公司）	广东
71	广州机械科学研究院	广东
72	桂林利凯特环保实业股份有限公司	广西
73	海南赛诺实业有限公司	海南
74	海南全星药业有限公司	海南
75	重庆川仪总厂有限公司	重庆
76	招商局重庆交通科研设计院有限公司（原重庆交通科研设计院）	重庆
77	重庆华立药业股份有限公司	重庆
78	四川长虹电器股份有限公司	四川
79	攀钢集团有限公司（原攀枝花钢铁（集团）公司）	四川
80	成都地奥制药集团有限公司	四川
81	贵阳航天林泉科技有限公司①	贵州
82	贵州汇通华城楼宇科技有限公司	贵州
83	云南白药集团股份有限公司	云南
84	昆明船舶设备集团有限公司	云南
85	西藏奇正藏药股份有限公司（原西藏林芝奇正藏药厂）	西藏
86	西安海天天线科技股份有限公司	陕西
87	金川集团有限公司	甘肃
88	天水星火机床有限责任公司	甘肃
89	宁夏东方钽业股份有限公司	宁夏
90	西部矿业股份有限公司	青海
91	青海新能源研究所有限公司	青海
92	新疆屯河工贸（集团）有限公司	新疆
93	新疆众和股份有限公司	新疆

① 贵阳航天林泉科技有限公司已注销。

续表

序号	企 业 名 称	地域
94	新疆石河子中发化工有限责任公司	新疆兵团
95	大连三科科技发展有限公司	大连
96	宁波海天塑机集团有限公司（原宁波海天集团股份有限公司）	宁波
97	博威集团有限公司（原宁波博威集团有限公司）	宁波
98	厦门钨业股份有限公司	厦门
99	厦门华侨电子股份有限公司	厦门
100	海尔集团公司	青岛
101	海信集团有限公司	青岛
102	华为技术有限公司	深圳
103	中兴通讯股份有限公司	深圳

附表 2　第二批创新型试点企业（184 家）

序号	企 业 名 称	地域
1	中国航空工业第一集团公司①	北京
2	中国船舶重工集团公司	北京
3	中国兵器工业集团公司	北京
4	中国兵器装备集团公司	北京
5	中国石油天然气集团公司	北京
6	中国华能集团公司	北京
7	中国移动通信集团公司	北京
8	中国第一重型机械集团公司	黑龙江
9	武汉钢铁（集团）公司	湖北
10	中国建筑工程总公司	北京
11	中国冶金科工集团有限公司（原中国冶金科工集团公司）	北京
12	中国化工集团公司	北京
13	中国中材集团有限公司〔原中国中材集团公司（含中材高新材料股份有限公司）〕	北京
14	中国建筑材料集团有限公司（原中国建筑材料集团公司）	北京
15	中国北方机车车辆工业集团公司	北京
16	中国南车集团公司（原中国南方机车车辆工业集团公司）	北京
17	中国铁道建筑总公司	北京
18	中国普天信息产业集团公司	北京
19	中国医药集团总公司	北京
20	上海贝尔股份有限公司（原上海贝尔阿尔卡特股份有限公司）	上海
21	中国电信集团公司	北京

① 中国航空工业第一集团公司已与中国航空工业第二集团公司合并组成“中国航空工业集团公司”。

续表

序号	企 业 名 称	地域
22	中国航天科工集团公司	北京
23	中国有色矿业集团有限公司	北京
24	彩虹集团公司	北京
25	中国葛洲坝集团公司	湖北
26	哈尔滨电气集团公司（原哈尔滨电站设备集团公司）	黑龙江
27	中国国电集团公司	北京
28	中国南方电网有限责任公司	广东
29	中国远洋运输（集团）总公司	北京
30	中国高新投资集团公司	北京
31	沈阳化工研究院有限公司（原沈阳化工研究院）	辽宁
32	长沙矿冶研究院	湖南
33	中国电器科学研究院	广东
34	上海医药工业研究院	上海
35	天津化工研究设计院	天津
36	天津药物研究院	天津
37	中国日用化学工业研究院	山西
38	中钢集团洛阳耐火材料研究院	河南
39	北大方正集团有限公司	北京
40	用友软件股份有限公司	北京
41	北京神州数码有限公司	北京
42	北京大北农科技集团有限责任公司	北京
43	北京和利时系统工程股份有限公司	北京
44	天津赛象科技股份有限公司	天津
45	天津力神电池股份有限公司	天津
46	天津药业集团有限公司	天津
47	天津电气传动设计研究所	天津
48	中国乐凯胶片集团公司	河北
49	邯郸钢铁集团有限责任公司	河北
50	石药集团有限公司	河北
51	华北制药集团新药研究开发有限责任公司	河北
52	太原钢铁（集团）有限公司	山西
53	山西信联集团实业有限公司	山西
54	内蒙古鄂尔多斯羊绒集团有限责任公司	内蒙古
55	内蒙古伊利实业集团股份有限公司	内蒙古
56	内蒙古伊泰集团有限公司	内蒙古
57	内蒙古蒙牛乳业（集团）股份有限公司	内蒙古
58	包头钢铁（集团）有限责任公司	内蒙古

续表

序号	企 业 名 称	地域
59	沈阳机床（集团）有限责任公司	辽宁
60	沈阳北方交通重工集团有限公司	辽宁
61	辽宁恒星精细化工（集团）有限公司（原丹东恒星精细化工有限公司）	辽宁
62	锦州奥鸿药业有限责任公司	辽宁
63	吉林敖东延边药业股份有限公司	吉林
64	修正药业集团股份有限公司	吉林
65	四平市精细化学品有限公司	吉林
66	黑龙江沃尔德电缆有限公司	黑龙江
67	东北轻合金有限公司	黑龙江
68	哈药集团有限公司	黑龙江
69	哈尔滨仁皇药业股份有限公司	黑龙江
70	上海新傲科技有限公司	上海
71	上海复星医药（集团）股份有限公司	上海
72	上海太阳能科技有限公司	上海
73	上海电缆研究所	上海
74	南京南瑞集团公司	江苏
75	江苏阳光股份有限公司	江苏
76	大全集团有限公司	江苏
77	东飞马佐里纺机有限公司（原马佐里（东台）纺机有限公司）	江苏
78	江苏兴荣高新科技股份有限公司	江苏
79	江苏沙钢集团有限公司	江苏
80	万向集团公司	浙江
81	浙江医药股份有限公司新昌制药厂	浙江
82	杭州制氧机集团有限公司	浙江
83	浙江华海药业股份有限公司	浙江
84	富通集团有限公司	浙江
85	安徽科大讯飞信息科技股份有限公司	安徽
86	安徽江淮汽车股份有限公司	安徽
87	安徽叉车集团公司	安徽
88	安徽中鼎密封件股份有限公司	安徽
89	铜陵有色金属集团控股有限公司	安徽
90	黄山永新股份有限公司	安徽
91	龙净环保股份有限公司	福建
92	福建福晶科技股份有限公司	福建
93	福建新大陆科技集团有限公司	福建
94	福建省永安林业（集团）股份有限公司	福建
95	江西铜业集团公司	江西

续表

序号	企 业 名 称	地域
96	江中药业股份有限公司	江西
97	泰豪科技股份有限公司	江西
98	江西汇仁药业有限公司	江西
99	鲁南制药集团股份有限公司	山东
100	丛林集团有限公司（原山东丛林集团有限公司）	山东
101	威海广泰空港设备股份有限公司	山东
102	万达集团股份有限公司	山东
103	山东冠丰种业科技有限公司	山东
104	平高集团有限公司	河南
105	中信重型机械公司	河南
106	华兰生物工程股份有限公司	河南
107	南阳防爆集团有限公司	河南
108	河南瑞贝卡发制品股份有限公司	河南
109	湖北宜化集团有限责任公司	湖北
110	湖北鼎龙化工有限公司	湖北
111	中钢集团天澄环保科技股份有限公司	湖北
112	三一重工股份有限公司	湖南
113	长沙远大空调有限公司	湖南
114	湘潭电机股份有限公司	湖南
115	江南机器（集团）有限公司	湖南
116	广州无线电集团有限公司	广东
117	珠海格力电器股份有限公司	广东
118	美的集团有限公司	广东
119	广州迪森热能技术股份有限公司	广东
120	广东西陇化工有限公司	广东
121	广西柳工机械股份有限公司	广西
122	柳州欧维姆股份有限公司	广西
123	先声药业有限公司	海南
124	海南长安国际制药有限公司	海南
125	重庆长安汽车股份公司	重庆
126	重庆金山科技（集团）有限公司	重庆
127	重庆海扶技术有限公司	重庆
128	中电投远达环保工程有限公司	重庆
129	中国第二重型机械集团公司	四川
130	宜宾丝丽雅集团有限公司	四川
131	四川畜科饲料有限公司	四川
132	四川科伦药业股份有限公司	四川

续表

序号	企业名称	地域
133	四川启明星铝业有限责任公司	四川
134	四川龙蟒集团有限责任公司	四川
135	贵州航天电器股份有限公司	贵州
136	贵州益佰制药股份有限公司	贵州
137	贵州信邦制药股份有限公司	贵州
138	云南锡业集团有限责任公司	云南
139	昆明云内动力股份有限公司	云南
140	云南南天电子信息产业股份有限公司	云南
141	云南生物谷灯盏花药业有限公司	云南
142	昆明滇虹药业有限公司	云南
143	西藏诺迪康药业股份有限公司	西藏
144	西藏自治区藏药厂	西藏
145	西北有色金属研究院	陕西
146	陕西鼓风机（集团）有限公司	陕西
147	西安西电捷通无线网络通信股份有限公司（原西安西电捷通无线网络通信有限公司）	陕西
148	天水长城开关厂	甘肃
149	天水电气传动研究所	甘肃
150	天水华天微电子股份有限公司	甘肃
151	兰州兰石集团有限公司	甘肃
152	青海华鼎实业股份有限公司	青海
153	青海金河藏药药业股份有限公司	青海
154	青铜峡铝业集团有限公司	宁夏
155	宁夏建筑材料研究院（有限公司）	宁夏
156	宁夏中卫大河机床有限责任公司	宁夏
157	特变电工股份有限公司	新疆
158	新疆金风科技股份有限公司	新疆
159	新疆独山子天利高新技术股份有限公司	新疆
160	大连光洋科技工程有限公司	大连
161	大连重工·起重集团有限公司	大连
162	大连华信计算机技术有限公司	大连
163	大连獐子岛渔业集团股份有限公司	大连
164	瓦房店轴承集团有限责任公司	大连
165	宁波天安（集团）股份有限公司	宁波
166	宁波韵升股份有限公司	宁波
167	宁波天邦股份有限公司	宁波
168	贝发集团有限公司	宁波
169	宁波大成新材料股份有限公司	宁波

续表

序号	企业名称	地域
170	厦门通士达照明有限公司	厦门
171	厦门华联电子有限公司	厦门
172	厦门宏发电声有限公司	厦门
173	厦门雅迅网络股份有限公司	厦门
174	厦门弘信电子科技有限公司	厦门
175	青岛高校软控股份有限公司	青岛
176	青岛即发集团股份有限公司	青岛
177	青岛喜盈门集团有限公司	青岛
178	青岛明月海藻集团有限公司	青岛
179	青岛海洋化工研究院	青岛
180	深圳迈瑞生物医疗电子股份有限公司	深圳
181	深圳市大族激光科技股份有限公司	深圳
182	研祥智能科技股份有限公司	深圳
183	新疆天业节水灌溉股份有限公司	新疆兵团
184	石河子市华农种子机械制造有限公司	新疆兵团

附表3　第三批创新型试点企业（182家）

序号	企业名称	地域
1	中国商用飞机有限责任公司	上海
2	中国核工业集团公司	北京
3	中国船舶工业集团公司	北京
4	中国海洋石油总公司	北京
5	东风汽车公司	湖北
6	中国中化集团公司	北京
7	中国五矿集团公司	北京
8	中国中煤能源集团公司	北京
9	中国交通建设集团有限公司	北京
10	新兴铸管集团有限公司	北京
11	中国西电集团公司（原西安电力机械制造公司）	陕西
12	中国食品发酵工业研究院	北京
13	中国汽车工程研究院	重庆
14	北京中科科仪技术发展有限责任公司	北京
15	合肥通用机械研究院	安徽
16	天津工程机械研究院	天津
17	同方股份有限公司	北京
18	首钢总公司	北京

续表

序号	企　业　名　称	地域
19	北汽福田汽车股份有限公司	北京
20	北新集团建材股份有限公司	北京
21	太极计算机股份有限公司	北京
22	北京碧水源科技股份有限公司	北京
23	北京国药恒瑞美联信息技术有限公司	北京
24	北京北分瑞利分析仪器（集团）有限责任公司	北京
25	天津市天锻压力机有限公司	天津
26	天津曙光计算机产业有限公司	天津
27	天津立林机械集团有限公司	天津
28	天津赛瑞机器设备有限公司	天津
29	天津市环欧半导体材料技术有限公司	天津
30	长城汽车股份有限公司	河北
31	石家庄以岭药业股份有限公司	河北
32	河北先河环保科技股份有限公司（原河北先河科技发展有限公司）	河北
33	河北硅谷化工有限公司	河北
34	永济新时速电机电器有限责任公司	山西
35	山西潞安矿业（集团）有限责任公司	山西
36	山西晋城无烟煤矿业集团有限责任公司	山西
37	南风化工集团股份有限公司	山西
38	山西中绿环保集团有限公司（原太原中绿环保技术有限公司）	山西
39	山西鸿基科技股份有限公司	山西
40	内蒙古灵奕高科技（集团）有限责任公司	内蒙古
41	内蒙古晟纳吉光伏材料有限公司	内蒙古
42	沈阳透平机械股份有限公司	辽宁
43	辽宁聚龙金融设备股份有限公司	辽宁
44	鞍山森远路桥股份有限公司	辽宁
45	沈阳远大铝业集团有限公司	辽宁
46	吉林吉恩镍业股份有限公司	吉林
47	吉林化纤集团有限责任公司	吉林
48	吉林省博大制药有限责任公司	吉林
49	通化钢铁股份有限公司	吉林
50	长春新产业光电技术有限公司	吉林
51	哈尔滨博实自动化设备有限责任公司	黑龙江
52	牡丹江友搏药业有限责任公司	黑龙江
53	齐齐哈尔二机床（集团）有限责任公司	黑龙江
54	大庆华科股份有限公司	黑龙江
55	哈尔滨誉衡药业股份有限公司	黑龙江

续表

序号	企业名称	地域
56	上海汽车工业（集团）总公司	上海
57	上海重型机器厂有限公司	上海
58	上海发电设备成套设计研究院	上海
59	上海迪赛诺化学制药有限公司	上海
60	上海连成（集团）有限公司	上海
61	上海新时达电气股份有限公司	上海
62	无锡尚德太阳能电力有限公司	江苏
63	亨通集团有限公司	江苏
64	江苏恒瑞医药股份有限公司	江苏
65	江苏扬农化工集团有限公司	江苏
66	中电电气集团有限公司	江苏
67	江苏天奇物流系统工程股份有限公司	江苏
68	江苏省交通科学研究院股份有限公司	江苏
69	浙江正泰电器股份有限公司	浙江
70	浙江盾安人工环境设备股份有限公司	浙江
71	巨石集团有限公司	浙江
72	浙江康恩贝制药股份有限公司	浙江
73	浙江新安化工集团股份有限公司	浙江
74	浙江新和成股份有限公司	浙江
75	杭州中美华东制药有限公司	浙江
76	聚光科技（杭州）股份有限公司（原聚光科技（杭州）有限公司）	浙江
77	马钢（集团）控股有限公司	安徽
78	安徽海螺集团有限责任公司	安徽
79	合肥工大高科信息技术有限责任公司	安徽
80	合肥美亚光电技术有限责任公司	安徽
81	安徽华东光电技术研究所	安徽
82	安徽昊方机电股份有限公司	安徽
83	安徽蓝盾光电子股份有限公司	安徽
84	安徽鲲鹏装备模具制造有限公司	安徽
85	安徽安凯福田曙光车桥有限公司	安徽
86	福建龙溪轴承（集团）股份有限公司	福建
87	福建省南平铝业有限公司	福建
88	福建凤竹纺织科技股份有限公司	福建
89	福耀玻璃工业集团股份有限公司	福建
90	福建正源饲料有限公司	福建
91	崇义章源钨业股份有限公司	江西
92	思创数码科技股份有限公司	江西

续表

序号	企业名称	地域
93	南昌弘益科技有限公司	江西
94	江西诚志生物工程有限公司	江西
95	中国重型汽车集团有限公司	山东
96	兖矿集团有限公司	山东
97	潍柴动力股份有限公司	山东
98	山东绿叶制药股份有限公司	山东
99	山东时风（集团）有限责任公司	山东
100	山东泉林纸业有限公司	山东
101	山东金正大生态工程股份有限公司	山东
102	山东龙力生物科技股份有限公司（原山东龙力生物科技有限公司）	山东
103	郑州煤矿机械集团股份有限公司	河南
104	濮阳濮耐高温材料（集团）股份有限公司	河南
105	南阳二机石油装备（集团）有限公司	河南
106	永城煤电控股集团有限公司	河南
107	郑州威科姆科技股份有限公司	河南
108	河南黄河旋风股份有限公司	河南
109	华工科技产业股份有限公司	湖北
110	武汉凡谷电子技术股份有限公司	湖北
111	长飞光纤光缆有限公司	湖北
112	武汉天喻信息产业股份有限公司	湖北
113	襄樊五二五泵业有限公司	湖北
114	湖南山河智能机械股份有限公司	湖南
115	株洲钻石切削刀具股份有限公司	湖南
116	湖南海利高新技术产业集团有限公司	湖南
117	长城信息产业股份有限公司	湖南
118	TCL 集团股份有限公司	广东
119	广东志成冠军集团有限公司	广东
120	广州市白云电气集团有限公司	广东
121	广东温氏食品集团有限公司	广东
122	广州白云山和记黄埔中药有限公司	广东
123	广东汕头超声电子股份有限公司	广东
124	广东光华化学厂有限公司	广东
125	中国化工橡胶桂林有限公司	广西
126	桂林橡胶机械厂	广西
127	柳州两面针股份有限公司	广西
128	海南立昇净水科技实业有限公司	海南
129	海南金盘电气有限公司	海南

续表

序号	企 业 名 称	地域
130	海南椰国食品有限公司	海南
131	海南新世通制药有限公司	海南
132	重庆齿轮箱有限责任公司	重庆
133	重庆紫光化工股份有限公司	重庆
134	力帆实业（集团）股份有限公司	重庆
135	重庆华邦制药股份有限公司	重庆
136	重庆小康汽车产业集团有限公司（原重庆渝安创新科技（集团）有限公司）	重庆
137	北大国际医院集团西南合成制药股份有限公司（原西南合成制药股份有限公司）	重庆
138	中昊晨光化工研究院	四川
139	四川川环科技股份有限公司	四川
140	成都迈普产业集团有限公司	四川
141	新希望集团有限公司	四川
142	四川久大制盐有限责任公司	四川
143	四川丹甫制冷压缩机股份有限公司	四川
144	瓮福（集团）有限责任公司	贵州
145	贵州百灵企业集团制药股份有限公司	贵州
146	贵州凯星液力传动机械有限公司	贵州
147	贵研铂业股份有限公司	云南
148	云南特安呐制药股份有限公司	云南
149	西藏特色产业股份有限公司	西藏
150	西藏金稞集团有限责任公司（原西藏金稞科技有限公司）	西藏
151	陕西秦川机床工具集团有限公司	陕西
152	西安西电开关电气有限公司（原西安西开高压电气股份有限公司）	陕西
153	陕西汽车集团有限责任公司	陕西
154	宝鸡石油钢管有限责任公司	陕西
155	酒泉钢铁（集团）有限责任公司	甘肃
156	甘肃蓝科石化高新装备股份有限公司	甘肃
157	青海盐湖工业集团股份有限公司	青海
158	青海洁神装备制造集团有限公司	青海
159	西宁特殊钢股份有限公司	青海
160	西北轴承股份有限公司	宁夏
161	宁夏多维泰瑞制药有限公司	宁夏
162	特变电工新疆新能源股份有限公司（原新疆新能源股份有限公司）	新疆
163	新疆华世丹药业股份有限公司	新疆
164	新疆有色金属工业（集团）有限责任公司	新疆
165	大连冷冻机股份有限公司	大连
166	路明科技集团有限公司	大连

续表

序号	企 业 名 称	地域
167	宁波方太橱具有限公司	宁波
168	宁波雅戈尔日中纺织印染有限公司	宁波
169	宁波沁园集团有限公司	宁波
170	宁波东方电缆股份有限公司	宁波
171	宁波欣达（集团）有限公司	宁波
172	厦门金龙联合汽车工业有限公司	厦门
173	厦门精图信息技术有限公司	厦门
174	厦门特宝生物工程股份有限公司	厦门
175	厦门涌泉集团有限公司	厦门
176	青岛港（集团）有限公司	青岛
177	青特集团有限公司	青岛
178	青岛变压器集团有限公司	青岛
179	比亚迪股份有限公司	深圳
180	深圳市同洲电子股份有限公司	深圳
181	深圳市三诺电子有限公司	深圳
182	深圳市格林美高新技术股份有限公司	深圳

附表4 第四批创新型试点企业（81家）

序号	企 业 名 称	地域
1	中国电子科技集团公司	北京
2	中国轻工集团公司	北京
3	华锐风电科技（集团）股份有限公司	北京
4	百度在线网络技术（北京）有限公司	北京
5	英利集团有限公司	河北
6	巨力索具股份有限公司	河北
7	太原合创自动化有限公司	山西
8	山西焦煤集团有限责任公司	山西
9	内蒙古北方重型汽车股份有限公司	内蒙古
10	内蒙古博源控股集团有限公司	内蒙古
11	东软集团股份有限公司	辽宁
12	荣信电力电子股份有限公司	辽宁
13	吉林省昊宇石化电力设备制造有限公司	吉林
14	哈尔滨九洲电气股份有限公司	黑龙江
15	微创医疗器械（上海）有限公司	上海
16	展讯通信（上海）有限公司	上海
17	万达信息股份有限公司	上海

续表

序号	企 业 名 称	地域
18	上海海立（集团）股份有限公司	上海
19	上海杰事杰新材料（集团）股份有限公司	上海
20	徐州工程机械集团有限公司	江苏
21	江苏长电科技股份有限公司	江苏
22	常熟开关制造有限公司	江苏
23	美新半导体（无锡）有限公司	江苏
24	江苏康缘药业股份有限公司	江苏
25	江苏省建筑科学研究院有限公司	江苏
26	江苏苏净集团有限公司	江苏
27	浙江运达风力发电工程有限公司	浙江
28	浙江浙大网新集团有限公司	浙江
29	万丰奥特控股集团有限公司	浙江
30	横店集团联宜电机有限公司	浙江
31	杭州海康威视数字技术股份有限公司	浙江
32	浙江亚太机电股份有限公司	浙江
33	安徽安凯汽车股份有限公司	安徽
34	淮南矿业（集团）有限责任公司	安徽
35	安徽济人药业有限公司	安徽
36	安徽大地熊新材料股份有限公司	安徽
37	安徽华菱汽车股份有限公司	安徽
38	中钢集团马鞍山矿山研究院有限公司	安徽
39	安徽三联交通应用技术股份有限公司	安徽
40	福建邮科通信技术有限公司	福建
41	江铃汽车股份有限公司	江西
42	仁和（集团）发展有限公司	江西
43	山东东岳神舟新材料有限公司	山东
44	山东如意科技集团有限公司	山东
45	三角集团有限公司	山东
46	山东南山铝业股份有限公司	山东
47	山东达驰电气有限公司	山东
48	金龙精密铜管集团股份有限公司	河南
49	河南金丹乳酸科技有限公司	河南
50	安琪酵母股份有限公司	湖北
51	武汉凯迪控股投资有限公司	湖北
52	袁隆平农业高科技股份有限公司	湖南
53	惠州市德赛集团有限公司	广东
54	广东格兰仕集团有限公司	广东

续表

序号	企 业 名 称	地域
55	广州珠江钢琴集团股份有限公司	广东
56	广州汽车集团股份有限公司	广东
57	广西玉柴机器股份有限公司	广西
58	桂林三金药业股份有限公司	广西
59	西南化工研究设计院	四川
60	华西能源工业股份有限公司	四川
61	泸州老窖股份有限公司	四川
62	四川明星电缆股份有限公司	四川
63	四川高金食品股份有限公司	四川
64	云南驰宏锌锗股份有限公司	云南
65	蒙自矿冶有限责任公司	云南
66	陕西法士特齿轮有限责任公司	陕西
67	天华化工机械及自动化研究设计院	甘肃
68	天水锻压机床有限公司	甘肃
69	甘肃银光聚银化工有限公司	甘肃
70	青海中信国安科技发展有限公司	青海
71	青海晶珠藏药高新技术产业股份有限公司	青海
72	宁夏启元药业有限公司	宁夏
73	新疆机械研究院股份有限公司	新疆
74	新疆绿色使者空气环境技术有限公司	新疆
75	大连裕祥科技集团有限公司	大连
76	宁波浙东精密铸造有限公司	宁波
77	厦门市美亚柏科信息股份有限公司	厦门
78	青岛汉缆股份有限公司	青岛
79	山东六和集团有限公司	青岛
80	青岛宏大纺织机械有限责任公司	青岛
81	青岛海利尔药业有限公司	青岛

附录三

创新型企业名录

附表1 首批创新型企业（91家）

序号	企 业 名 称	地域
1	中国航天科技集团公司	北京
2	中国石油化工集团公司	北京
3	国家电网公司	北京
4	中国长江三峡集团公司（原中国长江三峡工程开发总公司）	湖北
5	神华集团有限责任公司	北京
6	中国网络通信集团公司①	北京
7	中国电子信息产业集团有限公司（原中国电子信息产业集团公司）	北京
8	中国第一汽车集团公司	吉林
9	中国东方电气集团有限公司（原中国东方电气集团公司）	四川
10	鞍山钢铁集团公司	辽宁
11	宝钢集团有限公司	上海
12	中国铝业公司	北京
13	中国化学工程集团公司	北京
14	中国铁路工程总公司	北京
15	中国生物技术集团公司②	北京
16	电信科学技术研究院	北京
17	中国钢研科技集团有限公司（原钢铁研究总院）	北京
18	北京有色金属研究总院	北京
19	煤炭科学研究总院	北京
20	中国纺织科学研究院	北京
21	中国农业机械化科学研究院	北京
22	中材科技股份有限公司	北京

① 中国网络通信集团公司已与中国联合通信有限公司重组合并为“中国联合网络通信集团有限公司”。

② 中国生物技术集团公司已与中国医药集团总公司实行联合重组，组建新的中国医药集团总公司。

续表

序号	企 业 名 称	地域
23	中国重型机械研究院有限公司（原西安重型机械研究所）	陕西
24	北京矿冶研究总院	北京
25	武汉邮电科学研究院	湖北
26	联想（北京）有限公司	北京
27	汉王科技股份有限公司	北京
28	北京仁创科技集团有限公司	北京
29	天津钢管集团股份有限公司	天津
30	天津天士力集团有限公司	天津
31	唐山轨道客车有限责任公司（原中国北车集团唐山机车车辆厂）	河北
32	太原重型机械集团有限公司	山西
33	太原风华信息装备股份有限公司	山西
34	内蒙古蒙西高新技术集团有限公司	内蒙古
35	沈阳新松机器人自动化股份有限公司	辽宁
36	辽宁奥克化学股份有限公司（原辽宁奥克化学集团有限公司）	辽宁
37	吉林华微电子股份有限公司	吉林
38	长春轨道客车股份有限公司	吉林
39	亿阳信通股份有限公司	黑龙江
40	哈药集团三精制药股份有限公司	黑龙江
41	上海振华重工（集团）股份有限公司（原上海振华港口机械股份有限公司）	上海
42	上海宝信软件股份有限公司	上海
43	上海电器科学研究所（集团）有限公司	上海
44	南京联创科技集团股份有限公司（原南京联创科技股份有限公司）	江苏
45	扬子江药业集团有限公司	江苏
46	江苏法尔胜泓昇集团有限公司（原法尔胜集团公司）	江苏
47	中控科技集团有限公司	浙江
48	浙江吉利控股集团有限公司	浙江
49	浙江海正药业股份有限公司	浙江
50	奇瑞汽车股份有限公司	安徽
51	福建星网锐捷通讯股份有限公司	福建
52	南靖万利达科技有限公司	福建
53	江西昌九农科化工有限公司	江西
54	浪潮集团有限公司	山东
55	烟台万华聚氨酯股份有限公司	山东
56	山东登海种业股份有限公司	山东
57	许继集团有限公司	河南
58	郑州宇通客车股份有限公司	河南
59	武汉华中数控股份有限公司	湖北
60	湖北新火炬科技股份有限公司（原襄樊星火汽车零部件制造有限公司）	湖北

续表

序号	企 业 名 称	地域
61	长沙中联重工科技发展股份有限公司	湖南
62	湘潭平安电气集团有限公司	湖南
63	金发科技股份有限公司	广东
64	广东风华高新科技股份有限公司	广东
65	广东威创视讯科技股份有限公司（原广东威创日新电子有限公司）	广东
66	广州机械科学研究院	广东
67	海南全星药业有限公司	海南
68	重庆川仪总厂有限公司	重庆
69	招商局重庆交通科研设计院有限公司（原重庆交通科研设计院）	重庆
70	重庆华立药业股份有限公司	重庆
71	四川长虹电器股份有限公司	四川
72	攀钢集团有限公司（原攀枝花钢铁（集团）公司）	四川
73	成都地奥制药集团有限公司	四川
74	贵阳航天林泉科技有限公司①	贵州
75	云南白药集团股份有限公司	云南
76	昆明船舶设备集团有限公司	云南
77	西藏奇正藏药股份有限公司（原西藏林芝奇正藏药厂）	西藏
78	西安海天天线科技股份有限公司	陕西
79	金川集团有限公司	甘肃
80	天水星火机床有限责任公司	甘肃
81	宁夏东方钽业股份有限公司	宁夏
82	西部矿业股份有限公司	青海
83	新疆众和股份有限公司	新疆
84	新疆石河子中发化工有限责任公司	新疆
85	宁波海天塑机集团有限公司（原宁波海天集团股份有限公司）	宁波
86	博威集团有限公司（原宁波博威集团有限公司）	宁波
87	厦门钨业股份有限公司	厦门
88	海尔集团公司	青岛
89	海信集团有限公司	青岛
90	华为技术有限公司	深圳
91	中兴通讯股份有限公司	深圳

附表2　第二批创新型企业（111家）

序号	企 业 名 称	地域
1	中国航天科工集团公司	北京
2	中国船舶重工集团公司	北京

① 贵阳航天林泉科技有限公司已注销。

续表

序号	企 业 名 称	地域
3	中国兵器工业集团公司	北京
4	中国兵器装备集团公司	北京
5	中国石油天然气集团公司	北京
6	中国南方电网有限责任公司	广东
7	中国华能集团公司	北京
8	中国移动通信集团公司	北京
9	中国电信集团公司	北京
10	中国第一重型机械集团公司	黑龙江
11	武汉钢铁（集团）公司	湖北
12	中国远洋运输（集团）总公司	北京
13	中国化工集团公司	北京
14	中国北方机车车辆工业集团公司	北京
15	中国南车集团公司（原中国南方机车车辆工业集团公司）	北京
16	中国冶金科工集团有限公司（原中国冶金科工集团公司）	北京
17	上海贝尔股份有限公司	上海
18	彩虹集团公司	北京
19	机械科学研究总院	北京
20	沈阳化工研究院有限公司（原沈阳化工研究院）	辽宁
21	长沙矿冶研究院	湖南
22	中国电器科学研究院	广东
23	上海医药工业研究院	上海
24	天津药物研究院	天津
25	中国日用化学工业研究院	山西
26	北大方正集团有限公司	北京
27	用友软件股份有限公司	北京
28	北京大北农科技集团有限责任公司	北京
29	北京和利时系统工程股份有限公司	北京
30	天津赛象科技股份有限公司	天津
31	天津力神电池股份有限公司	天津
32	天津药业集团有限公司	天津
33	中国乐凯胶片集团公司	河北
34	石药集团有限公司	河北
35	华北制药集团新药研究开发有限责任公司	河北
36	内蒙古鄂尔多斯羊绒集团有限责任公司	内蒙古
37	包头钢铁（集团）有限责任公司	内蒙古
38	沈阳机床（集团）有限责任公司	辽宁
39	辽宁恒星精细化工（集团）有限公司（原丹东恒星精细化工有限公司）	辽宁

续表

序号	企 业 名 称	地域
40	四平市精细化学品有限公司	吉林
41	东北轻合金有限公司	黑龙江
42	上海新傲科技有限公司	上海
43	南京南瑞集团公司	江苏
44	江苏阳光股份有限公司	江苏
45	大全集团有限公司	江苏
46	东飞马佐里纺机有限公司［原马佐里（东台）纺机有限公司］	江苏
47	江苏兴荣高新科技股份有限公司	江苏
48	江苏沙钢集团有限公司	江苏
49	万向集团公司	浙江
50	浙江医药股份有限公司新昌制药厂	浙江
51	杭州制氧机集团有限公司	浙江
52	浙江华海药业股份有限公司	浙江
53	安徽丰原集团控股有限公司（原安徽丰原集团有限公司）	安徽
54	安徽科大讯飞信息科技股份有限公司	安徽
55	安徽叉车集团有限责任公司	安徽
56	安徽中鼎密封件股份有限公司	安徽
57	铜陵有色金属集团控股有限公司	安徽
58	黄山永新股份有限公司	安徽
59	福建龙净环保股份有限公司	福建
60	福建新大陆科技集团有限公司	福建
61	江西铜业集团公司	江西
62	江中药业股份有限公司	江西
63	泰豪科技股份有限公司	江西
64	江西汇仁药业有限公司	江西
65	鲁南制药集团股份有限公司	山东
66	丛林集团有限公司（原山东丛林集团有限公司）	山东
67	平高集团有限公司	河南
68	湖北宜化集团有限责任公司	湖北
69	湖北鼎龙化工有限公司	湖北
70	三一重工股份有限公司	湖南
71	湘潭电机股份有限公司	湖南
72	江南机器（集团）有限公司	湖南
73	广州无线电集团有限公司	广东
74	珠海格力电器股份有限公司	广东
75	广州迪森热能技术股份有限公司	广东
76	广西柳工机械股份有限公司	广西

续表

序号	企 业 名 称	地域
77	柳州欧维姆股份有限公司	广西
78	重庆长安汽车股份公司	重庆
79	重庆金山科技（集团）有限公司	重庆
80	重庆海扶技术有限公司	重庆
81	中电投远达环保工程有限公司	重庆
82	宜宾丝丽雅集团有限公司	四川
83	四川畜科饲料有限公司	四川
84	四川启明星铝业有限责任公司	四川
85	贵州航天电器股份有限公司	贵州
86	贵州益佰制药股份有限公司	贵州
87	云南锡业集团有限责任公司	云南
88	西藏诺迪康药业股份有限公司	西藏
89	西北有色金属研究院	陕西
90	陕西鼓风机（集团）有限公司	陕西
91	青海金诃藏药药业股份有限公司	青海
92	特变电工股份有限公司	新疆
93	新疆金风科技股份有限公司	新疆
94	新疆独山子天利高新技术股份有限公司	新疆
95	大连三科科技发展有限公司	大连
96	大连光洋科技工程有限公司	大连
97	大连重工·起重集团有限公司	大连
98	大连华信计算机技术有限公司	大连
99	大连獐子岛渔业集团股份有限公司	大连
100	瓦房店轴承集团有限责任公司	大连
101	贝发集团有限公司	宁波
102	宁波大成新材料股份有限公司	宁波
103	厦门宏发电声有限公司	厦门
104	厦门雅迅网络股份有限公司	厦门
105	青岛即发集团股份有限公司	青岛
106	青岛喜盈门集团有限公司	青岛
107	青岛明月海藻集团有限公司	青岛
108	青岛海洋化工研究院	青岛
109	深圳迈瑞生物医疗电子股份有限公司	深圳
110	深圳市大族激光科技股份有限公司	深圳
111	研祥智能科技股份有限公司	深圳

后 记

《中国创新型企业发展报告2010》的编写始自2010年初，报告编写得到各部门、各地方的积极支持。科技部、国资委、全国总工会的领导亲自担任指导委员会主任，对报告的编写进行指导，科技部党组书记、副部长李学勇同志为本年度报告撰写了序言；来自学术界的知名专家和部分创新型企业的领导组成的专家委员会，对报告的编写思路和框架设计提出了建议；各地方科技管理部门、创新型企业及试点企业为报告编写提供了资料支持。

编写委员会和编写研究组的各位成员为报告的策划和编写付出了辛勤的努力。科技部政策法规司李新男负责报告的整体策划并审阅全部稿件。苏靖、程家瑜、汤富强、姜卫民等参加了报告的设计和编写过程并审阅稿件，汤富强负责了大量协调工作。国资委规划局白英、袁雷峰、方磊等对报告框架提供建议并审阅第三章。全国总工会王新卫、康岳、芦金玲、裴朝锋对报告框架提供建议并审阅第四章。

本年度报告各章的作者如下：第一章，刘东；第二章，刘东、郑钟扬；第三章，刘东；第四章，冷民、张洁；第五章，王保林、李振良、刘东；第六章，柯银斌、康荣平、刘东；第七章，“企业创新之道”课题组；第八章，张赤东、徐永昌、马驰、罗亚非、刘东等；重要文献和附录，刘东。刘东负责全书统稿。

胡志坚、胡志强、刘海波、岳清唐、谢强华、彭春燕、王海燕等参加了报告框架和内容的多次讨论，彭春燕负责设计了创新型企业信息和数据采集系统框架和指标体系。科技部政策法规司支持建设的创新型企业建设服务网为报告提供了数据支持。陈原、赵家栋等为报告编写提供了数据和资料帮助。“企业创新之道”课题组编写了企业案例。北京决策咨询中心的研究人员承担了报告的数据录入、制图及会议组织等具体工作。报告还参考了许多研究文献和研究报告，在此一并表示感谢。

由于水平和经验有限，本报告有许多不妥之处，敬请各界提出宝贵意见，以便在今后的报告编写中吸纳和完善。

《中国创新型企业发展报告》
编写委员会
2009 年 11 月 30 日